D1753223

# Das Kosmos Buch vom
# Gehölzschnitt

# Das Kosmos Buch vom Gehölzschnitt

Gartenpflanzen schneiden Schritt für Schritt:
praktisch, einfach, anschaulich

Richard Bird

KOSMOS

## Für Hilary mit viel Liebe

Aus dem Englischen übersetzt von Dr. Folko Kullmann

Umschlaggestaltung von Atelier Reichert, Stuttgart, unter Verwendung von zwölf Bildern von: Annette Timmermann, Stolpe (Mitte, 2. von rechts), Wolfgang Redeleit, Bienenbüttel (unten rechts) und Gartenschatz, Stuttgart (alle übrigen).

Titel der Originalausgabe: Pruning, Training & Topiary
unter der ISBN 978-0-7548-1537-2
First published 2005 by Lorenz Books
© 2005, 2006 by Anness Publishing Ltd
Text © 2005, 2006 by Richard Bird

Für die englische Ausgabe:
Publisher: Joanna Lorenz
Editorial Director: Judith Simons
Executive Editor: Caroline Davison
Designer: Michael Morey
Illustrator: Liz Pepperell
Reader: Rosanna Fairhead
Production Manager: Steve Lang

Mit über 1000 Farbfotos und Farbillustrationen

Bibliografische Information der
Deutschen Nationalbibliothek:
Die Deutsche Nationalbibliothek verzeichnet diese Publikation in der Deutschen Nationalbibliografie; detaillierte bibliografische Daten sind im Internet über http://dnb.ddb.Deutschland abrufbar

Unser gesamtes lieferbares Programm und viele weitere Informationen zu unseren Büchern, Spielen, Experimentierkästen, DVDs, Autoren und Aktivitäten finden Sie unter www.kosmos.de

1. Auflage
© Franckh-Kosmos Verlags-GmbH & Co. KG, Stuttgart
Für die deutschsprachige Ausgabe:
Alle Rechte vorbehalten
ISBN 978-3-440-11123-9
Lektorat: Birgit Grimm, Carolin Krank, Verena Lindenthal, Angelika Throll-Keller
Produktion: DOPPELPUNKT GbR, Stuttgart

Printed in China/Imprimé en Chine

| | |
|---|---|
| **Einleitung** | 6 |
| Grundprinzipien | 8 |
| Werkzeuge und Geräte | 12 |
| Grundtechniken | 16 |
| **Zierbäume** | 18 |
| Kauf eines Jungbaums | 20 |
| Solitäre | 21 |
| Hochstämme | 22 |
| Mehrfachstämme | 24 |
| Junge Immergrüne | 25 |
| Erhaltungsschnitt | 26 |
| Verjüngungsschnitt | 30 |
| Schnitt von Nadelgehölzen | 32 |
| Bäume fällen | 34 |
| Schneiteln und auf Stock setzen | 36 |
| Lauben- und Kastenformen | 38 |
| **Ziersträucher** | 40 |
| Erziehungsschnitt | 42 |
| Erhaltungsschnitt | 44 |
| Verjüngungsschnitt | 48 |
| Blattschmucksträucher | 50 |
| **Topiari** | 52 |
| Einfache Topiari-Figuren | 54 |
| Komplizierte Topiari-Figuren | 58 |
| Schnelle Topiari-Figuren | 60 |
| **Hecken** | 62 |
| Pflanzung | 64 |
| Erhaltungsschnitt und -pflege | 66 |
| Formecken und Bögen | 70 |
| Verjüngung und Renovierung | 72 |
| **Kletterpflanzen und Spaliergehölze** | 74 |
| Wie Kletterpflanzen wachsen | 76 |
| Kletterhilfen | 78 |

# Inhalt

| | |
|---|---|
| Erziehungsschnitt | 82 |
| Erhaltungsschnitt | 84 |
| Clematis Schnittgruppe 1 | 86 |
| Clematis Schnittgruppe 2 | 88 |
| Clematis Schnittgruppe 3 | 90 |
| Blauregen | 92 |
| Verjüngungsschnitt | 94 |
| Spaliersträucher | 96 |
| Schnitt von Säckelblumen | 98 |
| Schnitt von Zierquitten | 99 |

## Rosen 100
| | |
|---|---|
| Schnitt von Rosen | 102 |
| Beet- und Edelrosen | 104 |
| Öfterblühende Strauchrosen | 106 |
| Einmalblühende Strauchrosen | 108 |
| Zwerg-, Patio- und Kleinstrauchrosen | 110 |
| Hochstammrosen | 112 |
| Kletterrosen – Climber | 114 |
| Kletterrosen – Rambler | 116 |
| Pergolen, Lauben und Klettergerüste | 118 |
| Rosenbögen | 119 |
| Säulen und Obelisken | 120 |
| Rosen in Bäumen | 121 |
| Spaliere | 122 |
| Rosengirlanden | 123 |

## Stauden und Sommerblumen 124
| | |
|---|---|
| Stauden und Sommerblumen | 126 |
| Formschnitt von Stauden | 128 |
| Schnitt von Sommerblumen | 130 |

| | |
|---|---|
| Pflanzenporträts | 132 |

## Obstgehölze 154
| | |
|---|---|
| Kronen- und Erziehungsformen | 156 |
| Unterlagen | 158 |
| Grundtechnik | 160 |
| Verjüngungsschnitt | 162 |
| Äpfel | 164 |
| Apfel-Hochstamm und -Halbstamm | 164 |
| Apfel-Buschbaum | 166 |
| Apfel-Spindelbusch | 168 |
| Apfel-Pyramide | 170 |
| Apfel-Kordon | 172 |
| Apfel-Spalier | 174 |
| Apfel-Fächer | 176 |
| Waagrechter Apfel-Kordon | 178 |
| Birnen | 180 |
| Birnen-Buschbaum | 180 |
| Birnen-Pyramide | 182 |
| Birnen-Spalier | 184 |
| Birnen-Fächer | 186 |
| Pflaumen | 188 |
| Pflaumen-Buschbaum | 188 |
| Pflaumen-Pyramide | 190 |
| Pflaumen-Spindelbusch | 192 |
| Pflaumen-Fächer | 194 |
| Kirschen | 196 |
| Süßkirschen-Busch | 196 |
| Süßkirschen-Fächer | 198 |
| Sauerkirschen-Busch | 200 |
| Sauerkirschen-Fächer | 202 |
| Pfirsiche und Nektarinen | 204 |
| Pfirsich- und Nektarinen-Busch | 204 |
| Pfirsich- und Nektarinen-Fächer | 206 |
| Aprikosen-Fächer | 208 |
| Quitten-Busch | 210 |
| Feigen | 212 |
| Feigen-Busch | 212 |
| Feigen-Fächer | 213 |
| Mispeln | 214 |
| Maulbeeren | 215 |
| Zitrusfrüchte | 216 |
| Haselnüsse | 218 |
| Walnüsse | 220 |
| Ess-Kastanien | 221 |

## Kletternde Obstgehölze 222
| | |
|---|---|
| Weintrauben | 224 |
| Schnittprinzip | 224 |
| Guyot-System | 226 |
| Trauben-Kordon | 228 |
| Einfacher Vorhang | 230 |
| Geneva Double Curtain | 231 |
| Hopfen | 232 |

## Beerenobst 234
| | |
|---|---|
| Pflege von Beerenobst | 236 |
| Himbeeren | 238 |
| Brombeeren | 240 |
| Schwarze Johannisbeeren | 242 |
| Rote Johannisbeeren | 244 |
| Stachelbeeren | 246 |
| Heidelbeeren | 248 |
| Kranbeeren | 249 |
| | |
| Glossar | 250 |
| Bezugsquellen | 251 |
| Register | 252 |
| Danksagung | 256 |

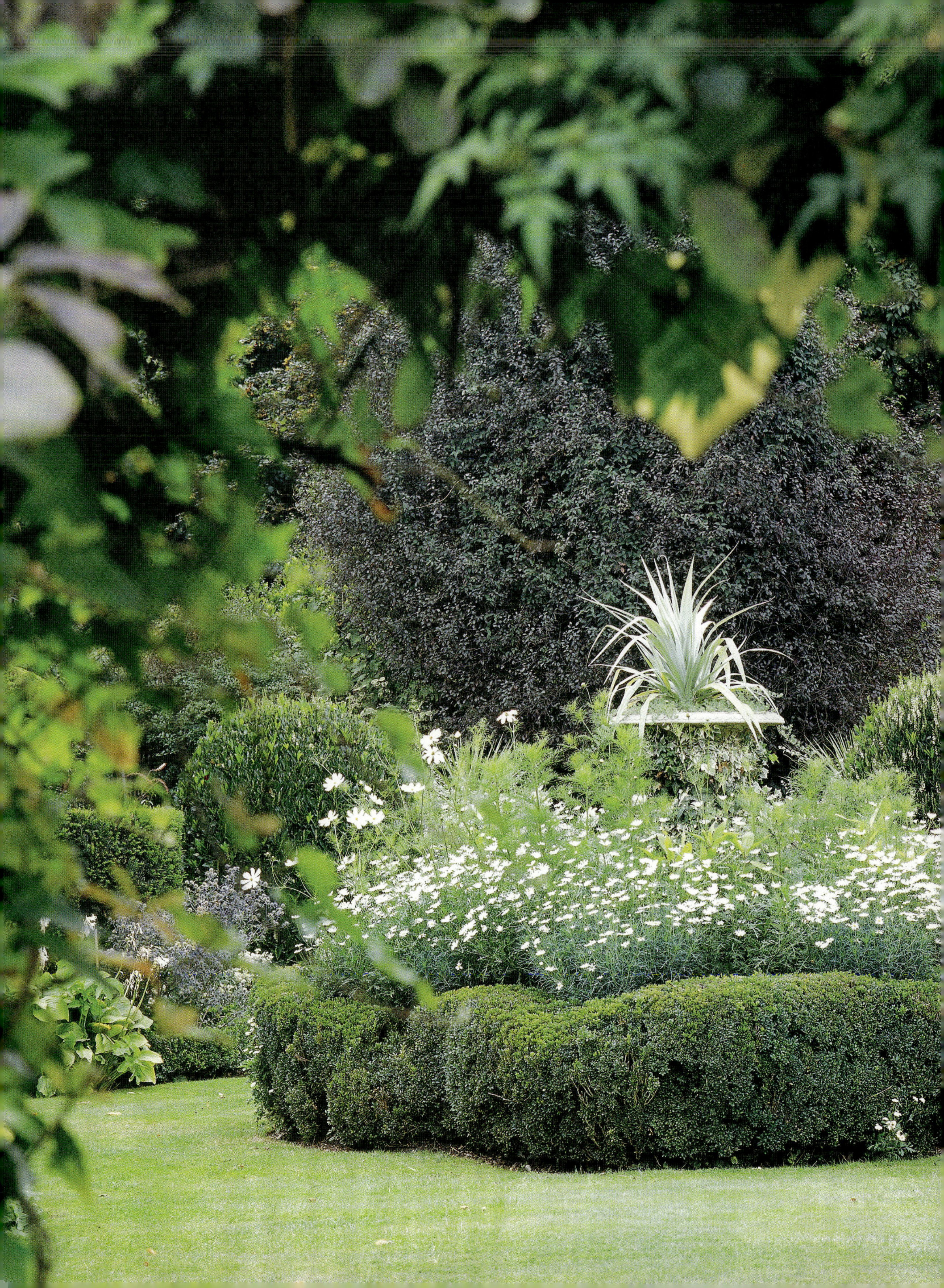

# Einleitung

Der Schnitt von Obst- und Ziergehölzen gehört zu den Gartenarbeiten, die man, wenn man möchte, ignorieren kann. Damit hat man allerdings nur für eine gewisse Zeit Ruhe, denn nach und nach sammelt sich immer mehr Arbeit an, und schließlich kann man nur mit einem Riesenaufwand dem Gestrüpp im Garten Herr werden.

Dass viele Gärtner das Schneiden von Bäumen und Sträuchern meiden, liegt weniger an einem Mangel an Zeit oder Lust, wie beim Unkraut jäten, sondern meist an der Unsicherheit, etwas falsch zu machen. Der Schnitt von Gehölzen aller Art gilt als „hohe Kunst" des Gärtnerns, die nicht jeder beherrscht.

Wie bei anderen Arbeiten im Garten stimmt das nicht: Gehölzschnitt ist nur eine Frage der Erfahrung. Dasitzen und Nachdenken bringt einen nicht weiter, Schneiden muss man in der Praxis lernen und üben! Natürlich macht man am Anfang Fehler, aber die Natur verzeiht zum Glück sehr viel und es kommt ausgesprochen selten vor, dass ein Baum durch einen falschen Schnitt abstirbt – vor allem wenn man bedenkt, dass man am Anfang sowieso vorsichtiger schneidet.

In diesem Buch erfahren Sie alles, was Sie über die Grund-Schnitttechniken wissen müssen, um Ihre Gartenschere mit gutem Gewissen in die Hand zu nehmen und loszulegen. Vielleicht werden Sie nicht alles, was in diesem Buch steht, auch brauchen, da Sie nicht alle Pflanzen im eigenen Garten haben, aber vielleicht ändert sich das ja im Laufe der Zeit? Wichtig ist vor allem, einfach anzufangen und zu sehen, wie Ihr Garten immer schöner wird.

Dieser eindrucksvolle Garten mit vielen unterschiedlichen Bäumen, Sträuchern und Kletterpflanzen zeigt die Vorteile eines umsichtigen Gehölzschnitts.

# Grundprinzipien

Gehölze schneiden gehört zu den Gartenarbeiten, die man entweder nicht mag oder meidet – oder beides! Die Angst vor dem Schnitt kommt zum Teil daher, dass die meisten anderen Gartenarbeiten mit gesundem Menschenverstand auch ohne Anleitung ausgeführt werden können, während man den Rückschnitt eines Baums oder Strauchs für eine drastische Maßnahme hält. Aber ist der Gehölzschnitt wirklich eine so schwierige Aufgabe?

## Schneiden ist keine Kunst

Bäume und Sträucher wachsen seit Tausenden von Jahren in Gärten und werden seit jeher geschnitten. Der Gehölzschnitt basiert auf einfachen Grundprinzipien, genauso wie viele andere Gartenarbeiten. Mit zunehmender Erfahrung lernt man schnell, seine Pflanzen ohne viel Nachdenken zu schneiden. Viele Gartenbesitzer haben meist nur eine begrenzte Anzahl an Pflanzen im Garten. Man muss also nicht wissen, wie jedes erdenkliche Gewächs geschnitten wird, sondern nur den Schnitt von den Gehölzen kennen, die auch im eigenen Garten wachsen. Der Gehölzschnitt ist keine Zauberei, sondern etwas, was jeder schnell und einfach lernen kann.

Ein zauberhafter Zier-Apfelbaum (*Malus* 'Evereste') in voller Blüte. Durch den richtigen Formschnitt blüht und fruchtet er besonders reich.

Diese Blut-Johannisbeere (*Ribes sanguineum* 'Pulborough Scarlet') hat Unmengen an leuchtend roten Blüten. Durch sorgfältigen Schnitt bleibt sie in Form und wächst üppig.

## In der Natur

In der freien Natur gibt es natürlich niemanden, der die Pflanzen zurückschneidet. Sie werden aber von Wildtieren zurückgebissen, Zweige sterben und brechen ab und gelegentlich fallen ganze Äste oder Bäume starken Winden oder einem Blitzschlag zum Opfer. Aber fast immer kann sich die Pflanze regenerieren. Moderne Klein-

# GRUNDPRINZIPEN

Zier-Äpfel sind dekorativ. Richtig geschnitten bilden sie viel mehr Blüten.

strauchrosen lassen sich sogar mit einer Heckenschere zurückschneiden. Durch Schnitt werden die Pflanzen kaum eingehen.

## Warum wird geschnitten?

Wenn Pflanzen in der freien Natur keinen Rückschnitt erfahren, warum muss man sie dann im Garten zurückschneiden? Es gibt etliche Gründe, zum Beispiel, dass die Pflanzen im Garten nicht in ihrem natürlichen Lebensraum gedeihen und regelmäßig noch höchste Erträge bringen sollen. Wenn man nicht möchte, muss man natürlich überhaupt nicht schneiden, viele Gärtner machen das auch so. Aber man holt so eben nicht das Beste aus seinen Pflanzen heraus. Einige Bäume und Sträucher, wie viele Nadelgehölze, müssen selten oder kaum geschnitten werden. Aber viele Gehölze sehen einfach besser aus, wenn man sie regelmäßig schneidet und verjüngt. Sie wachsen formschöner, blühen und fruchten reicher und der Gesamtanblick wird nicht durch Totholzbereiche entstellt.

Eine Gruppe von Hänge-Birken *(Betula pendula)*, die durch Schnittmaßnahmen von Anfang an aufrechter gewachsen wären.

Besser könnte diese durch Rückschnitt üppig blühende Bauern-Hortensie nicht aussehen.

### Gründe für den Schnitt

Blüten- und Fruchtproduktion – der Ertrag wird gesteigert

Pflanzengesundheit – Förderung der Wuchskraft

Formverbesserung – die Pflanze wächst so, wie Sie das wünschen

Kontrolle – Begrenzen Sie das Wachstum ihrer Pflanzen

Es gibt vier Hauptgründe für den Gehölzschnitt. Wird regelmäßig zurückgeschnitten, ist der Aufwand minimal und die Vorteile übersteigen die Mühe und den Arbeitsaufwand bei Weitem.

### Blüten- und Fruchtproduktion

Einer der Gründe für den Schnitt ist die Steigerung des Ertrags von Pflanzen. Die meisten Sträucher bilden mehr Blüten aus, wenn man sie regelmäßig schneidet. Ohne Schnitt wachsen zum Beispiel Rosen immer ausladender und bilden immer weniger Blüten. Wenn man sie dagegen jedes Jahr zurückschneidet, wachsen stets wieder neue, kräftige Triebe mit üppigem Knopsenansatz nach. Einige Sträucher, wie Zierquitten, setzen viel mehr Blüten an, wenn man sie kräftig schneidet. Dasselbe gilt auch für viele Obstgehölze, die mehr tragen, wenn sie richtig geschnitten wurden. Ein offener Wuchs sorgt außerdem für ein gutes Ausreifen der Früchte.

Der etagenförmige Wuchs von *Viburnum plicatum* kann durch vorsichtige Schnittmaßnahmen unterstützt werden. Dieses Exemplar ist über und über mit Blüten bedeckt.

### Pflanzengesundheit

Direkt mit dem eben beschriebenen Thema hängt auch die Pflanzengesundheit zusammen. Zuerst sollte man immer alle abgestorbenen oder kranken Äste und Zweige entfernen. So bleibt die Pflanze in einem guten Zustand, blüht und fruchtet reich. Da man beim Schnitt die Pflanze genau anschauen muss, entdeckt man Probleme auch wesentlich früher. Man kann dann durch gezielten Schnitt eingreifen und kranke Teile entfernen. Durch den Schnitt wird auch verhindert, dass die Zweige zu dicht wachsen. Je mehr Licht und Luft an die Triebe gelangt, desto wahrscheinlicher bleibt die Pflanze gesund. Vor allem Sträucher profitieren von einer regelmäßigen Verjüngung durch das Entfernen alter Triebe.

### Formverbesserung

Einige Pflanzen, wie Koniferen (Nadelgehölze), bleiben von Natur aus formschön, andere profitieren dagegen von einem Formschnitt. Auch bei Nadelbäumen muss gelegentlich ein schief gewachsener Ast entfernt werden, um ihre natürliche Eleganz zu erhalten. Den extremsten Fall stellen Schnitthecken und Formschnitt-Pflanzen dar, die man regelmäßig stark schneiden muss, um ihre Zierform zu erzeugen. Andere Pflanzen, wie Stech-

Ein verjüngter Strauch wird eine Weile etwas struppig aussehen. Der Eingriff wird sich aber bald lohnen und der Gesamteindruck gewinnen.

Viele Menschen möchten ihr eigenes Obst anbauen. Durch geeignete Schnittmaßnahmen kann der Ertrag gesteigert werden.

palmen oder Kirschlorbeer, brauchen nur gelegentlich in Form gebracht werden.

## Kontrolle

Pflanzen haben häufig die Neigung, anders zu wachsen, als das der Gärtner möchte. Der Boden ist meistens nährstoffhaltiger als am natürlichen Standort und die Konkurrenz durch andere Pflanzen geringer. Das führt dazu, dass viele Pflanzen stärker wachsen. Damit Nachbarpflanzen und Pflanzkombinationen nicht überwuchert werden, muss zurückgeschnitten werden.

Die unterirdischen Ausläufer von Pflanzen, die sich so ausbreiten, müssen ebenfalls regelmäßig entfernt werden, bevor ein kleiner Wald entsteht. Damit die Unterpflanzung von Sträuchern nicht zu sehr beschattet wird, müssen diese Sträucher regelmäßig geschnitten werden.

Auch Kletterpflanzen, wie Wilder Wein oder Efeu, haben die Tendenz, schnell nach oben zu wachsen und können dann in Regenrohre oder unter die Traufe wachsen, wenn sie nicht

Tote Zweige sehen nicht nur unattraktiv aus, sie können auch zu Gesundheitsproblemen des Strauchs führen. Durch Schnittmaßnahmen wird dies vermieden.

Durch Schnitt werden die Gesundheit und der Ertrag von Obstgehölzen gefördert und das Ausreifen der Früchte wird optimiert.

Ohne Erziehungsschnitt werden Sträucher im Alter schnell unansehnlich, so wie diese Kamelie. Wenn man den Strauch nicht durch einen Verjüngungsschnitt renovieren kann, sollte man ihn besser durch einen neuen ersetzen.

# Werkzeuge und Geräte

Die für den Schnitt benötigten Werkzeuge lassen sich in vier Gruppen einteilen: Schnittwerkzeuge, wie Sägen, Scheren und Messer, Geräte zum Aufräumen, wie Rechen, Harke und Schredder, Sicherheitsausrüstung und Geräte zum Erreichen hoher Pflanzenbereiche, wie Leitern oder Gerüste. Man kann zudem noch Hand- und Motorgeräte unterscheiden, wie Heckenscheren und Motorsägen.

Schredder sind eine große Hilfe beim Zerkleinern von Schnittgut. Statt sie zu verbrennen, kann man zerkleinerte Zweige und Äste kompostieren und gewinnt so wertvollen Humus für den Garten.

### Schnittwerkzeuge

Das wichtigste Schnittwerkzeug ist eine gute scharfe Gartenschere. Minderwertige Scheren spreizen beim Schneiden die Scherblätter auseinander, unscharfe Scheren zerquetschen das Holz, statt zu schneiden. Geübte Gärtner können manche Schnittarbeiten auch mit einem scharfen Messer statt einer Schere ausführen. Für dickere Äste verwendet man eine Astschere mit langen Griffen. Sehr dicke Äste sollte man aber eher mit einer Astsäge abtrennen. Mit einer Baumschere mit Teleskopstange kann man hochgewachsene Äste und Zweige vom Boden aus schneiden.

Astsägen gibt es in verschiedenen Größen und Formen. Kleine Klappsägen reichen für Besitzer kleiner Gärten völlig. Sie sind meist extrem scharf geschliffen und bleiben dies auch für lange Zeit. Werden sie stumpf, ist es meist günstiger, eine neue zu kaufen, als die alte schärfen zu lassen. Wenn man einen größeren Garten besitzt, braucht man eine große Bügelsäge, oft sogar eine motorbetriebene Kettensäge. Hecken, kleine Sträucher oder Bodendecker, wie Lavendel, hält man mit einer Heckenschere in Form. Auch beim Formschnitt (Topiari) kommen, wenn man Rundungen schneiden will, solche Scheren zum Einsatz. Schafscheren eignen sich besonders für den Formschnitt von Buchs, sind aber nicht ganz einfach in der Handhabung.

### Motorgeräte

Besitzt man einen kleinen Garten, braucht man eigentlich keine motorbetriebenen Gartengeräte, in einem großen Garten können sie jedoch viele Arbeiten erleichtern.

Wichtig ist, mit solchen Geräten vorsichtig zu hantieren, die Gebrauchsanweisungen zu beachten und Schutzkleidung zu tragen. Wenn man sich unsicher ist, lässt man die entsprechenden Arbeiten besser von einem Fachmann ausführen.

Kettensägen gehören zu den gefährlichsten Gartengeräten und sollten nur dann benutzt werden, wenn man in ihre Bedienung von einem Fachmann eingewiesen wurde. Motorgeräte müssen immer gepflegt und mindestens einmal im Jahr von einer Fachwerkstatt gewartet werden. Der Motor sollte dabei eingestellt und die Kette geschärft werden. Das sollte immer rechtzeitig vor dem Einsatz geschehen.

Elektrisch betriebene Gartenscheren sind nur sinnvoll, wenn man einen wirklich großen Obstgarten oder einen kleinen Park mit riesigen Rosenanpflanzungen hat.

### Aufräumen

Eigentlich gehören alle Geräte, die zum Aufräumen nach dem Schnitt gebraucht werden, zur Grundausstattung eines Gärtners: Rechen, Harke, Besen, Schubkarre und Tragekörbe. Ein Häcksler ist dann von Vorteil, wenn man viel Schnittgut produziert. Das Häckselgut ist ideal zum Mulchen oder Kompostieren. Elektrogeräte sind in der Regel günstiger in der Anschaffung, aber nicht so leistungsstark und flexibel. Motorbetriebene Geräte sind schwerer, lassen sich aber überall im Garten einsetzen und sind für größere Gärten besser geeignet.

Will man Schnittgut verbrennen, muss man sich bei den örtlichen Behörden über die entsprechenden Bestimmungen informieren und eventuell eine Genehmigung beantragen. Achten Sie darauf, dass sich in den Asthaufen keine Tiere, wie Igel, befinden, wenn man das Holz anzündet.

## Werkzeuge und Geräte zum Schneiden

Als Gärtner braucht man zum Schneiden eigentlich nur eine Astsäge und eine scharfe Gartenschere. Je größer der Garten ist, und je vielfältiger die Schnittmaßnahmen werden, desto mehr Geräte und Werkzeuge wird man sich anschaffen. Wenn man Bäume oder Hecken schneiden muss, lohnt sich die Investition einer motorbetriebenen Heckenschere oder Kettensäge.

gebogene Astsäge mit Hakenspitze zum Entfernen abgesägter Äste

gerade Astsäge

gebogene Astsäge

Gartenschere

Teleskopschere

Häcksler oder Schredder

Heckenschere mit gewellten Klingen

Heckenschere mit geraden Klingen

langarmige Astschere

Kettensäge mit Teleskoparm

Heckenschere mit Benzinmotor

Heckenschere mit Elektromotor

Laubbläser mit Benzinmotor

Kettensäge mit Benzinmotor

## In der Höhe arbeiten

Vor allem bei der Arbeit mit Motorgeräten, ist die Höhe, in der man noch sicher hantieren kann, begrenzt. Mit Trittleitern lassen sich auch höhere Hecken schneiden, wenn der Boden eben und fest ist. Sie können leicht kippen, wenn man sich zu weit überlehnt. Einfache Leitern können auch zur Seite kippen und sollten nur bei absolut sicherem Stand eingesetzt werden. Bei Bäumen gilt: Die Leiter muss immer zur Kronenmitte am Stamm angelehnt werden, bei Hecken immer zur Hecke hin. Wenn die Hecke noch nicht dicht genug ist, um die Leiter zu stützen, kann man die Auflagefläche durch ein quer an das Leiterende befestigtes Brett vergrößern und ein Einsinken verhindern. Am sichersten ist der Einsatz von Gerüsten. Diese sind stabil und ihre Beine können einzeln dem Untergrund angepasst werden. Allerdings sind sie sperrig und umständlich zu bewegen und brauchen viel Aufbewahrungsplatz. Viele Motorgeräte gibt es mit Teleskoparm, die das Arbeiten erleichtern.

Trittleitern kann man für einfache Arbeiten, wie die Obsternte, einsetzen, aber für aufwändigere oder komplizierte Maßnahmen ist ein Gerüst besser geeignet.

Damit die Beine einer Leiter oder Arbeitsplattform nicht im weichen Boden versinken, sollten sie verbreiterte Aufsätze haben.

Eine spezielle Trittleiter mit Arbeitsplattform und einer breiten Standbasis erleichtert das Schneiden dieser hohen Hecke.

## Sicherheitskleidung

Die Einhaltung von Sicherheitsvorschriften ist wichtig, um Unfälle zu vermeiden. Wenn man im Garten arbeitet, sollte man immer entsprechende Schutzkleidung tragen. Beim Hantieren mit Motorgeräten sind das Gehörschutz, Sicherheitsbrille, Schutzhelm, wenn möglich mit Visier, Handschuhe und Sicherheitsschuhe mit Stahlkappen. Bei Arbeiten mit der Motorsäge sollte unbedingt Schnittschutzkleidung getragen werden. Helfer müssen sich grundsätzlich außerhalb der Gefahrenzone aufhalten. Mit Gehörschutz hört man oft nicht, wenn sich jemand nähert. Wenn der Schutzhelm einen Schlag abbekommen hat, muss man ihn austauschen, da das Material beschädigt sein könnte.

## Sicherheitsausrüstung

Unfälle im Garten passieren leider sehr häufig und die Vielzahl der motorisierten Gartengeräte erhöht die Verletzungsgefahr noch weiter. Bei der Durchführung bestimmter Schnittmaßnahmen muss man immer einen Schutzhelm und eine Schutzbrille tragen. Die komplizierten Arbeiten sollte man von vornherein professionellen Landschaftsgärtnern überlassen.

Ohrenschützer

Schutzbrille

Sturzhelm

Schutzhandschuhe

Sicherheitshelm mit Sicht- und Gehörschutz

Sicht- und Gehörschutz

Sicherheitsstiefel

verstärkte Schutzhandschuhe

Gummistiefel mit Stahlkappen

# Grundtechniken

Obwohl unterschiedliche Baum- und Straucharten unterschiedlich geschnitten werden, ist der technische Vorgang im Prinzip immer derselbe.
Geschnitten wird in der Regel mit einer Gartenschere, bei dickeren Ästen kommen langarmige Astscheren oder Sägen zum Einsatz.

### Sauberer Schnitt

Es gibt verschiedene Dinge, die man bei allen Schnitttechniken beachten muss. Das erste ist eigentlich klar, wird aber oft übersehen. Der Schnitt muss sauber und glatt sein, das Holz darf nicht ausfransen. Damit das nicht passiert, müssen die Schnittwerkzeuge immer wieder nachgeschärft werden. Eine Schere, die das Holz quetscht, statt es zu schneiden, verursacht viele Probleme.

Wenn man Bäume schneidet, sollte man beachten, dass dicke Äste sehr schwer sind und deshalb nicht auf einmal durchgesägt werden sollten. Wenn der Ast bricht, bevor er ganz abgeschnitten ist, können große Holz- und Rindenstreifen entlang des Asts oder sogar am Stamm abreißen.

Nach dem Absägen eines dicken Asts werden die Schnittränder mit einem scharfen Messer glatt geschnitten.

### „Kleiderhaken" vermeiden

Das zweite Grundprinzip, das man beim Gehölzschnitt beachten soll, ist, sogenannte Kleiderhaken zu vermeiden. Damit sind kurze Stümpfe gemeint, die über eine Knospe oder den Ast hinausragen. Alle Schnitte sollten dicht am Stamm oder, wenn man einen Zweig einkürzt, direkt über einer Knospe ausgeführt werden. Überstehendes Holz wird absterben und sieht dann nicht nur unschön aus, sondern ist eine Eintrittspforte für Krankheitserreger. Bei Rosen kann nach dem Abschneiden von welken Blüten sogar der ganze Trieb absterben, wenn der verbleibende Stumpf zu lang ist.

Eine Gartenschere reicht zum Schneiden dünner Zweige. Damit der Trieb nicht gequetscht wird, muss die Klinge immer scharf sein.

### Schnitt am Triebende

Wenn man Triebspitzen einkürzt, schneidet man direkt an der nächsten Knospe schräg von der Knospe weg, in einem Winkel von etwa 45°.

Die Knospe darf nicht verletzt werden. Wenn man in die Knospe geschnitten hat, muss man bis zur nächsten zurückschneiden. Bei gegenständigen Knospen (gegenüberliegende Knospen an einem Trieb) schneidet man direkt über dem Knospenpaar.

Verwenden Sie zum Schneiden dicker Äste eine Astsäge. Heimwerkersägen sind zum Schneiden von Gehölzen nicht geeignet.

Mit einer Heckenschere kann man große Mengen dünner Zweige auf einmal schneiden. Ideal, wo es nicht auf individuelle Schnitte ankommt.

Mit langarmigen Astscheren kann man durch die Hebelwirkung auch dickere Äste leicht durchschneiden.

GRUNDTECHNIKEN 17

Viele Heckenschere haben in den Schneiden eine Kerbe, mit der man auch dickere Äste durchtrennen kann.

## Zweige und Äste entfernen

Größere Äste und Zweige werden immer in drei Schritten entfernt. So wird verhindert, dass der Ast splittert oder reißt. Der erste Schnitt erfolgt etwa 30 cm vom Stamm entfernt, von der Unterseite nach oben bis auf etwa ein Drittel des Astdurchmessers. Der zweite Schnitt erfolgt von oben nach unten im Abstand von etwa 8 cm in Richtung Astende. Wenn der Ast bricht und splittert, reißt das Holz nur bis zum ersten Schnitt und nicht weiter in Richtung Stamm. Zum Schluss sägt man den Ast direkt am Stamm ab.

**Schnittführung** Der perfekte Schnitt liegt direkt über einer Knospe und die Schnittfläche zeigt von der Knospe weg.

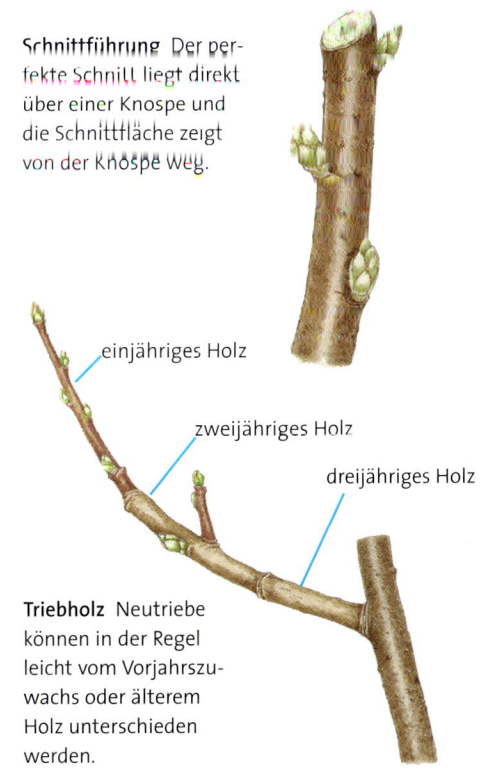

einjähriges Holz
zweijähriges Holz
dreijähriges Holz

**Triebholz** Neutriebe können in der Regel leicht vom Vorjahreszuwachs oder älterem Holz unterschieden werden.

## Wundversorgung

Es ist in Fachkreisen umstritten, ob größere Wunden mit Wundverschlussmittel behandelt werden sollen. Obwohl einige Gärtner dies noch tun, setzt es sich mehr und mehr durch, die Wunden offen zu lassen, damit sie trocknen können und nur den Rand mit einem Messer glatt zu schneiden, damit ausgefasertes Holz die Wundheilung nicht behindert.

### Richtige und falsche Schnittführung

**Falsch** Nicht zu nah an der Knospe schneiden. Der Schnitt sollte etwa 5 mm oberhalb der Knospe liegen.

**Falsch** Der Schnitt wurde zu hoch über einer Knospe, dem Blatt oder Trieb ausgeführt und der Stumpf trocknet zu weit zurück.

**Falsch** Die Schnittfläche zeigt zur Knospe. Diese kann faulen, wenn Wasser zu ihr hinläuft.

**Falsch** Jeder Schnitt muss glatt und sauber sein. Gequetschte und ausgefranste Schnittränder sind Eintrittspforten für Krankheiten.

**Richtig** Der ideale Schnitt liegt knapp über der Knospe und die Schnittfläche zeigt vom Auge weg. Regenwasser fließt von der Knospe weg.

**Richtig** Bei gegenständigen Knospen schneidet man gerade knapp über den Knospen, ohne sie zu beschädigen.

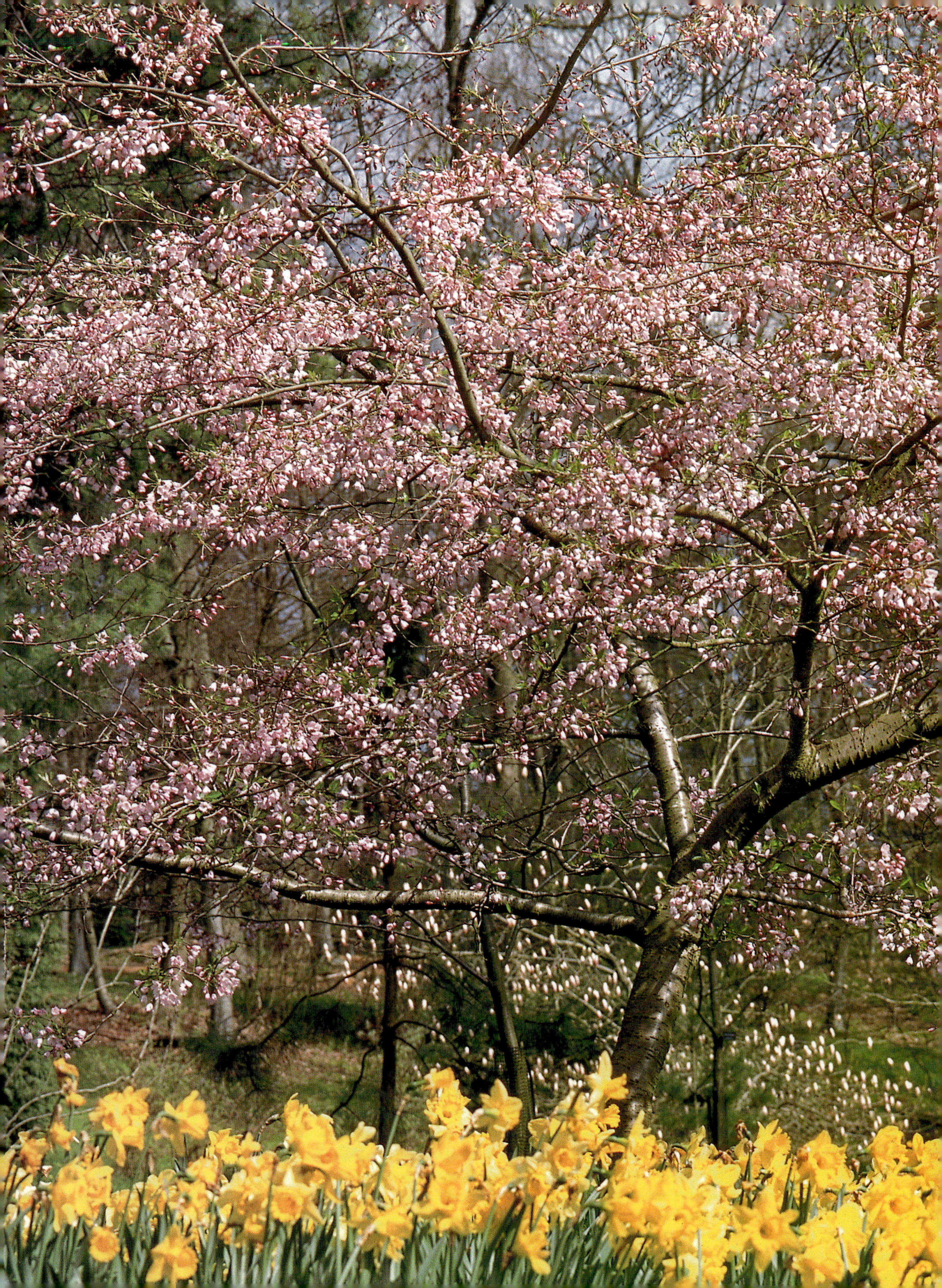

# Zierbäume

Zierbäume sind von allen Gehölzen am einfachsten zu schneiden. Meistens muss man gar nicht, oder nur wenig schneiden. Größere Schnittmaßnahmen werden nur dann durchgeführt, wenn der Wuchs zu ausladend wird oder durch einen Sturm beschädigte Astpartien beseitigt werden müssen. Die meiste Arbeit – und selbst die dauert nur wenige Minuten – fällt beim Pflanzschnitt an. Dieser ist notwendig, damit sich der junge Baum so entwickelt, wie man das möchte.

Die endgültige Form ist aber auch wichtig. Die meisten Bäume entwickeln im Laufe der Zeit einen charakteristischen Wuchs, brauchen aber am Anfang etwas Hilfe. So bilden manche Bäume nur einen einzigen, geraden Stamm aus, andere, wie die Felsenbirne *(Amelanchier)*, dagegen auch mehrere. Hier kommt die Erziehung ins Spiel. Kleinwüchsige Trauerformen brauchen gelegentlich einen Rückschnitt, damit sie klein – und hängend – bleiben. Aber selbst wenn man dies alles in Betracht zieht, fällt relativ wenig Arbeit an, zumal in den meisten kleinen Gärten sowieso nur ein oder zwei Bäume wachsen.

Eine Zier-Kirsche in voller Blüte mit einer Unterpflanzung von gelben Narzissen. Kirschen sind pflegeleicht, da man sie nicht besonders häufig schneiden muss.

# Kauf eines Jungbaums

Generell sollte man Bäume nur bei ausgesuchten Gartencentern oder guten Baumschulen kaufen. Der Preis mag dort zwar etwas höher sein, dafür ist die Qualität besser.

### Worauf man achten muss

Vor dem Kauf sollte man sich den Baum gründlich anschauen. Exemplare mit Krankheiten oder Schädlingsbefall sowie beschädigte Bäume kauft man nicht. Wenn die Pflanze zu lange im Topf oder Container gewachsen ist, sollte man ebenfalls vom Erwerb absehen. Man erkennt das daran, dass die Wurzeln dicht an dicht im Kreis um den Ballen gewachsen sind. Wurzelnackte Gehölze dürfen nicht ausgetrocknet und die dicken Wurzeln nicht beschädigt sein. Halten Sie Ausschau nach gleichmäßig gewachsenen und gesunden Pflanzen. Bäume, die zu viel Blattmasse haben oder sich mitten im Wachstum befinden, brauchen lange, um anzuwachsen. Ober- und unterirdische Pflanzenteile müssen sich immer im Gleichgewicht befinden. Ein kleiner Wurzelballen kann keine riesige Blattmasse mit Wasser und Nährstoffen versorgen. In Baumschulen werden die Bäume intensiv und optimal gepflegt. Nach dem Auspflanzen im Garten sind sie mehr oder weniger auf sich selbst gestellt und zu viel Triebmasse kann beim Anwachsen Probleme verursachen. Die meisten Bäume, die man kaufen kann, sind mindestens ein Jahr alt. Je älter der Baum ist, desto höher ist auch sein Preis. Ein Erziehungsschnitt sollte auf jeden Fall stattgefunden haben. Einjährige Bäume sind zwar billiger, brauchen aber länger, bis sie sich eingefügt haben. Der Vorteil liegt aber darin, dass man den Baum so erziehen kann, wie man will. Der Transport muss vorsichtig erfolgen. Die Spitze aus dem offenen Schiebedach ragen zu lassen, kann schnell zu Schäden führen, genauso wie sorgloses Hantieren. Bis zur Pflanzung stellt man den Baum an einen kühlen Platz und wässert ihn, damit er nicht austrocknet. Wurzelnackte Pflanzen werden immer seltener angeboten, die meisten Gärtnereien bieten nur noch Container-Bäume an. Wurzelnackte Bäume müssen sofort gepflanzt werden, oder man schlägt sie vorübergehend in feuchten Sand oder feuchte Erde ein. Durch Aussaat und Stecklinge kann man auch eigene Exemplare anziehen oder durch Veredlung oder Teilung bekommen.

Am häufigsten werden Bäume und Sträucher heute in Baumschulen und Gärtnereien als Container-Ware angeboten.

Wenn man Bäume oder Sträucher im Container kauft, muss man sich vergewissern, dass der Wurzelballen nicht verdichtet ist.

Normalerweise kann man junge Bäume einfach wachsen lassen. Gelegentlich muss man schief und über Kreuz wachsende Äste entfernen.

# Solitäre

Im Prinzip kann jeder einstämmige Baum als Solitär erzogen werden. Manche Baumarten wachsen von Natur aus sehr regelmäßig, andere haben einen etwas knorrigeren Wuchs, der zu ihrer natürlichen Ausstrahlung passt. Viele Koniferen (Nadelbäume) sind mit ihren senkrechten, regelmäßigen Kronen Paradebeispiele für Solitäre.

## Pflanzung

Die Pflanzung erfolgt in ein gut vorbereitetes Pflanzloch, in dem die Wurzeln locker ausgebreitet sind, sich nicht im Kreis winden und nicht eingezwängt werden. Wenn die Wurzeln nicht beschädigt sind, braucht man sie auch nicht zu schneiden. Der Baum sollte an einen Pfahl festgebunden werden, um ihn zu stützen. Dieser Pfahl wird vor dem Einpflanzen im Pflanzloch platziert. So vermeidet man, dass Wurzeln beim nachträglichen Einschlagen des Stützpfahls beschädigt werden.

## Erster Formschnitt

Das Ziel des Schnitts ist, einen gesunden, gleichmäßig geformten Baum zu erhalten. Zuerst entfernt man abgestorbene und beschädigte Zweige. Das verhindert das Eindringen von Krankheitserregern. Der nächste Schritt hat optische Gründe, verhindert aber auch Schäden. Alle Äste, die sich kreuzen oder aneinanderreiben, entfernt man, ebenso solche, die in einem spitzen Winkel zum Stamm wachsen. Der Gesamteindruck wird dadurch verbessert und man verhindert, dass Risse entstehen können. Äste, die stören, werden entfernt, genauso Triebe an der Stammbasis. Bei den meisten Bäumen (außer Nadelgehölzen) lässt man den unteren Stammbereich frei.

Der Baum sollte aufrecht mit gleichmäßig platzierten, gesunden Trieben sein. Im Folgejahr wiederholt man die beschriebenen Schritte. Aufrechte Seitentriebe, die dem Mitteltrieb Konkurrenz machen und zu zwei Spitzen oder mehr führen können, werden entfernt.

## Erziehung eines Solitärs

Beginnen Sie mit einem Heister oder jungen Baum, der einen gleichmäßigen Aufbau und einen innerhalb der Mitte-Trieb besitzt. Der Mitteltrieb ist besonders wichtig, wenn man einen Baum mit durchgehendem Stamm möchte.

**Erstes Jahr** Nach der Pflanzung werden alle abgestorbenen oder unerwünschten Triebe entfernt, besonders jene, die aneinanderscheuern.

**Zweites Jahr** Bis auf ästhetische Schnittmaßnahmen muss nur wenig geschnitten werden. Entfernen Sie unerwünschte Triebe am Stamm.

Nadelgehölze brauchen eigentlich nicht geschnitten werden, sondern entwickeln sich freiwachsend am schönsten.

### Bäume für Solitäre

Scheinzypresse (*Chamaecyparis lawsoniana*)
Lärche (*Larix*)
Fichte (*Picea*)
Kiefer (*Pinus*)
Lebensbaum (*Thuja*)

# Hochstämme

Jeder Baum, dessen unterer Stammbereich astlos ist, kann zu einem Hochstamm erzogen werden. Viele Baumarten nehmen im Laufe der Zeit auch von alleine diese Form an.

### Erziehung eines Hochstamms

Im Gegensatz zum Solitär werden beim Hochstamm die unteren Äste am Stamm bis in einen höheren Bereich entfernt. Sonst unterscheidet sich die Erziehung nicht. Als Hochstämme werden auch Bäume einer bestimmten Größe bezeichnet, die nicht im Höhenwachstum begrenzt werden.

Die Form muss nicht ganz so gleichmäßig wie beim Solitär sein, der in der Regel einen einzigen durchgehenden Mitteltrieb hat. Die Krone kann bei Hochstämmen auch aus mehreren Hauptästen bestehen. Der Grad der Verzweigung hängt auch vom Standort ab. Eine Eiche, die im Wald zwischen anderen Bäumen wächst, entwickelt meist nur einen aufrechten Mitteltrieb, ein Baum im freien Feld verzweigt sich viel stärker und entwickelt eine rundliche Krone. Im Garten kann man den Baum entweder mit einem durchgehendem Mitteltrieb zu einem eleganten Gehölz erziehen oder durch Rückschnitt eine eher runde Kronenform erzielen.

In der Regel wird der Baum versuchen, einen abgeschnittenen Mittel-

### Erziehung eines Birken-Hochstamms

(oben) Unerwünschte Triebe, wie dieser Zweig, der an der Basis entspringt, werden entfernt, damit die Form erhalten bleibt.

(links) Die meisten Birken wachsen von alleine zu schönen Bäumen heran und müssen kaum geschnitten werden.

### Erziehung eines Hochstamms mit Spitze

Große Bäume mit einem geraden Stamm sehen elegant und filigran aus. Der Mitteltrieb darf nicht geschnitten werden. Wenn er abbricht oder die Spitzenknospe beschädigt wird, kann man einen Seitenast zur neuen Spitze erziehen.

### Erziehung eines Hochstamms mit Hohlkrone

Bäume mit einer offenen Hohlkrone sehen rundlicher und breiter aus als solche mit durchgehender Spitze. Der Mitteltrieb wird bei Erreichen der gewünschten Höhe herausgeschnitten, ebenso alle Triebe, die ihn ersetzen wollen.

**Erstes Jahr** Entfernen Sie einige der untersten Seitentriebe am Stamm und schneiden Sie die, die im nächsten Jahr entfernt werden sollen, um die Hälfte zurück.

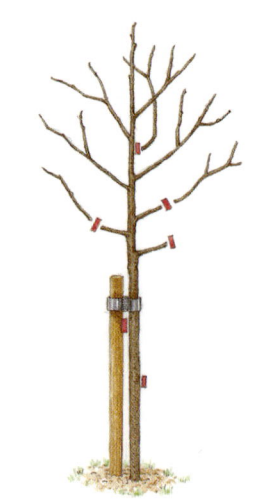

**Zweites und folgende Jahre** Wiederholen Sie die Prozedur des Vorjahrs, bis der Kronenansatz erreicht ist. Schräg wachsende oder scheuernde Äste werden entfernt.

**Erstes Jahr** Man verfährt wie bei einem Baum mit durchgehendem Mitteltrieb, schneidet aber die Spitze über dem obersten Kronenast heraus.

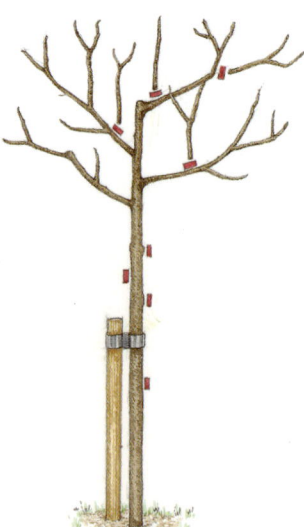

**Zweites und folgende Jahre** Schneiden Sie den Stamm bis zum Kronenansatz frei und entfernen Sie unerwünschte Triebe und Ersatztriebe der Spitze.

Birken haben eine attraktive Rinde, die bei einem Hochstamm besonders gut zur Geltung kommt.

### Bäume, die als Hochstamm gezogen werden können

| | |
|---|---|
| Ahorn (Acer) | Tulpenbaum (Liriodendron) |
| Rosskastanie (Aesculus) | Zier-Apfel (Malus) |
| Erle (Alnus) | Kiefer (Pinus) |
| Birke (Betula) | Pappel (Populus) |
| Hainbuche (Carpinus) | Zier-Kirschen (Prunus) |
| Trompetenbaum (Catalpa) | Birne (Pyrus) |
| Buche (Fagus) | Eiche (Quercus) |
| Esche (Fraxinus) | Weide (Salix) |
| Goldregen (Laburnum) | Eberesche (Sorbus) |
| | Linde (Tilia) |

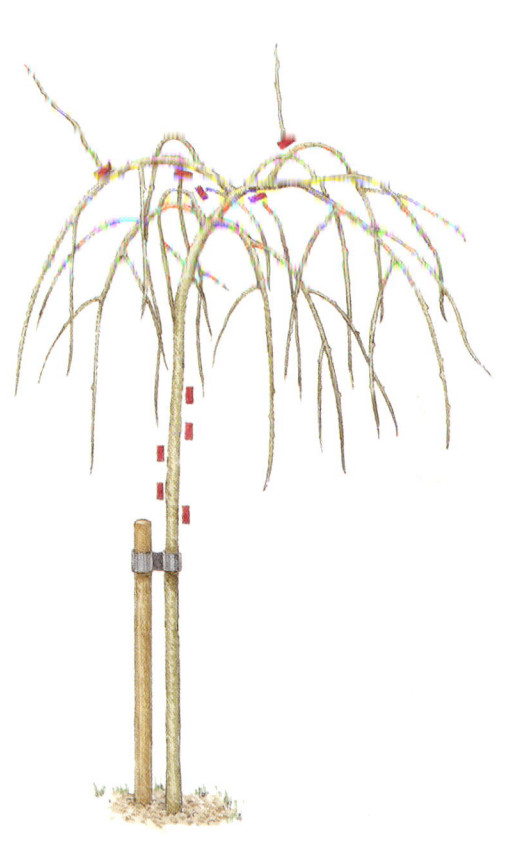

**Schnitt einer Trauerform am Hochstamm**
Schneiden Sie alle Triebe am Stamm unterhalb der Veredlungsstelle weg. Zweige, die die Form stören, werden ebenfalls entfernt.

trieb zu ersetzen. In diesem Fall muss der Gärtner jeden nachkommenden aufrechten Trieb konsequent entfernen, damit die gewünschte Form erreicht wird.

Will man einen einzelnen Haupttrieb, entfernt man Konkurrenztriebe.

### Erziehung von Hängeformen

Hänge- oder Trauerformen gibt es von vielen Gehölzarten. Es existieren zwei unterschiedliche Typen. Zum ersten gehören alle, die einen natürlichen überhängenden Wuchs besitzen, zum Beispiel die Trauer-Weide. Die zweite entsteht dadurch, dass man niederliegende Sorten auf ein Hochstämmchen veredelt, sodass die Triebe herabhängen können. Im unbelaubten Zustand erinnern sie an die Rippen eines Regenschirms.

Natürliche Hängeformen werden im Prinzip wie Hochstämme behandelt. Manche brauchen anfangs eine Stütze, bis der Stamm die gewünschte Höhe bis zum Kronenansatz erreicht hat, bevor man sie frei wachsen lässt. Der Rückschnitt beschränkt sich dann auf das Entfernen abgestorbener, schwacher oder sich überkreuzender Äste.

Bei veredelten Trauerformen muss man aufrechte Triebe, die der Unterlage entspringen, regelmäßig entfernen. Wenn der gesamte Wuchs zu dicht und sparrig geworden ist, kann man auch stärker zurückschneiden.

Die Unterlage bleibt meist verhältnismäßig schwach und dünn, sodass diese kopflastigen Formen unbedingt einen Haltestab brauchen. Besonders die Trauerformen der Kätzchen-Weide neigen dazu, im Laufe der Jahre ein dichtes Gewirr an Zweigen zu bilden, das den ganzen Trauerstamm entstellt. Durch regelmäßiges Auslichten und Verjüngen kann man diesem Trend entgegenwirken.

Dieses Trauerstämmchen ist zu dicht geworden und muss dringend ausgelichtet werden, damit der Baum nicht zu kopflastig wird.

### Bäume, die als Hänge- oder Trauerform gezogen werden können

| | |
|---|---|
| Hänge-Ahorn (Acer palmatum 'Jiro-shodare') | Hänge-Goldregen (Laburnum alpinum 'Pendulum') |
| Hänge-Erle (Alnus incana 'Pendula') | Trauerformen der Zier-Kirsche (Prunus-Cultivare) |
| Hänge-Birke (Betula pendula) | Hänge-Birne (Pyrus salicifolia 'Pendula') |
| Hänge-Hainbuche (Carpinus betulus 'Pendula') | Hänge- und Trauer-Weiden (Salix babylonica; S. caprea 'Kilmarnock'; S. matsudana 'Pendula'; S. purpurea 'Pendula') |
| Hänge-Esche (Fraxinus excelsior 'Pendula') | Hänge-Eberesche (Sorbus aucuparia 'Pendula') |
| Hänge-Stechpalme (Ilex aquifolium 'Argentea Pendula') | |

# Mehrfachstämme

Manche Baumarten bilden von Natur aus mehrere Stämme. In fast allen Fällen kann ein mehrstämmig wachsender Baum auch einen einzelnen Stamm ausbilden, der ab einer gewissen Höhe eine Krone bildet. Mehrere Stämme können von alleine oder durch den Einfluss des Menschen entstehen. Jeder verzweigte Baum, dessen Spitze knapp über der Erdoberfläche abgebrochen oder entfernt wird, bildet mehrere neue Triebe. Manche Bäume bilden starke Triebe am Stamm und werden so von Natur aus im Laufe der Jahre mehrstämmig.

## Formschnitt

Der erste Schnitt ist relativ einfach. Wenn man einen einstämmigen, jungen Baum gekauft hat, muss man sich überwinden und das meiste wegschneiden! Man trennt den Hauptstamm knapp über dem Boden ab oder auf der Höhe, auf der man den Beginn der Verzweigung haben möchte. Sobald die neuen Triebe erscheinen, wählt man die aus, die stehen bleiben sollen (meist drei oder mehr) und entfernt die anderen. Da diese die Grundform des zukünftigen Baums bestimmen, sollte man nur die kräftigsten auswählen. Danach verfährt man genau wie bei einem einstämmigen Baum und entfernt kranke, tote, schwache oder sich kreuzende Triebe. Nicht alle Baumarten treiben nach diesem radikalen Rückschnitt neu aus, aber erstaunlich viele tun es. Allerdings wirken nicht alle Baumarten als Mehrfachstamm gleich gut.

## Erziehung eines Mehrfachstamms

Mehrfachstämme sehen auf den ersten Blick aus wie ein großer Strauch. Je nach Umfang können sie nur zwei der drei Stämme haben oder so viele, dass man sie eher als Dickicht oder Gebüscht bezeichnen müsste.

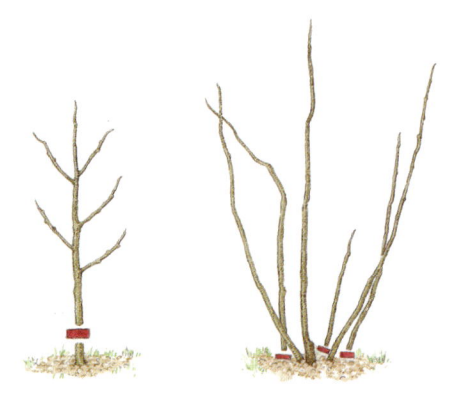

**Erstes Jahr** Schneiden Sie den Stamm in der Höhe zurück, wo die neuen Stämme erscheinen sollen.

**Zweites Jahr** Nach einem Jahr wählt man die am besten gewachsenen Triebe aus und entfernt alle übrigen.

**Drittes Jahr** Die einzelnen Stämme werden so erzogen, dass störende oder über Kreuz wachsende Triebe herausgeschnitten werden und abgestorbene Zweige entfernt werden.

Dieser Fächer-Ahorn zeigt mit gerade erscheinenden Blättern die Schönheit und Eleganz von Mehrfachstämmen.

### Bäume, die als Mehrfachstamm gezogen werden

- Ahorn *(Acer)*
- Esche *(Alnus)*
- Felsenbirne *(Amelanchier)*
- Erdbeerbaum *(Arbutus)*
- Hainbuche *(Carpinus)*
- Kastanie *(Castanea)*
- Judasblattbaum *(Cercis)*
- Magnolie *(Magnolia)*
- Essigbaum *(Rhus)*
- Flügelnuss *(Pterocarya)*
- Weide *(Salix)*

Mehrfachstämme sind für große Gärten gut geeignet. Hier die seltene Flügelnuss *(Pterocarya stenoptera)*.

# Junge Immergrüne

Die ersten Schnittmaßnahmen vieler Immergrüner unterscheiden sich im Prinzip kaum von denen laubabwerfender Bäume.

## Der Schnitt von Immergrünen

Koniferen werden in der Regel wie Solitärbäume behandelt. Das bedeutet, dass nur tote, beschädigte oder kranke Äste entfernt werden, genau wie schräg oder über Kreuz wachsende. Auch Triebe, die dem Mitteltrieb Konkurrenz machen, müssen weggenommen werden. Normalerweise lässt man Immergrüne bis zum Boden beastet, man kann aber die unteren Äste auch wie bei einem Hochstamm entfernen. Viele Nadelgehölze (Koniferen) haben einen schönen pyramidenförmigen Wuchs oder, wie die Kiefern, eine ganz eigene Form. Einige Arten wachsen auch überhängend.

Immergrüne Laubbäume, wie Stechpalmen (Ilex), werden ähnlich behandelt, obwohl man diese auch stärker zurückschneiden kann, wenn man sie beispielsweise mehrstämmig erziehen möchte. Sie lassen sich stärker in Form bringen als Koniferen, zum Beispiel wenn man mit einer breiten Krone einen unschönen Bereich verstecken möchte. Immergrüne wachsen in der Regel dichter und werfen einen tiefen Schatten im Gegensatz zu laubabwerfenden Gehölzen, die einen lichten Schatten werfen.

> **Immergrüne, die in Form geschnitten werden können**
> Nadelgehölze (die meisten Arten)
> Winterrinde (Drimys winteri)
> Eukalyptus (Eucalyptus)
> Eucryphia (Eucryphia)
> Stechpalme (Ilex)
> Magnolie (Magnolia grandiflora)
> Kirschlorbeer (Prunus laurocerasus)
> Stein-Eiche (Quercus ilex)

## Erziehung eines jungen immergrünen Gehölzes

Immergrüne können in verschiedenen Formen erzogen werden, genau, wie man einen laubabwerfenden Baum erziehen würde. Die meisten zieht man als Solitär mit durchgehendem Stamm.

**Erstes Jahr** Man muss nur wenig schneiden. Wenn man eine freie Sicht auf den Stamm möchte, schneidet man diesen frei.

**Folgejahre** Bis auf das Entfernen toter oder aneinanderscheuernder, schräg wachsender Äste sind keine Schnittmaßnahmen nötig.

Junge Nadelbäume, wie diese Blaufichte, brauchen selten einen Erziehungsschnitt. Sie sehen besser aus, wenn sie bis zum Boden beastet sind.

# Erhaltungsschnitt

Nach einem konsequent durchgeführten Anfangsschnitt haben die meisten Bäume ihre grundlegende Form erhalten und müssen, von gelegentlichen kleinen Korrekturen abgesehen, nur noch selten geschnitten werden. Selbst wenn man überhaupt nicht mehr schneidet, wird der Baum gedeihen, genau wie er das in der Natur tun würde. Da ein gepflegter Baum aber nicht nur sicherer, sondern auch schöner ist, sollte man seine Gehölze mindestens einmal im Jahr überprüfen.

## Der Dreier-Check

Einmal im Jahr sollte man alle Bäume im Garten einer gründlichen Prüfung unterziehen. Dabei achtet man auf tote, kranke und beschädigte Äste. Betroffene Teile entfernt man und versorgt die Wunden. Am besten geschieht das gegen Ende der Wachstumsperiode im Herbst und dann noch einmal im Frühling, wenn die Winterstürme, die Schäden verursacht haben könnten, vorbei sind. Bei abgebrochenen Ästen sägt man die Aststümpfe ab und schneidet abgerissene Rindenstücke sauber aus. So ist gewährleistet, dass die Schnittwunde schnell verheilen kann. Größere Äste werden in meh-

Ungewöhnliche Bäume, wie diese Trauer-Kirsche, benötigen besondere Pflegemaßnahmen, da sie sonst ihre attraktive Form verlieren.

Viele Baumarten bilden an der Basis Triebe. Diese sollte man rechtzeitig und so dicht am Stamm wie möglich wegschneiden.

Tote Äste und Zweige muss man entfernen. Besonders Herbst- und Winterstürme können Schäden verursachen, die sich erst im Frühling zeigen. Hier werden abgestorbene Zweigpartien mit einer langarmigen Astschere herausgeschnitten.

# ERHALTUNGSSCHNITT

Schneiden Sie größere Wunden mit einem scharfen Messer glatt, damit sie schneller verheilen.

In der Regel müssen Zierbäume nur wenig geschnitten werden. Über Kreuz wachsende Äste, die aneinanderscheuern, sollte man aber entfernen.

reren Schritten abgesägt (Seite 17), damit sie nicht splittern und reißen. Wunden, auch größere, muss man nicht mit Wundverschlussmitteln behandeln.

## Unerwünschte Äste

Die meisten Bäume bilden irgendwann Äste, die sich überkreuzen und deren Rinde dann an den Kontaktstellen abgescheuert wird. Solche Äste sollte man immer entfernen. Wenn man einen Hochstamm erzieht, ist es auch empfehlenswert, dünne Zweige im Kroneninneren zu entfernen, damit mehr Licht und Luft in die Krone gelangt. Viele Bäume entwickeln gelegentlich völlig quer wachsende Triebe, die die Gesamtform stören. Sie werden so entfernt, dass die gewünschte Form wieder hergestellt wird. Ähnliches kann bei Gehölzen mit panaschiertem (weiß-grün oder gelb-grün gezeichnetem Laub) passieren: Einzelne Neutriebe haben rein grüne Blätter. Diese entfernt man so weit wie möglich am Ansatz.

Auch so genannte Wasserschosse, die an Wunden entstehen, wenn Äste abgesägt wurden oder der Rasen-

## Schosse am Stamm

Bei panaschierten Gehölzsorten kann es vorkommen, dass einzelne Triebe nur einfarbig grüne Blätter bilden. Schneiden Sie diese heraus.

**1** Einige Baumarten, wie Linden, bilden unmittelbar am Stamm direkt aus der Rinde sogenannte Schosse.

**2** Am besten werden diese Triebe, wenn sie noch ganz weich sind, mit den Fingern abgerieben, bevor sie verholzen.

## Entfernen eines großen Asts

**1** Schneiden Sie 20 bis 25 cm von der Stelle, an der der Ast abgesägt werden soll, von unten in den Ast. Sägen Sie den Ast ungefähr zu einem Drittel durch.

**2** Dann schneiden Sie 10 cm näher am Stamm von oben den Ast so weit durch, bis er bricht. Durch den Schnitt auf der Unterseite wird verhindert, dass die Rinde einreißt.

**3** Setzen Sie nun die Säge für den letzten Schnitt an. Schneiden Sie nicht in den geschwollenen Bereich an der Astbasis, dann verheilt die Wunde besser. Ein Wundverschlussmittel ist unnötig.

mäher die Stammbasis verletzt hat, schneidet man an der Basis ab. Bei veredelten Gehölzen müssen Triebe, die unterhalb des Edelreises entspringen, entfernt werden. Das gilt auch für Wurzelschosse (Wildtriebe), die aus der Unterlage austreiben. Man muss eventuell die Basis der Wildtriebe bis zur Wurzel freilegen, um sie dauerhaft zu entfernen.

## Kontrolle des Wachstums

In der freien Natur können Bäume ihrem natürlichen Potenzial gemäß wachsen und sich ausbreiten. Im Garten begrenzen aber zahlreiche verschiedene Faktoren, wie Platzmangel, die Größe eines Baums. In manchen Fällen mag es genügen, ein paar störende Äste zu entfernen und dabei vielleicht sogar die Form zu verbessern, in anderen dagegen bedeutet es die Größe des ganzen Baums zu verringern.

Eine Technik, die dazu verwendet wird, ist das Verkleinern: Alle Äste werden in der Länge reduziert, sodass die Grundform des Baums erhalten bleibt, aber mit deutlich geringerer Größe. Dies sollte geschehen, bevor der Baum seine endgültige Größe erreicht hat und solange die Äste noch relativ jung sind. So bleibt die Form besser erhalten und attraktiv. Der Vorgang sollte alle zwei bis drei Jahre wiederholt werden. Man darf dabei nicht zu weit zurückschneiden, sonst erholt sich der Baum nicht mehr richtig und gerät aus der Form.

## Licht ins Kroneninnere

Wie bereits erwähnt, bringt es Vorteile mit sich, Licht und Luft ins Kroneninnere zu bringen, vor allem bei Obstgehölzen. Außerdem möchte man vielleicht unter den Bäumen noch andere Pflanzen ansiedeln, die keinen tiefen Schatten vertragen. Um mehr Licht (und auch mehr Wasser in Form von Regen) auf den Boden kommen zu lassen, muss man nicht gleich den ganzen Baum fällen, meist reicht es, ein paar der inneren Äste zu entfernen. Vor allem bei Eichen, deren Gestalt

In kleinen Gärten dient der Erhaltungsschnitt vor allem dazu, das Wachstum der Bäume zu begrenzen, damit sie nicht alle anderen Gartenpflanzen überwuchern.

Die Arbeit mit und auf Leitern kann besonders für weniger routinierte Gärtner gefährlich sein. Diese Trittleiter mit einer Arbeitsplattform und breiten Standbeinen ist eine sichere Wahl.

dadurch nicht beeinträchtig wird, führt man das oft durch.

## Verjüngungsschnitt

Genau wie Menschen altern auch Bäume. Bei manchen, wie den Eichen, tritt das erst nach einigen Hundert Jahren ein, andere, wie Birken, beginnen schon nach etwa 30 Jahren zu vergreisen. Mit der Vergreisung treten einige Probleme auf, eins davon sind abgestorbene Astpartien in der Krone. Vor allem bei Eichen kann man dieses Phänomen beobachten, aber auch bei anderen Baumarten. Die abgestorbenen Äste verlieren die Rinde und erinnern an ausgebleichte Geweihe. In manchen Fällen lässt dies den Baum ehrwürdig erscheinen, in anderen sieht er nur krank und zerzaust aus. Im Regelfall ist der Baum noch völlig gesund und sieht nach dem Entfernen der toten Astpartien wieder jünger und gesund aus.

Neben dem optischen Problem sind morsche Äste ein Sicherheitsrisiko. Bei mehrstämmigen Bäumen können die einzelnen Stämme im Alter auseinanderbrechen. Man kann sie abstützen. Dies sollte aber auf jeden Fall durch einen Fachmann geschehen, denn falsch abgestützte Stämme können abbrechen und Menschen gefährden.

## Sicherheit

Zum Schneiden von Obstbäumen werden häufig Leitern eingesetzt. Wenn man beim Arbeiten in der Höhe unsicher ist oder nicht die richtige Ausrüstung besitzt, um große Äste zu schneiden, sollte man einen Fachmann mit der Aufgabe betreuen. Das kostet zwar Geld, bewahrt einen aber vor Verletzungen.

Wenn man diese Arbeiten selbst durchführt, muss man auf jeden Fall eine entsprechende Sicherheitsausrüstung tragen (Seite 15).

Die meisten ausgewachsenen Zierbäume, wie diese Zier-Kirschen und Birken (im Hintergrund), müssen nur wenig geschnitten werden.

# Verjüngungsschnitt

Wenn man einen alten Garten übernimmt oder einen neuen auf einem Grundstück anlegt, das vorher ein Feld oder ein bewaldetes Stück Land war, kann es sein, dass man sich um alte Bäume kümmern muss, die lange vernachlässigt oder nie geschnitten wurden. Man muss dann entscheiden, ob man diese Bäume erhält oder ob man sie entfernt. Bäume brauchen lange, bis sie eine stattliche Größe erreicht haben und hinterlassen große Lücken, wenn sie gefällt werden. Deshalb ist es immer besser, zu versuchen, sie zu erhalten. In vielen Landkreisen gibt es auch gesetzliche Vorschriften, die das Fällen von Bäumen regeln (oder verbieten). Das betrifft mancherorts sogar Pflegemaßnahmen, deshalb sollte man sich immer vor den Arbeiten bei den örtlichen Behörden (Ordnungsamt, Landratsamt, Stadt) erkundigen.

### Schneiden Schritt für Schritt

Das Ziel bei vernachlässigten Bäumen ist es, einen optimalen Zustand wiederherzustellen und die Maßnahmen nachzuholen, die in den Jahren zuvor vernachlässigt wurden. Der beste Zeitpunkt dafür ist der Spätherbst oder frühe Winter. Man beginnt, wie üblich, mit dem Entfernen toter, kranker oder beschädigter Äste. Dann kann man die Struktur des Baums erkennen und im nächsten Schritt Wasser- und Wurzelschosse sowie schwache Triebe wegschneiden. Das gilt vor allem für Äste, die im Innern der Krone wachsen. Sich überkreuzende oder berührende Äste schneidet man ebenfalls weg. Lang-

### Renovierung eines zu dicht gewordenen Baums

**1** (*links*) Einige Baumarten, wie diese Korkenzieherhasel, werden im Alter immer dichter und müssen ausgelichtet werden, um ihren charakteristischen Wuchs wieder hervorzuheben.

**2** (*oben*) Beginnen Sie mit der Renovierung und entfernen Sie alle toten und beschädigten Äste. Jetzt hat man einen besseren Überblick.

**3** (*oben*) Der tote Zapfen zeigt, welche Folgen ein falscher Schnitt haben kann. Man schneidet immer so dicht wie möglich zurück.

**4** (*links*) Nun werden die Zweige ausgedünnt, um wieder Luft in den Strauch zu bringen. Alte und schwache Triebe entfernt man zuerst.

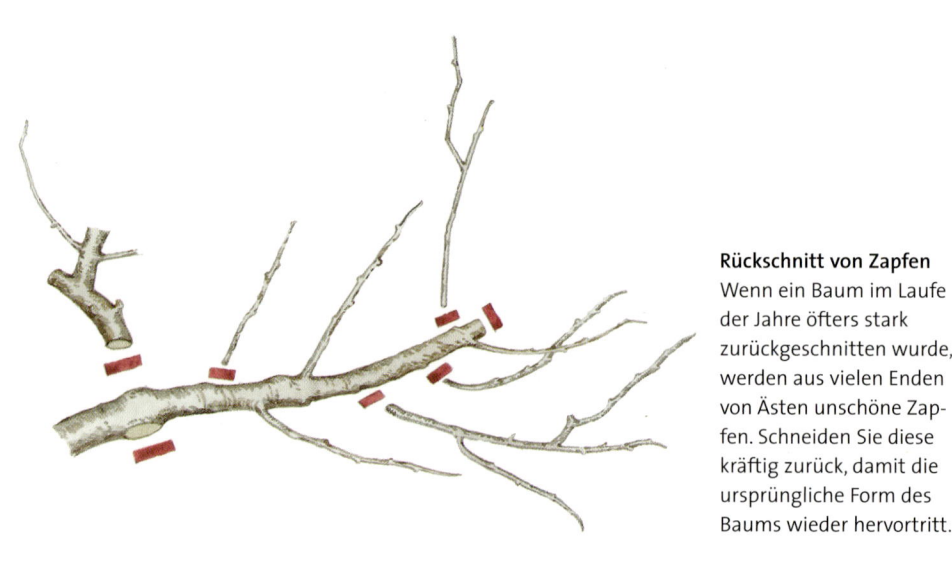

### Rückschnitt von Zapfen

Wenn ein Baum im Laufe der Jahre öfters stark zurückgeschnitten wurde, werden aus vielen Enden von Ästen unschöne Zapfen. Schneiden Sie diese kräftig zurück, damit die ursprüngliche Form des Baums wieder hervortritt.

## Zeitpunkt für einen Verjüngungsschnitt

**Mitte- bis Spätwinter (vor Wachstumsbeginn)**
Ahorn *(Acer)*
Rosskastanie *(Aesculus)*
Birke *(Betula)*
Nadelgehölze
Walnuss *(Juglans)*
Weiden *(Salix)*

**Ab dem Frühjahr**
Hainbuche *(Carpinus)*
Buche *(Fagus)*
Eiche *(Quercus)*
Linde *(Tilia)*

**Sommer (vor dem Hochsommer)**
Zier-Kirschen und -Pflaumen *(Prunus)*

sam erkennt man die neue Struktur des Baums. Nun kann man den Baum genau untersuchen, ob weitere Äste entfernt werden müssen. Vielleicht wurde der Baum immer nur von der Außenseite geschnitten und hat an den Astenden dicke Verzweigungen. Diese muss man konsequent ausschneiden, um den Baum in Form zu bringen. Nicht alle Baumarten vertragen einen starken Rückschnitt, manche können sogar eingehen. Es ist dann besser, die Schnittmaßnahmen über mehrere Jahre zu verteilen und immer nur Teile zu entfernen. Der Baum wird zwar einige Zeit zersaust aussehen,

## Verjüngungstechniken

Normalerweise kann man Traufhöhe frei wachsen lassen. Manchmal kommt es aber vor, dass man den Kronenansatz erhöhen oder die Krone auslichten möchte, damit Pflanzen unter dem Baum mehr Licht bekommen.

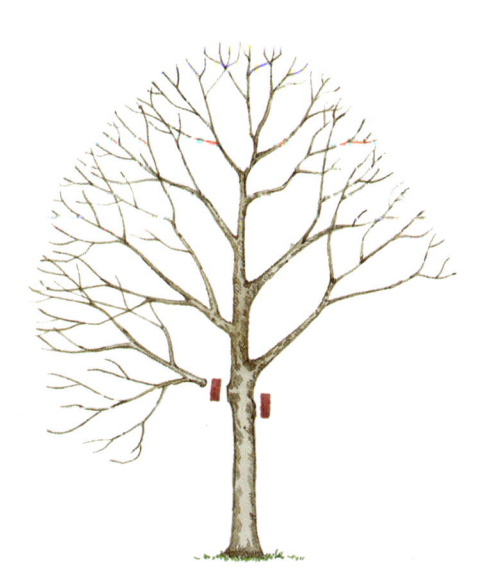

**Erhöhung des Kronenansatzes** Wenn man die untersten Äste entfernt, kann mehr Licht unter die Baumkrone gelangen

aber das ist immer noch besser, als einen toten Baum zu haben.

## Nachsorge

Ein Verjüngungsschnitt ist ein drastischer Eingriff und deshalb muss man darauf achten, den Baum anschließend ausreichend mit Wasser zu versorgen, besonders im Sommer nach dem Schnitt. Eine Mulchschicht sorgt für eine gleichmäßigere Bodenfeuchte.

**Auslichten der Krone** Alternativ kann man auch die Krone insgesamt auslichten, sodass mehr Licht auf den Boden unter dem Baum gelangt.

## Sicherheit

Ein Großteil der Arbeiten an alten Bäumen müssen über dem Kopf in großen Höhen, oft auf Leitern stehend, ausgeführt werden. Wenn man dabei unsicher ist, sollte man einen Fachmann beauftragen, der mit solchen Arbeiten vertraut ist. Dies gilt vor allem bei Arbeiten, wie dem Entfernen abgestorbener Kronenbereiche von großen Bäumen.

Vernachlässigte Bäume enthalten viel totes und beschädigtes Holz. Dieses wird beim Renovieren zuerst herausgeschnitten.

Wird nur unregelmäßig geschnitten, kann es vorkommen, dass Äste und Zapfen aneinanderscheuern. Entfernen Sie diese.

# Schnitt von Nadelgehölzen

Koniferen (Nadelgehölze) sind beliebt und bilden im Garten ein Grundgerüst, dessen Erscheinungsbild sich im Laufe der Jahreszeiten kaum verändert. Die meisten sind sehr pflegeleicht und brauchen, wenn sie einmal angewachsen sind, nur wenig Pflege. Leider wissen viele Gärtner nicht, dass man sie beim Schneiden anders als Laubgehölze behandeln muss. Und so sieht man nicht selten Reihen von Nadelbäumen, die aufgrund falscher Schnittmaßnahmen eingegangen sind.

### Schnitt ins alte Holz

Fast alle Nadelbäume treiben im Gegensatz zu vielen Laubgehölzen aus altem Holz nicht mehr aus, deshalb darf man beim Rückschnitt nur bis zu den jungen Trieben zurückschneiden. Ein zu starker Rückschnitt sorgt für eine dauerhafte Lücke und kann sogar zum Absterben des ganzen Baums führen. Will man die Größe oder Höhe begrenzen, muss man vor dem Pflanzen bei der Auswahl auf Sorten achten, die nicht zu hoch werden. Darüber hinaus nimmt man regelmäßig von Anfang an ein- oder zweimal im Jahr die Triebspitzen zurück. Spätere Korrekturen sind nicht mehr möglich.

Viele Gartenformen der Nadelgehölze haben von Natur aus äußerst attraktive Wuchsformen. Wenn man ihnen genug Platz zum Wachsen gibt, entwickeln sie sich von alleine.

Abgestorbene Triebe müssen entfernt werden. Schneiden Sie bis ins gesunde Holz zurück. Die Lücke wird durch neue Triebe geschlossen.

### Was wird geschnitten?

Trotz der beschriebenen Einschränkungen gibt es Schnittmaßnahmen, die bei Koniferen durchgeführt werden müssen. Wie immer müssen tote, kranke und beschädigte Äste entfernt werden. Auch Triebe, die die Form stören, nimmt man heraus. Das muss rechtzeitig geschehen, sonst wachsen sie zu stark und es entsteht nach dem Rückschnitt ein Loch. Koniferen mit bunten Nadeln (zum Beispiel gelb-grün gestreifte Eiben) können normalgrün benadelte Triebe entwickeln, die man ebenfalls wegschneidet. Ein leichter Schnitt ist nur nötig, wenn eine bestimmte Form erhalten werden soll, wie Kegel oder schlanke Säulen.

### Zusammenbinden

Wenn Nadelbäume älter werden, können durch Schneelast oder Wind ganze

## Schnitttechniken für Nadelgehölze

Und möchten in manchen Jahren einen leichten Rückschnitt, wenn dieser auf kaum Triebe beschränkt wird. In der Regel werden nur Formgehölze oder Hecken geschnitten. Wenn die Schnittmaßnahmen regelmäßig einmal im Jahr durchgeführt werden, begrenzt das auch die Größe. Wenn ein Nadelbaum seine volle Höhe erreicht hat, kann die Größe nicht mehr reduziert werden. Ausnahmen sind die unten aufgeführten Gattungen, die einen stärkeren Rückschnitt, auch ins alte Holz, vertragen. Eines der häufigsten Gartengehölze, die Scheinzypresse *(Chamaecyparis lawsoniana)*, treibt aus altem Holz nicht mehr aus und darf nur leicht geschnitten werden.

| | |
|---|---|
| *Cephalotaxus* | *Sequoia* |
| *Cryptomeria* | *Taxus* |
| *Cunninghamia* | *Torreya* |

1 Wenn Schnittmaßnahmen nötig sind, schneidet man so tief zurück, dass die Schnittstelle nicht sichtbar ist.

2 Tote Triebe sehen besonders bei Koniferen unschön aus. Schneiden Sie sie so schnell wie möglich heraus.

3 Nadelbäume brauchen nicht stark geschnitten werden. Man kann die neuen Triebe aber etwas einkürzen, um den Wuchs zu bremsen.

4 Statt mit einer Heckenschere alle Triebe abzuschneiden, sieht das Ergebnis besser aus, wenn man die Spitzen einzeln auskneift.

Astpartien zur Seite kippen und aus der Krone fallen. Vor allem bei mehrstämmigen Formgehölzen passiert das häufig. Entfernt man diese Äste, entstehen große Löcher, die kaum durch neue Triebe gefüllt werden. Die einzige Lösung ist es, diese Äste wieder in die Krone zurückzudrücken und an den anderen Trieben anzubinden. Die Rinde schützt man dabei durch untergelegte Gummischeiben oder Lederstücke, damit der Draht oder das Seil nicht einschneidet. Sind sehr große Äste betroffen, muss man sich professionelle Hilfe suchen. Wenn ein Baum völlig auseinandergefallen oder -gebrochen ist, entfernt man ihn am besten und ersetzt ihn durch einen neuen. Ein Nadelbaum in dieser Verfassung ist kaum zu erhalten und bietet keinen schönen Anblick.

## Entfernen eines konkurrierenden Spitzentriebs

1 Wenn ein junger Nadelbaum zwei Spitzentriebe besitzt, muss einer der beiden entfernt werden, wenn man einen durchgehenden Stamm will.

2 Wenn der neue Mitteltrieb nicht gerade nach oben wächst, bindet man ihn an einen Stab, der am Stamm befestigt wird.

Einige Nadelbäume wachsen sehr gleichmäßig. Gelegentlich muss man jedoch die Form störende Triebe entfernen.

# Bäume fällen

Das Fällen ganzer Bäume gehört zu den Tätigkeiten, die die meisten Hobbygärtner nur selten, wenn überhaupt, je erleben. Bäume fällen ist zu keinem Zeitpunkt eine einfache Aufgabe, das Fällen großer Bäume auf begrenztem Raum, ohne zum Beispiel Nachbargebäude zu beschädigen, ist ausgesprochen schwierig.

### Bäume fällen nur die Profis

Bäume fällen gehört in die Hand von Profis. Selbst wenn Platz genug vorhanden ist, wenn der Baum zum Beispiel auf einer Rasenfläche steht, ist es keine einfache Aufgabe, den Baum genau dorthin fallen zu lassen, wo er hinfallen soll. Noch schwieriger wird es, wenn sich andere Bäume und Sträucher oder Gebäude in der Nähe befinden. In solchen Fällen fällt man den Baum Stück für Stück, ein Vorgang, der sehr viel Kletterarbeit bedeutet. Neben den Fähigkeiten, die man

Ein Baum ist auf einen Nachbarbaum gefallen. Es ist eine schwierige Aufgabe, den Baum sicher aus der Krone des anderen zu entfernen.

besitzen muss, braucht man auch eine entsprechende Ausrüstung. Nicht jeder Freizeitgärtner ist im Besitz einer Kettensäge, und selbst wenn man sich eine ausleiht, ist das Arbeiten gefährlich. Es empfiehlt sich, vorher einen Kurs zum Umgang und zur Sicherheit zu belegen. Professionelle Baumchirurgen sind mit allen Arbeiten vertraut und können im Team einen Baum in relativ kurzer Zeit so fällen, dass die Umgebung nicht beschädigt wird. Sie haben auch eine Versicherung, falls doch etwas passieren sollte.

### Fachleute beauftragen

Übertragen Sie das Fällen Ihrer Bäume nur Personen, die ausreichend dafür ausgebildet sind und zu einem professionellen Baumpflegeservice gehören, damit alle Arbeiten rechtlich versichert sind.

Wenn man das Holz nicht selbst brauchen kann, sollte man die Entsorgung regeln. Heutzutage wird das Schnittgut meist vor Ort geschreddert und kann dann als Mulch verwendet werden. Besonders bei Angeboten „an der Haustür" ist Vorsicht angeraten, denn die Ausbildung dieser Anbieter kann nicht ausreichend und die Versicherungsfrage bei Unfällen oder Schäden unklar sein.

Das ist keine Tätigkeit für den normalen Gärtner. Ein professioneller Baumchirurg oder Baumpfleger hat die Ausrüstung, das Wissen und die Erfahrung, die für solche aufwändigen und gefährlichen Schnittmaßnahmen notwendig sind.

Bäume in kleinen Gärten zu fällen, ohne Gebäude zu beschädigen, ist außerordentlich schwer und muss von Profis gemacht werden.

## Fällen eines kleinen Baums

**1** Kleine Bäume, wie diese Birke, die an einem freien Platz wachsen, können Sie auch selbst fällen. Wenn Sie sich unsicher sind, sollten Sie aber einen Profi beauftragen.

**2** Beginnen Sie mit einem Schnitt im Winkel von 45° auf der Stammseite, in die der Baum fallen soll. Sägen Sie ein Viertel bis ein Drittel des Stamms ein.

**3** Sägen Sie unter dem schrägen Schnitt waagrecht in den Stamm, bis sich die Schnitte treffen. Dann können Sie den Keil aus dem Stamm herausnehmen.

**4** Wenn der Keil aus dem Stamm herausgezogen wurde, ist gewährleistet, dass der Baum in diese Richtung fallen wird.

**5** Sägen Sie nun den Stamm auf Höhe der Kerbe von der anderen Seite horizontal ein. Wenn Sie die Kerbe erreichen, wird der Baum fallen.

**6** Treten Sie zurück, wenn der Baum fällt, da er zurückkippen kann, wenn der Stamm auf den Boden fällt. Entfernen Sie den Stumpf.

### Was kann man selber machen?

Mit etwas Erfahrung kann man kleinere Bäume selber fällen, besonders mehrstämmige, die nicht zu groß oder schwer sind. Trotzdem sollte man diese Arbeit nur dann durchführen, wenn man sich sicher ist und seine Fähigkeiten nicht überschätzt. Vor dem Ansetzen der Säge sorgt man für eine aufgeräumte Umgebung und dafür, dass ein ausreichender „Fluchtweg" vorhanden ist, falls etwas schief geht.

Damit der Baum richtig fällt, sägt man eine Kerbe in die Stammseite, auf die der Baum fallen soll und durchtrennt dann von der anderen Seite der Kerbe den Stamm. Kurz bevor der Stamm ganz durchgesägt ist, beginnt der Baum in Richtung der Kerbe zu kippen und fällt. Danach muss man nur noch den Stumpf ausgraben. Vor dem Fällen ist es wichtig, einen Fluchtweg ohne Stolperfallen freizuhalten. Man sorgt dafür, dass der Baum beim Fallen nirgends hängen bleiben kann oder im Fall abgelenkt wird und an eine Stelle fällt, wo er nicht hin soll. Bäume sehen stehend kleiner aus als auf dem Boden, genug Platz ist also wichtig.

# Schneiteln und auf Stock setzen

Diese beiden traditionellen Schnitttechniken werden immer seltener angewendet. Früher waren sie ein wichtiger Bestandteil bei der Produktion von Weidenruten für die Korbflechterei oder zur Gewinnung von Laubfutter.

## Prinzip

„Auf Stock setzen" bedeutet den kompletten Rückschnitt aller Triebe eines mehrstämmigen Baums bis knapp über die Erdoberfläche. Die nachwachsenden Triebe werden dann zur Ernte genauso abgeschnitten. Diese Triebe können dünn und biegsam sein, wie bei Weiden, die jährlich auf den Stock zurückgesetzt werden, oder dick und hoch, wie bei Kastanien (Castanea), deren Triebe für Zaunpfähle im Rhythmus von 14 Jahren geschnitten werden. Schneiteln ist im Prinzip dasselbe, nur werden die Triebe nicht über dem Boden, sondern in einer bestimmten Höhe des Stamms abgeschnitten. Früher wurde die Schnitthöhe so gewählt, dass die Triebe außerhalb der Reichweite des Weideviehs lagen. Will man dünne Triebe haben, schneidet man jährlich. Dickere Äste erhält man, wenn man längere Intervalle zwischen den Schnittterminen einhält. So wurden Eichen früher geschneitelt, um Feuerholz oder Bauholz zu gewinnen.

Weiden gehören zu den Gehölzen, die am häufigsten geschneitelt werden. Die Ruten werden unter anderem als Material zum Korbflechten oder für Zäune verwendet.

**Bäume, die sich auf den Stock zurücksetzen lassen**
Götterbaum (Ailanthus)
Erle (Alnus)
Hainbuche (Carpinus)
Kastanie (Castanea)
Trompetenbaum (Catalpa)
Hasel (Corylus)
Eukalyptus (Eucalyptus)
Esche (Fraxinus)
Blauglockenbaum (Paulownia)
Eiche (Quercus)
Weide (Salix)
Holunder (Sambucus)

## Heutige Bedeutung

Im modernen Garten werden diese Techniken angewendet, um zum Beispiel Weidenruten als Haltestäbe zu gewinnen. Auch bei Haselnüssen ist

## Schneiteln

**1** Viele Sträucher, die eine attraktive Rindenfärbung besitzen, sollte man im zeitigen Frühjahr auf den Stock zurücksetzen.

**2** Schneiden Sie alle Triebe knapp über dem Boden ab. Einige Sträucher nimmt man nur bis zum Ansatz des Vorjahrstriebs zurück.

**3** Säubern Sie alle Schnittflächen und schneiden Sie die nach, die nicht schräg verlaufen. Bei dieser Gelegenheit kann man gleich Unkraut jäten.

## Schneiteln großer Bäume

**1** Dieses Exemplar ist ein gutes Beispiel für einen Baum, der regelmäßig geschneitelt wird. Alle Triebe wachsen aus dem „Kopf" an der Spitze des Stamms und erinnern an struppige Haare.

**2** Entfernen Sie alle Zweige, entweder mit einer langarmigen Astschere oder einer Säge. In diesem Stadium können auch einige längere Zapfen stehen bleiben.

**3** Säubern Sie den Kopf und schneiden Sie alle Zapfen weg. Die neuen Triebe werden an der Basis der älteren Äste mit großer Wuchskraft austreiben.

diese Technik verbreitet. Manche Baumarten, wie Holunder (Sambucus) oder Eukalyptus, reagieren auf einen starken Rückschnitt mit starkem Neuaustrieb und extrem großem Laub. Das Größenwachstum von Bäumen, wie dem Trompetenbaum (Catalpa), kann so gebremst werden.

### Technik

Zum „auf Stock setzen" zieht man den Baum als Mehrfachstamm. Wenn die Triebe die gewünschte Länge erreicht haben, sägt man sie im Spätwinter oder im zeitigen Frühjahr über dem Boden ab. Die Schnittfläche sollte leicht schräg sein, damit kein Regenwasser stehen bleibt. Die Wundränder schneidet man mit einem scharfen Messer glatt, damit sie leichter verheilen können.

Zum Schneiteln wählt man einen Baum mit einem Stamm und vielen Seitentrieben. Sobald er angewachsen ist, sägt man den Stamm auf der Höhe der Triebe ab, die den Kopf bilden sollen. Die darunterliegenden Seitenäste schneidet man weg. So gezogene Bäume müssen alle zwei bis drei Jahre wieder auf den Kopf zurückgenommen werden, damit ihre „Kopf-Form" erhalten bleibt.

Das Entfernen von Ästen vor dem Fällen ist mit Schneiteln vergleichbar. Bei großen Bäumen muss das den Profis überlassen werden.

Farbiger Rindenschmuck ist besonders intensiv, wenn die Triebe im Frühjahr auf den Stock zurückgesetzt werden.

# Lauben- und Kastenformen

Bäume an Spalieren zu ziehen oder sie miteinander zu verflechten, ist eine besonders attraktive Form der Erziehung. Man erhält im Prinzip eine Reihe von Bäumen, deren Äste miteinander verwoben sind und eine Wand in einer bestimmten Höhe über dem Stamm bilden – eine Hecke in der Höhe sozusagen. Die Äste können aber nicht nur seitlich, sondern auch wie ein Dach gezogen werden, sodass Laubengänge oder Tunnel, lauschige Ecken oder separate Gartenzimmer entstehen. In vielen Städten sieht man so erzogenen Bäume, die wie ein grünes Sonnendach wirken.

Durch Erziehung an Gerüsten können äußerst attraktive Laubengänge geschaffen werden. Diese Pergola-Konstruktion ist über und über mit blühendem Goldregen bedeckt.

## Prinzip

Das Ziel dieser Erziehung ist es, die Äste an Spanndrähten, Latten oder Stäben waagrecht entlangzuleiten, bis sie mit denen der benachbarten Bäume verflochten werden können. Seitentriebe werden auf ein Minimum beschränkt, man lässt nur so viele stehen, dass die Struktur mit Laub bedeckt ist. Einmal erzogen, sind Spalierbäume nicht anders zu pflegen als eine Hecke, außer dass man zum Schneiden eine Leiter braucht.

## Stützkonstruktion

Die Grundstruktur besteht aus senkrechten Pfosten, zwischen denen waagrechte Spanndrähte gezogen werden. Der Abstand zwischen den Pfosten sollte etwa 2,50 m betragen. Dieser Wert dient aber nur als grobe Richtlinie. Der vorhandene Platz sollte einfach in gleichmäßige Intervalle aufgeteilt werden, damit immer gleiche Abstände zwischen den Pfosten entstehen. Die Drähte, Latten oder Stäbe montiert man im Abstand von 60 cm. Die Drähte müssen stark gespannt werden, dazu nimmt man am besten einen Zaunspanner.

Diese in Kastenform gezogenen Bäume zeigen im Winter ihre Aststruktur. Sie rahmen an den Seiten und mit einem Dach den mit Sträuchern gesäumten Weg ein.

### Geeignete Baumarten
Hainbuche *(Carpinus)*
Buche *(Fagus)*
Stechpalme *(Ilex)*
Goldregen *(Laburnum)*
Linde *(Tilia)* – wohl am beliebtesten

## Formschnitt

Zuerst wird an jedem Pfosten ein Baum gepflanzt, außer am ersten und letzten. Man nimmt am besten drei bis vierjährige Bäume mit guter Verzweigung. Die untersten sollten etwa auf Höhe des unteren Drahtes liegen. Den Baum zieht man jetzt senkrecht hoch, bis das Ende des Pfostens erreicht ist und dann leitet man die Spitze zur Seite. Gleichzeitig werden alle Seitentriebe, die nicht auf Höhe eines Drahtes sind, entfernt. Die anderen Seitentriebe werden entlang des Drahtes geleitet, bis sie die Spitzen der Zweige der daneben wachsenden Bäume erreichen. Die Zeichnung rechts verdeutlicht das Erziehungs- und Schnittschema.

## Erhaltungsschnitt

Wenn die gewünschte Struktur, wie eine Hecke oder ein Laubengang, erreicht ist, entfernt man die Stützkonstruktion. Die weiteren Schnittmaßnahmen sind dieselben wie bei einer Hecke. Der Wuchs sollte immer dicht und geschlossen bleiben. Unerwünschte Triebe werden entfernt.

Ein Spazierweg, der von in schmale Reihen geschnittenen Linden gesäumt wird. Sie wirken fast wie eine Hecke auf Stelzen.

## Erziehung einer Lauben- oder Kastenform

Ziel dieser Erziehungsform ist eine „Hecke" auf Stelzen. Man lässt die Zweige ineinanderwachsen, achtet aber darauf, dass alle in eine Richtung und in einer Ebene bleiben. Für Laubengänge zieht man die oberen Äste noch horizontal weiter.

**Erstes Jahr** Erziehen Sie die jungen Bäume an stabilen Pfosten, zwischen die straffe Drähte gespannt werden. Die unteren Seitentriebe am Stamm werden entfernt und die übrigen an die Drähte geheftet.

**Zweites Jahr** Binden Sie neue Seitentriebe weiter an den Drähten fest und leiten Sie die bereits vorhandenen Seitentriebe an den Drähten entlang.

**Drittes Jahr und später** Wenn sich die Zweige nebeneinanderwachsender Bäume treffen, kann man sie zusammenflechten. Unerwünschte Triebe entfernt man.

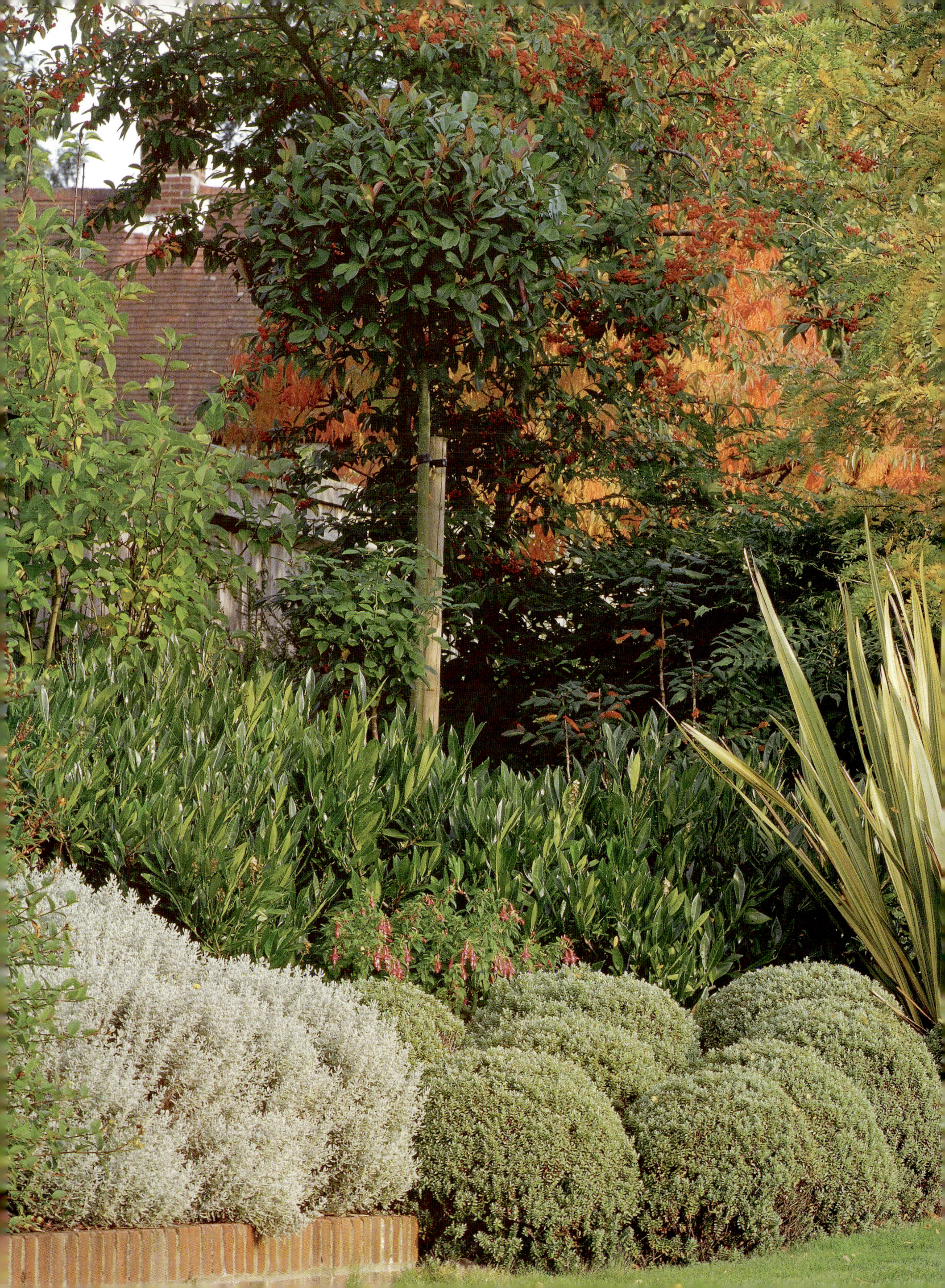

# Ziersträucher

Sträucher sind das Gerüst des Gartens. Sie sorgen ganzjährig für Struktur und Form. Viele blühen wunderschön, aber die meisten werden wegen ihres Laubs gepflanzt, das dekorativ ist oder als Hintergrund für andere Pflanzen dient.

Viele Gärtner vernachlässigen den Schnitt ihrer Sträucher und lassen sie einfach wild wachsen. Dies geht auch mehrere Jahre gut, aber nach einiger Zeit vergreisen die Büsche, breiten sich aus oder werden unattraktiv. Ohne Schnitt lässt ihre Blühfreudigkeit und -fülle nach. Regelmäßige Schnittmaßnahmen sind nicht allzu aufwändig und führen zu gesunden, blühfreudigen und ertragreichen Sträuchern, die auch noch besser aussehen.

Viele Gärtner scheuen sich vor dem Schnitt von Sträuchern, der eigentlich unkompliziert und nicht schwer zu lernen ist. Außerdem muss man nur wissen, wie die eigenen Pflanzen geschnitten werden, und nicht die speziellen Schnitttechniken aller Ziersträucher auswendig können. So wird der Strauchschnitt bald zur normalen Routine, genau wie das Rasenmähen.

Ziersträucher bilden das Grundgerüst der Gartengestaltung. Durch geeignete Schnittmaßnahmen wird ihre Form und der Wuchs kontrolliert, sodass sie sich harmonisch in den Garten einfügen.

# Erziehungsschnitt

Die meistens Sträucher, die man im Gartencenter kaufen kann, sind schon in einer Grundform geschnitten und können direkt gepflanzt werden. Ausgegrabene Sämlinge oder eigene Veredlungen brauchen etwas mehr Aufmerksamkeit.

## Kauf und Erwerb

Generell gelten für Sträucher dieselben Auswahlkriterien wie für Bäume. Man kauft nur gesunde Pflanzen ohne Krankheiten oder Schädlinge. Vom Erwerb schwächlicher Exemplare oder solcher, deren Wurzeln im Container rundherum gewachsen sind, ist Abstand zunehmen. Der Wuchs sollte gleichmäßig und kompakt sein. Überständige Pflanzen mit langen, vergeilten Trieben lässt man stehen. Außerdem sollte man nicht immer zum größten Exemplar im Angebot greifen. Gerade große Pflanzen, die im Container gezogen wurden, wachsen nicht immer so schnell an. Kleinere oder mittelgroße Pflanzen haben ein ausgeglicheneres Verhältnis von Wurzeln und Blattmasse und überholen große Pflanzen schnell im Wachstum.

*Indigofera* ist ein ausgesprochen attraktiver Zierstrauch, dessen Blühleistung ohne entsprechende Schnittmaßnahmen nachlässt.

## Containerpflanze oder wurzelnackt?

Die meisten Sträucher werden in Containern angeboten und können das ganze Jahr über gepflanzt werden, solange sie nicht in voller Sonne längeren Trockenperioden ausgesetzt sind. Viele Baumschulen, vor allem Rosenproduzenten oder Versandgärtnereien, bieten aber auch wurzelnackte Sträucher an. Diese werden in der Baumschule ausgegraben (gerodet) und „mit nackten Wurzeln", also ungetopft und ohne Ballen, an den Käufer geschickt. Sie werden häufig in großen Stückzahlen produziert und bekommen nicht die individuellen Schnittmaßnahmen wie Containerpflanzen. Sie sind günsti-

*Deutzia x elegantissima* blüht besonders reich, wenn sie nach der Pflanzung und in den ersten Jahren richtig geschnitten wird.

Schneeball *(Viburnum opulus)* auf dem Höhepunkt der Blüte. Nur durch einen entsprechenden Erziehungsschnitt ist dieser Blütenflor zu erreichen.

ger, da sie nicht so aufwändig in der Kultur sind, und wachsen, richtig gepflanzt, genauso gut oder besser an als Containerpflanzen. Sie werden meist nur im Spätherbst angeboten und müssen sofort nach dem Erwerb gepflanzt werden.

## Pflanzschnitt und Erziehung

Das Ziel jeder Erziehung ist, von Formschnittgehölzen abgesehen, ein natürliches Wuchsbild des Strauchs zu erreichen. In der Baumschule werden die grundlegenden Schnittmaßnahmen schon durchgeführt, manchmal muss man vor der Pflanzung aber noch korrigierend eingreifen. Schwache und sich überkreuzende Triebe entfernt man und, wenn man einen dichten Busch möchte, kürzt man die Triebe bis auf einige kräftige Knospen ein. Sträucher bilden eher von der Basis aus neue Triebe. Auch beim Neuaustrieb entfernt man unregelmäßig gewachsene und sich überkreuzende Triebe. Abgesehen von diesen Maßnahmen muss man anfangs keine weiteren Schnittmaßnahmen durchführen, sofern man bei der Auswahl der Sträucher auf eine gute Qualität des Pflanzmaterials geachtet hat.

## Pflanzung und Pflanzschnitt bei einem jungen Strauch

**1** Verbessern und lockern Sie den Boden um das Pflanzloch, damit der Strauch schnell anwachsen und sich entwickeln kann.

**2** Die meisten Ziersträucher pflanzt man so tief, wie sie im Container oder im Pflanzbeet in der Baumschule standen.

**3** Manchmal ist bereits in der Baumschule oder Gärtnerei ein erster Schnitt durchgeführt worden. Dann muss man nur abgebrochene oder schwache Triebe entfernen.

**4** Abgeblühte Triebe werden auf eine starke Knospe oder einen kräftigen Seitentrieb zurückgeschnitten.

**5** Alte abgestorbene Zapfen, die vom Vorjahr stehen geblieben sind, werden herausgeschnitten, ebenso beim Transport beschädigte Triebe.

**6** Nach innen wachsende und aneinanderscheuernde Triebe schneidet man zusammen mit den Zapfen ganz heraus.

**7** Der fertig geschnittene Strauch sollte einen gleichmäßigen, offenen Habitus haben, der als Gerüst für das weitere Wachstum dient.

# Erhaltungsschnitt

Einmal angewachsen und etabliert, erfordern die meisten Sträucher regelmäßig die Aufmerksamkeit des Gärtners, um in Top-Form zu bleiben. Nur wenige brauchen geringe oder gar keine pflegenden Schnittmaßnahmen.

### Schnitt-Typen

Wenn es um den Schnitt geht, lassen sich Sträucher in vier Haupt-Schnittgruppen einteilen. Die erste Gruppe muss nicht oder nur minimal geschnitten werden. Seidelbast *(Daphne)*, Säckelblume *(Ceanothus)* und Magnolien *(Magnolia)* gehören dazu. Die zweite Gruppe umfasst jene, die Blüten an diesjährigen Trieben entwickeln, wie Sommerflieder *(Buddleja)* oder Malven *(Lavatera)*. In der dritten befinden sich die Arten, die an Vorjahrstrieben blühen, wie Forsythien *(Forsythia)* oder Pfeifenstrauch *(Philadelphus)*. Die letzte Gruppe bilden die Immergrünen, wie Ölweide *(Elaeagnus)* oder Duftblüte *(Osmanthus)*. Je nach Gruppe muss unterschiedlich stark und zu unterschiedlichen Zeitpunkten geschnitten werden.

### Zeitpunkt des Schnitts

Schnittarbeiten ziehen sich im Garten über das ganze Jahr hin, die Hauptarbeit fällt aber im Winter und Frühjahr an. Es heißt zwar, dass man Gartenarbeiten gleich dann ausführen soll, wenn sie einem in den Kopf kommen, und eigentlich geht ein Strauch durch falschen Schnitt nicht ein, aber ein Schnitt zum falschen Zeitpunkt kann zum Beispiel die Blüte im Folgejahr verhindern. Wenn man zum Beispiel einen Strauch, der am Holz des Vorjahrs blüht, im Winter schneidet, entfernt man dadurch alle Blütenknospenansätze. Solche Sträucher schneidet man direkt nach der Blüte, damit sie genug Zeit haben, neue Triebe mit neuen Blütenknospen anzusetzen. Die meisten, wie Forsythien, blühen so früh, dass dazu genug Zeit ist. Sträucher, die im Hoch- oder Spätsommer an Trieben desselben Jahrs blühen, wie der Sommerflieder, werden am besten im zeitigen Frühjahr geschnitten. Immergrüne schneidet man im Frühling nur leicht zurück.

### Leichter Rückschnitt

Bei vielen Sträuchern reicht es, abgestorbene oder kranke Triebe zu entfernen. Auch ein leichter Rückschnitt langer Neutriebe, der das Wachstum

Nicht alle Ziersträucher müssen stark geschnitten werden. Bei diesem *Ceanothus thyrsiflorus* muss man nur die längeren Tiebspitzen nach der Blüte um ein Drittel zurücknehmen.

### Sträucher, die nicht oder nur wenig geschnitten werden

| | |
|---|---|
| Amelanchier | Daphne mezereum |
| Aronia arbutifolia | Enkianthus campanulatus |
| Berberis | Magnolia |
| Callicarpa bodinieri | Nandina |
| Calycanthus | Phlomis |
| Clerodendron trichotonum | Rhododendron |
| Clethra alnifolia | Salix helvetica |
| Corylopsis | Salvia |
| Crataegus | Stephanandra |
| Cytisus | Thymus |

# ERHALTUNGSSCHNITT

## Grüne Triebe bei panaschierten Sträuchern

Manchmal passiert es, dass Sträucher mit panaschierten Blättern Triebe bilden, deren Laub einfarbig grün, wie bei der Normalform, gefärbt ist. Vor allem bei Immergrünen, wie der Stechpalme, tritt dieses Phänomen auf. Entfernt man diese Triebe nicht, können sie nach und nach den ganzen Strauch überwachsen.

Umgekehrt kann es auch bei grünblättrigen Pflanzen vorkommen, dass einzelne Triebe abweichende Blattfarben oder -zeichnungen zeigen. Sie lassen sich durch Stecklinge vermehren. Die meisten buntblättrigen Gartensorten sind so entstanden.

Reinweiße oder gelbe Triebe, die an panaschierten Sträuchern, oft bei Stechpalmen, auftreten, entstehen durch Kälteeinwirkung und lassen sich, da sie kein Blattgrün enthalten, nicht vermehren.

### Sträucher, die am älteren Holz blühen

| | |
|---|---|
| Corylus | Kolkwitzia |
| Cotinus | Laburnum |
| Cotoneaster | Philadelphus |
| Crataegus | Ribes sanguineum |
| Forsythia | Rubus |
| Hibiscus | Sambucus |
| Hydrangea | Spiraea japonica |
| Kerria | Viburnum |

bremst, sorgt dafür, dass der Strauch nicht zu ausladend wird. Wenn man durch einen starken Rückschnitt die Größe eines Buschs reduziert hat, kann es passieren, dass er aus dem alten Holz nicht mehr austreibt und man ihn durch einen neuen ersetzen muss. Gelegentlich muss man auch einzelne lange Triebe, die den Gesamteindruck stören, entfernen.

## Sträucher, die am alten oder neuen Holz blühen

Sträucher dieser beiden Kategorien werden im Prinzip gleich behandelt, nur der Zeitpunkt des Schnitts ist unterschiedlich. Zuerst entfernt man kranke, abgestorbene oder beschädigte Triebe sowie sich überkreuzende Äste. Letztere können sich gegenseitig aufscheuern oder durch den dichten Wuchs verhindern, dass Licht und Luft

## Schnitt von Sträuchern, die am Vorjahrsholz blühen

**1** Die beste Zeit zum Schneiden ist unmittelbar nach der Blüte. Nehmen Sie ein Drittel der Triebe heraus, am besten die ältesten. Diese erkennt man daran, dass sie am dicksten sind.

**2** Die ältesten Triebe schneidet man mit einer Astschere (dickere Triebe mit einer Säge) bis zum Boden zurück. Schneiden Sie immer auf einen Seitentrieb zurück.

Wenn man diese Forsythie direkt nach der Blüte zurückschneidet, bilden sich im Sommer viele Neutriebe, die im nächsten Frühjahr überreich blühen werden.

## Schnitt von Sträuchern, die am diesjährigen Holz blühen

**1** Viele Sträucher, wie diese winterharte Fuchsie, blühen an Trieben, die im selben Jahr gewachsen sind. Im Frühling schneidet man deshalb alle Triebe aus dem Vorjahr heraus.

**2** Im Frühling schneidet man die alten Triebe, im Fall der Fuchsie bis zum Boden zurück. Bei anderen Sträuchern schneidet man sie auf einen kräftigen Seitentrieb zurück.

**3** Wenn das neue Wachstum einsetzt, wird die Pflanze schnell wieder dichtbuschig und kompakt. Die neuen Triebe müssen bis zum nächsten Frühling nicht mehr geschnitten werden.

ins Strauchinnere gelangen. Auch schwache Triebe, die keine Blüten ansetzen, werden entfernt. Man kann durch den Rückschnitt alter Triebe einen kräftigen Neuaustrieb fördern. Dazu entfernt man alte Triebe einfach an der Basis. Haben diese schon Neutriebe angesetzt, schneidet man einfach bis zu diesen herunter. Man nimmt immer nur einen Teil der alten Triebe zurück, damit der Busch insgesamt seine Form behält. Im Idealfall schneidet man jährlich ein Drittel der alten Triebe heraus und hat so nach drei Jahren einen komplett verjüngten Strauch. Diese Maßnahme muss man in der Regel nur alle paar Jahre durchführen, wenn der Busch zu dicht geworden ist. Am Schluss jeder Schnittmaßnahme überprüft man noch mal den Gesamteindruck und entfernt störende Triebe.

### Immergrüne

Die meisten Immergrünen müssen nur wenig geschnitten werden, von routinemäßigen Maßnahmen, wie dem Entfernen toter, kranker oder beschädigter Zweige, abgesehen.

Um in Form zu bleiben, reicht in den meisten Fällen ein leichter Rückschnitt einmal im Jahr. Bei panaschierten Sorten, wie bei Stechpalmen, muss man grüne Triebe entfernen, die „zurückgeschlagen" sind (Seite 45).

---

### Sträucher, die am diesjährigen Holz blühen

| | |
|---|---|
| Buddleja | Hypericum caly- |
| Caryopteris | cinum |
| Cassia | Indigofera |
| Ceanothus 'Gloire | Lavatera |
| de Versailles' | Leycesteria |
| Ceratostigma | Potentilla |
| Fuchsia | Sambucus |

---

Fingerkraut kann man kompakt und dichtbuschig halten, indem man es nach der Blüte leicht zurückschneidet. Vom Ausschneiden alter Triebe abgesehen, sind sonst keine Maßnahmen nötig.

---

### Immergrüne Sträucher

| | |
|---|---|
| Abelia | Kalmia |
| Azara | Laurus nobilis |
| Berberis | Lonicera nitida |
| Buxus | Mahonia |
| Camellia | Osmanthus |
| Ceanothus | Pachysandra |
| Choisya ternata | Photinia |
| Cotoneaster | Pieris |
| Daphne | Pittosporum |
| Elaeagnus | Prunus lauro- |
| Erica carnea | cerasus |
| Escallonia | Prunus lusitanicus |
| Euonymus fortu- | Pyracantha |
| nei | Rhododendron |
| Garrya | Sarcococca |
| Hebe | Skimmia |
| Hedera | Viburnum tinus |
| Ilex | Vinca |

## Schnitt von immergrünen Sträuchern

**1** Immergrüne Sträucher, wie dieser Lorbeer (*Laurus nobilis*), brauchen in der Regel nur wenig geschnitten zu werden. Gelegentlich kann man allerdings die Form korrigieren.

**2** Nach dem Entfernen toter oder beschädigter Triebe schaut man, ob an der Spitze unschöne, zu lange oder sparrige Triebe gewachsen sind. Schneiden Sie diese heraus.

**3** Zu lange Triebe werden bis tief ins Innere des Strauchs zurückgeschnitten. Ansonsten könnten Sie durch schräg wachsende Seitentriebe die Gesamtform beeinträchtigen.

**4** Die Schnittmaßnahme wird durch das Einkürzen unerwünschter Triebe an der Basis vollendet. Der Strauch sieht nun viel kompakter und gleichmäßiger aus als vorher.

## Verblühtes entfernen

Blühende Sträucher sehen schöner aus und profitieren davon, wenn man Abgeblühtes regelmäßig entfernt.

Die Produktion der Samen erfordert von der Pflanze viel Energie und Kraftreserven. Wenn man welke Blüten gleich entfernt, werden erst gar keine Früchte angesetzt und die Pflanze kann ihre ganze Kraft in die Produktion neuer Triebe und Blüten umleiten.

Ein weiterer Grund ist der nicht gerade schöne Anblick brauner, vertrockneter Blüten. Das trifft vor allem auf Sträucher mit weißen Blüten, wie vielen Rhododendronsorten, zu. Welke Blüten ziehen den Blick auf sich und lenken von den noch schönen Blüten ab. Man entfernt sie also so schnell wie möglich, indem man die Blütentriebe bis zum nächsten Knospenansatz zurückschneidet oder auskneift. So bleibt der schöne Anblick des blühenden Strauchs viel länger erhalten.

Welke und vertrocknete Blüten sehen nicht nur hässlich aus, sie lenken auch den Blick von den noch blühenden ab. Sie brauchen viel Wuchsenergie der Pflanze, deshalb entfernt man sie.

# Verjüngungsschnitt

Nicht selten wird man mit Sträuchern konfrontiert, die jahrelang nicht geschnitten wurden und dringend einen Verjüngungs- oder Renovierungsschnitt brauchen. Auch wenn diese Aufgabe nicht sehr verlockend klingt, ist sie nicht schwer umzusetzen, wenn man sie systematisch angeht.

### Freischneiden

Zuerst werden tote Äste entfernt, dann beschädigte, kranke und absterbende Triebe. Man wird überrascht sein, wie viel Material dabei von einem wuchernden Strauch anfällt. Jetzt sieht der Strauch schon besser aus und die neue Struktur wird erkennbar. Alle Wurzelschosse, die sich um die Pflanze gebildet haben, werden ebenfalls abgeschnitten. Ein Essigbaum (Rhus) bildet sehr viele Ausläufer, die bis unter die Erdoberfläche entfernt werden müssen. Ist der Strauch von Krankheiten stark befallen, entfernt man ihn am besten ganz und ersetzt ihn durch einen neuen, da eine eigene Erneuerung unwahrscheinlich ist.

**Verjüngungs- oder Renovierungsschnitt** Viele Ziersträucher lassen sich durch das Herausnehmen der ältesten Triebe verjüngen, da dadurch das Wachstum neuer angeregt wird.

### Verjüngen

Schwache und sich überkreuzende Triebe werden entfernt. Der nächste Schritt dient der Verjüngung des Strauchs. Dazu wird ein Teil der alten Triebe komplett entfernt, um einen kräftigen Neuaustrieb anzuregen. Vor allem die ältesten Äste in der Mitte des Strauchs müssen ausgeschnitten werden.

### Entfernen von Ausläufern

**1** Manche Sträucher werden zu dichten Gebüschen, da sie an der Basis und an den Wurzeln viele Ausläufer bilden.

**2** Schneiden Sie diese Ausläufer so dicht wie möglich am Stamm ab oder bei Wurzelausläufern unter der Erde direkt an der Wurzel.

Als Grundregel gilt: Man entfernt etwa ein Drittel aller alten Triebe und wiederholt diesen Vorgang in den folgenden Jahren, bis eine komplette Erneuerung stattgefunden hat. Manche Straucharten, wie die Säckelblume *(Ceanothus)*, treiben schlecht aus dem alten Holz aus, entweder man verzichtet auf den Verjüngungsschnitt oder ersetzt die Pflanze komplett.

## In Form bringen

Ein wie oben beschrieben verjüngter Strauch wird recht struppig aussehen und so ist es nötig, die übrigen Triebe einzukürzen, um eine bessere Form zu erzielen. Je nach Strauchart kann mehr oder weniger stark zurückgeschnitten werden, bis etwa maximal zur Hälfte. Einige, dazu gehört die Säckelblume *(Ceanothus)*, werden nur wenig geschnitten, da sie aus altem Holz nicht mehr austreiben.

## Auf den Stock zurücksetzen

Manche Ziersträucher kann man bis auf den Boden zurückschneiden und sie treiben trotzdem wieder neu aus. Dazu gehören Flieder *(Syringa)*, Holunder *(Sambucus)* oder Haselnuss *(Cory-*

Viele Sträucher, die von unten kahl geworden sind, wie dieser Lavendel, schlagen nur schwer aus dem alten Holz aus. Man ersetzt sie besser durch neue.

*lus)*. Zuerst entfernt man die Spitzen der Triebe, um das Gewicht zu reduzieren. Die Stümpfe kürzt man dann noch einmal auf 15 bis 30 cm über dem Erdboden ein.

Bei veredelten Ziersträuchern darf man natürlich nicht bis unter die Veredlungsstelle schneiden.

Bei vielen Sträuchern, wie diesem Spierstrauch, kann man pro Jahr ein oder zwei der ältesten Triebe herausnehmen, um eine konstante Verjüngung zu fördern.

## Ersetzen alter Sträucher

Einige Sträucher regenerieren sich nur sehr schlecht oder gar nicht. Schneidet man zu weit ins alte Holz zurück, geht die Pflanze einfach ein, ohne neu auszutreiben. Um das zu vermeiden, muss man von Anfang an regelmäßig schneiden, damit nie radikal verjüngt werden muss. Sollte man allerdings einen überalterten Strauch „erben", wenn man einen alten Garten übernimmt, ist es das Beste, ihn auszugraben und durch einen neuen zu ersetzen.

## Verjüngung eines Zierstrauchs

**1** Der erste Schritt beim Verjüngen ist das Herausschneiden abgestorbener oder nach innen wachsender Triebe.

**2** Beschädigte Äste, an denen Krankheitserreger eindringen könnten, werden entfernt, genauso wie alle toten Triebe.

# Blattschmucksträucher

Viele Ziersträucher werden wegen ihrer attraktiven Belaubung geschätzt. Lässt man sie einfach wachsen oder schneidet sie nur leicht, werden sie schöne Blätter ausbilden und vielleicht auch blühen, wie der Perückenstrauch (Cotinus coggygria). Schneidet man sie aber richtig stark zurück, werden die Blätter oft größer und die Laubfarben intensiver, der Gesamteindruck einfach spektakulärer.

### Geeignete Ziersträucher

Holunder (Sambucus), Hcht-Rose (Rosa glauca) und Perückenstrauch (Cotinus coggygria) sind perfekte Beispiele für Ziersträucher, die von einem radikalen Rückschnitt profitieren. Auch der nicht ganz winterharte Eukalyptus (Eucalyptus gunnii) treibt bei starkem Schnitt zahlreiche Triebe mit den attraktiven, runden Jugendblättern, die bei Floristen so beliebt sind und die sich deutlich von den lanzettlichen Blättern an den alten Trieben unterscheiden. Sträucher, deren junge Triebe eine attraktive Rindenfärbung haben, wie verschiedene Hartriegel-Arten (Cornus stolonifera, C. alba, C. sibirica) oder manche Rubus-Arten, fallen in die gleiche Kategorie.

Ein Perückenstrauch in voller Blüte. Wenn man im Frühjahr stark zurückschneidet, wird das Laub größer, es gibt dann aber keine Blüten.

### Sträucher mit attraktiver Belaubung

*Berberis*
*Cotinus*
*Eucalyptus gunnii*
*Philadelphus coronarius* 'Aureus'
*Rosa glauca*
*Sambucus*

### Förderung des Blattwerks

Das attraktivste Laub wird an neuen Trieben ausgebildet, deshalb entfernt man alle alten Äste. Der beste Zeitpunkt dafür ist der späte Winter, dann werden im nächsten Frühjahr zahlreiche Neutriebe gebildet. Die ganze Wuchskraft der Pflanze wird also zur Ausbildung von neuen Blättern aufgewendet und weniger in die Blütenproduktion gesteckt. So entstehen die gewünschten großen Blätter. Wenn der Strauch erst einmal etabliert ist, wird man überrascht sein, wie viele kräftige Neutriebe jedes Jahr gebildet werden können.

Selbst wenn man sie bis auf den Boden zurückschneidet, können man-

### Schnitt zur Förderung von schönem Blattwerk

**1** Holunder (Sambucus) kann wie der oben erwähnte Perücksnstrauch stark zurückgeschnitten werden und bildet dann größere Blätter an den neuen Trieben.

**2** Schneiden Sie die Triebe des Vorjahrs auf eine starke Knospe, etwa 30 cm über dem Boden zurück. Das mag drastisch erscheinen, der Strauch erholt sich aber schnell.

**3** Nach einigen Jahren wird der Strauch immer höher und man schneidet dann die ältesten und dicksten Triebe dirket über dem Boden zurück, um ihn zu verjüngen.

che Arten, wie der Holunder (*Sambucus*), in einem Jahr 2,50 bis 3 m hoch werden. Diesen Eingriff kann man so oft wiederholen, wie man möchte. Will man doch einmal Blüten oder einen größeren Busch haben, lässt man die Triebe einfach ohne Schnitt weiter wachsen.

Normalerweise schneidet man bis auf etwa 30 cm Höhe zurück, man kann den Strauch aber auch wie eine „Kopfweide" behandeln, sodass die Neutriebe etwas höher zur Geltung kommen, zum Beispiel als Hintergrund eines Blumenbeets.

## Förderung von frischen Trieben

Sträucher mit attraktiver Rindenfärbung sorgen vor allem im Winter im laublosen Zustand für Farbe im Garten. Schneidet man nicht, verblassen die Farben und werden nur noch an den kurzen Neutrieben ausgebildet. Schneidet man die Büsche regelmäßig bis auf dem Boden zurück, erscheinen jedes Jahr im Frühling Massen von dünnen jungen Trieben mit leuchtend gelb-grüner Rinde, wie bei *Cornus stolonifera* 'Flaviramea', oder roter wie bei *Cornus alba* 'Sibirica'. Der Rückschnitt erfolgt im zeitigen Frühling, sodass die Triebe bis zum kommenden Winter ausgereift sind. Eine Blüte wird man bei so behandelten Sträuchern natürlich selten erhalten.

### Sträucher mit attraktiver Rindenfärbung im Winter

*Cornus alba* 'Sibirica'
*Cornus stolonifera* 'Flaviramea'
*Rubus cockburnianus*
*Rubus thibetanus*
*Salix alba* var. *vitellina* 'Britzensis'
*Salix fargesii*
*Salix irrorata*

## Schnitt von Rindenschmuckgehölzen

**1** Schneidet man die attraktiven Wintertriebe von *Salix alba* var. *vitellina* nicht, werden sie immer höher und verlieren ihre Farbe.

**2** Schneiden Sie einige der älteren Triebe heraus, um zu dicht stehende Äste zu vermeiden und den Strauch zu verjüngen.

**3** Tote und beschädigte Äste werden bis ins gesunde Holz zurückgeschnitten. Für dicke Triebe nimmt man eine Astsäge.

**4** Nun hat man ein gleichmäßiges Grundgerüst, aus dem in den kommenden Jahren die neuen Triebe wachsen können.

**5** Die am Strauch verbliebenen Triebe des Vorjahrs werden auf eine starke Knospe oder einen Seitentrieb zurückgeschnitten.

**6** Sträucher im Vordergrund von Beeten oder vor anderen Sträuchern schneidet man noch etwas niedriger über dem Boden zurück.

Farbige Rindenfärbung bei verschiedenen Hartriegel- und Weidenarten. Die älteren Exemplare im Hintergrund sind nicht mehr so farbenprächtig.

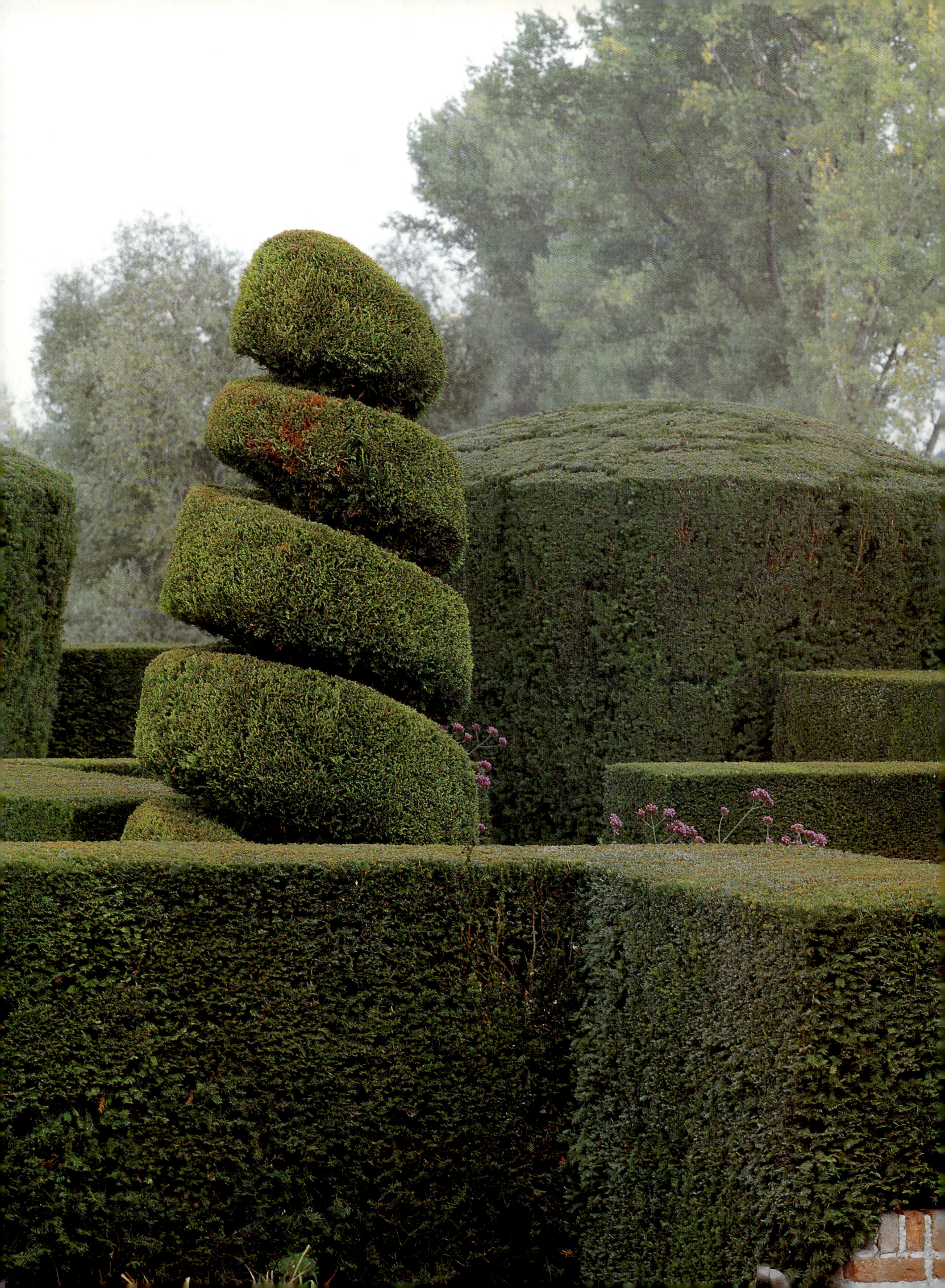

# Topiari

Die Kunst des Topiari hat eine lange Tradition. Topiari ist die englische Bezeichnung für die Gestaltung von Bäumen und Sträuchern in dekorative, ungewöhnliche Formen. Dazu wird das Wachstum durch gezielte Schnittmaßnahmen und die Erziehung an Drahtgerüsten oder anderen Konstruktionen in strenge Bahnen gelenkt. Die Gestaltungen variieren von strengen geometrischen Formen, wie Kugeln oder Pyramiden, die besonders gut zu modernen architektonischen Gartenanlagen passen, bis zu frei gestalteten Skulpturen, wie Vögeln und anderen Tieren, oft in skurrilen Posen. Solche lebenden Skulpturen sorgen für einen Akzent im Garten, der alle Blicke auf sich zieht. Topiari-Figuren können frei stehen, oder ein Teil von Hecken oder Laubengängen werden. Auch in Kübeln, zum Beispiel als symmetrisches Paar an einem Eingang oder einer Treppe, wirken diese grünen Figuren fantastisch.

Topiari ist nicht sehr schwierig, für die frei gestalteten Figuren muss man jedoch schon ein künstlerisches Auge besitzen, damit sie ansprechend wirken. Es gibt einige Grundtechniken, die man leicht erlernen kann, aber man braucht viel Geduld, bis die Sträucher in der gewünschten Form gewachsen sind.

Da Topiari-Figuren auch ohne tägliche oder wöchentliche Schnittmaßnahmen möglichst lange gut aussehen sollen, müssen die geeigneten Gehölzarten besondere Eigenschaften besitzen. Theoretisch kann fast jede Strauchart verwendet werden, wirklich beeindruckende Figuren erzielt man jedoch nur bei einigen wenigen geeigneten Arten.

Im Garten des verstorbenen Künstlers Piet Bekaert in Belgien wachsen in strenge geometrische Formen geschnittene Figuren aus Sträuchern, Bäumen und Hecken.

# Einfache Topiari-Figuren

Topiari-Figuren zu formen ist nicht schwer, erfordert aber eine kontinuierliche Gestaltung und ein genaues Auge. Das Werkzeug, das man benötigt, ist dasselbe wie für den Heckenschnitt, also eine gute Garten- und Heckenschere. Handgeräte sind einfacher zu halten als Motorgeräte.

## Wahl der Sträucher

Immergrüne Sträucher, wie Eibe *(Taxus)* oder Buchsbaum *(Buxus)*, die langsam und dicht wachsen, sind am besten geeignet. Kleinblättrige Arten sind ebenfalls vorzuziehen, da sie leichter eine „glatte Oberfläche" bilden; auch aus diesem Grund ist Buchsbaum ideal. Für einfache Formen, wie Kugeln, kann man auch großblättrige Arten, wie Stechpalmen *(Ilex)* oder Lorbeer *(Laurus nobilis),* verwenden. Man kann Sträucher, die man zu Topiari formen möchte, schon in ihrer Endgröße kaufen und dann erziehen oder vorzugsweise bereits von klein auf in die gewünschte Form bringen.

Kegel gehören zu den Formen, die am einfachsten zu schneiden sind. Allerdings brauchen Sie einige Jahre, um so große Exemplare anzuziehen. Sie sind ein absoluter Hingucker im Garten.

Eine einfache Spirale aus Buchsbaum. Buchs wächst von Natur aus dicht und kompakt und braucht nicht allzu oft geschnitten werden.

Komplizierte Formen lassen sich besonders gut mit Schablonen erziehen. Mit der Zeit werden sie vom Strauch überwachsen.

## Erziehung einfacher Formen

Um eine einfache Form, wie eine Kugel, Kegel oder Pyramide, zu formen, beginnt man mit einer relativ jungen Pflanze, die man zunächst in ein verkleinertes Abbild der gewünschten Form schneidet. Nach und nach, wenn die Pflanze wächst, vergrößert man diese. So erhält man viele, reich verzweigte Triebe, die sehr dicht stehen und eine stabile Form bilden. Wenn man die Pflanze erst groß wachsen lässt, um sie dann in Form zu schneiden, dauert es viele Jahre, bevor der Strauch buschig wird. Hat die Pflanze die gewünschte Größe erreicht, schneidet man sie in die endgültige Form, am besten mit einem Gestell als Schablone, damit die Form ganz regelmäßig wird.

## Spiralen

Spiralen wirken alleine oder als Paar, zum Beispiel an einer Haustür oder einem Eingang, sogar in kleinen Gruppen sehen sie schön aus. Ihre Form kann stark variieren. Von dicken, voluminösen Spiralen bis zu zierlichen

Auffällige geometrische Figuren setzen Akzente im Garten.

Die perfekt geschnittenen runden Buchskissen betonen die rechteckige Form des Wasserbeckens und unterstreichen die ruhige Atmosphäre der Gartenanlage.

Windungen, die eher an eine belaubte Girlande, die um einen Pfosten geschlungen ist, erinnern.
Je schlanker eine Spirale sein soll, desto schwieriger ist sie zu erziehen und desto mehr Zeit braucht man. Dicke Spiralen sind dagegen einfach zu formen und können beinahe direkt aus einer Pflanze herausgeschnitten werden. Häufig werden schnell wachsende Koniferen, wie Wacholder, Thuja oder Scheinzypressen, verwendet. Wenn man sie fertig kauft, sind sie recht teuer. Es ist aber nicht so schwer und langwierig, sie selbst zu ziehen. Buchsbaum ist besonders gut für kleine bis mittelgroße Spiralen in Kübeln geeignet. Für größere, frei wachsende Exemplare sind Eiben die bessere Wahl.

Wenn man eine Spirale gestaltet, kann man ihr eine individuelle Form geben, da sie von verschiedenen Faktoren beeinflusst wird. Auf der einen Seite der Bandbreite liegt die stark gestauchte Schneckenform, mit breiten Windungen und einer niedrigen Höhe. Die Windungen liegen also ohne Zwischenräume übereinander. Wenn man eine imaginäre Schnur an der Spitze der Spirale befestigen würde und sie in die Höhe zieht, bekommt man eine neue Form – mit weiter auseinander gezogenen Windungen. Je nach Winkel wirkt eine solche Spirale bedächtig und ruhig oder dynamisch geschwungen.

Die Gesamtform der Spirale muss nicht immer ein Kegel sein, auch

Topiari ist auch für lustige Figuren geeignet. Die eigene Fantasie ist der einzige einschränkende Faktor. Zu viele unterschiedliche Formen im Garten sorgen allerdings für eine unruhige Atmosphäre.

gerade Säulen oder schräg beziehungsweise waagrecht abstehende Windungen sind möglich.

Egal für welche Form man sich entscheidet, wenn die Spirale nicht komplett symmetrisch ist, oder man bei der Erziehung von der ursprünglichen Form abweicht, macht das nichts – Topiari ist eine Kunst für Exzentriker!

## Hochstämme

Es gibt zwei unterschiedliche Formen von Hochstämmen. Die erste entsteht, wenn ein flach oder hängend wachsender Strauch auf eine Hochstamm-Unterlage veredelt wird. Diese Form kann man meist schon fertig geformt kaufen. Die zweite entsteht durch kontinuierliches Erziehen eines Haupttriebs, dessen Konkurrenztriebe ständig entfernt werden. An der Spitze lässt man den Busch verzweigen, bis eine rundliche Form entsteht. Häufig sieht man Feuerdorn *(Pyracantha)* oder Lorbeer *(Laurus nobilis)* so gezogen. Sobald die gewünschte Endgröße erreicht ist, muss man regelmäßig schneiden, damit die Form erhalten bleibt. Häufig sieht man zum Beispiel Kugelformen, wie Lorbeerbüsche, die Hauseingänge und Straßen flankieren.

Aber auch komplexere Figuren sind möglich. Eine Kugel, ein Kegel, eine Pyramide oder gar ein Vogel auf einem schlanken Hochstamm, sind elegante Garten-Accessoires. Egal welche Form man wählt, Topiari-Figuren sind Skulpturen, die im Topf oder ausgepflanzt den Garten verschönern, als Hingucker in einem Blumenbeet thronen oder als Zwillingspaar den Eingang einrahmen.

Viele Gärtner sind mit dem Anziehen von eigenen Hochstämmchen bei Balkonblumen, wie Margeriten oder Fuchsien, vertraut. Dieselbe Technik kann man auch auf Buchsbaum, Lorbeer, Stechpalmen, Lebensbäumchen oder Liguster und übertragen.

### Geeignete Straucharten
Buchs *(Buxus sempervirens)*
Efeu *(Hedera)*
Stechpalme *(Ilex)*
Lorbeer *(Laurus nobilis)*
Liguster *(Ligustrum ovalifolium)*
Immergrünes Geißblatt *(Lonicera nitida)*
Feuerdorn *(Pyracantha)*
Eibe *(Taxus baccata)*

## Erhaltungsschnitt

Um das Topiari in Form zu halten, schneidet man die Oberfläche regelmäßig glatt. Damit diese auch gleichmäßig wird, kann eine Schablone oder ein Gestell zur Hilfe genommen werden. Es kann ein Latten- oder Drahtgestell oder eine Papp- oder Sperrholzschablone sein. Frei gestaltete Formen, wie eine Spirale, werden mit einer Schnur markiert, die man um den Strauch wickelt und an der man anschließend entlangschneidet.

### Erziehung einer Kegelform

1 Beginnen Sie mit einer kleinen, jungen Pflanze, die gleichmäßig angeordnete Zweige hat. Der Mitteltrieb sollte gerade sein. Stecken Sie einen Stab in die Mitte als Erziehungshilfe.

2 Mit einer Heckenschere schneidet man die Zweigspitzen in Form. Achten Sie auf eine gleichmäßige, glatte Umrissform, die nach unten immer breiter wird.

3 Während die Pflanze wächst und größer wird, schneidet man die Seitentriebe immer wieder in Form, um die Kegelform zu erhalten. Die oft verzweigten Triebe bilden eine dichte Oberfläche.

## Schnitt einer Doppelkugel

**1** Kaufen Sie einen dichtbuschigen Strauch mit einem geraden durchgehenden Mitteltrieb. Er sollte schon die gewünschte Endgröße erreicht haben, da er von nun an eher breit wächst.

**2** Mit einer Gartenschere entfernt man die Triebe in der Mitte des Stamms, an der er kahl sein soll. Lassen Sie an der Spitze und an der Basis genug Triebe für die beiden Kugeln stehen.

**3** Die untere Kugel wird durch das Einkürzen der langen Seitentriebe in Form gebracht. Die übrigen Zweige werden an den Spitzen eingekürzt, um einen buschigen Wuchs anzuregen.

**4** Die obere Kugel wird genauso geformt. Den Mitteltrieb und die Seitentriebe kürzt man ein, damit sich die Triebspitzen besser verzweigen. Die Spitze muss fest am Stab angebunden sein.

**5** Mit einer Heckenschere schneidet man die untere Kugel in Form. Alle Triebe und Blätter, die am Stamm in der Mitte erscheinen, schneidet oder zupft man sofort weg.

**6** Bis die endgültige Form erreicht ist, stellt man die Doppelkugel an einem geschützten, halbschattigen Platz auf. Direkte Sonne und Wind sollte man vermeiden.

# Komplizierte Topiari-Figuren

Einfachere Formen, wie Kugeln oder Obelisken, passen besonders gut in einen formal gestalteten Garten. Komplexere Figuren, wie Vögel oder andere Tiere, bringen mehr Bewegung und Spannung in die Gartenanlage. Selbst wenn man anfangs etwas zögerlich ist, sich an komplizierte Gestaltungen zu wagen, man muss einfach beginnen, um sein künstlerisches Talent zu entdecken. Und keine Sorge, schon viele Gärtner haben fantastische Figuren geschaffen, ohne sich selbst je als Künstler zu bezeichnen.

Dieser Knotengarten im Balkonkasten besteht aus unterschiedlichen Buchsbaumsorten und ist nicht so kompliziert zu schneiden, wie er aussieht. Eigentlich braucht man nur etwas Fantasie.

### Die passende Figur finden

Die erste Hürde, die es zu nehmen gilt, ist sich für eine Figur oder Form zu entscheiden. Am besten sieht man sich Figuren in einem Garten oder Park an. Mit Notizblock und einem Bleistift bewaffnet, kann man Skizzen aus unterschiedlichen Perspektiven machen. Wenn möglich, sollte man auch einen Blick ins Innere der Figur werfen, um zu sehen, ob es ein stützendes Gestell gibt oder eine Konstruktion, die die Skulptur trägt. Eine andere Quelle der Inspiration sind Bilder in Büchern oder Gartenzeitschriften, egal ob es sich dabei um Topiari oder andere Gegenstände, die als Vorlage dienen können, handelt. Auch in Gärtnereien oder Gartencentern, die „lebende Skulpturen" verkaufen, findet man Anregungen.

### Geeignete Sträucher

Für alle Topiari-Figuren sind langsam und dicht wachsende Straucharten am besten geeignet. Sie bleiben gut in Form und wachsen überall gleichmäßig, sodass die Silhouette erhalten bleibt. Großblättrige Sträucher sind schwierig in komplexe Formen zu schneiden und weniger geeignet.

### Komplexe Figuren

Bevor man mit dem Formschnitt beginnt, muss man ein Gestell bauen, das über den Strauch gestülpt wird. Dies können ein paar einfache Haltestäbe oder Seile sein, die als Grundgerüst dienen. An ihnen kann man die Äste festbinden, entlangleiten und nach und nach in die gewünschte Form schneiden. Eine andere Möglich-

### Ein Schwein freihändig schneiden

**1** Man braucht nur ein bisschen Fantasie und ein gutes Vorstellungsvermögen, um in diesem Strauch aus Buchsbaum eine mögliche Topiari-Figur, wie ein Schwein, zu erkennen.

**2** Bevor man zu schneiden beginnt, muss man eine genaue Vorstellung der Figur im Kopf haben und den Strauch gut angeschaut haben, ob diese Figur auch möglich ist.

**3** Das fertige Schwein ist ein absoluter Hingucker in diesem winterlichen Garten. Im Gegensatz zu einer Skulptur aus Stein oder Holz wachsen Fehler einfach wieder aus.

## Komplizierte Topiari-Figuren

### Ein Vogel auf seinem Nest

**1** Beginnen Sie mit einem flachen breitbuschigen Buchsstrauch. Wählen Sie für Kopf und Schwanz geeignete Triebe aus und binden Sie diese mit Bast oder einer Gartenschnur zusammen.

**2** Fixieren Sie den Schwanz in der gewünschten Haltung mit Schnur und einem Zelt-Hering im Boden. Mit einer Heckenschere wird der Bereich zwischen Schwanz und Kopf in Form geschnitten.

**3** Trimmen Sie die Seiten des Vogels in Form. Schütteln Sie den Busch immer wieder aus, damit abgeschnittene Blätter und Triebe herausfallen und nicht stören.

**4** Mit einer Gartenschere schneidet man den Kopf und den Hals in Form. Für den Schnabel biegt man ein Drahtstück um die weichen Triebe am Kopfende.

**5** Mit einer Heckenschere schneidet man die Zweige an der Basis in Nestform. Denken Sie daran, den Strauch regelmäßig zu wässern und zu düngen, damit er gut wächst.

**6** Der fertige Vogel auf dem Nest sieht besonders gut aus, wenn man ihn in einen Terrakotta-Topf pflanzt. Der Schwanz ist sehr schön fächerförmig ausgebreitet.

keit besteht darin, eine Form komplett aus Maschendraht zu basteln, und Triebe, die durch den Draht wachsen, etwa 2,5 cm an der Außenseite abzuschneiden. Durch regelmäßigen Schnitt wird der Strauch immer buschiger und füllt die Form nach und nach aus.

Viele Gärtner fangen bei bereits ausgewachsenen Sträuchern mit dem Formschnitt an. Diese Vorgehensweise ist nicht unbedingt zu empfehlen, denn das Topiari sieht dann anfangs etwas struppig aus, bis der Strauch buschiger geworden ist und die Form ausgefüllt hat.

Da man in die Erziehung einer Topiari-Figur viel Zeit und Mühe investiert hat, muss man zur Formerhaltung regelmäßig schneiden.

### Erhaltungsschnitt bei komplexen Figuren

Sobald die Skulptur ihre gewünschte Form erreicht hat, ist es wichtig, dass sie nicht auswächst. Wenn man zu lange wartet, werden die Triebe immer länger und wachsen oft unterschiedlich schnell. Schneidet man dann die ganze Figur beispielsweise 15 cm zurück, bekommt man eine völlig entstellte Figur. Deshalb lässt man das Gestell stehen und nutzt es als Markierung während des Schnitts.

Wird die Figur mal ein Jahr vernachlässigt, bedarf es größeren Aufwands, bis ihre Form wieder hergestellt ist.

# Schnelle Topiari-Figuren

Normalerweise verwendet man für Topiari langsam wachsende Sträucher, wie Eiben oder Buchsbaum. Diese Sträucher brauchen aber oft Jahre, bis sie ihre endgültige Form erhalten und weitere, um dicht genug zu werden, damit die Skulptur auch richtig wirkt. Alternativ kann man schnell wachsende Kletterpflanzen, wie Efeu, verwenden.

### Efeu

Efeu ist für schnelle Topiaris gut geeignet, weil er an einem äußeren Gerüst entlanggezogen werden kann und nicht die ganze Figur von innen ausfüllen muss. So, als ob man einen hohlen Pappmaché-Kopf modelliert und ihn nicht aus massivem Holz oder Marmor formt. Obwohl Efeu recht schnell wächst, bleibt er gut in Form und erfordert nicht allzu viel Pflege, sobald die endgültige Figur erreicht ist.

### Rankgerüste

Diese Form des Topiari wird immer beliebter und so gibt es in Gartencentern und Gärtnereien mittlerweile viele verschiedene Modelle, an denen man den Efeu entlangranken lassen kann. Stabile Rankgerüste sind aus dickem Draht oder sogar Eisenstäben, günstigere Modelle häufig aus Maschendraht gefertigt. Das Angebot ist riesig und reicht von einfachen geometrischen Figuren bis zu ausgefalle-

## Efeu-Kugel

**1** Setzen Sie eine Blumenampel auf einen Blumentopf und legen Sie das Innere mit feuchtem Moos aus. Mit Blumenerde füllen.

**2** Wiederholen Sie das Ganze mit einer zweiten Blumenampel, legen Sie sie aufeinander und befestigen Sie beide mit Draht.

**3** Mit einem spitzen Hölzchen oder Pikierstab werden Efeu-Stecklinge kreisförmig von oben nach unten in die Kugel gesteckt.

**4** Wenn man fast alle Stecklinge gepflanzt hat, hängt man die Kugel an einer Kette auf und steckt die untere Hälfte fertig.

## Efeu-Kegel

**1** Pflanzen Sie sieben kleine Efeupflanzen mit langen Trieben kreisförmig in gleichen Abständen in einen großen Topf.

**2** Stecken Sie einen Topiari-Rahmen vorsichtig in den Topf, bis er gut in der Blumenerde sitzt. Leicht andrücken.

**3** Vorsichtig kann man nun die Efeu-Triebe an den Drähten emporleiten und sie mit kleinen Stücken Bindedraht befestigen.

**4** Kneifen Sie die Spitzen der Triebe ab, damit sich der Efeu besser verzweigt. Gut angießen und nach Bedarf in Form schneiden.

## Efeu-Herz

**1** Biegen Sie aus Draht oder einem Kleiderbügel eine stabile Herz-Form zurecht. Setzen Sie zwei kleine Efeupflanzen in einen Topf und stecken Sie das Herz zwischen die beiden.

**2** Die langen Efeutriebe werden um die Drähte gewickelt und die Seitentriebe dazwischen geflochten. Kneifen Sie die Triebspitzen ab, damit sich der Efeu besser verzweigt.

**3** Wenn beide Herzhälften umwickelt sind, kann man die übrigen Triebe abschneiden. Nach und nach wird die Herz-Form immer dichter bewachsen werden.

nen Tierfiguren. Viele haben stabile Beine, die in den Boden gesteckt werden, andere zieren die Spitzen von Säulen, Obelisken oder Spalieren. Man kann die Rankgerüste auch selbst bauen. Aus Maschendraht lassen sich einfache Figuren, und wenn man etwas geübter ist, auch kompliziertere, wie Vögel oder andere Tiere formen. Tierfiguren müssen übrigens nicht immer ruhig dastehen, ein Fuchs könnte rennen, oder ein Vogel fliegen. Man kann auch verschiedene Figuren zu einem ganzen Ensemble, zum Beispiel auf einer Rasenfläche, kombinieren.

## Efeu-Sorten

Meist braucht man nur eine Efeu-Pflanze, obwohl es für größere Figuren empfehlenswert ist, mehrere Pflanzen zu verwenden. Sowohl die grünen, als auch die weiß- oder gelb-grün panaschierten Sorten sind geeignet, wobei die kleinblättrigen besser wirken. Besondere Effekte werden erzielt, wenn man zwei unterschiedliche Sorten, eine grüne und eine gelb-bunte kombiniert. So kann man zum Beispiel ein Schaf mit einem grünen Körper und einem gelben Kopf gestalten.

## Pflanzung und Erziehung

Zuerst pflanzt man den Efeu in den Topf oder ins Beet und stülpt dann das Rankgerüst darüber. Wenn die Triebe zu wachsen beginnen, bindet man sie an den Drähten fest oder wickelt sie um die Metallstäbe, bis sie die ganze Form überrankt haben. Wenn ein Bereich komplett bewachsen ist, schneidet man überstehende Ranken ab, bis die ganze Figur umrankt ist. Dann sind nur noch herauswachsende Triebe zu entfernen, um die Form dauerhaft zu erhalten.

### Vorschläge und Ideen für Formen und Schablonen

| | | |
|---|---|---|
| Kugeln | Enten | Teekannen |
| Würfel | Reiher | Windräder |
| Pyramiden | Hunde | Boote |
| Zapfen | Schafe | Flugzeuge |
| Obelisken | Kühe | Autos |
| Mond | Kamele | Schweine |
| Vögel | Füchse | Pfauen |
| Schwäne | Ponys | Sterne |
| Gänse | Katzen | Pferde |

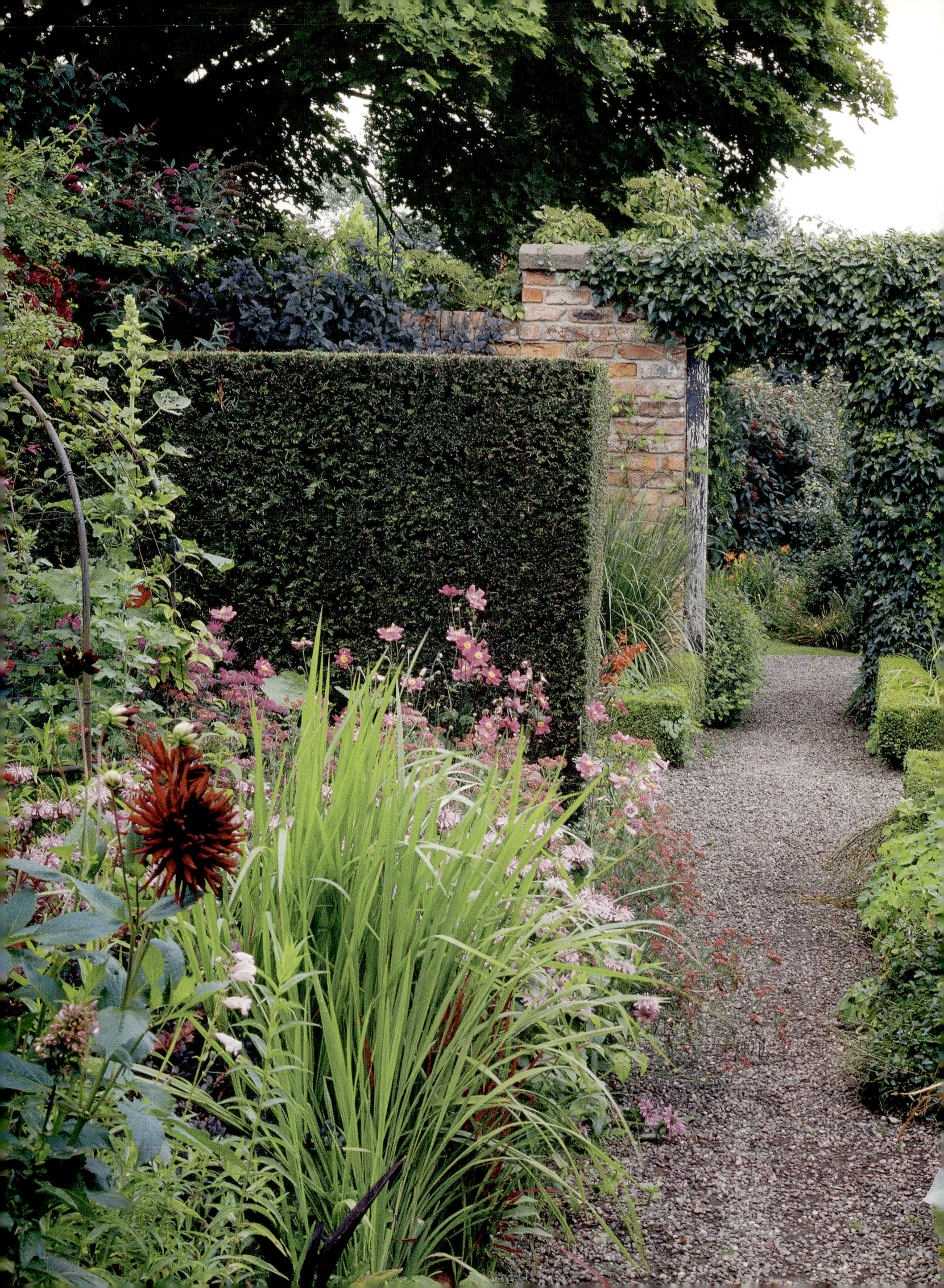

# Hecken

Hecken sind ein schöner Ersatz für Mauern oder Zäune, um seinen Garten abzugrenzen oder separate Gartenräume oder Sichtschutzwände zu schaffen. Heckenpflanzen sind in der Regel relativ preisgünstig, brauchen aber einen regelmäßigen Formschnitt.

Hecken sind nicht nur direkte Trennwände, sie dienen auch als Hintergrund für andere Pflanzungen. Innerhalb eines Gartens sorgen Hecken für eine geheimnisvolle Stimmung, da Besucher nie genau wissen, was sie erwartet, wenn sie weiter in den Garten hineingehen.

Im Gegensatz zu Mauern und Zäunen sind Hecken lebende Gartenelemente, die regelmäßig geschnitten werden müssen, damit sie in Form bleiben. Das stellt in der Regel kein Problem dar, da man viele Werkzeuge und Geräte kaufen kann, die einem die Arbeit erleichtern. Manche Heckenpflanzen wachsen sehr langsam und brauchen einige Jahre, bis sie wirklich blickdicht sind. Andererseits müssen sie auch nur ein- oder zweimal im Jahr geschnitten werden.

Mit schnell wachsenden Sträuchern bekommt man zwar in kurzer Zeit eine hohe, dichte Hecke, man muss diese aber auch öfters schneiden, damit sie in Form bleibt.

Akkurat geschnittene Hecken und Bögen schaffen im Garten nicht nur grüne Wände, sondern sind auch ideale Hintergründe für andere Pflanzen. Sie können in allen gewünschten Größen gezogen werden.

# Pflanzung einer Hecke

Viele Hecken sind schon vorhanden, wenn man ein Grundstück kauft. Wenn man Glück hat, kann man eine Hecke aber auch selbst anlegen. Man kann zwischen unterschiedlichen Heckentypen, Oberflächenstrukturen und Farben wählen.

## Heckentypen

Es gibt, mit ein paar kleineren Abweichungen, zwei unterschiedliche Heckentypen: Schnitthecken und frei wachsende Hecken. Die meisten Hecken sind geometrisch geschnittene Hecken, die aus dicht wachsenden Sträuchern bestehen, die regelmäßig in Form gebracht werden. Freiwachsende Hecken werden nur wenig zurückgeschnitten, sodass die Zweige natürlich überhängen. Sie sehen lockerer aus und ihre blütentragenden Triebe werden nicht weggeschnitten. So erfreuen sie nicht nur mit schönen Blüten, viele bilden auch attraktive Früchte. Man schneidet solche Hecken nur alle ein bis zwei Jahre. Allerdings benötigen sie mehr Platz und sollten nicht an die Grenze zum Nachbargarten gepflanzt werden. Die Unterkategorien sind eigentlich nur Variationen der beiden Haupttypen. Hecken an Feldrändern bestehen häufig aus unterschiedlichen Straucharten. Die unterschiedlichen Wuchsformen und Farben sehen besonders attraktiv aus. Eine solche Hecke kann aber schnell unansehnlich wirken, wenn sie nicht regelmäßig geschnitten wird. Eine weitere Möglichkeit besteht darin, unterschiedliche Sorten einer Strauchart in einer Hecke zu kombinieren. Durch die unterschiedlichen Blattfarben entsteht eine bunte Hecke, zum Beispiel aus grün- und goldnadeligen Eiben. Überlegen Sie auch, ob Sie eine immergrüne oder sommergrüne Hecke möchten, durch letztere kann man im Winter durchsehen. Man kann Hecken auch nach ihrer Verwendung einteilen: Weißdorn, Stechpalmen und Berberitzen bilden mit ihren stark bedornten oder stacheligen Zweigen dichte, undurchdringliche Hecken. Eiben eignen sich besonders gut als Hintergrund für andere Pflanzungen.

## Hecke anpflanzen

Hecken werden normalerweise mit wurzelnackten Pflanzen, die man in der Baumschule kauft, gepflanzt. Container-Pflanzen sind bei der

*Heckenpflanzen kann man in unterschiedlichen Größen kaufen. Die größten sind nicht immer die besten, da kleinere oft schneller anwachsen.*

*Wurzelnackte Heckenpflanzen sind viel günstiger als Containerware.*

### Sträucher für freiwachsende Hecken

| | |
|---|---|
| Berberis | Rosa |
| Corylus | Tamarix |
| Escallonia* | Viburnum* |
| Forsythia | |
| Fuchsia | |
| Garrya* | |
| Ribes sanguineum | * immergrün |

## Verschiedene Heckentypen

*Eiben eignen sich für formale, streng geschnittene Hecken und müssen nur einmal im Jahr geschnitten werden.*

*Garryen eignen sich für frei wachsende Hecken und ziehen durch die hängenden Blütentriebe die Blicke auf sich.*

*Die meisten Hecken aus Nadelgehölzen müssen regelmäßig geschnitten werden, damit sie dicht bleiben und nicht zu groß werden.*

## Neupflanzung einer Hecke

Je sorgfältiger man die Pflanzung und Erziehung einer Hecke plant und vorbereitet, desto besser wird sie sich später entwickeln. Zuerst gräbt man den Boden um und verbessert ihn mit Kompost oder anderem organischen Material. Die hier gezeigten Weißdorn-Hecken werden schnell dicht und zu einer undurchdringlichen Barriere.

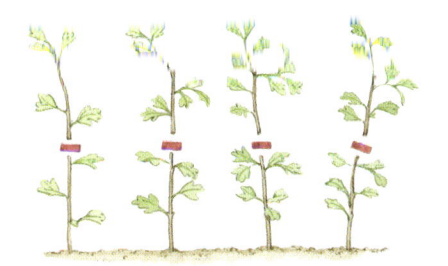

**Erstes Jahr** Weißdorn-Jungpflanzen werden nach der Pflanzung zurückgeschnitten, damit sie sich besser verzweigen und eine dichte Hecke bilden.

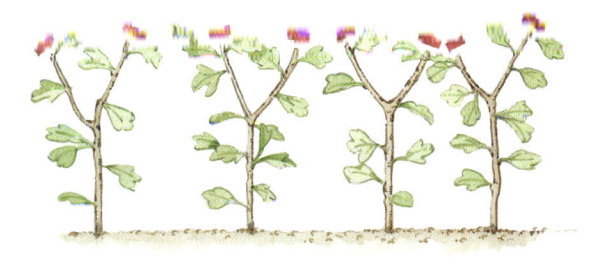

**Zweites Jahr** Kürzen Sie die Neutriebe des Vorjahrs ein, damit sich diese auch verzweigen. So verfährt man, bis die Hecke dicht genug ist.

Menge, die man braucht, viel zu teuer. Wurzelnackte Sträucher sind vom Spätherbst bis ins zeitige Frühjahr erhältlich.

Für eine schmale Hecke setzt man die Pflanzen in einem Abstand von 30 cm (stark wachsende Sträucher entsprechend weiter). Für breitere Hecken pflanzt man sie zweireihig im Abstand von 30 cm, jeweils etwa 45 cm versetzt. Der Boden muss gut vorbereitet werden. Unkraut entfernt man und arbeitet viel organische Masse, wie Kompost, unter. Beim Pflanzen lässt man zwischen der Hecke und vor ihr liegenden Beeten oder Rabatten einen schmalen Streifen frei. So ist die Hecke leichter zugänglich, wenn man sie später schneidet.

### Pflanzschnitt und Erziehung

Über die Stärke des Pflanzschnitts gehen die Meinungen auseinander. Die meisten laubabwerfenden Heckensträucher sollten nach der Pflanzung nur um etwa ein Drittel zurückgeschnitten werden. Schnell wachsende Arten, wie Liguster, kann man bis auf etwa 30 cm oder noch weniger über dem Boden einkürzen, damit sie sich besser verzweigen. Bei Immergrünen kürzt man nur überstehende Triebe ein und lässt die Haupttriebe bis zur endgültigen Länge auswachsen.

Eine Stechpalmen-Hecke wächst sehr langsam, bildet aber im Alter eine grüne, undurchdringliche Wand.

### Sträucher für Schnitthecken

| | |
|---|---|
| Carpinus | Prunus laurocerasus |
| Chamaecyparis* | |
| Crataegus | Prunus lusitanica* |
| Elaeagnus* | Taxus* |
| Euonymus* | Thuja* |
| Fagus | Tsuga* |
| Ilex* | |
| Ligustrum* | *immergrün |

Durch die Kombination unterschiedlich gefärbter Sorten lassen sich im Garten interessante Farbeffekte erzielen.

Gemischte Hecken sind sehr abwechslungsreich, müssen aber häufiger geschnitten werden.

Frei wachsende Hecken, wie diese aus Feuerdorn, brauchen nur wenig geschnitten zu werden und erfreuen durch Blüten und Früchte.

# Erhaltungsschnitt und -pflege

Hecken müssen regelmäßig geschnitten werden, nicht nur, damit sie gepflegt und ordentlich aussehen, sondern auch, damit man selbst oder vorbeigehende Passanten nicht von abstehenden Ästen gestreift werden.

Diese formale Eibenhecke ist akkurat geschnitten. Um zu so einem Ergebnis zu kommen, braucht man etwas Erfahrung und ein gutes Auge.

## Werkzeug und Geräte

Es gibt mittlerweile viele Geräte, die das Schneiden von Hecken erleichtern. Einfache Heckenscheren sind besonders bei Gärtnern beliebt, die kleinere Gärten besitzen oder Wert auf einen exakten Schnitt legen. Mechanische Heckenscheren, egal ob mit Benzin- oder Elektromotor, sind überall erhältlich und nicht sehr teuer in der Anschaffung. Mit ihnen lassen sich Hecken viel schneller schneiden, allerdings sieht man Schnittfehler eher als beim Schnitt mit einer Handschere. Elektroscheren sind leiser und leichter in der Handhabung als benzinbetriebene, man ist durch die Länge des Stromkabels aber eingeschränkt. Kabellose Geräte mit Akku sind in der Energieversorgung begrenzt. Heckenscheren mit Benzinmotor sind schwerer, aber man ist flexibel, da ihr Einsatz nicht durch ein Kabel begrenzt wird. Sie sind sehr leistungsstark und schneiden auch durch dicke Äste und dichtes Gestrüpp.

Gärtner, die viele Hecken schneiden müssen, sollten sich eine Profi-Ausrüstung zulegen, die zwar etwas teurer in der Anschaffung, dafür aber extrem haltbar und leistungsstark ist. Neu auf dem Markt sind benzinbetriebene Teleskop-Heckenscheren. Sie sind zwar sehr schwer, aber man kann mit Ihnen hohe Hecken ohne Leitern oder Gerüste schneiden. Da ihre Schneideblätter verstellbar sind, kann man auch Hecken über einem Graben oder über Blumenbeeten schneiden.

Eine weitere technische Entwicklung sind spezielle Leitern, Arbeitsplattformen oder Gerüste, mit denen man auch die Kronen von hohen Hecken erreichen kann. Sie sind zwar manchmal etwa sperrig, aber einfacher und sicherer zu handhaben als normale Trittleitern.

## Schnitt von formalen Hecken

Formale Hecken, egal ob mit geradem oder rundem Abschluss, müssen regelmäßig geschnitten werden, damit sie dicht und kompakt bleiben und nicht die Form verlieren. Besonders wenn sie oft im Blickfeld liegen, wie im Vorgarten, möchte man, dass sie gut aussehen. Schneiden Sie immer auf die ursprüngliche Kontur zurück, sonst wird die Hecke immer breiter und höher.

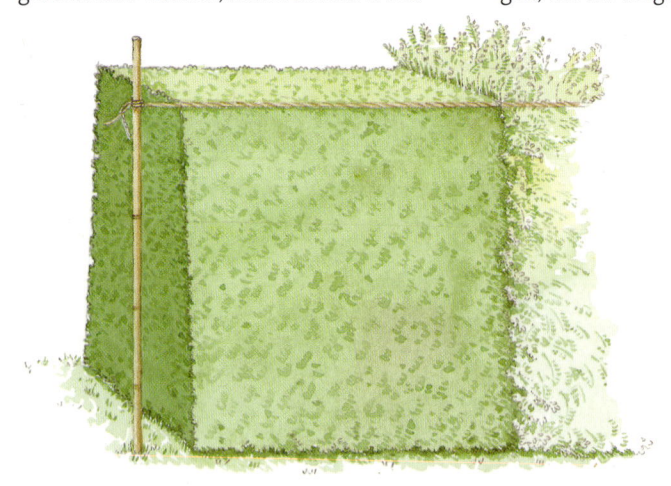

**Flache Krone** Eine Hecke mit geraden Seiten und einer flachen Heckenkrone wirkt besonders streng und formal. Die Basis sollte etwas breiter als die Krone sein, damit auch die unteren Zweige genug Licht erhalten.

**Runde Krone** Alternativ kann man die Hecke auch mit einer runden Krone schneiden, die durch die weiche Kontur nicht so streng wirkt. Sie ist auch nicht so anfällig für Schneebruch.

## Schnitt einer formalen Hecke

**1** Schnell wachsende Hecken müssen mehrmals im Jahr geschnitten werden. Viele Immergrüne bleiben aber auch mit nur einem Schnitt pro Jahr attraktiv.

**2** Das Schnittgut lässt sich viel leichter einsammeln, wenn man vor dem Schneiden eine Folie vor die Hecke legt. So kann es nach dem Schnitt leicht aufgenommen werden.

**3** Wenn man von Hand mit einer Heckenschere schneidet, hält man die Schneiden flach an die Hecke. Wenn man mit unregelmäßigen Schnitten arbeitet, wird die Hecke uneben.

**4** Damit die Hecke eine gleichmäßige Höhe bekommt, kann man zwischen zwei Stäben eine Schnur als Richtlinie spannen. Lassen Sie aber noch Raum für den Neuzuwachs.

**5** Halten Sie die Schneiden flach und waagrecht. Damit die ganze Heckenkrone gerade wird, muss man bei höheren oder breiteren Hecken dazu auf eine Leiter steigen.

**6** Motor-Heckenscheren erleichtern das Schneiden, man muss aber Schutzkleidung tragen. Schneiden Sie in gleichmäßigen Zügen parallel zur Hecke.

## Schablonen

Eine weitere nützliche Hilfe für den Heckenschnitt ist eine Schablone, die man sich selbst bauen muss, da jede Hecke in Form und Größe anders ist. Wenn man nicht so viel Wert auf exakte Schnittkanten legt und ein gutes Augenmaß besitzt, kann man eine Hecke auch ohne Hilfsmittel schneiden. Passt man nicht auf, wird die Hecke dadurch aber immer größer, da man immer über der vorherigen Schnittkante schneidet. Ein einfaches Gerüst aus schmalen Latten oder Stäben und einer Schnur zum Spannen hilft, die Kanten genau einzuhalten. Dazu steckt man zwei lange Stäbe an die Enden der Hecke und spannt eine Schnur auf der Höhe der Heckenkrone. So schneidet man immer exakt auf derselben Höhe. Wenn man nur eine Seite der Hecke schneiden muss, reichen zwei Stäbe. Alternativ kann man auch ein Gestell bauen, dass man über die Hecke stülpt und mit dem Arbeiten immer weiterrückt. Für niedrige Buchshecken oder um die Heckenkrone exakt zu schneiden, lässt sich auch

**7** Einige Nadelgehölze bilden einzelne lange Triebe, die man am besten mit einer Gartenschere entfernt. Das reicht oft zwischen zwei Schnittterminen.

**8** Diese akkurat geschnittene Eiben-Hecke zeigt, wie gut sich eine formale Hecke in die Gartengestaltung einfügt.

eine Schablone aus Sperrholzplatten verwenden. Man kann schneiden, wie es einem gefällt, üblicherweise sind die Seitenwände nach oben etwas verjüngt und die Krone schmäler als die Basis, damit das Sonnenlicht auch die unteren Blätter erreicht.

Buchen-Hecken müssen nur zweimal im Jahr geschnitten werden. Das braune Laub bleibt im Winter am Strauch erhalten.

## Schnitthecken

Schnitthecken werden normalerweise so geschnitten, dass eine dichte, glatte Oberfläche entsteht. Je nach Gehölzart muss man ein- bis viermal im Jahr schneiden. Damit die Hecke noch akkurater aussieht, kann man auch noch häufiger schneiden. Man verwendet am besten eine Handschere oder Heckenschere. Am einfachsten ist der Schnitt, wenn die Hecke nur so hoch ist, dass man jede Stelle bequem vom Boden aus erreichen kann. Das spart viel Zeit und Mühe und ist auch sicherer, da man nicht auf Leitern in der Höhe hantieren muss. Hat man jedoch höhere Hecken, als Sicht- oder Windschutz oder als Hintergrundpflanzung, braucht man ein Gerüst, um höher arbeiten zu können. Mit einer Schablone geschnitten bleibt die Hecke in einer gleichmäßigen Form.

## Hecken aus großblättrigen Sträuchern

Es gibt Hecken, die man regelmäßig schneidet, die aber etwas freier wachsen und einen etwas lockereren Wuchs haben. Das trifft auf Hecken aus großblättrigen Pflanzen, wie Kirschlorbeer, zu, die nicht so dicht werden, wie Eiben- oder Ligusterhecken. Sie werden mit einer Gartenschere geschnitten, da mit einer Heckenschere viele Blätter an den Schnittkanten braune Ränder bekommen.

Formal geschnittene Hecken kontrastieren mit den lockeren Gehölzen dahinter und sind ein idealer Hintergrund für die davorliegenden Staudenpflanzungen.

**Schnitt einer frei wachsenden Hecke** Solche Hecken brauchen nur wenig Schnitt. Man kürzt die Triebspitzen ein und entfernt abgeblühte Triebe und überlange Zweige. Eine lockere Form ist das Ziel.

## Schnitt einer frei wachsenden Hecke

1 Die meisten frei wachsenden Hecken werden nach der Blüte geschnitten. Ausnahmen sind jene, die auch attraktive Früchte tragen.

2 Am einfachsten werden große, frei wachsende Hecken aus kleinblättrigen Sträuchern mit einer Heckenschere geschnitten.

3 Obwohl man länger braucht, ist das Ergebnis beim Schnitt von frei wachsenden Hecken besser, wenn man eine Gartenschere benutzt.

### Frei wachsende Hecken

Diese Hecken werden nicht wie normale Hecken geschnitten, sondern können frei wachsen. Jedes Jahr sollten sie ausgelichtet werden, um den Blütenansatz zu fördern. Man schneidet die Sträucher genauso wie Solitärgehölze; diejenigen, die am Vorjahresholz blühen, werden nach der Blüte geschnitten, und jene, die am diesjährigen Holz ihre Blütenknospen entwickeln, im zeitigen Frühjahr.

### Erhaltungsschnitt

Damit die Hecke gesund und formschön bleibt, muss man darauf achten, dass keine Unkräuter in sie hineinwachsen. Vor allem holzige Arten, wie Brombeeren, müssen sofort herausgeschnitten werden. Man sollte regelmäßig unter der Hecke Unkraut jäten, und alle anderen Gehölze, die sich versamt haben, entfernen. Besonders der kletternde Efeu kann eine Hecke komplett überwuchern und die unter ihm wachsenden Sträucher regelrecht ersticken. Dann kann das überwucherte Stück zusammenbrechen und ein Loch in der Hecke hinterlassen. Reißen Sie alle Unkräuter sofort heraus, selbst wenn das Ensemble ganz nett ausschaut. Große Schneelasten muss man von der Heckenkrone abfegen, da sonst die ganze Hecke durch das Gewicht auseinanderbrechen kann.

4 (oben) Wenn man lange Triebe jährlich einkürzt, bleiben frei wachsende Hecken über viele Jahre kompakt und attraktiv.

5 (rechts) Wenn Hecken-Rosen zu dicht werden, kann man einige der ältesten Triebe an der Basis herausschneiden.

Zwei Lavendel-Hecken säumen einen Rasenpfad und geben diesem ländlichen Garten eine formale Note, ohne zu streng und geometrisch zu wirken.

# Formhecken und Bögen

Hecken haben üblicherweise gerade Seiten und eine gerade Krone. Ihre akkurate Form mit geraden Kanten gilt als Markenzeichen eines guten Gärtners. Aber wer sagt eigentlich, dass Hecken immer geometrisch geformt sein müssen?

### Unregelmäßige Hecken
Ohne es zu beabsichtigen, schneiden viele Gärtner ihre Hecke in geschwungene Kurven, fast wie Wellen am Meer. Anfangs hat man noch eine unregelmäßig geschnittene Hecke vor sich. Wenn aber im Laufe der Zeit, durch schnelleres Wachstum einzelner Sträucher gefördert, die Hecke immer auffälligere Formen bekommt, wird sie zu einem besonderen Gartenelement. Manchmal fällt eine alte Hecke, die an der Krone breiter ist, als an der Basis, auch durch Wind oder Schneelast auseinander und ein Spalt öffnet sich.

### Geformte Hecken
Eine unregelmäßig geformte Hecke muss nicht unbedingt durch „falschen" Schnitt entstehen, man kann unkonventionelle Formen auch bewusst schneiden.

Eine wellenförmige Oberkante oder „Zinnen" wie bei einer Burg gehören zu den beliebtesten Schnittformen. Das erreicht man, indem man abwechselnd Teile der Hecke höher wachsen lässt. Die Seiten lassen sich übrigens genauso in verschiedene Formen schneiden. Eine weitere beliebte Figur ist ein Sitzplatz innerhalb der Hecke. Wenn die Hecke groß und breit genug ist, kann sogar eine ganze Laube in einer Hecke Platz finden.

Ein halbmondförmiges „Fenster" oder ein runder Durchblick, der neue Perspektiven in dahinter liegende Gartenbereiche öffnet, bringen eine gewisse Dynamik in die Gestaltung.

Hecken müssen nicht immer wie mit dem Lineal gezogen aussehen. Es sind viele verschiedene Formen möglich. Damit der Effekt stimmt, muss die Form immer genau nachgeschnitten werden.

Dazu schneidet man einfach ein Loch in die Hecke, das anfangs noch kahl aussieht, aber mit der Zeit durch regelmäßiges Nachschneiden auch innen immer gleichmäßiger wird. Damit das Loch in der Hecke auch gleichmäßig nachgeschnitten werden kann, bauen manche Gärtner einen Metallreifen wie einen Fensterrahmen als Stütze (und Schnitthilfe) in die Hecke ein.

### Bögen
Eine sehr beliebte Möglichkeit, die Krone einer Hecke zu verschönern, ist ein Bogen. Ist die Hecke hoch genug, kann man einfach ein „Tor" hineinschneiden.

Bei einer niedrigeren Hecke muss der Bogen über der Krone erst gezogen werden. Dazu schneidet man ein Loch in der gewünschten Breite in die Hecke und lässt die Enden der Sträucher auf jeder Seite hoch wachsen. Die inneren Triebe und Zweige biegt man dann zueinander und bindet sie zu einem einfachen Bogen zusammen. Sobald diese Äste wieder senkrechte Triebe bilden, schneidet man diese solange in Form, bis sie mit der übrigen Hecke eine gleichmäßige, geschlossene Oberfläche bilden. Diese „Toreinfahrt" kann steil herausragen, wenn der Bogen quadratisch wie ein Halbkreis geformt ist. Oder man lässt die Hecke wie eine sanfte Welle anschwellen und setzt an der höchsten Stelle den Bogen ein.

Bögen können auch in eine bestehende Hecke geschnitten werden und eröffnen Durchblicke in dahinter liegende Gartenbereiche.

FORMHECKEN UND BÖGEN 71

## Schnitt eines Bogens in einer Hecke

Bögen können relativ einfach in bestehende Hecken geschnitten werden, auch wenn es sicher einige Jahre dauert, bis der Bogen seine endgültige Form und Größe erreicht hat. Das Hauptproblem besteht darin, dass man aufpassen muss, die frei wachsenden Triebe nicht aus Versehen abzuschneiden. Ziehen Sie die langen Triebe rechtzeitig in Form, solange sie noch biegsam sind.

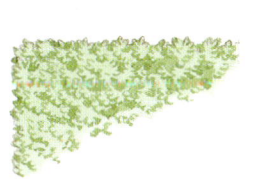

**Erster Schnitt** Jede vorhandene Lücke kann in einen Bogen verwandelt werden. Man kann auch in eine bestehende Hecke eine Lücke schneiden, sie braucht aber einige Jahre, bis sie sich innen wieder geschlossen hat.

**Erste Jahre** Lassen Sie bis zu drei kräftge Triebe an jeder Seite der Hecke in die Höhe wachsen. Der Rest der Hecke wird normal geschnitten. Anfangs sieht das etwas struppig aus.

**Folgejahre** Nach ein oder zwei Jahren sind die Triebe lang genug, dass man sie über die Lücke leiten und den Bogen schließen kann. Eine Rahmenkonstruktion aus Metall ist hilfreich, um die Triebe in Form zu bekommen.

**Erhaltungsschnitt** Damit die gebogenen Triebe besser verzweigen und dichter werden, schneidet man sie immer wieder zurück. Später wird der Bogen genauso geschnitten wie der Rest der Hecke.

Dieser Bogen wurde nach und nach geformt, indem man lange Triebe über einen Rahmen gezogen hat.

Ein Bogen aus Buchen hat den Vorteil, dass er das trockene Laub im Winter nicht abwirft, sondern erst im Frühling und die Form sichtbar bleibt.

Ein zukünftiger Bogen in einer Eiben-Hecke. Wenn die Seitentriebe lang genug sind, werden sie über die Lücke gezogen und bilden die Basis des Bogens.

# Verjüngung und Renovierung

Nach vielen Jahren oder wenn eine Hecke lange vernachlässigt wurde und überwuchert ist, kann es sein, dass ein Rückschnitt auf die ursprüngliche Größe der Hecke notwendig wird. Eine solche Aufgabe ist eine Herausforderung, aber meist von Erfolg gekrönt.

### Heckenarten
Nicht alle Gehölze können stark zurückgeschnitten werden. Während Weißdorn, Stechpalmen, Buchen, Hainbuchen und Eiben bis ins alte Holz zurückgeschnitten werden können, vertragen die meisten Nadelgehölze eine solche Maßnahme nicht. Eine vergreiste Koniferenhecke ersetzt man am besten durch eine neue.

### Technik
Die Renovierung einer Hecke bewältigt man in zwei Schritten. Man schneidet nur eine Heckenseite auf einmal zurück, damit genug Laubmasse auf der ungeschnittenen Seite verbleibt,

Eiben gehören zu den wenigen Nadelgehölzen, die stark zurückgeschnitten werden können und auch aus dem alten Holz wieder neu austreiben.

### Verjüngung einer überwucherten Hecke

**1** Es ist möglich, die Breite und Höhe einer alten Hecke durch einen radikalen Rückschnitt zu reduzieren. Man verteilt diese Schnittmaßnahme auf mehrere Jahre.

**2** Dünnere Äste kann man mit einer Astschere mit langen Armen schneiden, dickere Stämme im Inneren der Hecke werden mit einer Astsäge herausgeschnitten.

**3** Im ersten Jahr wird nur eine Hälfte der Hecke geschnitten. Wenn der Neuaustrieb etwa 15 cm lang ist, wird er mit einer Heckenschere in Form getrimmt.

## Renovierung einer Hecke

Eine alte überwucherte Hecke ist nicht so schwierig zu renovieren. Bis auf einige Nadelgehölze können fast alle Heckenpflanzen radikal zurückgeschnitten werden. Die Prozedur zieht sich allerdings über einige Jahre hin und die Hecke sieht in dieser Zeit nicht besonders attraktiv aus. Ein Rückschnitt aller Triebe auf einmal kann die Hecke allerdings absterben lassen

**Erstes Jahr**  Scheiden Sie auf einer Seite alle Triebe so weit zurück, dass die neue Form erst durch den Neuzuwachs erreicht wird.

**Zweites und drittes Jahr**  Wenn die Hecke neu ausgetrieben hat, wird die andere Seite zurückgeschnitten. Die Heckenkrone folgt im dritten Jahr.

die Energie für den Neuaustrieb liefern kann. Man muss sich darüber im Klaren sein, dass ein drastischer Rückschnitt erst einmal eine hässliche, kahle Hecke erzeugt – zumindest im ersten Jahr. Wenn die Hecke nach und nach wieder austreibt, erscheint sie aber umso schöner als vorher.

### Das erste Jahr

Zuerst schneidet man eine Seite der Hecke zurück, und zwar etwa 15 cm tiefer, als die Hecke später dick sein soll. So ist genug Platz, für die nachwachsenden Neutriebe. Versuchen Sie, die Oberfläche so eben wie möglich zu schneiden. Zweige, die für normale Heckenscheren zu dick sind, werden mit einer Garten- oder Astschere abgeschnitten, dicke Äste mit einer Säge entfernt. Die andere Seite der Hecke wird nur leicht zurückgeschnitten.

### Zweites und folgende Jahre

Der Rückschnitt der zweiten Seite erfolgt erst im darauf folgenden Jahr. Dazu verfährt man genauso, wie oben beschrieben und schneidet ebenfalls 15 cm tiefer zurück. Die Krone und die im Vorjahr geschnittene Seite schneidet man normal, damit eine glatte Oberfläche entsteht. Das unterstützt auch eine reiche Verzweigung und einen buschigen Wuchs. Erst im dritten Jahr wird die Krone geschnitten. In den Folgejahren schneidet man dann wieder der Heckenart entsprechend.

### Knickhecken

Eine Knickhecke anzulegen ist eine Aufgabe für erfahrene Gärtner. Meistens findet man Knickhecken nur in

Eine Knickhecke anzulegen ist eine Kunst für sich, aber mit etwas Übung kann das jeder Gärtner bewerkstelligen.

der offenen Landschaft, aber manche Gärtner wenden die Technik auch im Garten an. Am besten eignen sich Hecken aus Weißdorn oder Schlehen oder gemischten Hecken. Bei der groben Variante werden die dicken Triebe halb durchgeschnitten und heruntergebogen, sodass sie übereinanderliegen. Dann werden Pflöcke eingeschlagen, um die Hecke in Form zu halten. So entsteht eine buschige, aber auch sehr verfilzte Hecke. Eine elegantere und stabilere Methode ist es, Pflöcke aus Haselnuss oder Kastanien im Abstand von etwa 1 m in die Hecke zu schlagen. Die biegsameren Äste werden zur Hälfte durchgeschnitten, umgebogen und zwischen die Pflöcke geflochten. So entsteht eine gleichmäßige, relativ schmale Hecke. Alle Triebe, die noch überstehen und nicht in die Hecke geflochten werden können, schneidet man ab. Zum Schluss stabilisieren zusätzlich eingeflochtene Haselnuss-Ruten das Ganze. Im nächsten Jahr werden die Neutriebe, wie beim normalen Heckenschnitt, in Form geschnitten.

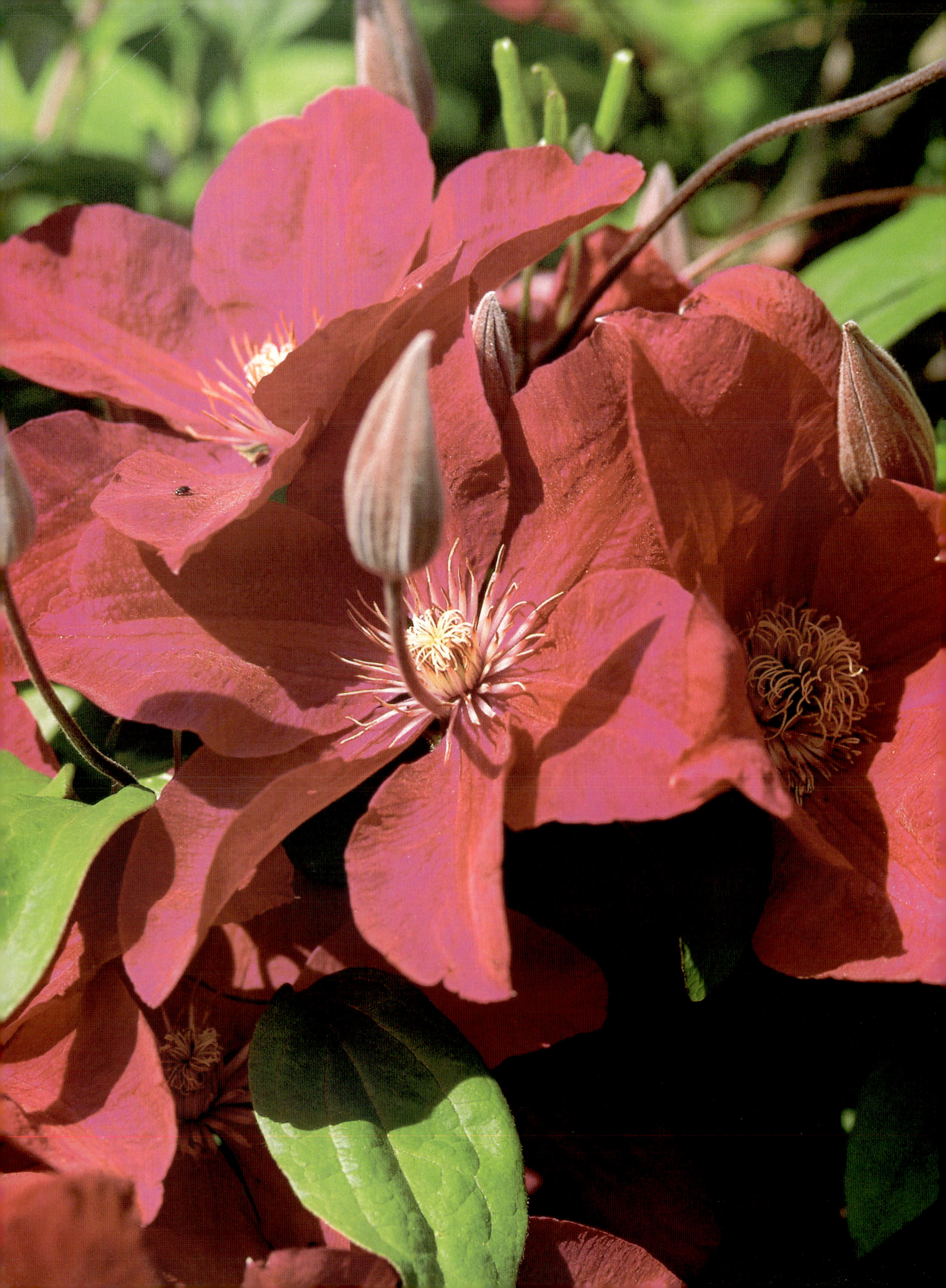

# Kletterpflanzen und Spaliergehölze

Kletterpflanzen und Spaliergehölze sind wichtige Strukturpflanzen im Garten, die als Begrünung von Gartengrenzen, wie Mauern und Zäunen sowie für Spaliere, Obelisken oder Klettergerüsten verwendet werden. Sie sorgen einerseits für Farbe und unterschiedliche Oberflächenstrukturen, aber auch für lichten Schatten, wenn sie über Pergolen gezogen werden. Als lebendiger Sichtschutz innerhalb des Gartens oder an seinen Grenzen sind sie ebenfalls geeignet.

Die meisten Kletterpflanzen sind relativ einfach zu kultivieren. Manche kann man frei in Bäume wachsen lassen, die Mehrzahl gedeiht aber besser, wenn man sie ab und zu zurückschneidet. Die Natur ist sehr nachgiebig und sollte man einmal Fehler beim Schneiden gemacht haben, wachsen sich diese durch neue Triebe schnell aus. Kletterpflanzen sind genauso unkompliziert zu schneiden wie Sträucher. Alles, was man braucht, ist etwas gesunder Menschenverstand, Pflanzenkenntnis und die Informationen, die in diesem Kapitel beschrieben werden.

Kletterpflanzen bringen vertikale Elemente in den Garten. Es gibt viele attraktiv blühende Arten, wie diese Clematis, aber auch zahlreiche Sorten, die durch ihre Belaubung bestechen.

# Wie Kletterpflanzen wachsen

Die verschiedenen Wuchsformen von Kletterpflanzen fallen einem oft erst auf, wenn man sie schneidet. Es gibt vier unterschiedliche Methoden, wie Kletterpflanzen in die Höhe wachsen.

### Schlinger
Diese Gruppe wächst an ihrer Kletterhilfe durch windende Triebe empor. Ohne Schnitt entsteht schnell ein dichtes Gestrüpp. Ein schöner Vertreter dieser Gruppe ist das Geißblatt (Lonicera). Es umschlingt seinen Wirt so fest, dass eine deutliche Narbe zurückbleibt, wenn man die Schlingtriebe entfernt. Abgestorbene oder unerwünschte Zweige lassen sich oft schlecht entfernen, da sie von neuen Trieben umschlungen sind.

### Haftkletterer
Manche Kletterpflanzen haben speziell angepasste Wurzeln, mit denen sie sich an der Oberfläche festhalten können. So kann zum Beispiel Efeu (Hedera) an Baumstämmen, Klippen oder Felsen emporwachsen. Im Garten eignet er sich ideal zur Begrünung von Wänden. Er wächst aber so stark, auch auf Dächern oder sogar in die Dächer hinein, dass er regelmäßig zurückgeschnitten werden sollte. Beim Entfernen bleiben oft tote Wurzeln an der Wand hängen. Will man eine Wand hinter einem Haftkletterer streichen, muss man die Pflanze bis zum Boden zurückschneiden und wieder von unten hoch wachsen lassen.

### Spreizklimmer
Die dritte Gruppe von Kletterpflanzen klettert durch andere Pflanzen hindurch in die Höhe. Sie haben keine besonderen Anpassungen, um emporzuranken. Sie wachsen mit ihren dünnen Zweigen an höheren Pflanzen

Kletterpflanzen, wie Hopfen oder Geißblatt, schlingen sich an der Kletterhilfe empor.

Kletterpflanzen, wie Kletter-Hortensie oder Efeu, halten sich mit Haftwurzeln fest.

Spreizklimmer, wie Kletterrosen, klettern in anderen Pflanzen in die Höhe.

## Verschiedene Kletterformen
Pflanzen, die man als Kletter- oder Schlingpflanzen bezeichnet, benutzen andere Pflanzen, Felsen oder Klippen als Stütze, um in die Höhe zu wachsen. So können Sie ihre Blüten in Höhen der Sonne entgegenrecken, die andere Pflanzen nie erreichen würden. Im Garten kann man zusätzlich künstliche Kletterhilfen, wie Rankgerüste, Obelisken, Klettersäulen, Zäune, Spanndräte oder Hausfassaden anbieten.

**Schlingpflanzen** (hier Hopfen und Geißblatt) Schlingpflanzen werden am besten an senkrechten Klettergerüsten gezogen. Stäbe, Drähte oder Pfosten sind geeignet. Sie können auch an anderen Pflanzen emporklettern.

**Spreizklimmer** (hier Clematis und Rosen) Klimmer kann man gut in und durch andere Pflanzen, wie Rosen oder große Bäume, wachsen lassen. An Klettergerüsten muss man sie festbinden, da sie sich nicht von alleine halten.

Wie Kletterpflanzen wachsen 77

Viele Waldreben *(Clematis)* haben zu Ranken umfunktionierte Blätter, mit denen sie sich an der Unterlage oder sich selbst festhalten können.

hoch. Kletterrosen oder manche Clematis gehören in diese Kategorie. Da sie sich nicht von alleine festhalten können, müssen sie an der Unterlage angebunden werden. Es sei denn, man lässt sie frei in einen Baum wachsen. Aber selbst dann muss man schräg wachsende Triebe gelegentlich nach innen binden. Diese Kletterpflanzen brauchen mehr Pflege, können aber, wenn sie in Wuchsrichtung gepflanzt wurden, einfach mit der Kletterhilfe nach vorne „geklappt" werden, wenn man die Wand streichen will. Auch die meisten Kletterpflanzen der anderen Kategorien kann man frei in Bäume wachsen lassen.

### Rankpflanzen
Diese Kletterpflanzen haben charakteristische Ranken, also umgebildete Triebe, Blätter oder Blattstiele, mit denen sie sich festhalten können. Sie lassen sich leicht an einer Kletterhilfe, die ein anderer Strauch oder auch ein Rankgerüst aus Maschendraht sein kann, ziehen. Zu lange Triebe leitet man einfach zum Klettergerüst zurück.

**Haftwurzelkletterer** (hier Kletter-Hortensie und Wilder Wein) Kletterpflanzen, die sich mit speziellen Haftwurzeln an der Unterlage festhalten können sind ideal, um Mauern oder Hausfassaden zu begrünen.

**Rankpflanzen** (hier Duft-Wicken und Clematis) Pflanzen mit Ranken halten sich an einer Unterlage und an sich selbst fest. Sie klettern an Spalieren, Rankgerüsten, Spanndrähten oder Figuren, wie Obelisken, empor.

### Schlingpflanzen
*Aconitum hemsleyanum*
*Actinidia* (einige Arten)
*Akebia*
*Ampelopsis*
*Fallopia*
*Humulus*
*Ipomoea*
*Jasminum* (einige Arten)
*Lonicera* (einige Arten)
*Mandevilla*
*Phaseolus*
*Schizandra*
*Tropaeolum* (einige Arten)
*Wisteria*

### Haftwurzelkletterer
*Campsis radicans*
*Decumaria barbara*
*Decumaria sinensis*
*Hedera canariensis*
*Hedera colchica*
*Hedera helix*
*Hydrangea anomala* subsp. *petiolaris*
*Parthenocissus henryana*
*Parthenocissus quinquefolia*
*Parthenocissus tricuspidata*

### Spreizklimmer
*Bignonia*
*Billardiera*
*Clematis* (einige Arten)
*Eccremocarpus*
*Euonymus* (einige Arten)
*Jasminum*
*Lapageria*
*Lathyrus* (einige Arten)
*Plumbago*
*Rhodochiton*
*Rosa* (einige)
*Solanum* (einige Arten)
*Tropaeolum* (einige Arten)
*Vinca*

### Rankpflanzen
*Campsis radicans*
*Clematis* (einige Arten)
*Cobaea scandens*
*Lathyrus*
*Mutisia*
*Passiflora*
*Vitis*

# Kletterhilfen

Viele Kletterpflanzen brauchen eine Kletterhilfe, an der sie emporwachsen können. In der Natur sind das Bäume, Sträucher oder Felswände, im Garten kann man aus einer Vielzahl von Kletterhilfen wählen.

## Wände, Mauern und Fassaden

Begrünte Wände sehen sehr attraktiv aus. Die Pflanze präsentiert sich optimal und die strenge Form der Wände oder Mauern wird weicher. Haftkletterer brauchen an einer Wand keine weitere Kletterhilfe, aber alle anderen Arten brauchen eine Hilfe, an der sie sich festhalten oder befestigt werden können, zum Beispiel Draht, Netze, Gitter oder spezielle Haken, an denen die Triebe angebunden werden.

## Zäune

Maschendrahtzäune sehen viel besser aus, wenn man sie mit Kletterpflanzen begrünt. Sie sind dafür ideal geeignet. Geschlossene Bretterzäune brauchen eine Kletterhilfe aus Draht, Gitter oder ein Spalier, an der sich die Pflanze festhalten kann. Stellen Sie sicher, dass der Zaun stabil genug ist, um das Gewicht der Pflanze, auch bei Wind, zu tragen.

## Spaliere

Ein Spalier ist ein Rahmen mit Längs-, Quer- oder Diagonalstreben aus Holz oder Kunststoff, an der eine Kletterpflanze Halt findet. Das Spalier kann an festen Gestaltungselementen, wie Mauern oder Zäunen, befestigt werden, oder als freistehende Kletterkonstruktion verwendet werden. Spaliere können an der

### Spanndrähte

**1** Spanndrähte müssen sicher und fest an der Wand befestigt werden. Spezielle Schraubösen werden mit Dübeln in der Wand befestigt.

**2** Stecken Sie einen Dübel von passender Größe in das Bohrloch und schrauben Sie die Öse hinein. Sie sollte 3 bis 5 cm von der Wand abstehen.

**3** Alternativ kann man auch Spanndrahthalter in die Wand schlagen. Bei sehr hartem Mauerwerk muss man das Loch vorbohren.

**4** Ziehen Sie den Draht durch die Ösen oder den Halter und spannen ihn so fest wie möglich. Biegen Sie dann die Enden um und verdrehen Sie sie.

**5** Mit Bindedraht oder Kunststoffbändern kann man die Triebe der Kletterpflanze jetzt am Draht befestigen.

**6** Wenn die Pflanze weiter wächst, bindet man die neuen Triebe immer wieder an die Drähte, bis die ganze Wand begrünt ist.

### Kletternetze

**1** Es gibt spezielle Wandbegrünungssysteme mit Kunststoffnetzen und passenden Wandhalterungen. Die Netze werden mit Clips an den Halterungen befestigt.

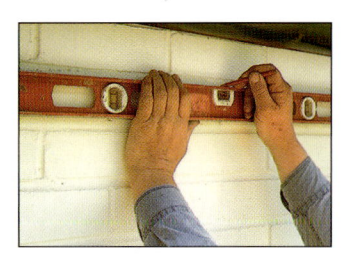

**2** Messen Sie die Aufhängung der beiden oberen Halterungen mit einer Wasserwaage ab.

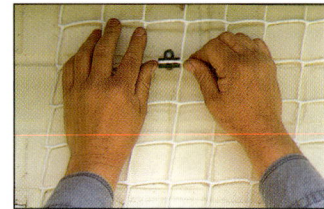

**3** Befestigen Sie das Netz an den obersten Clipsen.

**4** Mit dem Netz an der Wand können nun nach und nach die anderen Halterungen angebracht werden, sodass das Netz straff gespannt ist.

**5** Ziehen Sie die Triebe der Kletterpflanze durch das Netz nach oben. Spreizklimmer, die sich nicht selbst festhalten, müssen am Netz angebunden werden.

Gartengrenze als Zaun oder im Garten innern als Sichtschutz- oder Trennwand dienen. Form und Gestaltung sind der Pflanze egal, haben aber Einfluss auf die Wirkung im Garten. In Gartencentern oder im Fachhandel gibt es unzählige Formen und Größen. Viele Kletterpflanzen finden selbst Halt am Spalier, andere müssen festgebunden werden.

## Pfosten, Dreibeine und Obelisken

Diese Konstruktionen sind freistehende Klettergerüste für die Pflanze. Sie sind attraktive Blickfänger im Garten und können einfach aus drei am Ende zusammengebundenen Haltestäben bestehen oder für sich alleine schon kleine Skulpturen darstellen. Ein schmiedeeiserner Obelisk wirkt auch ohne Rankpflanze. Pfosten sollten mit einem Netz umspannt werden, damit die Pflanze besseren Halt findet. Auch Dreibeine oder Obelisken kann man noch mit einem Gitter verstärken.

## Wandspalier

1 Ein Wandspalier aus Holz ist eine attraktive Möglichkeit, um eine Mauer zu begrünen. Es muss sicher an der Wand befestigt werden.

2 Schrauben Sie eine Leiste an die Wand, an der das Spalier befestigt wird. So ist die Hinterlüftung durch den Spalt gewährleistet.

3 Schrauben Sie das Spalier an die Leiste. Wenn Sie das Spalier an der unteren Leiste mit Scharnieren und oben mit Haken befestigen, kann es leicht weggeklappt werden.

4 Das fest an der Wand hängende Spalier kann nun als dauerhafte Kletterhilfe dienen.

## Freistehendes Spalier als Sichtschutzwand

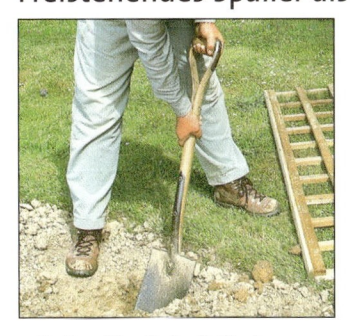

1 Graben Sie ein Loch für den ersten Pfosten. Es sollte mindestens 45 cm tief sein.

2 Stellen Sie den Pfosten ins Loch und richten Sie ihn senkrecht aus.

3 Das Loch wird nun mit Fertigbeton aufgefüllt.

4 Graben Sie das zweite Loch im Abstand der Spalierbreite.

5 Befestigen Sie das Spalier am ersten Pfosten und fixieren Sie es mit Nägeln. Dann platzieren Sie den zweiten Pfosten auf der anderen Seite.

6 Vergewissern Sie sich, dass auch der zweite Pfosten senkrecht steht und füllen Sie Fertigbeton in das zweite Loch. Gut feststampfen, damit der Pfosten sicher steht.

7 Wiederholen Sie diese Prozedur, bis die Sichtschutzwand aus den Spalieren fertig ist. Bis der Fertigbeton ausgehärtet ist, sollte man die Pfosten mit Latten abstützen.

Geißblatt in voller Blüte, das ein Spalier komplett überwachsen hat.

## Bögen, Pergolen und Lauben

Obwohl die Funktionen von Bögen, Pergolen und Lauben ganz unterschiedlich sind, ist die Grundkonstruktion dieselbe. Alle haben Seitenwände und ein Dach und können aus Holz oder Metall oder auch aus fertigen Spalierrahmen gebaut werden. Viele Kletterpflanzen wachsen von alleine daran empor und bedecken sie, inklusive der Dachkonstruktion, in kurzer Zeit völlig. So entsteht bei einer Laube ein grünes Zimmer. Hinaus wachsende Triebe, vor allem von dornigen Arten, sollte man gleich wieder in die Konstruktion zurückführen, damit man sich beim Vorbeilaufen nicht verletzt. Beim Bau muss man den ausladenden Wuchs der Kletterpflanzen berücksichtigen, sonst kann es passieren, dass man durch einen zugewachsenen Bogen nach einigen Jahren gar nicht mehr hindurchlaufen kann.

### Bau einer Klettersäule

**1** Stellen Sie drei Pfosten in Löcher im Boden und füllen Sie die Löcher mit Erde (oder Fertigbeton, wenn der Standort sehr feucht ist) auf.

**2** Nageln Sie zwischen zwei Pfosten eine Querstrebe. Damit das Holz nicht reißt, sollte die Strebe etwas überstehen.

**3** Sägen Sie die überstehenden Enden bündig mit den senkrechten Pfosten ab. Befestigen Sie so viele Querstreben, wie sie wollen.

**4** Setzen Sie die Pflanze entweder in die Mitte der Pfosten oder an die Seiten. Wenn die Pfosten in Beton stehen, pflanzt man sie dazwischen.

**5** Gießen Sie die Pflanze durchdringend an und bedecken Sie den Boden mit Mulch, damit die Feuchtigkeit besser gehalten und Unkraut unterdrückt wird.

**6** Das fertige Klettergerüst. Eine kleinere Variante wäre möglich, indem man drei Pfosten aneinanderlehnt und die Spitzen zusammennagelt.

Ein Bogen, der von einem Blauregen umrankt wird. Im Laufe der Jahre wird es der Blauregen sein, der den Bogen stützt.

## Bäume und Sträucher

In der Natur wachsen die meisten Kletterpflanzen an und in Bäumen und Sträuchern empor, seltener auch an Felswänden. Letztere wird man wohl nur selten im Garten antreffen, aber die erste Variante bietet zahlreiche Möglichkeiten. Ein großer Vorteil besteht darin, dass man Kletterpflanzen einsetzen kann, die zu anderen Zeiten blühen, wie der Baum, in dem sie wachsen.

Manche Kletterpflanzen, wie *Clematis viticella* und ihre Sorten, werden im Frühjahr bis zum Boden zurückgeschnitten. So ist der Strauch, in dem sie klettern, wenn er im Frühling blüht, ohne störende Ranken. Im Spätsommer ist die Clematis wieder zur vollen Größe angewachsen und bedeckt dann den ganzen Busch mit ihren Blüten.

Es ist wichtig, dass die Gehölze, die als Kletterhilfe gepflanzt wurden, absolut gesund sind, da das Gewicht der Kletterpflanze, gerade bei Wind, eine

# KLETTERHILFEN

## Bau eines Bogens

Kletterpflanzen lassen sich leicht an Bögen ziehen. Dieser Efeu findet schnell von alleine Halt und braucht nicht mehr angebunden zu werden.

starke Belastung darstellen kann. Es kann gefährlich sein, Kletterpflanzen in abgestorbenen Bäumen wachsen zu lassen. Auch Efeu kann im Alter durch seine enorme Größe und sein Gewicht Bäume zum Absterben bringen. Er kann so aber auch für eine verwunschene, beinahe unheimliche Atmosphäre im Garten sorgen.

**1** Planen Sie den Bogen so breit, dass Sie auch bei vollem Bewuchs an den Seiten noch bequem durchlaufen können.

**2** Graben Sie für die Seitenteile je zwei Löcher im richtigen Abstand. Die Löcher sollten mindestens 45 cm tief sein, besser noch etwas tiefer.

**3** Vergewissern Sie sich, dass die Pfosten senkrecht stehen und füllen Sie dann Fertigbeton in die Löcher. Bedecken Sie den Beton mit Erde.

**4** Bauen Sie den oberen Teil des Bogens auf dem Boden liegend zusammen. Wählen Sie einen Winkel, der zur Breite und zur Gestaltung des Gartens passt.

**5** Mit (verzinkten) Nägeln befestigt man den Bogen an den senkrechten Elementen. Achten Sie darauf, dass der Bogen durch das Hämmern nicht aus der Senkrechten gerät.

## Kletterpflanzen in Sträucher hineinleiten

**1** Der gewählte Strauch muss nicht groß sein. *Clematis alpina* kann auch in kleineren Büschen wachsen.

**2** Bereiten Sie den Boden neben (nicht unter) dem Strauch vor, da sonst die Kletterpflanze zu wenig Wasser bekommen könnte.

**3** Pflanzen Sie die Kletterpflanze in die vorbereitete Erde und binden Sie einen oder mehrere Triebe an einen Stab, der zum Strauch zeigt.

**4** Zum Schluss wird durchdringend angegossen und der Boden mit Mulch bedeckt. So werden Verdunstung und Unkrautwuchs vermindert.

# Erziehungsschnitt

Die meisten Kletterpflanzen wachsen von Natur aus straff nach oben. Will man eine Mauer oder eine Wand auch in der Breite begrünen, muss man bestimmte Schnitt- und Erziehungsmaßnahmen ergreifen.

### Beim Erwerb der Pflanze

Die meisten Pflanzen, die man im Gartencenter oder in Gärtnereien kauft, brauchen nach dem Pflanzen nicht oder nur wenig geschnitten zu werden. Entfernen Sie abgeknickte, tote oder kranke Triebe. Letztere findet man wohl nur bei Pflanzen, die man von Freunden bekommt. In einem Gartencenter würde man solche Gehölze wohl nicht kaufen. Auch schwächliche Triebe schneidet man weg.

Die meisten Kletterpflanzen werden in Töpfen angeboten, selten auch wurzelnackt. Diese müssen dann sofort eingepflanzt oder in feuchte Erde eingeschlagen werden.

### Nach der Pflanzung

Normalerweise setzt man die Pflanze so dicht wie möglich an die Kletterhilfe. Bei Mauern oder Zäunen lässt man einen Abstand von etwa 25 cm, besser noch etwas mehr. Man überprüft die Triebe noch einmal und schneidet beschädigte Pflanzenteile weg. Die Triebe leitet man zur Kletterhilfe hin. Bei einer Mauer oder einem Zaun bindet man zu kurze Triebe zunächst an kürzere Haltestäbe, die man schräg an die Wand lehnt. Wenn die Triebe länger sind, kann man sie auch gleich an der Kletterhilfe befestigen. Bei der Pflanzung an Spalieren oder Pfosten setzt man die Pflanze so dicht an die Kletterhilfe, dass man die Triebe direkt emporführen kann. In beiden Fällen flechtet man auch Rankpflanzen an das Gerüst, obwohl sich neue Triebe schnell ihren eigenen Weg suchen. Es ist wichtig, dass die ersten Triebe von Anfang an auseinandergelenkt werden, damit die ganze Fläche gleichmäßig und nicht nur in der Mitte bewachsen wird. Bei stärker

*Diese Kletterrose wird an einem Drahtgerüst an der Garagenmauer festgehalten. Es ist wichtig, dass man alle Triebe an die Drähte bindet und darauf achtet, dass die Rose nicht unter die Traufe wächst.*

## Eine Kletterpflanze an einen Zaun leiten

**1** Bereiten Sie das Pflanzloch so vor, dass die Pflanze genauso tief steht, wie sie im Container gepflanzt war.

**2** Setzen Sie die Pflanze ins Loch und heften Sie die Triebe an mehrere Stäbe, die zum Klettergerüst am Zaun zeigen.

**3** Nach der Pflanzung wird angegossen und der Boden mit Mulch bedeckt, um die Verdunstung und den Unkrautwuchs zu vermindern.

# Erziehungsschnitt

Viele Kletterpflanzen, vor allem die einjährigen, lassen sich auch in Kübeln pflanzen.

verholzenden Pflanzen, wie Kletterrosen, kann man die Triebe auch so weit zur Seite biegen, bis sie fast parallel zur Bodenoberfläche liegen. So bilden sich mehr Neutriebe auf der ganzen Länge des Triebs, die dann die Fläche gleichmäßig begrünen. Auch bei senkrechten Pfosten trennt man die einzelnen Triebe am Anfang, damit sie den Pfosten gleichmäßig begrünen. Wenn die Pflanze wächst, flechtet man alle Triebe, die sich von der Kletterhilfe lösen, wieder zurück. Das gilt auch für Schlingpflanzen, die normalerweise keine Unterstützung brauchen. Diese Triebe kann man in Bereiche leiten, die noch nicht bewachsen sind.

Verschiedene Bänder und Bindematerialien, mit denen man die Triebe von Kletterpflanzen an der Unterlage befestigen kann.

## Verschiedene Erziehungsmethoden

Das Ziel der Erziehung von Kletterpflanzen an künstlichen Rankgerüsten ist es, die zu begrünende Fläche optimal zu bedecken. Je einfacher das Gerüst ist, desto leichter sind Schnittmaßnahmen durchzuführen. Dichte Triebe lassen sich nur schwer entwirren. Unten sehen Sie eine Auswahl verschiedener Erziehungsmethoden.

**Erziehung am Spalier** Wenn man eine Kletterpflanze an einem Spalier zieht, leitet man die unteren Triebe so breit wie möglich an die Kletterhilfe, um die ganze Fläche zu bedecken.

**Schlecht erzogene Kletterpflanze am Spalier** Wenn man die Triebe nicht breit zum Spalier leitet, wachsen sie alle senkrecht nach oben und bedecken nur eine kleine Fläche.

**Erziehung an einer Wand** Wenn man eine Wand begrünen möchte, verfährt man wie bei einem Spalier. Wichtig ist es, die Triebe so breit wie möglich an der Wand entlang zu leiten, damit die ganze Fläche gleichmäßig bedeckt wird.

**Erziehung an einem Bogen** Pflanzen Sie die Kletterpflanze immer an der Außenseite des Bogens, damit der Durchgang nicht verengt wird. Leiten Sie die Triebe über den Boden und achten Sie auf eine gleichmäßige Bedeckung.

# Erhaltungsschnitt

Der Schnitt von Kletterpflanzen ist in vielen Bereichen mit dem von Ziersträuchern identisch. Der einzige Unterschied besteht darin, dass man es mit langen, senkrecht wachsenden Trieben zu tun hat und zum Schneiden auf Leitern oder Gerüste steigen muss.

## Schnitt-Routine

Der Schnitt von etablierten Kletterpflanzen mag als Herausforderung scheinen. Man beginnt damit tote, beschädigte und kranke Triebe auszuschneiden. Dicht verfilzte Schlinger, wie eine alte *Clematis montana,* sind im Innern oft komplett abgestorben.

Wenn Kletterpflanzen die Dachtraufe erreichen, müssen die Triebe gekappt werden, damit sie nicht unter das Dach wachsen.

Als Nächstes entfernt man schwache und blühfaule Triebe. Auch quer wachsende und sich kreuzende Triebe, die zu Verfilzungen führen, schneidet man weg. Zum Schluss werden überalterte Triebe bis auf einige starke Knospen oder bis auf den Boden zurückgeschnitten.

Der beste Zeitpunkt für diese Schnittmaßnahmen variiert je nach Art oder Sorte. Im Winter hat man bei laubabwerfenden Kletterpflanzen einen besseren Überblick über den Wuchs und erreicht die Basis der Pflanzen besser.

## Sommerschnitt

Manche Kletterpflanzen blühen am vorjährigen Holz und sollten im Sommer geschnitten werden, sobald die Blüte vorbei ist. So wird ein neuer Austrieb angeregt, der im Folgejahr wieder blüht. Wenn man im Frühjahr schneidet, entfernt man die Blütentriebe.

## Schnitt von etablierten Kletterpflanzen

**1** Dieses Geißblatt an einer Pergola ist lange nicht geschnitten und etwas zu groß geworden. Ein Rückschnitt soll es wieder in Form bringen.

**2** Zuerst schneidet man alle abgestorbenen und beschädigten Triebe heraus. Bei Geißblatt sammelt sich im Innern viel totes Holz an.

**3** Abgestorbene Triebe nimmt man bis ins gesunde Holz auf einen Seitentrieb zurück. Bei dichtem Wuchs kann auch weiter geschnitten werden.

**4** Als Nächstes werden zu dicht wachsende Triebe ausgelichtet. Bevorzugt entfernt man schwache und alte Triebe.

**5** Die gesunden, kräftigen Triebe werden wieder an die Pergola aufgeleitet. Meist sind dies die jüngsten Triebe.

**6** Binden Sie diese kräftigen Triebe an die Pfosten und Querbalken der Pergola. Einfache Gartenschnur ist ideal dafür.

# Schnitt von etablierten Kletterpflanzen

Der Schnitt von etablierten Kletterpflanzen wird häufig vernachlässigt, da er etwas umständlich ist. Man muss dazu auf eine Leiter steigen oder in Bäume und Sträucher klettern. Manche Pflanzen brauchen relativ viel Aufmerksamkeit, um in Form zu bleiben und schön zu blühen, während andere nur an den Rändern etwas in Form geschnitten werden müssen.

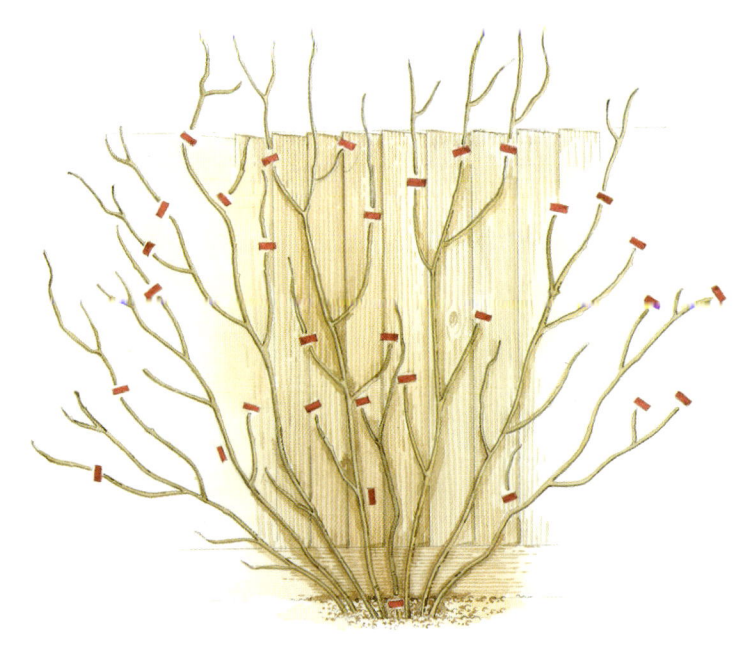

**Etablierte Kletterpflanzen** Entfernen Sie abgestorbene und beschädigte Triebe und nehmen Sie dann einige der ältesten Triebe weg. So wird die Verjüngung angeregt. *Knospen bleiben stehen!*

**Traufen und Dachrinnen** Kletterpflanzen, die sich selbst an der Unterlage festhalten, dürfen nicht unter Traufen oder in Dachrinnen wachsen.

## Gebogene Triebe

Alle neuen Triebe werden geleitet, solange sie noch biegsam sind. Schlinger, wie Geißblatt, werden zur Kletterhilfe geführt und Neutriebe eingeflochten. Bei holzigeren Arten, wie Rosen, leitet man die Triebe in möglichst waagrechte Bögen. So wird nicht nur die Bildung von Blütenknospen entlang des ganzen Triebs gefördert, sondern auch das Wachstum neuer Blatttriebe, die die zu begrünende Fläche bedecken. Bindet man die Triebe senkrecht, blühen sie nur an der Spitze. Kletterrosen kann man auch ganz von der Wand abnehmen, am Boden ausbreiten, schneiden und dann die Triebe an der Kletterhilfe neu befestigen. Diese Maßnahme ist zum Glück nicht jedes Jahr notwendig.

## Dachrinnen, Traufen und Dach

Das Ziel einer Fassadenbegrünung ist es, die Wände so weit wie möglich bewachsen zu lassen, aber nicht über die Dachrinne hinaus. Viele Arten, vor allem die mit Haftwurzeln kletternden, suchen sich jede kleine Ritze und wachsen daran in Traufen und sogar unter Ziegel und Dachpfannen. Durch ihre Wurzeln, Triebe und das Laub können Regenrinnen und Regenfallrohre verstopfen.

Deshalb schneidet man im Herbst alle Triebe, die über die Mauer hinausragen. Am besten nimmt man sie etwa 30 cm unter Traufenhöhe zurück, damit sie nicht im nächsten Frühjahr gleich wieder das Dach erreichen. Wenn man dies im Herbst macht, kann man die Regenrinnen auch gleichzeitig von Falllaub reinigen.

An Gebäuden hält man Kletterpflanzen von Fenstern und Fensterrahmen fern. Besonders selbstklimmende Arten, wie Efeu, dürfen sich auch nicht an Holzkonstruktionen, die regelmäßig gestrichen werden müssen, festhalten.

Zur Verjüngung werden einige der ältesten Triebe herausgeschnitten.

Totes oder beschädigtes Holz wird, wie hier gezeigt, auf einen gesunden Trieb zurückgeschnitten.

# Clematis Schnittgruppe 1

Clematis teilt man in drei unterschiedliche Schnittgruppen ein. Die Einteilung hängt vom Blütezeitpunkt und der Schnitttechnik ab, die nötig ist um ein Höchstmaß an Blüten zu bekommen.

Clematis der Gruppe 1 blühen am vorjährigen Holz und brauchen wenig oder gar keine Schnittmaßnahmen, damit die Blütenknospen nicht entfernt werden. Die bekannteste Clematis dieser Gruppe sind *Clematis montana* und ihre Sorten. Aber auch andere Arten gehören hierher.

## Pflanzschnitt und erste Erziehung

Man pflanzt die Clematis etwa 5 cm tiefer, als die Pflanze im Topf gestanden hat. So ist gewährleistet, dass die Pflanze, wenn sie von der Clematiswelke befallen wird, aus Seitenknospen neu austreiben kann und überlebt. Außer dem Entfernen von beschädig-

Eine weiße Form der *Clematis montana*. Sie braucht nur wenig geschnitten zu werden. Vernachlässigt man sie allerdings, wird sie schnell zu dicht.

## Schnitt von Clematis der Schnittgruppe 1

1 Clematis der Schnittgruppe 1 können im Prinzip sich selbst überlassen werden. Einige, darunter *C. montana*, können dann allerdings schnell zu dicht und kopflastig werden.

2 Die Neutriebe dieser Clematis brauchen kaum gestutzt zu werden. Nur einzelne, zu lange Triebe, die aus der Pflanze herauswachsen, kürzt man mit einer scharfen Gartenschere ein.

3 An der Oberfläche sieht diese Clematis gesund und geschlossen aus. Im Innern kann sich aber eine große Menge toter Triebe angesammelt haben, die man entfernen sollte.

Beim Schnitt von Clematis kürzt man die Triebe über einem kräftigen Knospenpaar ein, ohne die Knospen zu verletzen.

**Schnitt von Clematis der Gruppe 1.** Clematis der Gruppe 1 bilden die Blüten an den Trieben des Vorjahrs. Wenn man diese im Herbst oder Frühjahr entfernt, bleibt die Blüte aus. Diese Clematis-Arten müssen nur sehr wenig geschnitten werden. Die Schnittmaßnahmen beschränken sich auf das Entfernen abgestorbener Triebe, die sich im Innern ansammeln können und das Herausschneiden von langen Trieben, die die Form stören.

ten Trieben, sind keine Schnittmaßnahmen nötig. Die Triebe werden dann fächerförmig angebunden, damit die Kletterhilfe schnell und gleichmäßig begrünt wird.

### Erhaltungsschnitt

Da theoretisch gar keine weiteren Schnittmaßnahmen notwendig sind, gehört diese Clematis-Gruppe zu den pflegeleichtesten. Trotzdem sollten abgestorbene Triebe entfernt werden, damit die Ansammlung von Totholz, vor allem bei *Clematis montana*, die Pflanzen nicht erstickt und ihr das Aussehen eines großen Vogelnests verleihen, oder die Standfestigkeit der Kletterhilfe gefährden. Deshalb sollte man sich alle paar Jahre die Mühe machen, die Clematis auszuputzen und tote Triebe zu entfernen.

Es lohnt sich. Wächst die Pflanze über die Kletterhilfe hinaus, schneidet man sie einfach bis auf eine starke Knospe oder einen Trieb zurück.

### Verjüngungsschnitt

Besonders *Clematis montana* wird schnell groß und sammelt im Innern viel Totholz an, wenn sie nicht regelmäßig ausgeschnitten wird. So kann es notwendig werden, die ganze Pflanze stark zurückzuschneiden, um wieder die Kontrolle über das Wachstum zu bekommen. Zum Glück nimmt diese Art auch harte Rückschnitte bis ins alte Holz nicht übel und treibt willig neu aus. Dieser Rückschnitt sollte direkt nach der Blüte erfolgen. So können sich schnell wieder neue Blütentriebe bilden.

---

**Clematis Schnittgruppe 1**

Alle Sorten der aufgeführten Arten gehören in die Schnittgruppe 1.

- *C. alpina*
- *C. armandii*
- *C. cirrhosa*
- *C. macropetala*
- *C. montana*

# Clematis Schnittgruppe 2

Die zweite Clematis-Gruppe beinhaltet fast alle großblumigen Sorten, darunter so bekannte Klassiker, wie 'Nelly Moser' oder 'Lasurstern'.

Diese Clematis blühen zweimal im Jahr. Die Hauptblüte erscheint im Frühsommer am vorjährigen Holz, eine Nachblüte im Spätsommer oder Herbst an den diesjährigen Trieben.

## Pflanzschnitt

Sorgen Sie dafür, dass die Clematis etwa 5 cm tiefer gepflanzt wird, als sie im Topf stand. So kann die Pflanze aus unter der Erde liegenden Seitenknospen austreiben, wenn sie von Clematiswelke befallen werden sollte. Nach der Pflanzung muss man keinen aufwändigen Pflanzschnitt durchführen. Es reicht in der Regel, beschädigte Triebe zu entfernen. Man kann die Pflanze aber auch bis auf etwa 30 cm über dem Boden auf ein starkes Knospenpaar zurücknehmen. Die Triebe werden dann fächerförmig angebunden, damit die Kletterhilfe gleichmäßig von unten bewachsen wird.

*Clematis* 'Barbara Dibley' ist ein typischer Vertreter der großblumigen Clematis-Hybriden der Schnittgruppe 2.

## Erhaltungsschnitt

Der Schnitt dieser Clematis-Gruppe ist etwas komplizierter, aber wenn man ihn einige Male geübt hat, geht er leichter von der Hand. Es ist auch nicht schlimm, wenn man einmal falsch schneidet, denn die Pflanzen vertragen auch einen starken Rückschnitt.

Der Schnitt findet im Spätwinter statt, kurz bevor der erste Austrieb beginnt.

Die gefüllt blühende *Clematis* 'Royalty' braucht, wie alle Clematis der Schnittgruppe 2, etwas mehr Aufmerksamkeit beim Schnitt.

Sollten einige Knospen bereits ausgetrieben haben, ist das nicht weiter schlimm. Zuerst entfernt man tote, beschädigte oder kranke Zweige. Dann schneidet man die übrigen Triebe bis zum ersten kräftigen Knospenpaar zurück.

In manchen Fällen muss man nur wenige Zentimeter der Triebe zurücknehmen, in anderen durchaus auch die Hälfte der Trieblänge. Dann leitet man die

## Schnitt von Clematis der Schnittgruppe 2

**1** Im zeitigen Frühjahr sieht die Clematis zwar nicht gerade einladend zum Schneiden aus, der Schnitt ist aber nicht kompliziert.

**2** Schneiden Sie zuerst einige der ältesten Triebe heraus, um die Verjüngung zu fördern. Man schneidet immer auf ein starkes Knospenpaar.

**3** Als Nächstes schneidet man alle übrigen Triebe auf das erste kräftige Knospenpaar zurück. Bei Bedarf bindet man die Triebe neu an.

CLEMATIS SCHNITTGRUPPE 2

'Lasurstern' gehört zu den Clematis der Schnittgruppe 2, die mit ihren wunderschönen großen Blüten den Garten mit Farbe füllen.

Triebe so auf, dass sie die Kletterhilfe gleichmäßig bewachsen können.

## Verjüngungsschnitt

Wenn eine Clematis vernachlässigt wurde oder einfach nur zu groß geworden ist, kann man sie stark zurückschneiden, ohne dass die Pflanze eingeht. Ist man sich unsicher, kann man die Pflanze nach und nach zurückschneiden.

Man kürzt die Triebe jedes Jahr um ein Drittel ein, sodass die Größenreduzierung Schritt für Schritt erfolgt und sich die Pflanze an den Rückschnitt anpassen kann.

Der beste Schnittzeitpunkt ist der späte Winter oder das zeitige Frühjahr, kurz bevor die Triebe neu austreiben.

**Schnitt von Clematis der Gruppe 2.** Im Prinzip kann man die Clematis dieser Schnittgruppe ohne Schnittmaßnahmen wachsen lassen. Die Blüten erscheinen dann aber immer höher an den Trieben und die ganze Pflanze wird durch die Ansammlung abgestorbener Triebe immer dichter. Ein leichter Schnitt ist also empfehlenswert. Kürzen Sie die obersten Triebe auf ein kräftiges Knospenpaar ein und binden Sie neue Triebe in entstandene Lücken. Abgestorbene und beschädigte Triebe werden entfernt. Einige der ältesten Stämme kann man, um die Verjüngung zu fördern, ebenfalls herausnehmen.

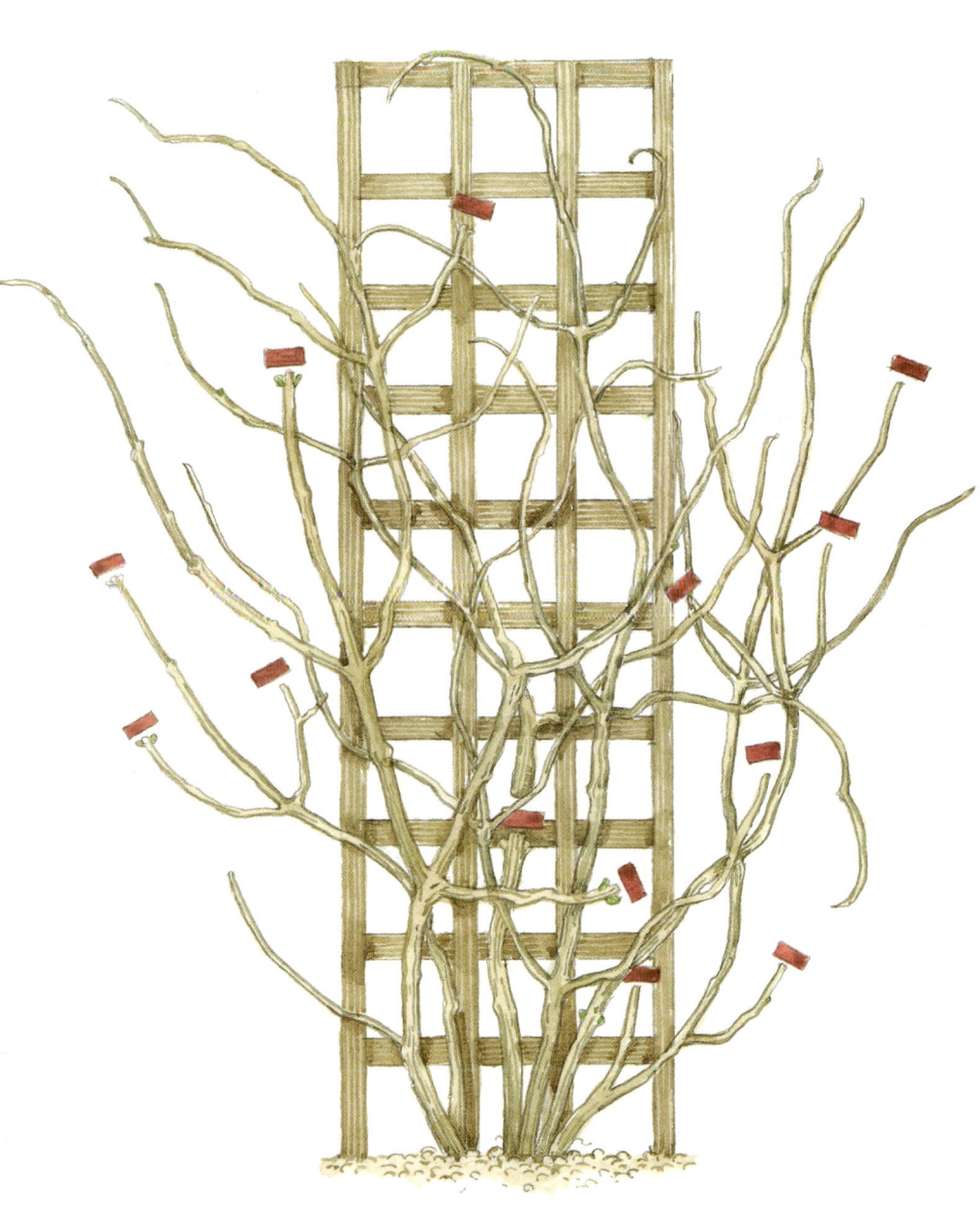

### Clematis Schnittgruppe 2

| | | |
|---|---|---|
| C. 'Barbara Dibley' | C. 'Elsa Späth' | C. 'Moonlight' |
| C. 'Barbara Jackman' | C. 'Fireworks' | C. 'Nelly Moser' |
| C. 'Belle of Woking' | C. 'H.F. Young' | C. 'Proteus' |
| C. 'Countess of Lovelace' | C. 'Lasurstern' | C. 'Star of India' |
| C. 'Daniel Deronda' | C. 'Marie Boisselot' | C. 'The President' |
| C. 'Dr. Ruppel' | C. 'Miss Bateman' | C. 'Vyvyan Pennell' |

# Clematis Schnittgruppe 3

Clematis der Schnittgruppe 3 sind einfach zu behandeln. Typisch für diese Gruppe sind *Clematis viticella* und ihre Sorten, deren Blüten im Spätsommer oder Herbst am diesjährigen Holz erscheinen. Schneidet man diese Clematis nicht, wachsen sie immer höher und blühen nur noch an den Triebenden, außerhalb der Sichtweite. In Augenhöhe hat man nur noch ein braunes, verfilztes Gestrüpp. Sie sind ideal geeignet, um in anderen Sträuchern, wie Rosen, zu wachsen. Im Frühsommer sind die Clematis noch nicht so weit gewachsen, und die Rosenblüten präsentieren sich optimal. Im Spätsommer, wenn die Rosen verblüht sind, ist die Clematis in voller Blüte und bedeckt den ganzen Strauch.

Clematis der Gruppe 3 sind besonders geeignet, um in Sträuchern zu wachsen, da sie durch den jährlichen Schnitt nicht zu groß werden.

Alle Clematis der Viticella-Gruppe gehören in die Schnittgruppe 3. Hier ist die Sorte 'Pagoda' mit hellrosa Blüten abgebildet.

## Pflanzschnitt

Beim Pflanzen setzt man die jungen Clematis-Pflanzen etwa 5 cm tiefer, als sie im Topf gestanden haben. Sollte die Pflanze von der Clematiswelke befallen werden, so kann sie aus unter der Erde liegenden Seitentrieben neu austreiben und überleben. Bei der Pflanzung schneidet man die Triebe auf etwa 30 cm Länge bis zu einem kräftigen Knospenpaar zurück. Wenn die Neutriebe erscheinen, leitet man sie fächerförmig auf, sodass die Kletterhilfe gleichmäßig bewachsen wird.

## Schnitt von Clematis der Schnittgruppe 3

**1** Bei Clematis der Schnittgruppe 3 schneidet man alle Triebe auf eine starke Knospe oder einen Neutrieb zurück.

**2** Alle noch an der Pflanze verbliebenen beschädigten und abgestorbenen Triebe schneidet man heraus.

Diese ineinandergewachsenen Triebe sind das Resultat einer einzigen Wachstumsperiode. Man kann sie alle radikal wegschneiden.

### Clematis Schnittgruppe 3

- *C.* 'Abundance'
- *C.* 'Ascotiensis'
- *C.* 'Bill Mackenzie'
- *C.* 'Comtesse de Bouchard'
- *C.* 'Duchess of Albany'
- *C.* 'Etoile Violette'
- *C.* 'Fair Rosamund'
- *C.* 'Lady Betty Balfour'
- *C.* 'Little Nell'
- *C.* 'Madame Julia Correvon'
- *C.* 'Perle d'Azur'
- *C.* 'Royal Velours'
- *C.* 'Star of India'
- *C. tangutica*
- *C. tibetana (orientalis)*
- *C. viticella* und Sorten

**Schnitt von Clematis der Gruppe 3** Clematis der Gruppe 3 sind sehr einfach zu schneiden, da man den ganzen ineinanderverflochtenen Zuwachs des Vorjahrs einfach wegschneiden kann. Wenn man im späten Winter oder zeitigen Frühjahr schneidet, treibt die Clematis praktisch sofort neu aus. Es wird immer auf das unterste kräftige Knospenpaar über der Schnittstelle des Vorjahrs zurückgeschnitten. Tote Triebe werden komplett entfernt. Wenn die neuen Triebe erscheinen, leitet man sie an der Kletterhilfe auf.

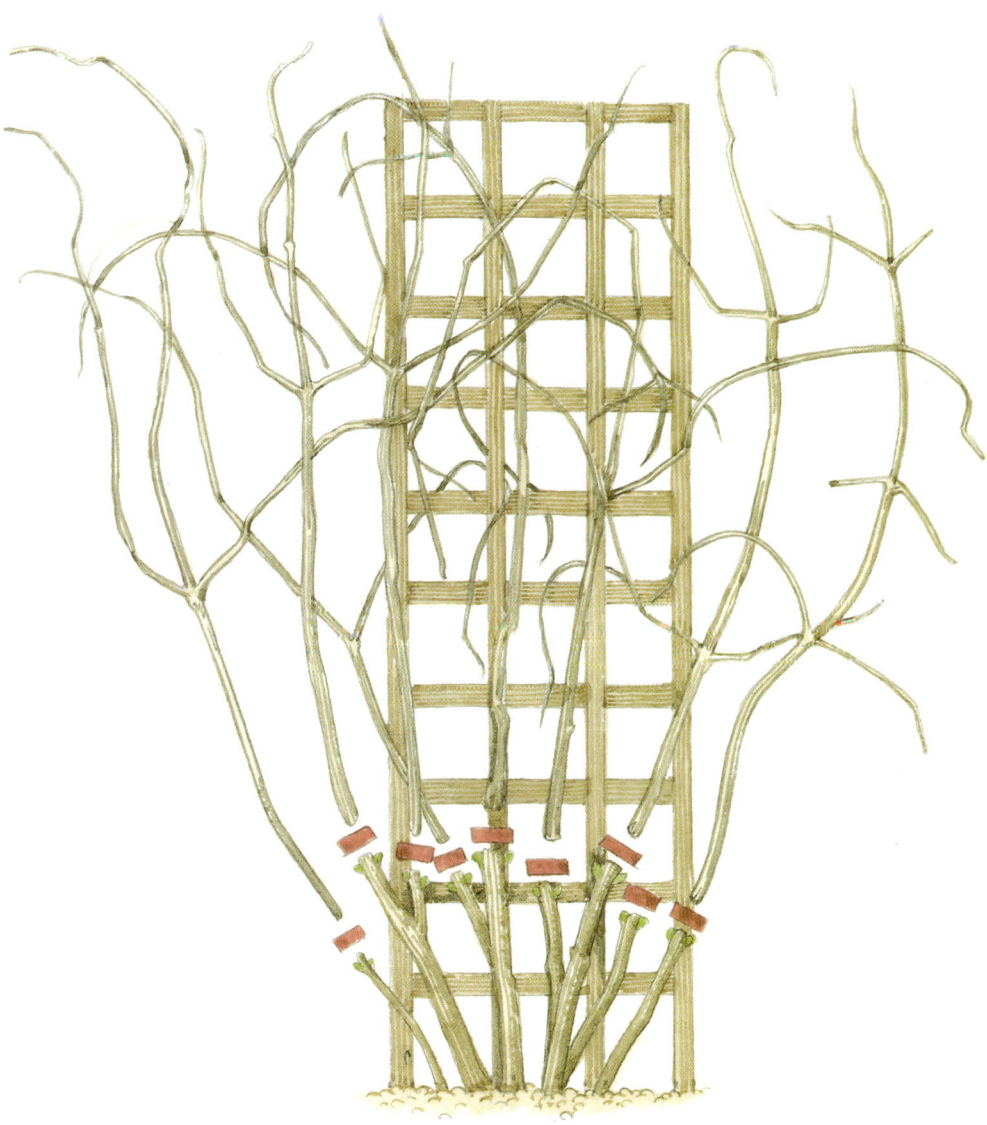

Die starkwüchsigen Clematis der Gruppe 3 bilden jährlich eine große Menge neuer Triebe. Ein Klettergerüst wird schnell überwachsen.

## Erhaltungsschnitt

Im Spätwinter schneidet man alle Triebe bis zum ersten kräftigen Knospenpaar über der Schnittstelle des Vorjahrs zurück. Die alten Triebe entfernt man. An den Spitzen werden sicher schon einige Knospen ausgetrieben haben, man kann diese getrost wegschneiden. Der Neuaustrieb von der Basis wird viel stärker sein.

Schneiden Sie nicht zu hoch zurück, da sonst die Pflanze immer höher wird und man schließlich eine kahle Basis hat.

### Ungewöhnliche Clematis

Es gibt eine kleine Anzahl von Clematis, die sowohl wie Gruppe 2 oder Gruppe 3 geschnitten werden kann. Schneidet man sie wie Gruppe 2, blühen sie früher und die Blüten sind größer. Schneidet man sie wie Gruppe 3, blühen sie später, die Blüten sind aber etwas kleiner.

C. 'Duchess of Sutherland'
C. 'Ernest Markham'
C. 'Gipsy Queen'
C. 'Hagley Hybrid'
C. 'Jackmanii'
C. 'Jackmanii Superba'
C. 'Maureen'
C. 'Mrs. Cholmondeley'
C. 'Niobe'
C. 'Rouge Cardinal'
C. 'Ville de Lyon'
C. 'W. E. Gladstone'

# Blauregen

Der Schnitt von Blauregen *(Wisteria sinensis* und *W. floribunda)* bereitet vielen Kopfzerbrechen. Das Wichtigste, das man beachten muss, ist, dass zweimal im Jahr geschnitten werden muss.

### Klettergerüste

Obwohl man Blauregen auch als Hochstamm ziehen kann, werden sie fast nur als Kletterpflanzen zur Fassadenbegrünung verwendet. Sie können sich nicht von selbst an einer Wand festhalten, wie Efeu, sondern brauchen eine Kletterhilfe. Ein normales Spalier reicht aufgrund der Wuchskraft und Größe nicht aus. Am besten eignen sich parallel gespannte Drähte, die sicher in der Fassade verankert werden. Der Abstand zwischen den Drähten sollte etwa 30 cm betragen. Mit einem Haltestab führt man die Schlingpflanze dann zu den Spanndrähten, von denen der erste etwa 60 cm oder höher über der Erdoberfläche montiert wird.

### Pflanzschnitt

Blauregen werden am besten im Winter oder Spätfrühling gepflanzt. Der Mitteltrieb wird bis auf etwa 1 m über dem Boden zurückgeschnitten und alle Seitentriebe werden eingekürzt. Im Sommer wählt man dann zwei starke Seitentriebe aus und führt sie in einem Winkel von 45° an die Spanndrähte. Die Nebentriebe werden dann auf drei bis vier Knospen zurückgeschnitten. Alle anderen Triebe entfernt man. Der Mitteltrieb wird senkrecht erzogen. Im zweiten Winter werden die Seitentriebe um etwa ein Drittel zurückgenommen und vorsichtig nach unten gebogen, bis sie waagrecht wachsen. Der Mitteltrieb wird 75 bis 90 cm über dem obersten Seitentrieb abgeschnitten. Im Sommer wiederholt man die Prozedur des Vorsommers und zieht zwei neue starke Seitentriebe in die Waagrechte. Alle Seitentriebe werden auf drei bis vier Knospen zurückgeschnitten. So verfährt man, bis die ganze Fläche bewachsen ist.

### Erhaltungsschnitt

Wenn sich der Blauregen etabliert hat, schneidet man ihn zweimal im Jahr, im Sommer und im Winter, zurück. Im Spätsommer kürzt man die Seitentriebe auf fünf bis sechs Knospen ein. Die Hauptseitentriebe und den Mitteltrieb lässt man wachsen, bis die Fläche bewachsen ist. Dann nimmt man den Jahreszuwachs einmal jährlich auf fünf bis sechs Knospen zurück. Wenn man dies regelmäßig durchführt, wird der Blauregen nicht wuchern. Ist dies schon geschehen, entfernt man einen Haupttrieb pro Jahr und zieht sich geeignete neue Triebe heran.

Blauregen eignet sich hervorragend zur Begrünung von Pergolen oder Laubengängen. Die Haupttriebe wachsen an den Pfosten empor.

Im Sommer scheidet man die langen Neutriebe auf fünf bis sechs Blätter zurück. Im Winter kürzt man sie ein zweites Mal.

Blauregen lässt sich auch an Wänden ziehen. Die Blütenknospen profitieren dann im Frühjahr von der Wärmeabstrahlung der Wand.

Alle Triebe, die man nicht braucht, um die Wand weiter zu begrünen, werden im Winter auf zwei bis drei Knospen zurückgeschnitten.

## Erziehung von Blauregen am Wandspalier

Blauregen hat bei vielen Gärtnern den Ruf, schwierig zu schneiden und zu erziehen zu sein. Das liegt aber ohne daran, dass man ihn zweimal im Jahr schneiden muss, einmal im Sommer und ein zweites Mal im Winter. Die eigentlichen Schnittmaßnahmen sind aber völlig unproblematisch und werden schnell zur Routine. Man benötigt bei großen Pflanzen eine Leiter.

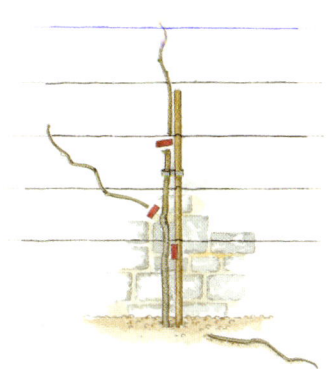

**Erstes Jahr, Winter** Pflanzen Sie den Blauregen im Herbst oder Frühjahr. Schneiden Sie alle Seitentriebe zurück und kürzen Sie die Spitze auf 1 m Höhe ein.

**Erstes Jahr, Sommer** Im folgenden Sommer wählt man zwei starke Seitentriebe und heftet sie an den Draht. Auch der Mitteltrieb wird angebunden und die übrigen Seitentriebe entfernt.

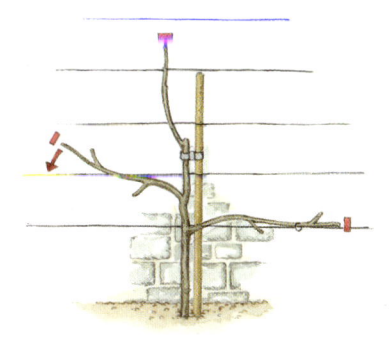

**Zweites Jahr, Winter** Im zweiten Winter zieht man die Seitentriebe vorsichtig in die Waagrechte und kürzt den Mitteltrieb auf 75 bis 90 cm über den Seitentrieben ein.

**Zweites Jahr, Sommer** Im folgenden Sommer wiederholt man die Schnittmaßnahmen des Vorjahrs und leitet dieses Mal ein zweites Paar Seitentriebe an den Drähten entlang.

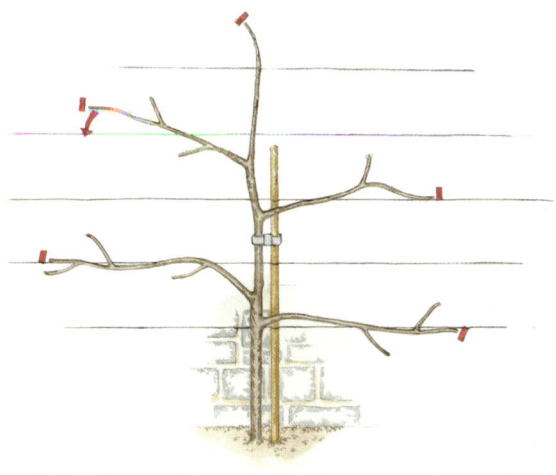

**Drittes Jahr, Winter** Im Winter wiederholt man die Schnittmaßnamen des Vorwinters und wiederholt diese Schnittprozedur in den Folgejahren so lange, bis die ganze Wand begrünt ist.

**Erhaltungsschnitt, Sommer** Sobald der Blauregen die ganze Wand begrünt, kürzt man alle Neutriebe, die nicht zur Wandbegrünung benötigt werden, auf fünf bis sechs Blätter ein.

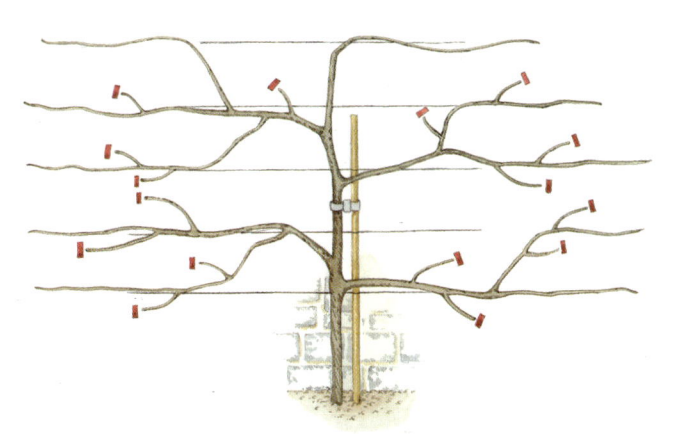

**Erhaltunsgsschnitt, Winter** Jeden Winter werden alle Triebe, die schon im Sommer geschnitten wurden, auf zwei bis drei Knospen zurückgenommen. Über Kreuz oder schräg wachsende Triebe schneidet man ganz heraus.

# Verjüngungsschnitt

Wenn man seine Pflanzen regelmäßig zurückschneidet, verwildern sie kaum und komplette Verjüngungsmaßnahmen werden nicht notwendig. Manchmal vergisst man aber das Schneiden, zögert so lange, bis es zu spät ist oder übernimmt mit einem neuen Garten bereits verwilderte Sträucher oder Kletterpflanzen.

## Erste Maßnahmen

In wenigen Fällen kann man eine Pflanze direkt über dem Erdboden abschneiden und neu aufbauen, meistens muss man etwas vorsichtiger zurückschneiden. Manchmal ist es möglich, den Verjüngungsschnitt in einem Jahr durchzuführen, es kann aber auch vorkommen, dass man den Rückschnitt nur über einen längeren Zeitraum durchführen kann. Deshalb muss man sich vor dem Rückschnitt vergewissern, was für eine Gehölzart man vor sich hat. Ein uralter Blauregen wird untrennbar mit der Unterlage verbunden sein, während andere Kletterpflanzen, wie Rosen, vom Spalier gelöst und am Boden zurückgeschnitten werden können, bevor man sie wieder an der Wand befestigt. Bei dieser Gelegenheit kann man auch die Aufhängung der Kletterhilfe und die ganze Konstruktion überprüfen, ob Halterungen korrodiert oder Drähte gerissen sind. Auch Anstriche können jetzt einfach erneuert werden.

## Verjüngung einer Kletterpflanze

**1** Wenn eine Kletterpflanze zu einem undurchdringlichen Dickicht geworden ist, muss man sie komplett verjüngen und renovieren.

**2** Man beginnt mit dem Entfernen toter und beschädigter Äste. Diese machen schon einen Großteil der zu entfernenden Triebe aus.

**3** Als Nächstes schneidet man alle zu dünnen und zu dichten Triebe heraus, um die Pflanze offener zu gestalten.

**4** Einige der ältesten Grundtriebe werden auf eine starke Knospe oder einen jungen Seitentrieb zurückgeschnitten.

**5** Beginnen Sie nun, die übrig gebliebenen Triebe wieder an die Kletterhilfe zu binden und die Wand gleichmäßig zu bedecken.

**6** Die Renovierung ist fast komplett. Nun kann man die letzten dünnen, schwachen und unerwünschten Triebe entfernen.

## Verjüngung von Kletterpflanzen

Generell sollte man alle Kletterpflanzen im Garten regelmäßig schneiden, damit sie gar nicht erst aus der Form geraten. Manchmal wachsen aber doch einige zu stark oder man hat einen alten, verwilderten Garten übernommen. Manche Arten vertragen keinen radikalen Rückschnitt, bei diesen verteilt man die Verjüngung auf mehrere Jahre.

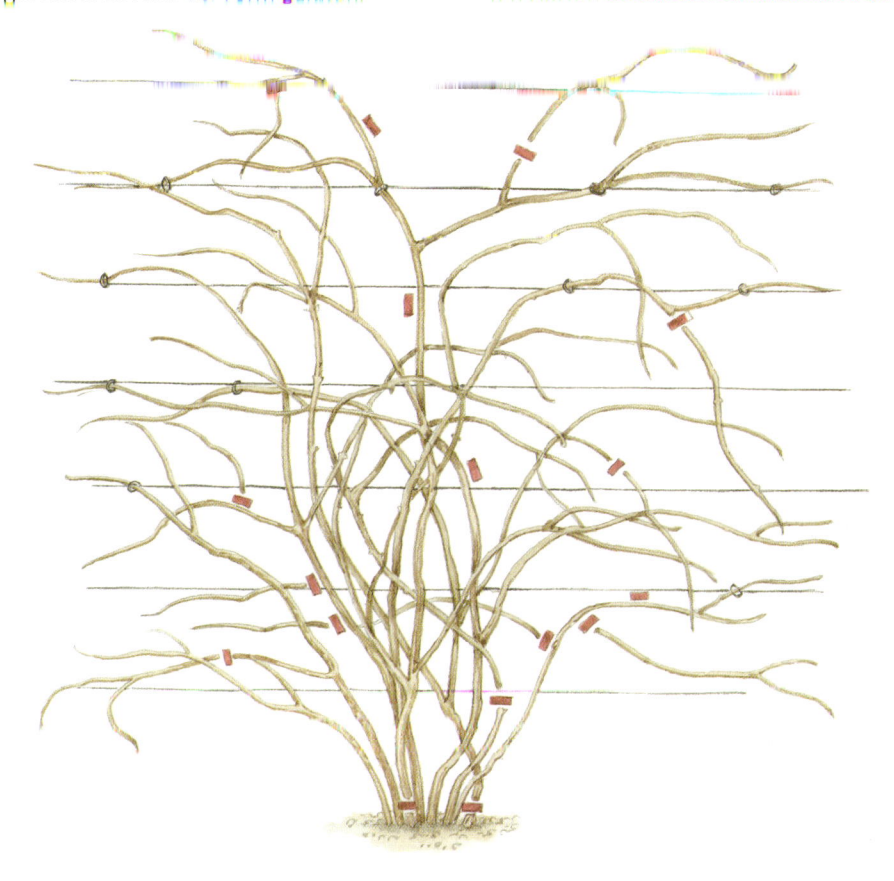

**Verjüngungsschnitt** Schneiden Sie erst alle abgestorbenen und beschädigten Triebe heraus, um sich einen Gesamteindruck zu verschaffen. Dann entfernt man aneinanderscheuernde, über Kreuz wachsende Triebe und zum Schluss einen Teil des alten Holzes.

**Radikaler Rückschnitt** Manche Kletterpflanzen, wie das Geißblatt, vertragen einen radikalen Rückschnitt bis knapp über dem Boden.

## Weitere Pflege

Alle Neutriebe werden jährlich geschnitten, sodass keine neuen Verjüngungsmaßnahmen nötig werden. Nach außen wachsende Triebe werden zurückgebunden. Um das Wachstum anzuregen, gibt man einen ausgewogenen Mehrnährstoffdünger und bedeckt den Boden mit Mulch.

## Verjüngungsschnitt

Zuerst schneidet man alle abgestorbenen und kranken Äste heraus. So kann man sich einen Gesamteindruck verschaffen. Dann entfernt man alle dünnen und schwachen Triebe, entweder ganz bis auf einen Hauptast oder bis auf einige starke Knospen. Sich überkreuzende oder aneinanderreibende Triebe schneidet man ganz weg. Wenn man jetzt das Gefühl hat, dass weitere Schnittmaßnahmen zuviel des Guten wären, wartet man bis zum nächsten Jahr. Man sollte allerdings mindestens einen oder zwei alte Triebe direkt an der Basis entfernen. Im nächsten Jahr werden diese durch starke Neutriebe ersetzt. In den folgenden entfernt man das alte Holz komplett.

Im Sommer zeigt sich die renovierte Pflanze in neuem Laub. Auf der rechten Seite müssen noch einige Neutriebe nach unten gezogen werden, um die Lücke zu schließen.

# Spaliersträucher

Manche Sträucher können, obwohl sie im eigentlichen Sinne keine Kletterpflanzen sind, an Wandspalieren gezogen werden. Zierquitten haben zum Beispiel einen lockeren, sparrigen Wuchs, wenn man sie frei wachsen lässt und blühen nicht so üppig. Wenn man sie aber am Spalier zieht, blühen sie im wahrsten Sinne des Wortes auf.

## Kletterhilfe

Obwohl die meisten Spaliersträucher freiwachsend keine Stütze brauchen, benötigen sie an einer Wand gezogen eine Kletterhilfe. So haben sie nicht nur einen stabilen Halt in dieser unnatürlichen Position, sie können auch nicht vom Wind umgeblasen werden. Außerdem haben sie die Neigung, nach vorne zum Licht zu wachsen. Deshalb befestigt man ein Spalier oder Gitter aus Holz, Metall oder Kunststoff an der zu begrünenden Wand. Um größere Flächen zu bedecken, spannt man besser waagrechte Drähte, die mit Haken an der Wand befestigt werden. Der Abstand der Drähte zur Wand sollte mindestens 5 cm betragen.

## Pflanzschnitt

Der Strauch sollte mindestens 30 cm vom Fuß der Wand gepflanzt werden, wenn möglich noch etwas weiter weg. Direkt an der Mauer ist die Erde trockener und durch das Fundament nicht so tiefgründig. Wenn der Strauch erst einmal seine volle Größe erreicht hat, fällt der Abstand zur Wand nicht mehr auf. Bei der Pflanzung muss die Pflanze an der Kletterhilfe befestigt werden. Wenn der Mitteltrieb lang genug ist, kann man ihn direkt am untersten Draht befestigen. Meist wird man die Triebe aber erst an einem Haltestab aus Bambus oder ähnlichem

## Schnitt eines Flanellbusch-Spaliers *(Fremontodendron)*

**1** Fremontodendron hat auf seinen Blättern einen staubigen Belag, der Hautreizungen hervorrufen kann. Tragen Sie einen Atemschutz!

**2** Wie bei allen Schnittmaßnahmen beginnt man mit dem Entfernen toter, beschädigter und über Kreuz wachsender Triebe.

**3** Anschließend schneidet man unerwünschte Triebe heraus. Die übrigen Triebe bindet man an der Kletterhilfe fest.

**4** Mit Schnur oder Kunststoffbändern kann man die Triebe am Spalier befestigen. Fremontodendron lässt sich gut als Spalier ziehen.

befestigen, mit dem sie zur Wand geleitet werden. Die Erziehung hängt vom natürlichen Wuchs des Strauchs ab. Manche kann man mit einem durchgehenden Mitteltrieb („Stamm") und seitlichen Ästen erziehen, andere sehen fächerförmig gezogen besser aus. Möchte man einen etwas natürlicheren Eindruck erzeugen, bindet man die Triebe einfach so, wie sie wachsen, an die Haltekonstruktion und schneidet Äste, die zur Mauer oder nach vorne wachsen, weg. Wenn man dann noch sich überkreuzende Triebe und zu dicht wachsende Zweige entfernt und Lücken schließt, ist das Ergebnis zufrieden stellend. Ein formalerer Eindruck entsteht, wenn man die Pflanzen wie ein Obstspalier erzieht.

Für einen Fächer beginnt man mit zwei starken Seitentrieben an der Basis und biegt sie im Winkel von 35° zusammen. Sich neu entwickelnde Seitentriebe werden ebenfalls in diesem Winkeln gezogen, bis die ganze Wand bedeckt ist. Zierquitten *(Chaenomeles)* lassen sich so gut ziehen. Für ein Spalier lässt man zwei Haupttriebe wachsen und heftet sie an die waagrechten Drähte. Den Hauttrieb lässt man wachsen und zwei neue Seitentriebe bilden. Diese bindet man an die darüber liegenden Drähte. So verfährt man, bis das ganze Spalier mit waagrechten Ästen bedeckt ist.

## Erhaltungsschnitt

Man verfährt genauso, wie bei einem freiwachsenden Strauch. Zusätzlich entfernt man alle Triebe, die zur Wand und nach vorne wachsen und schneidet sich überkreuzende oder aneinanderreibende Zweige weg. Wenn Löcher entstehen, zum Beispiel weil man einen alten oder beschädigten Ast entfernen musste, zieht man neue Triebe in die Lücke.

**Feuerdorn am Wandspalier** Feuerdorn *(Pyracantha)* kann sehr gut als Wandspalier gezogen werden. Flach an der Wand präsentiert er sich dann ganz anders, wie als freiwachsender Strauch im Garten. Da Feuerdorn ziemlich spitze Dornen hat, sollte man beim Schneiden immer Schutzhandschuhe tragen. Für ein streng formales Wandspalier zieht man den Feuerdorn mit symmetrischen Seitenästen und entfernt alle unerwünschten Triebe. Besonders Zweige, die nach vorne oder hinten zur Wand wachsen, müssen herausgeschnitten werden.

## Schnitt eines Feuerdorns am Wandspalier

**1** Die meisten Schnittmaßnahmen werden im Sommer durchgeführt. Schneiden Sie die Triebe auf wenige Blätter zurück, damit der Strauch nicht zu dicht wird und die Beeren offen liegen.

**2** Triebe, die von der Wand wegwachsen, schneidet man ganz heraus, wenn man sie nicht zum Schließen von Lücken benötigt. Sonst lässt man ein Blatt stehen.

**3** Dieser junge Feuerdorn braucht noch einige Jahre, bis die Mauer komplett begrünt ist. Hier wurde eine Spalierform gewählt, aber auch ein Fächer ist möglich.

# Schnitt von Säckelblumen

Immergrüne Sträucher, wie die Säckelblume *(Ceanothus)*, profitieren in kühleren Gegenden vom wärmeren Mikroklima und Schutz an einer Mauer.

### Kletterhilfe
Man kann sowohl Spanndrähte als auch ein Spalier als Kletterhilfe benutzen. Ein Spalier bietet mehr Befestigungsmöglichkeiten und wird, wenn der Strauch ausgewachsen ist, kaum mehr zu sehen sein.

### Pflanzschnitt
Anfangs lässt man die Pflanze frei wachsen und entfernt nur Triebe, die zur Mauer oder nach vorne wachsen. Auch aneinanderscheuernde Zweige schneidet man weg. Das Ziel ist die gleichmäßige Bedeckung der Fläche. Bei dieser Art darf man nicht zu tief ins alte Holz zurückschneiden, um die Pflanze zu verjüngen.

### Erhaltungsschnitt
Immergrüne *Ceanothus* blühen am vorjährigen Holz oder an diesjährigen Trieben. Da sie aus altem Holz nur sehr zögerlich austreiben, schneidet man im Frühling nur die Spitzen der vorjährigen Triebe auf eine Knospe zurück. Abgestorbene, kranke oder beschädigte Zweige schneidet man natürlich ebenfalls weg. Aus den verbliebenen Knospen wachsen Blütentriebe.

**Erziehung einer Säckelblume am Wandspalier** Bei Säckelblumen (*Ceanothus*) unterscheidet man zwei Gruppen: die immergrünen und die laubabwerfenden. Wenn man sie am Spalier zieht, muss man sie konstant in Form halten, da eine Verjüngung durch stärkeren Rückschnitt nicht möglich ist. Ziehen Sie den Strauch flach an der Wand und schneiden Sie alle Triebe, die zur Wand oder nach vorne wachsen, heraus. Wenn der Strauch seine Endgröße erreicht hat, werden nur die Spitzen vorsichtig eingekürzt.

Die Blüten bei immergrünen Säckelblumen erscheinen am Vorjahresholz, schneiden Sie also nicht zu weit zurück, sonst bleibt die Blüte im Folgejahr aus.

Wenn man Säckelblumen frei wachsen lässt, müssen sie fast nicht geschnitten werden. Nur abgestorbene oder unerwünschte Triebe schneidet man heraus.

Dieses Bild zeigt deutlich die Neutriebe zwischen den Blüten, die im nächsten Jahr Blüten tragen werden. Schneiden Sie nur sehr leicht zurück.

# Schnitt von Zierquitten

Zierquitten *(Chaenomeles)* sind fantastische Spaliersträucher. Das Ziel des Schnitts ist es, sie dicht an der Wand zu halten. Manche Sorten blühen lange und überreich.

### Kletterhilfe
Am besten sind im Abstand von 30 cm gespannte waagrechte Drähte geeignet.

### Pflanzschnitt
Es gibt zwei Möglichkeiten Zierquitten an einer Wand zu ziehen. Am besten sieht ein Fächer aus, der wie bei Obstgehölzen gezogen wird. Dazu pflanzt man einen jungen Strauch und schneidet den Haupttrieb direkt über dem oberen von zwei starken Seitentrieben ab. Diese bindet man im Winkel von 30° herunter und kürzt sie auf 45 cm vom Hauptstamm ein. Alle übrigen Seitentriebe werden entfernt. An den beiden Haupttrieben zieht man nun ihrerseits Seitentriebe, die angebunden werden. Diese Seitentriebe kürzt man ebenfalls ein und schneidet alle anderen seitlichen Zweige bis auf die letzte Knospe zurück. So verfährt man immer weiter, bis die ganze Fläche gleichmäßig bewachsen ist. Alternativ kann man den Strauch frei wachsen lassen und die Haupttriebe zur Wand leiten, bis diese bedeckt ist. Mit Seitentrieben werden Lücken geschlossen. Zweige, die zur Mauer oder nach vorne wachsen, werden entfernt. Auch Triebe, die nicht für die Grundstruktur benötigt werden, schneidet man bis auf die letzte Knospe zurück.

### Erhaltungsschnitt
Wenn das Grundgerüst des Spalierstrauchs erreicht ist, schneidet man alle Seitentriebe bis auf die letzte Knospe zurück, damit sich Blütenknospen tragende Zapfentriebe bilden. Zierquitten wachsen stark und entwickeln in wenigen Wochen neue Langtriebe, die man sofort auf eine Knospe zurücknehmen sollte.

Wenn die Zapfen zu dicht stehen, entfernt man im Winter einige der älteren. Zur Verjüngung kann die Zierquitte stark zurückgeschnitten werden, dies sollte aber über mehrere Jahre verteilt erfolgen.

**Zierquitte in Fächerform** Zierquitten können freistehend, als Hecke oder an einem Wandspalier gezogen werden. Am Spalier müssen sie regelmäßig in Form geschnitten werden, um die Triebe gleichmäßig über die ganze Fläche zu leiten.

### Schnitt von Zierquitten

**1** Schneiden Sie alle quer und über Kreuz wachsenden Triebe heraus. Die Zweige sollten die Wand oder Mauer gleichmäßig bedecken.

**2** Wenn die Endgröße des Strauchs erreicht ist, schneidet man alle Seitentriebe mehrmals im Jahr auf ein bis zwei Knospen zurück.

**3** Binden Sie alle Triebe an Drähte, die an der Mauer oder dem Zaun gespannt werden, sonst wächst der Strauch von der Wand weg.

Diese freistehende Zierquitte zeigt einen offenen, lockeren Wuchs, da sie nicht an einem Wandspalier gezogen wird.

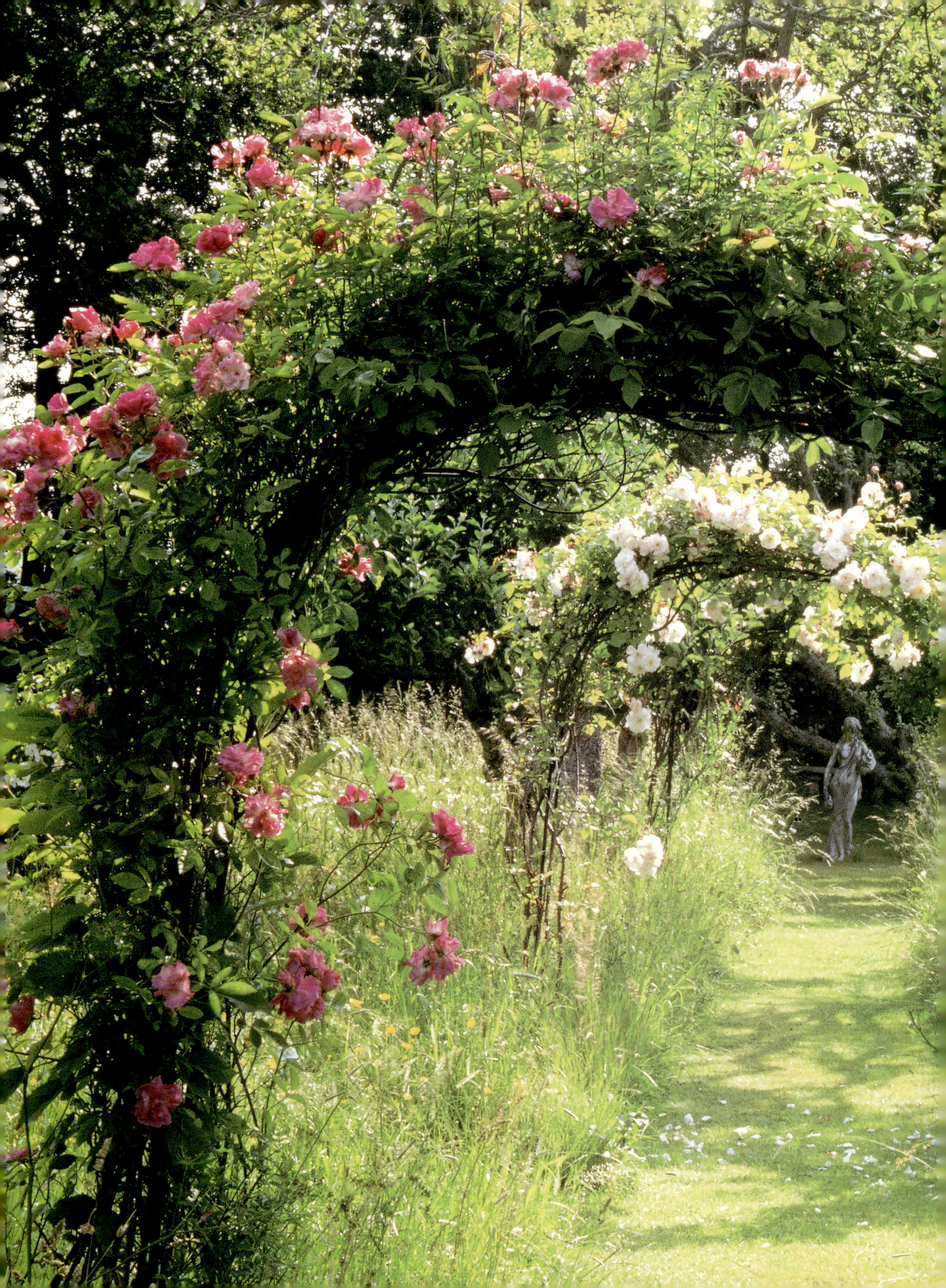

# Rosen

Rosen gehören zu den beliebtesten Gartenpflanzen überhaupt. Und jedes Jahr kommen Hunderte neuer Sorten zu den bereits vorhandenen Tausenden dazu. Die neuen Sorten lassen sich zum Glück alle den verschiedenen Schnittkategorien zuordnen, sodass ein Gärtner, der bereits mit Rosen Erfahrung hat, keine Probleme mit Neuankömmlingen zu erwarten hat. Für den Garten-Einsteiger scheint der Schnitt von Rosen bei der Anzahl unterschiedlicher Sortengruppen, die alle eigene Schnitttechniken verlangen, erst einmal verwirrend.

Trotz der unterschiedlichen Sortengruppen und der verschiedenen Schnitttechniken ist der Rosenschnitt keine geheime Kunst. Es ist beruhigend zu wissen, dass man eine Rose durch falschen Schnitt praktisch nicht umbringen kann. Sogar einen brutalen Rückschnitt mit der Kettensäge überstehen sie und er kann der Blühwilligkeit nichts anhaben. Ein richtiger Schnitt sorgt aber für einen gleichmäßigeren Wuchs und schönere Blühergebnisse.

Wenn man neue Sorten bekommt, muss man sich nur genug Zeit nehmen und dicke Handschuhe tragen und sich die Schnitttechnik der Sortenklassen einprägen und sein Wissen erweitern. Nach ein paar Versuchen wird man feststellen, wie einfach der Schnitt von Rosen ist und dass er einem ganz natürlich von der Hand geht.

Wer könnte diesem zauberhaften Rosengarten widerstehen? Durch sorgfältigen Schnitt und wohl überlegte Erziehungsmaßnamen – beides ist kein Hexenwerk – kann jeder Gärtner ein solches Ergebnis erreichen.

# Schnitt von Rosen

> **Rosengruppen**
> Je nach Wuchs und Verwendung werden Rosen unterschiedlich geschnitten. Im Folgenden werden die einzelnen Gruppen vorgestellt.

Die verschiedenen Rosensorten werden je nach Wuchsform in unterschiedliche Schnittgruppen eingeteilt. Rosen sind sehr robuste Pflanzen und lassen sich durch falsche Schnittmaßnahmen fast nicht umbringen. Das schlimmste, was passieren kann, ist das die Blüte eine Saison lang ausbleibt.

*Im Sommer kneipt man abgeblühte Knospen heraus, damit die Rose ihre ganze Energie in die Blüten stecken kann.*

*Wildtriebe müssen entfernt werden. Aber Vorsicht, dass man keinen Edeltrieb erwischt. Wildtriebe erscheinen unterhalb der Veredlungsstelle.*

## Zeitpunkt
Rosen werden in drei Stadien geschnitten: Zuerst wird Verblühtes entfernt, der zweite Schnitt muss nicht unbedingt durchgeführt werden und ist nur in windigen, schneereichen Gebieten notwendig. Zu lange Triebe von Strauchrosen werden im Spätherbst auf die Hälfte zurückgenommen, damit sie nicht umknicken.

Die wichtigste Schnittmaßnahme findet im Frühling statt, wenn die Forsythien blühen.

## Grundregeln
Rosen schneidet man entweder auf eine dicke Knospe oder einen starken neuen Trieb zurück. Dünnere Triebe schneidet man mit einer Rosenschere, dickere mit einer Astschere oder einer kleinen Säge. Es ist wichtig, dass das Schnittwerkzeug gepflegt wird und immer scharf ist.

Der Schnitt muss glatt und sauber sein und darf nicht quetschen oder ausfransen. Es wird direkt über dem Auge geschnitten und die Schnittfläche sollte vom Auge wegführen. Bleibt über einer Knospe zuviel stehen, wird dies eintrocknen und dient als Eintrittstelle für Krankheitserreger. Das kann auch beim Ausputzen von Verblühtem passieren.

## Erziehung
Es gibt verschiedene Möglichkeiten, Rosen zu erziehen, es muss nicht immer die normale Strauchform sein. Lange Triebe leitet man am besten in den Busch zurück, damit sie bei Wind mit ihren Stacheln keine benachbarten Pflanzen verletzen.

Aufrecht wachsende Triebe bilden nur an der Spitze Blüten, biegt man sie zu einem Bogen herab, bilden sich auf der ganzen Länge des Triebs Blütenknospen. Zum Befestigen oder Herabziehen der langen Triebe nimmt man Bindedraht oder Schnur.

*Wenn man beim Rosenschnitt noch ungeübt ist, schneidet man Stück für Stück die Triebe zurück, und prüft den Fortschritt zwischendurch.*

*Damit man lange Freude an den blühenden Rosen hat, schneidet man abgeblühte Rosen zurück.*

### Ausputzen

Diese Tätigkeit gehört bei den meisten Rosen zur Pflegeroutine. Lässt man verwelkte Blüten am Strauch, lenken Sie nicht nur den Blick von den noch schönen Blumen ab.

Zu diesem Zeitpunkt beginnt die Rose mit der Ausbildung der Hagebutte mit Saatkörnern, was die Pflanze viel Kraft kostet. Schneidet man die abgeblühten Rosenblüten ab, regt man die Bildung neuer Blütenknospen an.

Es gibt aber auch Rosen, die wunderschöne Hagebutten bilden, bei diesen sollte man die welken Blüten nicht entfernen. Beim Ausputzen schneidet man auf die erste gesunde Triebknospe zurück.

### Wildtriebe

Fast alle Rosen werden auf eine Unterlage veredelt, meistens eine Wildrose. Gelegentlich treiben aus dieser Wurzelunterlage Wildtriebe aus. Man erkennt sie am aufrechten Wuchs und der völlig anderen Blattform und -farbe. Wildtriebe müssen sofort entfernt werden, da sie viel stärker als die Edelrose wachsen und alle Rose schnell überwuchern. Man gräbt die Erde an der Basis weg und entfernt den Wildtrieb direkt an der Wurzel. Kappt man ihn nur über der Erdoberfläche, treibt er wieder aus, und das umso kräftiger und mit mehren Trieben gleichzeitig.

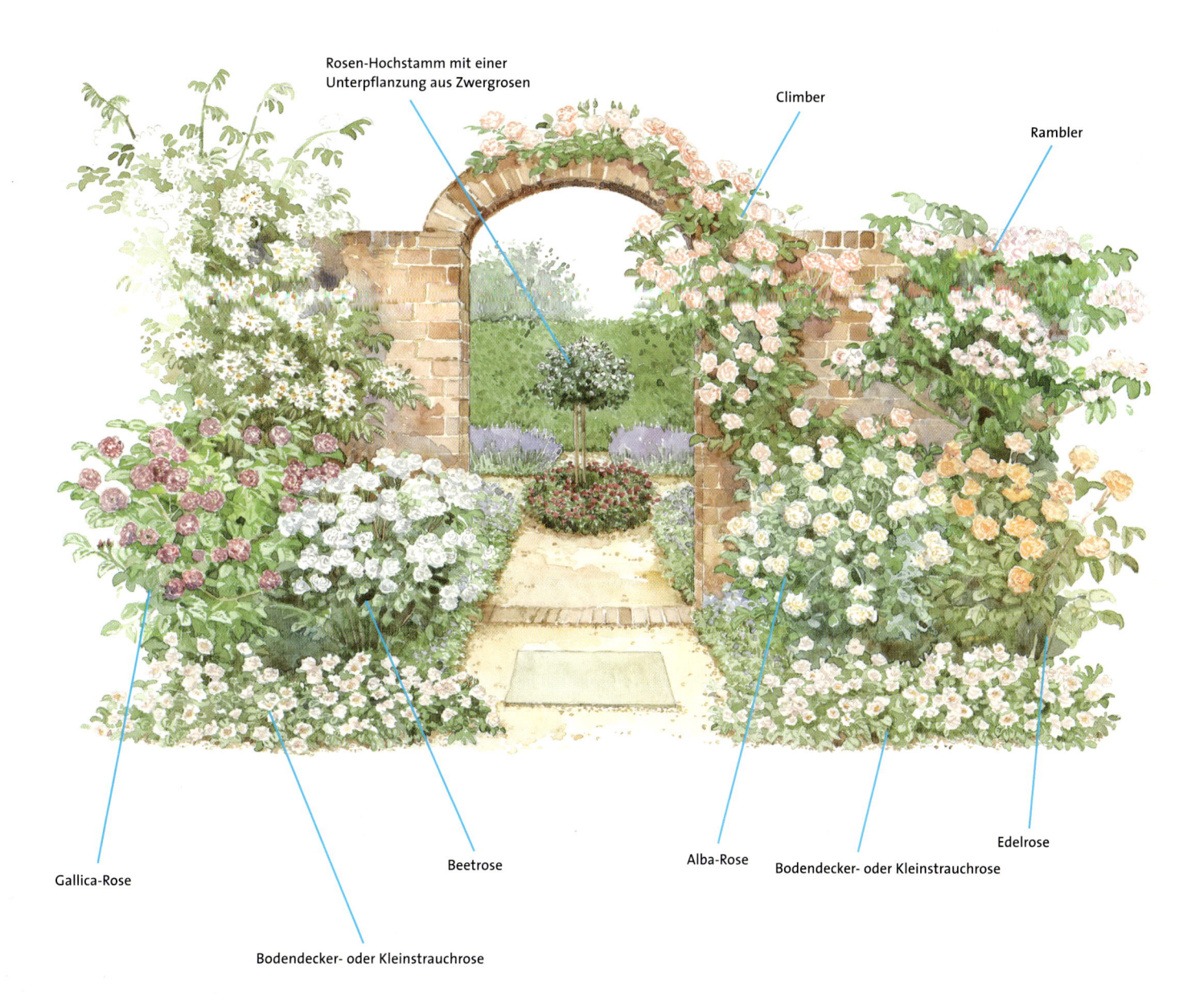

*Rosen-Hochstamm mit einer Unterpflanzung aus Zwergrosen*

*Climber*

*Rambler*

*Gallica-Rose*

*Beetrose*

*Bodendecker- oder Kleinstrauchrose*

*Alba-Rose*

*Bodendecker- oder Kleinstrauchrose*

*Edelrose*

**Ein Rosengarten** Die Vielfalt an Rosen ist überwältigend. Je nach Gruppe unterscheiden sie sich etwas im Schnitt und der Erziehung. Das Grundprinzip ist aber immer dasselbe. Ziel bei allen Rosen ist es, die Pflanze gesund zu erhalten, zu dichte, aneinanderscheuernde oder über Kreuz wachsende Triebe zu vermeiden und eine reiche Blüte zu erhalten. Strauch- und Kletterrosen sollten nicht zu dicht wachsen, damit Licht und Luft ins Innere gelangen kann. Abgeblühte Knospen entfernt man in der Regel, damit statt Hagebutten neue Blüten gebildet werden und die Blütezeit verlängert wird.

# Beet- und Edelrosen

Zu den beliebtesten Rosen gehören Beet- und Edelrosen. Sie werden in unzähligen Farben angeboten. Da sie jedes Jahr stark zurückgeschnitten werden, brauchen sie nicht viel Platz. Durch ihren aufrechten Wuchs passen sie besser in ein Rosenbeet als in lockere, gemischte Pflanzungen mit Stauden und anderen Blumen.

### Edelrosen

| | | | |
|---|---|---|---|
| 'Aachener Dom®' | 'Candlelight®' | 'Gloria Dei' | 'Parole®' |
| 'Ambiente®' | 'Christoph Colum- | 'Grande Amore®' | 'Pullmann Orient |
| 'Apéritif®' | bus®' | 'Hamburger Deern®' | Express®' |
| 'Augusta Luise®' | 'Duftfestival®' | 'Ingrid Bergman®' | 'Rosemary Harkness®' |
| 'Banzai® 83' | 'Duftzauber 84®' | 'Inspiration®' | 'Roy Black®' |
| 'Barkarole®' | 'Elina®' | 'Kupferkönigin®' | 'Speelwark®' |
| 'Berolina®' | 'FOCUS®' | 'Lady Like®' | 'Tea Time®' |
| | 'Frederic Mistral®' | 'Nostalgie®' | 'Violina®' |

## Haltevorrichtung

Beet- und Edelrosen werden normalerweise als Strauch gezogen und brauchen in der Regel keine Haltestäbe, auch nicht bei der Pflanzung.

## Pflanzschnitt

Rosen kauft man entweder im Container oder wurzelnackt. Wenn man wurzelnackte Pflanzen nicht sofort einpflanzen kann, schlägt man sie in feuchte Erde oder Sand ein, damit die Wurzeln nicht austrocknen. Container-Rosen und wurzelnackte pflanzt man so tief, dass die Veredelungsstelle 5 cm unter der Erdoberfläche liegt. Die beste Pflanzzeit ist im Spätherbst oder im zeitigen Frühjahr. Man schneidet nach der Pflanzung die Triebe bis auf etwa 15 cm zurück. Schwache, kranke oder sich kreuzende Triebe nimmt man auf ein starkes Auge zurück oder entfernt sie ganz. Bei Container-Rosen, die nicht im Herbst oder Winter gepflanzt wurden, wartet man mit dem ersten Schnitt bis zum nächsten Frühjahr.

## Erhaltungsschnitt

Beet- und Edelrosen wachsen sehr schnell an und schon nach einem Jahr kann man einem immer gleichen Schnittregime folgen. Verblühtes wird abgeschnitten, lange Triebe im Spätherbst auf die Hälfte zurückgenommen, damit sie von Wind und Schnee nicht abgeknickt werden. Der Hauptschnitt erfolgt im Frühling, wenn die Forsythien blühen und die Rose gerade aus der Winterruhe erwacht. Schneidet man zu früh, kann es sein, dass man im Spätfrühling ein zweites Mal schneiden muss. Zuerst entfernt man abgestorbene, kranke und schwache Triebe. Edelrosen werden dann auf 15 bis 25 cm über dem Boden zurückgeschnitten, Seitentriebe nimmt man auf zwei bis drei Augen zurück. Bei alten Pflanzen schneidet man regelmäßig ein oder zwei der ältesten Triebe ganz zurück, um einen neuen Austrieb aus der Basis anzuregen.

## Schnitt von Beetrosen

Beetrosen werden im Prinzip genauso geschnitten, wenn auch nicht ganz so drastisch. Nach dem Entfernen von toten, kranken und schwachen Trieben kürzt man die übrigen auf 25 bis 30 cm ein. Auch bei Beetrosen werden die

## Schnitt von Edelrosen

**1** Wie bei allen Schnittmaßnahmen werden zuerst abgestorbene, kranke und beschädigte Triebe herausgeschnitten. Man schneidet bis ins gesunde Holz zurück.

**2** Als nächstes entfernt man einige der ältesten Triebe, besonders wenn, wie hier, der Zapfen abgestorben ist, da zu hoch über der Knospe geschnitten wurde.

**3** Die übrigen Triebe werden auf eine nach außen zeigende Knospe etwa 10 bis 20 cm über dem Boden zurückgeschnitten. So können sich neue, kräftige Triebe bilden.

**4** Die fertig geschnittene Rose. Deutlich erkennt man, dass nur wenige, aber kräftige Triebe übrig geblieben sind, die bald austreiben werden.

**Pflanzschnitt bei Beet- und Edelrosen** Pflanzen Sie die Edel- oder Beetrosen, wie alle Rosen, am besten im Herbst oder Frühjahr. Bei einer Pflanzung im Herbst lässt man die Triebe lang und häufelt nur an, im Frühjahr kürzt man dann die Triebe auf 10 bis 15 cm ein und entfernt die angehäufelte Erde.

Seitentriebe auf zwei bis drei Augen zurückgeschnitten.

## Wildtriebe

Fast alle Rosen, die man im Handel kaufen kann, werden durch Okulation auf eine Unterlage veredelt. Als Unterlage dient eine Wildrose, die aus der Wurzel Triebe bilden kann. Diese so genannten Wildtriebe nehmen der veredelten Sorte Kraft. Lässt man sie wachsen, überwuchern sie schließlich die ganze Pflanze.

**Schnitt von Edelrosen** Edelrosen gehören mit zu den beliebtesten Rosen überhaupt. Sie müssen jedes Jahr im Frühjahr, wenn die Forsythien blühen, kräftig zurückgeschnitten werden. Nachdem man alle abgestorbenen Triebe herausgeschnitten hat, kürzt man die übrigen auf 15 bis 25 cm über dem Boden ein.

**Schnitt von Beetrosen** Beetrosen müssen nicht ganz so stark, wie Edelrosen zurückgeschnitten werden. Sonst unterscheiden sie sich nicht in Bezug auf die Schnittmaßnahmen. Nachdem man alle abgestorbenen und kranken Triebe herausgeschnitten hat, kürzt man die übrigen auf 25 bis 30 cm über dem Boden ein.

## Schnitt von Beetrosen

**1** Da Rosen recht hoch wachsen, kürzt man sie im Herbst auf 50 bis 70 cm ein, damit sie nicht durch Wind und Schnee abbrechen können.

**2** Im Frühling entfernt man alle abgestorbenen, kranken oder beschädigten Triebe und schneidet bis auf eine Knospe im gesunden Holz zurück.

**3** Triebe, die aneinanderscheuern oder über Kreuz wachsen, schneidet man ganz heraus.

**4** Die übrigen Triebe werden auf 25 bis 30 cm über dem Boden zurückgeschnitten.

**5** Dünne, schwache Triebe schneidet man auf einen starken Trieb zurück.

**6** Wenn man nicht tief genug zurückschneidet, werden die Rosen immer höher und verkahlen von unten.

### Beetrosen

- 'Aprikola®'
- 'Bernstein-Rose®'
- 'Bonica® 82'
- 'Crescendo®'
- 'Fellowship®'
- 'Goldelse®'
- 'Isarperle®'
- 'KOSMOS®'
- 'Kronjuwel®'
- 'La Sevillana®'
- 'Leonardo da Vinci®'
- 'Lions-Rose®'
- 'Lisa®'
- 'Mariatheresia®'
- 'Marie Curie®'
- 'Montana®'
- 'Pastella®'
- 'Red Leonardo da Vinci®'
- 'Rosenfee®'
- 'Rosenprofessor Sieber®'
- 'Rotilia®'
- 'Vinesse®'

# Öfterblühende Strauchrosen

Strauchrosen werden immer beliebter und jedes Jahr kommen neue Sorten auf den Markt. Sie werden größer und vor allem höher als Edelrosen und passen gut in gemischte Pflanzungen oder Beete. Nach der Pflanzung brauchen sie nur wenig Pflege und müssen nicht oft geschnitten werden.

### Moderne Strauchrosen

Zuerst entfernt man tote, kranke und beschädigte Triebe. Sonst muss man nicht viel tun, abgesehen davon, dass man die Spitzen der Seitentriebe etwas einkürzt. Nach ein paar Jahren entfernt man nach und nach die ganz alten Triebe, sodass immer wieder neue junge von der Basis aus hochwachsen.

Sorten, deren Blüten in Dolden am Triebende stehen, schneidet man nach der Blüte um ein Drittel zurück.

### Bodendecker- oder Kleinstrauchrosen

Diese Rosen ähneln normalen Strauchrosen, werden aber nicht ganz so hoch, sondern wachsen eher in die Breite. Bis auf das Entfernen abgestorbener Triebe, lässt man sie meist ungestört wachsen. Wenn sie sich zu stark ausbreiten, schneidet man sie zurück. Nach einigen Jahren entfernt man alte Triebe, um die Rose zu verjüngen.

### *Rugosa*-Rosen

Diese Rosen werden wie moderne Strauchrosen behandelt. Nach dem Entfernen von abgestorbenen, kranken und beschädigten Trieben kürzt man die Spitzen der Langtriebe ein. Wenn die Pflanze einige Jahre alt ist, entfernt man nach und nach die alten Triebe, damit sich der Rosenbusch durch neue, kräftige Triebe verjüngen kann.

### Moschus-Rosen

Tote, kranke und beschädigte Triebe werden entfernt und der Rest um etwa ein Drittel eingekürzt. Nach einigen Jahren entfernt man nach und nach alte Triebe, damit sich die Rose verjüngt.

### Bourbon-, Portland- und China-Rosen

Viele dieser Rosen gehören zu den Historischen oder Alten Rosen. Obwohl die

Die beliebte Strauchrose 'Constance Spry' wird wie öfterblühende Strauchrosen geschnitten, obwohl sie nur einmal blüht.

Die Bourbon-Rose 'Boule de Neige' wird nicht sehr stark geschnitten, man nimmt die Triebe höchstens um ein Drittel zurück.

'Old Blush China' ist, wie der Name vermuten lässt, eine Historische Rose. Die hellrosa, halbgefüllten Blüten duften leicht und erscheinen vom Sommer bis in den Winter.

'Blanche Double de Coubert' gehört zu den *Rugosa*-Rosen. Die angenehm duftenden, weißen Blüten öffnen sich aus rosa angehauchten, spitzen Knospen.

'Souvenir de la Malmaison' ist eine Bourbon-Rose mit stark duftenden, zartrosa Blüten. Leider sind die Blüten nicht ganz regenfest.

'Madame Isaac Pereire' ist eine Bourbon-Rose und wird besser als Kletterrose gezogen, da sie als Strauchrose sehr locker und sparrig wächst. Die Blüten duften intensiv.

*Rugosa*-Rosen müssen nur wenig geschnitten werden. Abgestorbene Triebe werden entfernt und die Spitzen eingekürzt.

Hauptblüte im Frühsommer erscheint, sind sie öfterblühend, da im Spätsommer oder Frühherbst eine Nachblüte gebildet wird.

Der Hauptschnitt findet im Frühling statt, in windigen Gegenden sollte man lange Triebe im Herbst einkürzen, damit sie nicht bei starken Herbststürmen abknicken. Im Frühling, wenn die Forsythien blühen, schneidet man abgestorbene, kranke und beschädigte Triebe aus und kürzt die verbliebenen um ein Drittel ein.

Wenn die Rose ein paar Jahre alt ist, entfernt man nach und nach die ältesten Triebe, damit sich die Rose von innen erneuert. In windigeren Gegenden kann man wüchsige Sorten mit langen Trieben an Bögen aus biegsamen Haselnuss-Ruten binden, die um die Pflanze gesteckt werden. Der höchste Punkt der Bögen sollte etwa 1 m hoch über dem Boden liegen. Durch diese Technik wird die Bildung von Blüten angeregt.

Zum Schneiden bindet man die Triebe los und erneuert die Konstruktion mit frischen Haselnuss-Ruten.

**Schnitt einer Strauchrose.** Die meisten modernen Strauchrosen blühen mehrmals im Jahr. Es gibt aber auch einige, die nur einmal blühen und trotzdem genauso geschnitten werden können. Es wird im Frühjahr geschnitten. Dabei entfernt man abgestorbene, kranke und beschädigte Triebe und kürzt die Spitzen der längeren Triebe ein. Im Sommer ist es wichtig, Abgeblühtes regelmäßig zu entfernen, damit die Blütezeit verlängert wird.

### Strauchrosen
'Angela®'
'Centenaire de Lourdes®'
'Constance Spry'
'Eden Rose®'
'Flashlight®'
'Graham Thomas®'
'Kaiser von Lautern®'
'Postillion®'
'Romanze®'
'Roter Korsar®'
'Sahara®'
'Westerland®'

### Bodendecker-/ Kleinstrauchrosen
'Alpenglühen®'
'Aspirin®-Rose'
'Celina®'
'Diamant®'
'Gärtnerfreude®'
'Heidetraum®'
'Knirps®'
'Magic Meidiland®'
'Mirato®'
'Schneeflocke®'
'Sedana®'
'Sunny Rose®'

### *Rugosa*-Hybriden
'Agnes'
'Blanche Double de Coubert'
'Dagmar Hastrup®'
'Foxi®'
'Gelbe Dagmar Hastrup®'
'Pierette®'
'Pink Grootendorst'
'Pink Roadrunner®'
'Rote Hannover®'
'Schnee-Eule®'
'Smart Roadrunner®'
'White Roadrunner®'

### Moschus-Rosen
'Ballerina'
'Bouquet Parfait'
'Cornelia'
'Dinky'
'Erfurt'
'Guirlande d'Amour'
'Heavenly Pink'
'Mozart'
'Penelope'
'Robin Hood'
'Rosalita'
'Trier'

### Bourbon-, Portland- und China-Rosen
'Boule de Neige'
'Bourbon Queen'
'Commandant Beaurepaire'
'Comte de Chambord'
'Louise Odier'
'Madame Isaac Pereire'
'Old Blush China'
'Perle d'Or'
'Souvenir de la Malmaison'

# Einmalblühende Strauchrosen

Die zweite Gruppe der Strauchrosen umfasst alle Sorten, die nur einmal im Jahr, im Frühsommer, blühen. Unter ihnen befinden sich viele ältere Sorten. Sie gehören in jeden „Englischen Garten".

Ihre zarten Farben und Formen passen ideal in gemischte Rabatten und zu verschiedensten Stauden. Man teilt sie in verschiedene Gruppen ein.

## Alba-, Damaszener-, Centifolia- und Moos-Rosen

Diese Rosengruppe beinhaltet viele alte und historische Sorten und ihre Vertreter gehörten früher in den Garten eines jeden Rosengärtners. Sie werden am besten im Sommer nach der Blüte geschnitten. Zuerst entfernt man alle kranken, toten und beschädigten Triebe und kürzt die übrigen um ein Drittel ein.

Nach ein paar Jahren, wenn die Pflanze etabliert ist, entfernt man ein oder zwei der ältesten Triebe, damit sich die Rose nach und nach erneuern kann. In windigeren Gegenden bindet man die Triebe von wüchsigen Sorten an Bögen aus biegsamen Haselnuss-Ruten, die um die Pflanze gesteckt werden. Der höchste Punkt der Bögen sollte etwa 1 m hoch über dem Boden liegen. Diese Technik regt die Blütenbildung an. Für den Rückschnitt bindet man die Triebe los und erneuert die ganze Konstruktion mit frischen Haselnuss-Ruten.

## Gallica-Rosen

Diese Rosen schneidet man im Sommer nach der Blüte zurück. Kranke, tote und beschädigte Triebe entfernt man und kürzt alle Seitentriebe auf ein Auge bis zum Haupttrieb ein. Da diese Rosen sehr dicht wachsen, kann man im Winter alle abgestorbenen Triebe aus dem Innern der Pflanze entfernen. Dabei schneidet man auch alte Triebe weg, damit sich der Strauch verjüngt.

## Wildrosen

Die meisten Wildrosen blühen nur einmal im Jahr. Abgesehen vom Entfernen toter, beschädigter oder kranker Äste müssen sie kaum geschnitten werden. Sehr lange Triebe, die über den erwünschten Bereich hinaus wachsen, kann man einkürzen. Nach einigen Jahren schneidet man ein oder zwei der ältesten Triebe aus, damit sich die Rose verjüngen kann. Der beste Zeitpunkt zum Schneiden ist im späten Winter.

*Moos-Rosen, wie 'William Lobb', werden im Sommer nach der Blüte um ein Drittel zurückgeschnitten.*

*'Königin von Dänemark', ist eine Alba-Rose. Die Triebe schneidet man nach der Blüte im Sommer um ein Drittel zurück.*

*'Madame Hardy' gehört zu den Damaszener-Rosen, die im Sommer nach der Blüte um etwa ein Drittel zurückgeschnitten werden.*

### Alba-, Damaszener-, Centifolia- und Moos-Rosen
- 'Alba Maxima'
- 'Belle Amour'
- 'Chapeau de Napoléon'
- 'De Meaux'
- 'Fantin Latour'
- 'Félicité Parmentier'
- 'Isphahan'
- 'Jeanne de Montefort'
- 'Königin von Dänemark'
- 'Madame Hardy'
- 'Maiden's Blush'
- 'Robert le Diable'
- 'Spong'
- 'Unique Blanche'
- 'William Lobb'

### Gallica-Rosen
- 'Alain Blanchard'
- 'Anaïs Ségalas'
- 'Belle de Crécy'
- 'Cardinal de Richelieu'
- 'Charles de Mills'
- 'Duc de Guiche'
- 'Président de Sèze'
- 'Tuscany Superb'
- 'Versicolor'

### Wildrosen
- Rosa eckae
- R. glauca
- R. moyesii
- R. nitida
- R. pimpinellifolia
- R. rubiginosa
- R. sericea
- R. septipoda
- R. willmottiae
- R. xanthina

EINMALBLÜHENDE STRAUCHROSEN 109

*Rosa* x *centifolia* 'Cristata' ('Chapeau de Napoléon') wird, wie alle *Centifolia*-Rosen, im Sommer nach der Blüte geschnitten.

Das Ausputzen von abgeblüten Knospen ist wichtig, damit man sich lange an den Blüten erfreuen kann.

'Charles de Mills' gehört zu den *Gallica*-Rosen. Die Seitentriebe werden im Sommer nach der Blüte auf einen starken Trieb zurückgeschnitten.

**Schnitt einer etablierten *Gallica*-Rose** *Gallica*-Rosen werden im Sommer geschnitten. Man entfernt einige Seitentriebe auf ein starkes Auge oder bis zum Haupttrieb. Im Frühjahr kann man einige der ältesten Triebe komplett herausschneiden.

**Schnitt einer etablierten *Alba*-Rose** *Alba*-Rosen und ihren Verwandten werden nach der Blüte zurückgeschnitten. Man kürzt alle Triebe um ein Drittel ein und entfernt einige der Seitentriebe ganz, indem man sie bis zum Haupttrieb zurückschneidet.

# Zwerg-, Patio- und Kleinstrauchrosen

Diese Rosen-Sorten eignen sich ideal für die Kultur in Töpfen und Kübeln. Außerdem für Plätze, an denen man kleinwüchsige Rosen mit anderen Pflanzen kombinieren möchte. Man teilt diese Rosen nach ihrem Wuchs in drei Gruppen: Zwergrosen werden nur rund 30 cm hoch, Patio-Rosen sind im Prinzip kompakte Beetrosen und kleinbleibende Strauchrosen mit Doldenblüten.

Viele Gärtner scheuen sich davor, dünne Triebe ganz abzuschneiden. Da sie die Pflanze zu dicht werden lassen, kann man sie getrost entfernen.

Die zartrosa bühende 'Ballerina' kann sowohl im Beet, als auch in Töpfen oder Kübeln gepflanzt werden.

## Zwergrosen

Zwergrosen werden genauso gepflanzt wie normale Rosen. Die kräftigsten Triebe werden auf etwa 10 cm eingekürzt und alle schwächlichen, kranken oder beschädigten Triebe werden entfernt. Im Frühling der Folgejahre nimmt man immer wieder abgestorbene und schwächliche Triebe heraus, auch sich überkreuzende Triebe schneidet man aus. So haben die neuen Triebe genug Platz.

Nach einigen Jahren, wenn die Pflanze etabliert ist, entfernt man nach und nach die älteren Triebe, damit sich die Rose von innen verjüngen kann. Manche Zwergrosen reagieren auf stärkeren Rückschnitt mit besonders üppigem Blütenflor. Wenn man also nur wenige Blüten hat, sollte man einmal drastischer zurückschneiden.

Die Zwergrose 'Angela Rippon' (ähnlich ist 'Pink Symphonie') wird als ausgewachsene Pflanze nur noch an den Spitzen geschnitten.

## Patio- und kleinbleibende Strauchrosen

Eine Patio-Rose wächst zu einem kleinen kompakten Busch, der sich mit großen Blütendolden bedeckt, bis die ersten Fröste kommen. Die lockeren Blütenstände der kleinen Strauchrose passen besonders gut in gemischte Staudenbeete.

Der Schnitt ist einfach. Bei der Pflanzung schneidet man sie auf etwa

Die Patio-Rose 'Top Marks'. Patio-Rosen schneidet man nach der Pflanzung auf 8 bis 10 cm über dem Boden zurück.

'Sweet Dream' ist ebenfalls eine Patio-Rose. Bei Patio-Rosen werden die Triebe im Frühling um zwei Drittel zurückgeschnitten.

Bei Patio-Rosen, wie hier 'Sweet Magic' (ähnlich ist 'Clementine'), entfernt man nach ein paar Jahren jedes Frühjahr einige der ältesten Triebe.

# ZWERG-, PATIO- UND KLEINSTRAUCHROSEN 111

**Schnitt einer etablierten Zwergrose** Zwergrosen werden im Frühling geschnitten. Trotz der geringeren Größe werden sie genauso wie große Rosen behandelt. Zuerst schneidet man alle Triebe auf 8 bis 10 cm zurück. Bei älteren Exemplaren schneidet man einige der ältesten Triebe ganz heraus, um die Verjüngung zu fördern.

**Schnitt von etablierten Patio- und Kleinstrauchrosen** Patio- und Kleinstrauchrosen werden am Anfang wie Zwergrosen geschnitten. Wenn Sie angewachsen sind, schneidet man im Frühjahr alle abgestorbenen oder kranken Triebe heraus und kürzt die übrigen auf ein Drittel ein. Abgeblühtes kann man im Sommer entfernen, um die Blütezeit zu verlängern.

10 cm über dem Boden zurück. Der Erhaltungsschnitt besteht aus dem Entfernen kranker, abgestorbener oder beschädigter Triebe, und dem Einkürzen aller übrigen Triebe um die Hälfte. Alle paar Jahre schneidet man alte Triebe heraus, damit sich die Rose durch neue Triebe aus der Basis verjüngen kann.

Kleinstrauchrosen, wie 'Gloria Mundi' werden im Frühling wie Patio-Rosen geschnitten und im Sommer regelmäßig ausgeputzt.

### Zwergrosen

'Coco®'
'Cumba Meillandina®'
'Gold Symphonie®'
'Goldjuwel®'
'Guletta®'
'Little Artist®'
'Little Sunset®'
'Maidy®'
'Mandarin®'
'Orange Juwel®'
'Orange Symphonie®'
'Pink Symphonie®'
'Rosmarin 89®'
'Schneeküsschen®'
'Sonnenkind®'
'Sugar Baby®'
'Tilt Symphonie®'
'Zwergkönig® 78'

### Patio-Rosen

'Apricot Clementine®'
'Apricot Meilove®'
'Biedermeier®'
'Charmant®'
'Clementine®'
'Garden of Roses®'
'Heidi Klum®'
'Honeymilk®'
'Innocencia®'
'Medley® Pink'
'Medley® Red'
'Medley® Soft Pink'
'Peach Clementine®'
'Rouge Meilove®'
'Roxy®'
'Sunlight Romantica®'

### Kompakte Kleinstrauchrosen

'Amulett®'
'Bad Birnbach®'
'Cubana®'
'Fairy Dance®'
'Fairy Queen®'
'Fortuna®'
'Gloria Mundi'
'Lavender Dream®'
'Limesglut®'
'Little White Pet®'
'Lupo®'
'Pepita®'
'Phlox Meidiland®'
'Simply®'
'Sommerwind®'
'Sublime®'
'Sweet Haze®'
'The Fairy'
'Yesterday®'

# Hochstammrosen

Rosen-Hochstämmchen waren schon immer beliebt. Sie passen als Blickfang in jedes Blumenbeet und eignen sich auch für Kübel. Hochstammrosen sind Rosen, die auf einen langen Stamm veredelt werden. Hochstammrosen haben eine Stammhöhe von etwa 90 cm, Halbstämme sind etwa 75 cm hoch. Trauerrosen, auch Kaskadenrosen genannt, sind auf Hochstämmchen veredelte Kletterrosen.

## Haltestäbe

Alle Hochstammrosen brauchen eine Stütze, am besten bis kurz über der Veredelungsstelle, die der schwächste Bereich des Stammes ist. Ein stabiler Pfosten, der mit einer Schnur oder Band am Stamm befestigt wird, reicht aus. Hochstämmchen, die im Container stehen, können auch mit einem Bambusstab gestützt werden. Wenn die Stütze an der Basis morsch wird, ersetzt man sie durch eine neue. Für Trauerformen gibt es schirmartige Haltestäbe zu kaufen.

## Hochstammrosen

Normalerweise kauft man eine Hochstammrose fertig veredelt und mit

Ein Paar Hochstammrosen säumt den Eingangsbereich eines Landhauses. Sie sind ein attraktiver Blickfang und einfach zu schneiden.

einem ersten Erziehungsschnitt versehen. Man kann aber auch ein eigenes Hochstämmchen ziehen, in dem man eine Rose auf einen Stamm einer *Rosa rugosa* oder *Rosa canina* veredelt. Da Hochstammrosen nichts anderes sind als Rosen auf einem Stamm, werden sie genauso geschnitten wie ein normaler Vertreter der Sorte. Beet- und Edelrosen-Hochstämmchen werden wie Beet- und Edelrosen geschnitten, Strauchrosenhochstämme wie Strauchrosen und so weiter. Der einzige Unterschied besteht darin, dass man Triebe, die am Stamm unter der Veredelungsstelle erscheinen, sofort entfernen muss.

## Trauer- und Kaskadenrosen

Die Erziehung von Kaskadenrosen ist etwas aufwändiger, aber nicht schwieriger. Die Triebe haben die Neigung eher nach oben zu wachsen, als elegant nach unten zu hängen. Um eine schöne Hängeform zu erzielen, bindet man sie am besten an einem Gerüst in Schirmform fest, an dem die Triebe gleichmäßig nach unten geleitet werden. Bis die endgültige Form erreicht ist, sind nur wenige Schnittmaßnahmen erforderlich. Im Frühherbst entfernt man tote, kranke oder beschädigte Zweige. Rambler können sehr stark wachsen, deshalb schneidet man sie am besten nach der Blüte auf ein oder zwei Augen über der Veredelungsstelle zurück. So wird der Hochstamm nicht zu dicht. Gleichzeitig kürzt man alle Seitentriebe auf zwei bis drei Augen ein. Bei weniger wüchsigen Ramblern entfernt man einfach altes Holz nach einigen Jahren, damit Stamm und Krone im Gleichgewicht stehen und nicht immer mehr Triebe wachsen.

Stämmchen, die mit Bodendeckerrosen veredelt sind, wachsen zwar nicht so stark, haben aber die Tendenz, sehr dicht zu werden. Sie müssen deshalb regelmäßig ausgelichtet werden.

## Schnitt von Hochstammrosen

**1** Beginnen Sie, wie üblich, mit dem Herausschneiden von abgestorbenen, beschädigten, schwachen und kranken Trieben.

**2** Alle Triebe, die über kreuz wachsen oder aneinander reiben, schneidet man heraus. So wird die Rose gleichzeitig ausgelichtet.

**3** Edel- und Beetrosen werden um zwei Drittel zurückgeschnitten, bei Zwergrosen kürzt man nur die Spitzen ein.

**4** Das Ergebnis ist eine Rose, die statt in der Erde auf einem Stämmchen wächst. Halten Sie den Busch in der Mitte offener.

## Schnitt von Hochstammrosen

Die meisten Hochstammrosen sind bereits geschnitten, wenn man sie in der Gärtnerei, Rosenschule oder im Gartencenter kauft. Das Ziel der Schnittmaßnahmen ist es, ein Grundgerüst an Trieben aufzubauen, dass nicht zu dicht ist, besonders in der Mitte der Krone. Trauerrosen müssen etwas anders behandelt werden, besonders die starkwüchsigen Typen.

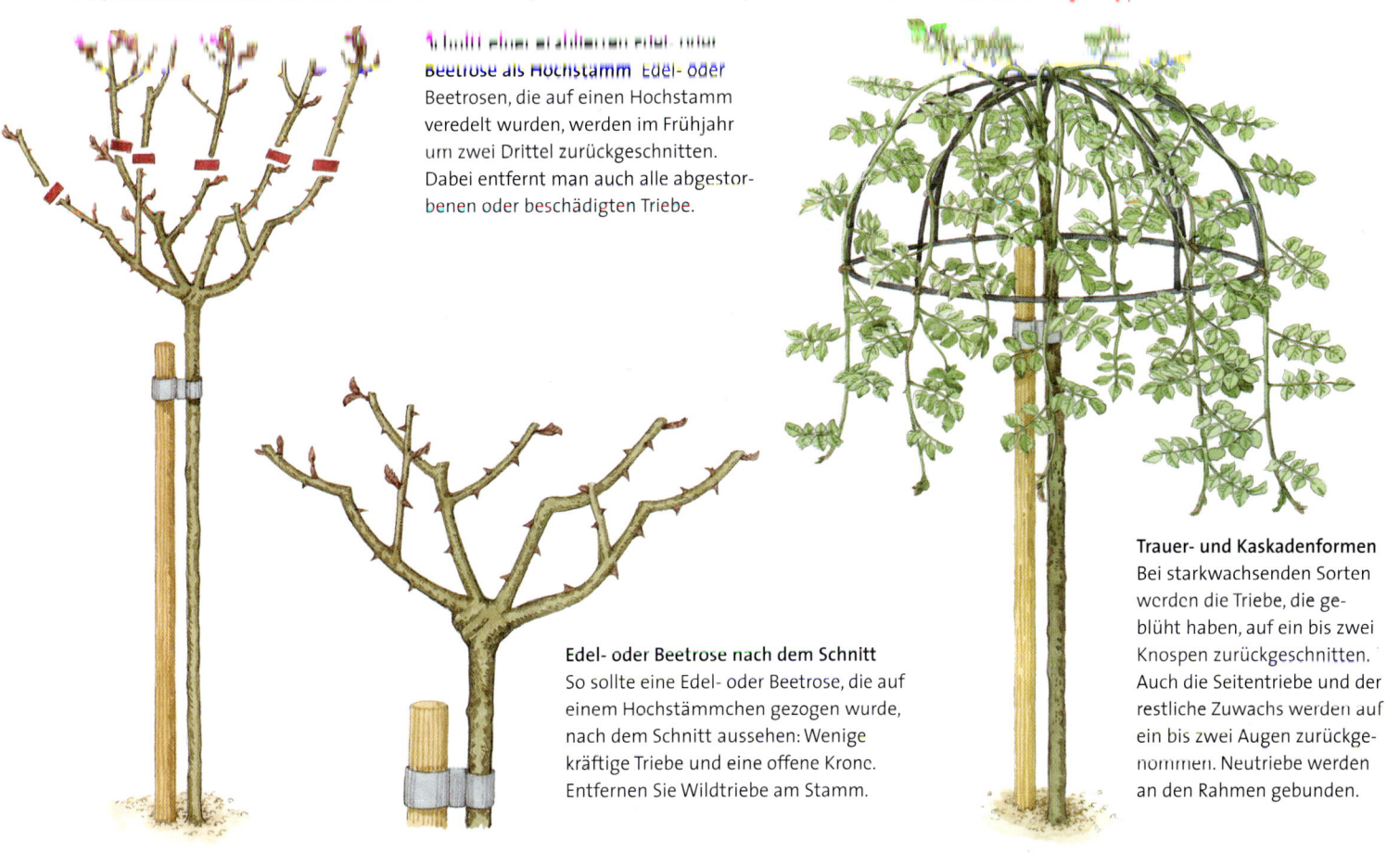

**Schnitt einer strahlenen Edel- oder Beetrose als Hochstamm** Edel- oder Beetrosen, die auf einen Hochstamm veredelt wurden, werden im Frühjahr um zwei Drittel zurückgeschnitten. Dabei entfernt man auch alle abgestorbenen oder beschädigten Triebe.

**Edel- oder Beetrose nach dem Schnitt**
So sollte eine Edel- oder Beetrose, die auf einem Hochstämmchen gezogen wurde, nach dem Schnitt aussehen: Wenige kräftige Triebe und eine offene Krone. Entfernen Sie Wildtriebe am Stamm.

**Trauer- und Kaskadenformen**
Bei starkwachsenden Sorten werden die Triebe, die geblüht haben, auf ein bis zwei Knospen zurückgeschnitten. Auch die Seitentriebe und der restliche Zuwachs werden auf ein bis zwei Augen zurückgenommen. Neutriebe werden an den Rahmen gebunden.

Bei Kaskadenrosen entfernt man, wie bei allen Rosen beim Schneiden, alle kranken, beschädigten und abgestorbenen Triebe.

Diese Kaskadenrosen mit ihren überhängenden, rosa blühenden Trieben bilden einen einladenden Eingang durch eine dichte Hecke aus Eiben.

# Kletterrosen – Climber

Kletterrosen werden in zwei Kategorien eingeteilt: Climber und Rambler. Diese Unterscheidung ist wichtig, denn sie werden unterschiedlich geschnitten. Climber sind im Prinzip sehr hoch wachsende Strauchrosen, die eine Kletterhilfe brauchen. Viele Sorten können sowohl als große Strauch- als auch als Kletterrose gezogen werden.

## Kletterhilfe

Climber können an waagrechten Spanndrähten an einer Mauer, einem Zaun oder an senkrechten Konstruktionen, wie Säulen, Obelisken oder Dreibeinen, entlang leiten. Sie lassen sich auch an Pergolen, Lauben oder Rosenbögen kultivieren, obwohl für diesen Bereich Rambler besser geeignet sind. Lässt man sie in Bäume wachsen, verlieren sie mit der Zeit an Wuchs- und Blühkraft und sind nur schwer zuschneiden.

### Kletterrosen – Climber

| | |
|---|---|
| 'Aloha®' | 'Manita®' |
| 'Amadeus®' | 'Moonlight®' |
| 'Barock®' | 'Naheglut®' |
| 'Compassion®' | 'Nahéma®' |
| 'Elfe®' | 'New Dawn®' |
| 'Fassadenzauber®' | 'Penny Lane®' |
| 'Golden Gate®' | 'Rosanna®' |
| 'Ilse Krohn Superior®' | 'Rotfassade®' |
| | 'Santana®' |
| 'Jasmina®' | 'Shogun®' |
| 'Kir Royal®' | 'Tradition 95®' |
| 'Laguna®' | |

## Schnitt von Kletterrosen

**1** Eine Kletterrose an einer Säule gezogen. Man kann sie an der Säule schneiden oder losbinden, auf den Boden legen und dann schneiden.

**2** Nachdem man alle abgestorbenen und beschädigten Triebe entfernt hat, kürzt man die abgeblühten Triebe um zwei Drittel ein und entfernt einige der ältesten Triebe.

**3** Nach dem Schnitt bindet man die übrig gebliebenen Triebe mit Gartenschnur oder Bindedraht so an die Kletterhilfe, dass die Schnur nicht in die Rinde einschneidet.

**4** Wenn die Rose blüht, entfernt man die verblühenden Knospen bis auf das nächste Blatt am Blütentrieb, damit die Bildung neuer Blüten angeregt wird.

## Verjüngung einer alten Kletterrose

**1** Manchmal muss zur Renovierung und Verjüngung alter Kletterrosen zu drastischen Maßnahmen gegriffen werden. Dabei erneuert man auch die Kletterhilfe.

**2** Die dicksten Triebe muss man mit einer Säge abschneiden. Achten Sie darauf, dass die Triebe nicht splittern und reißen, wenn man sägt.

**3** Dünnere Trieb schneidet man mit einer Gartenschere oder Astschere mit langen Griffen zurück. Achten Sie darauf, dass die Triebe beim Schneiden nicht splittern.

**4** Das Ergebnis: Aus dem Stock werden im Frühling neue, kräftige Triebe wachsen. Man kann die Renovierung auch über mehrere Jahre verteilen.

## Pflanzschnitt

Bis auf das Entfernen beschädigter Triebe sind bei der Pflanzung keine Schnittmaßnahmen nötig. Sobald die neuen Triebe erscheinen, breitet man sie aus, bis sie die zu begrünende Fläche bedecken und bindet die Triebe fest. Um eine gute Verzweigung zu erhalten, kappt man bei langen Trieben die Spitze. Während des Triebwachstums leitet man die Zweige am Klettergerüst entlang und befestigt sie.

## Erhaltungsschnitt

Geschnitten wird zwischen Spätherbst und Frühjahr. Zuerst entfernt man tote, beschädigte oder kranke Triebe, auch schwächliche werden ausgeschnitten. Triebe, die geblüht haben, nimmt man um die Hälfte oder um bis zu zwei Drittel auf ein starkes Auge oder einen kräftigen Trieb zurück. Nach einigen Jahren entfernt man sukzessive die ältesten Triebe, entweder bis auf ein starkes Auge oder bis zur Basis. Neutriebe bindet man zurück an das Klettergerüst. Ein zu starker Schnitt, vor allem in der Erziehungsphase, führt zu einem strauchrosenartigen Wuchs.

Abgeblühte Triebe sollten so oft wie möglich herausgeschnitten werden. Schneiden Sie auch die langen Triebe, die im Weg sind, weg.

Verschiedene Kletterrosen sorgen über einen langen Zeitraum für reichen Blütenflor. Durch gezielten Schnitt wachsen alle Sorten optimal.

**Schnitt eines Climbers** Climberrosen können an verschiedenen Klettergerüsten gezogen werden. Sie wachsen nicht so extrem stark wie Rambler und können deshalb besonders gut an Rosenbögen oder ähnlichen Kletterhilfen gezogen werden. Erziehen Sie die Rose so, dass sie eine möglichst große Fläche bedeckt. Die abgeblühten Triebe schneidet man um zwei Drittel auf ein starkes Auge zurück. Wildtriebe an der Basis werden entfernt.

# Kletterrosen – Rambler

Rambler unterscheiden sich in vielen Merkmalen von Climbern. Sie haben längere und dünnere Triebe, mit denen sie hoch in Bäume klettern können. Die meisten blühen am Holz des Vorjahres und sind einmalblühend. Der beste Zeitpunkt zum Schneiden ist im Sommer nach der Blüte.

## Kletterhilfe

Rambler sind vielseitig. Sie können an parallel gespannten Drähten entlang einer Mauer oder einem Zaun gezogen werden oder über Konstruktionen, wie Obelisken, Pergolen, Bögen und Lauben, wachsen. Sie sind ideal, um in alte Bäume zu wachsen. Egal für welche Kletterhilfe man sich entscheidet, sie muss stabil verankert sein.

## Pflanzschnitt

Gepflanzt wird im Winter, dabei schneidet man alle beschädigten Triebe zurück. Langtriebe kürzt man auf 45 cm ein, um neue Triebe anzuregen. Alle Neutriebe bindet man an der Kletterhilfe fest, sodass die zu begrünende Fläche optimal bedeckt wird.

'Bobbie James' ist eine starkwüchsige Ramblerrose, die sich besonders gut eignet, um in und durch Bäume zu wachsen. Vorsicht beim Schneiden. Diese Sorte ist stark bestachelt.

### Ramblerrosen

- 'Albéric Barbier'
- 'American Pillar'
- 'Apple Blossom'
- 'Bobbie James'
- 'Bonny®'
- 'Félicité et Perpétue'
- 'Goldfinch'
- 'Kiftsgate'
- 'Louis Rambler'
- 'Lykkefund'
- 'Momo®' (öfterblühend)
- 'Pauls Himalayan Musk Rambler'
- 'Super Dorothy®' (öfterblühend)
- 'Super Excelsa®' (öfterblühend)
- 'Veilchenblau'

## Erhaltungsschnitt

Viele Gärtner scheuen sich vor dem Schnitt von Ramblern – was soweit gehen kann, dass sie überhaupt nicht geschnitten werden. Das mag eine Weile gut gehen, nach einiger Zeit hat man aber eine dicht verfilzte Masse an langen Trieben und die Blühwilligkeit lässt nach. Wenn man starkwüchsige Rambler in große Bäume wachsen

'Veilchenblau' ist im Gegensatz zu 'Bobbie James' praktisch stachellos und ideal für Plätze, an denen Menschen entlanglaufen oder sich aufhalten.

'American Pillar' ist eine alte Sorte, die trotz der leichten Anfälligkeit für Mehltau immer noch sehr beliebt ist.

## Schnitt von Ramblerrosen

**1** Nach der Blüte sehen Rambler nicht mehr so attraktiv aus. Jetzt ist der richtige Zeitpunkt, um die Rose zu schneiden.

**2** Schneiden Sie Triebe, die aneinanderscheuern, heraus und lichten Sie die ganze Rose aus, damit Luft und Licht an alle Triebe gelangt.

**3** Um die Verjüngung zu fördern, sollten einige der ältesten Triebe jedes Jahr an der Basis abgeschnitten werden.

**4** Abgeblühte Triebe werden auf ein starkes Auge zurückgeschnitten und dann wieder in die Kletterhilfe zurückgebunden.

lässt, wird ein Schnitt allerdings schwierig. In den meisten Fällen ist der Schnitt von Ramblern jedoch nicht schwer. Zuerst entfernt man tote, kranke und beschädigte Triebe. Durch die nächste Schnittmaßnahme wird das Wachstum neuer, junger Triebe angeregt. Die meisten Rambler bilden direkt an der Basis neue Triebe. Deshalb kann man bis zu einem Drittel der alten Triebe entfernen, die schnell von jungen ersetzt werden. Diesen Schnitt führt man unmittelbar nach der Blüte durch, dann können die neuen Triebe ausreifen, um im nächsten Jahr zu blühen. Man kann die gesamte Kletterkonstruktion mitsamt der Rose auf den Boden legen und dann den Schnitt durchführen oder die Pflanze so schneiden, wie sie wächst, in dem man jeden Trieb verfolgt und dann an der richtigen Stelle kappt. Wenn eine große Ramblerrose zu lange vernachlässigt wurde, kann man sie auch ganz auf den Stock zurücksetzen, am besten erfolgt der radikale Rückschnitt aber über einige Jahre verteilt.

**Schnitt eines Ramblers** Rambler können sehr groß werden und große Flächen bedecken. Manchmal ist es einfacher, die ganze Pflanze von ihrem Klettergerüst abzunehmen und auf dem Boden zu schneiden. Man entfernt die abgeblühten Triebe und nimmt einige der älteren Äste an der Basis heraus, um die Bildung neuer kräftiger Triebe anzuregen. Leiten Sie die Triebe breitflächig über das Klettergerüst.

# Pergolen, Lauben und Klettergerüste

Climber und Rambler sehen an Klettergerüsten fantastisch aus. Besonders in der Nähe von Wegen oder an Sitzplätzen kann man ihre Schönheit und ihren Duft am besten genießen.

### Wahl der Sorte

Im Prinzip ist jede Kletterrose, egal ob Climber oder Rambler, geeignet. Wenn man sich aber häufig nahe bei der Rose aufhält, vermeidet man stark bestachelte Sorten, wie 'Bobbie James', und wählt besser unbestachelte, wie 'Zéphirine Drouhin'. Bei großen Bauten, an denen die Rosen weiter vom Benutzer entfernt sind, ist dieser Aspekt nicht so wichtig. Ein weiteres Auswahlkriterium, besonders wenn man Sitzplätze, bewachsen lässt, ist der Duft. Stark duftende, lange blühende Sorten, wie 'Mme Alfred Carrière' sind ideal, die genannte hat zudem den Vorteil,

Kletterrose an einer Pergola. Schwachwüchsige Sorten setzt man an die Pfosten, zur Begrünung des Dachs nimmt man starkwachsende.

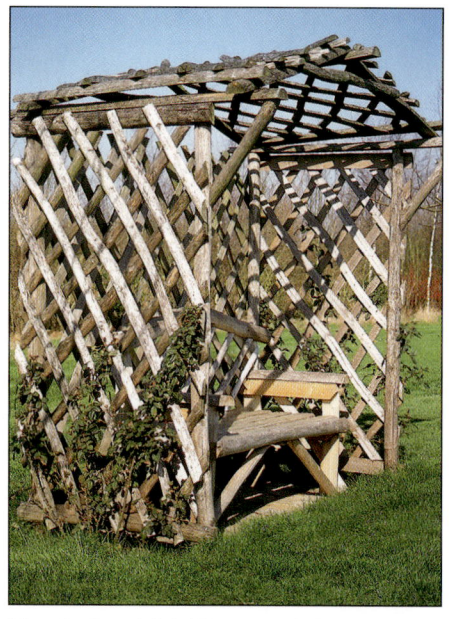

Diese Laube wird richtig romantisch, wenn sie von der Rose komplett überwachsen wurde.

keine Stacheln zu besitzen. Man kann oft beobachten, dass die Rosen nur auf dem Dach der Konstruktion blühen und die seitlichen Bereiche blütenlos oder gar kahl bleiben. Die beste Lösung für dieses Problem ist es, eine weitere, nicht ganz so hoch wachsende Rosensorte an die Seite zu setzen, die die Lücken mit Blüten füllt. Rosen, die nur einmal im Frühsommer blühen, können mit einer Clematis ergänzt werden, die im Spätsommer das Klettergerüst mit Blüten überdecken. Clematis aus dieser Gruppe werden im Frühling bis zum Boden zurückgeschnitten, sodass sie keine Konkurrenz zur früher erscheinenden Rosenblüte darstellen.

### Kletterhilfe

Egal für welche Konstruktion man sich entscheidet, sie muss stabil gebaut sein. Eine voll belaubte Kletterrose, die eine große Pergola überspannt, wirkt im Wind wie ein großes Segel, das für die Konstruktion eine starke Belastung sein kann. Kontrollieren Sie deshalb das Grundgerüst regelmäßig. Es muss auch genügend Befestigungsmöglichkeiten für die Rosentriebe haben. Wenn man die Dachkonstruktion mit einem Maschendraht oder Gitternetz bespannt, verhindert das, dass einzelne Zweige herabhängen. Wenn die Rose darüber gewachsen ist, wird das Netz praktisch unsichtbar. Wenn man einen Rosenbogen oder eine ähnliche Konstruktion baut, muss man an den Seiten und in der Höhe Raum für die wachsenden Rosentriebe einplanen.

### Erziehungsschnitt

Man pflanzt die Rose an der Außenseite der Konstruktion, damit der Platz im Innern nicht eingeschränkt wird. Die Triebe führt man nun an den Pfosten nach oben und wickelt sie, wenn es massive Stützen zum Beispiel aus Mauerwerk sind, um die Stütze herum. Man prüft regelmäßig, dass keine bestachelten Triebe nach außen abstehen. Wenn die Rose angewachsen ist, wird sie, je nachdem ob Rambler oder Climber, so geschnitten, wie auf den vorigen Seiten beschrieben.

Eine Rose an einer Säule. Wenn man sie um die Konstruktion wickelt, bilden sich an den schrägen Trieben viele Blütenknospen.

# Rosenbögen

In kleinen Gärten fehlt oft der Platz für große Kletterkonstruktionen, wie eine Pergola. So lange man keine allzustark wachsende Rosensorte wählt, kann man die meisten Strauchrosen und viele Climber und Rambler auch an Bögen ziehen.

## Wahl der Sorte

Die meisten Strauch- und viele Kletterrosen reagieren mit üppigem Blütenflor, wenn man ihre Triebe bogenförmig biegt. Diese Technik eignet sich für Strauchrosen und weniger wüchsige Kletterrosen.

## Kletterhilfe

Man kann bei einem Kunstschmied Haltebögen aus Metall anfertigen lassen, das ist aber meist nicht ganz billig. Als Alternative bieten sich dünne, biegsame Ruten an, zum Beispiel von Haselnusssträuchern.

Dazu steckt man die Rute an einem Ende in den Boden, biegt sie zu einem Bogen und steckt das andere Ende ebenfalls in die Erde. Der Bogen sollte in der Mitte etwa 1 m hoch sein und die Enden mit Abstand von etwa 1 bis 1,20 m platziert werden. Man steckt die Bögen kreisförmig um die Rose, sodass sie sich überlappen.

## Schnitt und Erziehung

Der Schnitt von Rosen, die mit dieser Technik erzogen werden, ist von der Sortenklasse abhängig. Man sollte die langen Triebe nicht nur an den Ruten entlang ziehen, sondern auch diagonal über die ganze Konstruktion, um eine geschlossene Halbkugel zu bekommen.

Diese Rose hat den Bogen komplett überwachsen und ähnelt nun eher einem Rosendom. Oben erkennt man die vielen Neutriebe.

## Rosen an Bögen ziehen

**1** Wählen Sie elastische, gerade Ruten von Haselnuss oder Weiden, die ohne zu brechen zu einem Bogen geformt werden können.

**2** Stecken Sie die Bögen um die Rose herum in den Boden, bis eine „Kette" entsteht, an der die Triebe der Rose festgebunden werden können.

**3** Biegen Sie die Rosentriebe vorsichtig herab und befestigen Sie sie an den Bögen. Einige biegt man auch über die Mitte des Strauchs auf die andere Seite.

**4** Die fertig erzogene Pflanze sieht anfangs nicht sehr attraktiv aus, wird aber bald an den waagrechten Trieben viele neue Blütentriebe bilden.

**5** Im Spätfrühling, kurz vor der Blüte, hat sich der Rosenbusch in eine attraktive Halbkugel verwandelt, die bald mit Massen von Blüten bedeckt sein wird.

# Säulen und Obelisken

Wenn man einen senkrechten Akzent setzen möchte, aber keinen Platz für größere Kletterkonstruktionen hat, kann man mit einer Rosensäule oder einem Obelisken Abhilfe schaffen. Eine Säule kann aus Holz, Steinen oder Ziegeln errichtet werden oder aus einer Stabkonstruktion bestehen.

## Wahl der Sorte

Außer den extrem stark wachsenden Sorten sind fast alle Climber und Rambler geeignet, um an einer Säule oder einem Obelisken gezogen zu werden. Rambler eignen sich auf Grund ihrer biegsamen Triebe am besten und lassen sich leicht an der Konstruktion entlang leiten. Sorten, die nur 2 bis 3 m hoch werden, sind am besten geeignet.

## Kletterhilfe

Das Klettergerüst muss gut im Boden verankert sein, damit es bei Wind nicht umgeblasen wird. Man kann die Triebe direkt an den Stäben befestigen oder die Konstruktion vorher mit Maschendraht umspannen, an dem die Rosentriebe angebunden werden können.

Dreibeine und Obelisken sollten auch waagrechte Stäbe oder Drähte besitzen. So verhindert man, dass die Triebe zwischen den senkrechten Stäben durchrutschen.

## Erziehung und Schnitt

Das Ziel der Erziehung ist es, die Triebe nicht direkt senkrecht nach oben zu leiten, da sie sonst nur an den Spitzen blühen. Deshalb führt man die jungen, biegsamen Triebe spiralförmig um die Kletterhilfe herum, im und gegen den Uhrzeigersinn. Wenn die Pflanze angewachsen ist, wird normal geschnitten.

## Rosensäule im Kübel

**1** Eine Rosensäule muss nicht immer im Beet stehen, man kann sie ebensogut in einem Kübel einsetzen.

**2** Stecken Sie drei bis fünf stabile Stäbe oder Stangen an den Rand des Kübels. Vergewissern Sie sich, dass sie stabil verankert sind.

**3** Befestigen Sie die Stäbe an den Spitzen. Dicke Stangen kann man zusammennageln, bei dünnen nimmt man ein Stück Schnur.

**4** Kreuz und quer gespannte Schnüre erleichtern das spätere Befestigen der Kletterrose an der Säulenkonstruktion.

## Rosensäule im Beet

**1** Graben Sie ein mindestens 60 cm tiefes Loch, in das ein Pfosten gestellt wird. Wenn der Pfosten senkrecht steht, füllt man die Erde zurück und stampft sie fest.

**2** Man kann die Triebe der Rosen direkt an den Pfosten binden oder erst ein Stück Maschendraht an den Pfosten nageln, an dem die Triebe Halt finden.

**3** Pflanzen Sie die Rose mit etwas Abstand von der Säule, damit sie nicht zu nah an der verdichteten Erde um den Pfosten sitzt. Leiten Sie die Triebe an den Draht und binden Sie sie an, da Rosen sich nicht von alleine festhalten.

**4** Einzelne Rosensäulen setzen Akzente im Garten. Diese 'American Pillar' hat die Säule von allen Seiten mit Blüten überschüttet.

# Rosen in Bäumen

Ein Baum, der über und über von Rosenblüten bedeckt ist, bietet einen fantastischen Anblick.

### Wahl der Sorte
Um in Bäumen zu wachsen sind besonders starkwüchsige Rambler, wie 'Félicité Perpétué', 'Bobbie James' oder 'Rambling Rector', geeignet. Am besten wählt man Sorten, die auch am alten Holz noch gut blühen, da der Schnitt großer Rosen in Bäumen schwierig ist.

### Kletterhilfe
Man kann Rosen in alte oder junge Bäume wachsen lassen. Der Baum sollte groß genug sein, darf aber keine morschen oder alten Äste haben, die die Last der Rose nicht mehr tragen können. Dabei spielt nicht nur das Gewicht der Rose eine Rolle, sondern auch die vergrößerte Angriffsfläche für Wind und Sturm. Alte Obstbäume, die nicht mehr tragen, aber noch stabil sind, eignen sich besonders gut.

### Erziehung und Schnitt
Man pflanzt die Rose im Abstand von mindestens 1,50 m vom Baumstamm entfernt. Steht sie näher am Stamm, erhält sie zu wenig Licht und Feuchtigkeit im Kronenschatten. Man setzt sie auf der windzugewandten Seite, damit die Triebe bei Wind zum Baum und nicht vom Baum weg gedrückt werden. Idealerweise ist dies auch noch die sonnigere Seite, auf der die Rose mehr Licht bekommt. Man zieht die Rose an Tauen oder langen Stäben zu den untersten Ästen des Baums an den Stamm. Man muss darauf achten, dass diese Konstruktion die Baumrinde nicht abscheuert. Gegebenenfalls muss man eine Polsterung zwischen Kletterhilfe und Baumstamm legen. Wenn die Rose in die Baumkrone gewachsen ist, breitet man die Triebe aus, sodass die Krone großflächig durchwachsen wird. Geschnitten wird nur, um tote, kranke oder beschädigte Äste zu entfernen, und gelegentlich kann man auch zu alte Triebe ausschneiden.

Der weiße Rambler 'Pauls Himalayan Musk Rambler' wächst an einem Baumstamm empor.

Damit die Rose genug Wasser bekommt, pflanzt man sie ein Stück vom Baumstamm entfernt.

## Pflanzung eines Ramblers an einem Baum

**1** Pflanzen Sie die Rose nicht direkt am Stamm, sondern im Abstand von mindestens 1,50 m auf der windzugewandten Seite des Baums.

**2** Verbessern Sie die Erde im Pflanzloch mit Kompost oder verrottetem Mist, um der Ramblerrose einen guten Start beim Anwachsen zu ermöglichen.

**3** Pflanzen Sie die Rose so tief, dass die Veredlungsstelle etwa 5 cm unter der Erde liegt. Breiten Sie die Wurzeln aus, bevor Sie das Loch zuschütten und gießen Sie dann an.

**4** Damit die Rose in den Baum wachsen kann, leitet man die Triebe zuerst an Stäben an den Stamm, bis sie lang genug sind, um in den Baum zu wachsen.

# Spaliere

Spaliergitter sind attraktive Raumteiler im Garten, da sie von beiden Seiten schön aussehen. Man kann sie auch als Blickfänger in langen Gärten einsetzen, als Gartenbegrenzung oder um einen Garten im Garten zu schaffen. So lässt sich zum Beispiel der Nutz- vom Ziergarten abschirmen. Lange Spaliere können von Bögen, die ebenfalls mit Rosen bewachsen sind, unterbrochen werden.

### Wahl der Sorte

Im Prinzip ist jede Kletterrosensorte geeignet. Wenn man regelmäßig schneidet, sind sogar starkwüchsige Sorten möglich. Am besten wählt man Sorten, die 2 bis 3 m hoch werden.

### Kletterhilfe

Spaliere kann man als fertige Elemente kaufen oder selbst bauen. Ein Vorteil von Spalieren ist, dass sie viele senkrechte und waagrechte Streben haben, an denen man die Triebe befestigen kann. So kann die ganze Fläche schnell bedeckt werden. Die senkrechten Pfosten müssen gut verankert sein, da das Spalier durch das Gewicht der Rose und Wind stark belastet wird.

### Erziehung und Schnitt

Der Abstand zwischen den Rosen sollte so groß gewählt werden, dass sich benachbarte Pflanzen nicht allzu sehr überlappen. Ziehen Sie die Triebe waagrecht oder fächerförmig, damit das Spalier großflächig bedeckt wird. Von der Konstruktion wegwachsende Triebe biegt man zurück und bindet sie ans Spalier. Geschnitten wird, wie bei Ramblern und Climbern beschrieben.

### Erziehung einer Rose an einem Wandspalier

**1** Pflanzen Sie die Rose mindestens 30 cm von der Wand entfernt. Verbessern Sie die Erde vor der Pflanzung mit Kompost oder Mist.

**2** Nach der Pflanzung schneidet man abgestorbene oder kranke Triebe heraus und entfernt zu schwache Triebe.

**3** Binden Sie die Triebe am Spalier fest. Auch die neu wachsenden Triebe müssen am Spalier befestigt werden.

**4** Leiten Sie die Triebe der Rose so breit wie möglich am Spalier auf, damit die ganze Wandfläche bedeckt wird.

# Rosengirlanden

Rosen an schwingenden Tauen zu ziehen ist eine attraktive Möglichkeit, Wege zu flankieren oder den Garten einzugrenzen. Girlanden sind ideal, wenn man Rambler in kleineren Gärten kultivieren möchte.

Eine prächtige Rosengirlande, die sich an zwei parallel schwingenden Tauen entlangrankt. Wenn man ein dickes Tau wählt, wirkt die Girlande noch lianenartiger.

## Wahl der Sorte

Am besten sind Sorten geeignet, die starkwüchsig sind und dünne, biegsame Triebe haben. Rambler sind also die beste Wahl. Da sie entlang der Triebe an den Tauen am üppigsten blühen, kann man die Kletterkonstruktion an den Pfosten mit schwachwüchsigeren Sorten ergänzen, die an den Triebenden blühen.

## Kletterhilfe

Um das Gewicht der Taue und der Rosentriebe zu tragen, benötigt man stabile Pfosten, die im Abstand von 2,50 m gesetzt werden. Das Tau sollte in der Mitte leicht durchhängen, aber nicht zu stark, da es sich mit der Zeit dehnt und dann zu tief hängt. Der Durchmesser des Taues sollte um die 5 cm liegen. Man kann sie in Bootsgeschäften kaufen.

## Erziehung und Schnitt

Die Rose wird im Abstand von 30 cm an den Pfosten gesetzt. Die Triebe leitet man dann spiralförmig um den Pfosten nach oben, dann lenkt man sie an die Seile. Man kann die Triebe zu beiden Seiten des Pfostens leiten oder man setzt zwei unterschiedliche Sorten an den Pfosten, die in entgegengesetzte Richtungen geführt werden. Zu starke Seitentriebe entfernt man, damit der Haupttrieb wie eine Girlande am Tau hängt. Nimmt die Blühwilligkeit nach ein paar Jahren ab, kann man alte Triebe nach und nach entfernen, um die Rose zu verjüngen. Dazu folgt man dem alten Trieb und schneidet ihn Stück für Stück heraus.

## Rosen an einer Girlande

Eine Rosengirlande ist nicht schwierig zu bauen, solange die Pfosten stabil verankert sind und die Taue, an denen die Rosentriebe gezogen werden, fest an den Pfosten befestigt sind. Wählen Sie ein dickes Tau, da ein dünnes Seil von den Proportionen nicht passt. Befestigen Sie das Tau mit verzinkten Schellen oder Schrauben am Pfosten, die nicht rosten.

**Erziehungsschnitt** Ziehen Sie die Rose am Pfosten empor, am besten winden Sie sie um den Pflock herum. Dann leiten Sie die Triebe seitlich um das Tau herum. Binden Sie die Triebe trotzdem am Tau fest, um einen zusätzlichen Halt zu haben.

**Erhaltungsschnitt** Schneiden Sie die Rose so, dass sie nicht zu kopflastig und schwer an den Triebenden wird. Sie kann sonst leicht von Windböen abgebrochen werden. Neue Triebe bindet man an das Tau und entfernt im Sommer während der Blüte abgeblühte Rosenknospen.

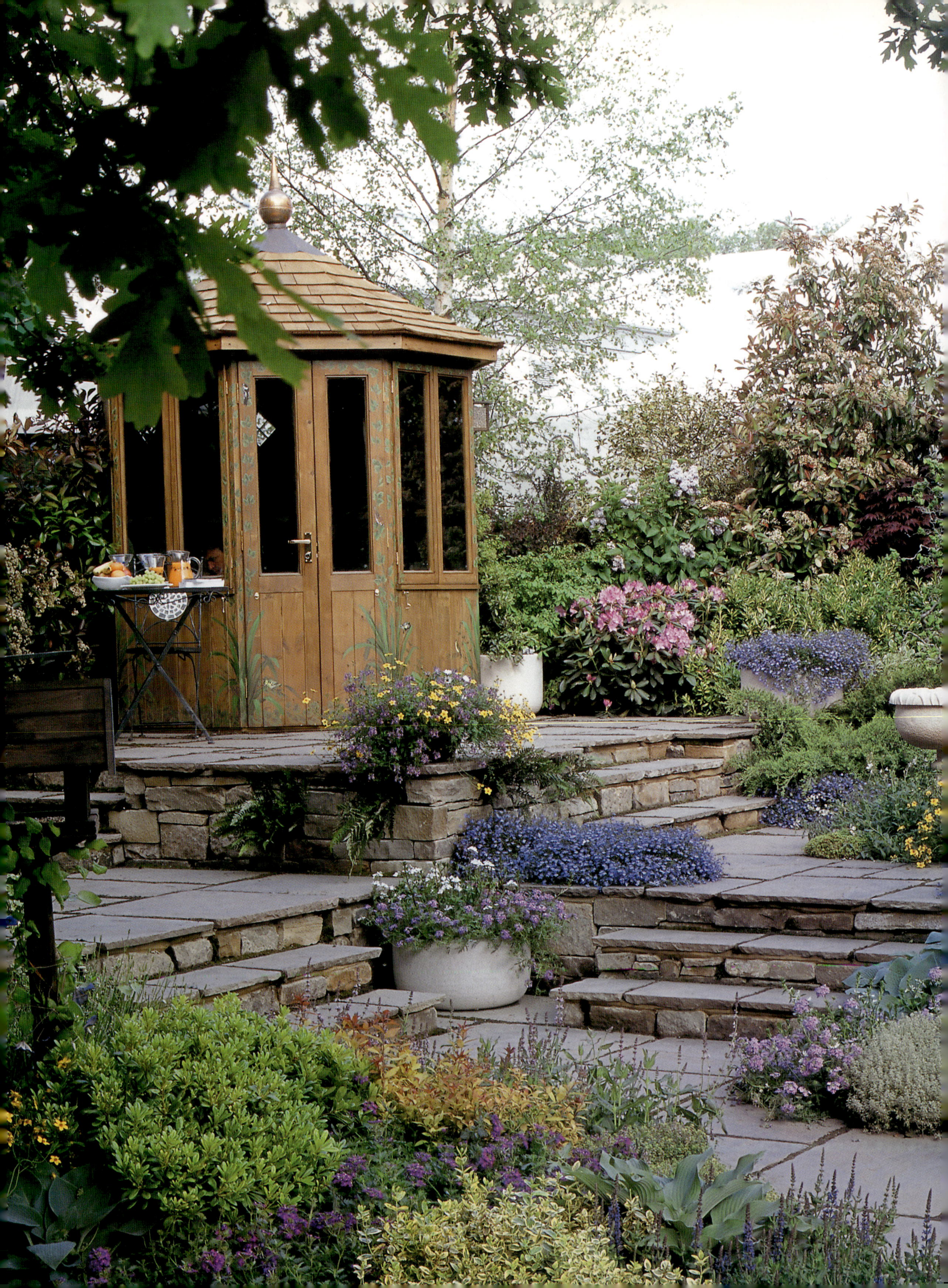

# Stauden und Sommerblumen

Wenn man an Schnitt denkt, kommen den meisten Hobbygärtnern nur verholzende Pflanzen, wie Bäume, Sträucher und Kletterpflanzen, in den Sinn. Aber auch krautige Gartenpflanzen, wie Stauden und Sommerblumen, profitieren von gezielten Schnittmaßnahmen und danken es mit üppiger Blüte und kräftigem Wuchs. Der Grund, warum sie in den meisten Büchern über Pflanzenschnitt nicht behandelt werden, liegt darin, dass die oberirdischen Pflanzenteile jährlich absterben und im nächsten Jahr neu austreiben. Man kann sie also auch ohne Schnitt pflegen.

Bäume und Sträucher bilden das Grundgerüst, sozusagen den Rahmen eines Gartens, der von Stauden und Sommerblumen gefüllt wird. Sie sorgen für Farbe und verändern Monat für Monat das Gesicht des Gartens, denn viele Stauden sind in mehr als nur einer Jahreszeit zierend und attraktiv.

Sommerblumen sind einjährig und blühen, wie der Name schon sagt, während des Sommers. Ihr Vorteil liegt darin, dass man mit ihnen jedes Jahr neue Aspekte und Farben im Garten ausprobieren kann.

Der Schnitt von Stauden und Sommerblumen ist nicht schwer und auch nicht so genauen Regeln unterworfen wie der von Gehölzen.

Ein Garten voller zart gefärbter Blumen. Damit er immer so schön und attraktiv aussieht, werden die Blumen regelmäßig ausgeputzt.

# Stauden und Sommerblumen

Stauden und Sommerblumen sorgen das ganze Jahr für Farbe und Struktur im Garten, in Beeten und in Kübeln. Man kann sie sich selbst überlassen, durch gezielte Schnittmaßnahmen werden jedoch die Blütezeit verlängert und ihr Aussehen und Wuchs verbessert.

## Stauden

Stauden sind mehrjährige, krautige Pflanzen, deren oberirdische Pflanzenteile zu einem bestimmten Zeitpunkt im Jahr absterben und zur nächsten Wachstumsperiode aus dem unterirdischen Wurzelstock neu austreiben. Sie sind sowohl wegen ihrer Blüten als auch ihrer Blätter beliebt. Die relativ kurze Blütezeit kann durch gezielten Schnitt verlängert oder sogar eine zweite Blühperiode angeregt werden. Selbst wenn keine zweite Blüte folgt, wird der Zierwert der Pflanze durch die neuen Blätter erhöht.

Der pflegende Schnitt von Stauden wird kontinuierlich mehrmals im Jahr durchgeführt und ist nicht nur, wie bei Gehölzen, auf einen relativ kurzen Zeitraum im Jahr beschränkt.

## Sommerblumen und Einjährige

Viele Sommerblumen, die im Garten gedeihen, sind keine Einjährigen im engeren Sinn, sondern kurzlebige oder nicht winterharte Stauden, die nur eine Saison angepflanzt werden. Andere sind zweijährig und blühen erst im zweiten Jahr, das hat jedoch keinen Einfluss auf die Schnittmaßnahmen. Außer bei Bart-Nelken *(Dianthus barbatus)* und Löwenmäulchen *(Antirrhinum)*, diese können nach der Blüte zurückgeschnitten werden und blühen dann im Folgejahr ein zweites Mal.

Die meisten Sommerblumen werden geschnitten, um die Blütezeit so lange wie möglich zu verlängern und sie über Monate kompakt und attraktiv zu halten.

Bart-Nelken *(Dianthus barbatus)* werden meist zweijährig gezogen. Wenn man sie aber unmittelbar nach der Blüte zurückschneidet, kann man sie wie Stauden im Garten ziehen.

Viele Stauden brauchen eine Stütze, damit sie nicht umfallen. Auf dem Bild erkennt man verschiedene Haltevorrichtungen: Stäbe, einen Obelisken und einfache Reisigzweige, wie man sie auch im Gemüsebeet bei Erbsen einsetzt.

Viele krautig wachsende Kletterpflanzen brauchen nicht geschnitten zu werden. Man kann aber, wenn sie das Ende der Kletterhilfe erreicht haben, das Wachstum durch Kappen der Triebspitze stoppen.

Astern können in der Höhe begrenzt werden, wenn man sie in einem frühen Wachstumsstadium zurückschneidet.

Petunien blühen den ganzen Sommer über bis in den Herbst, wenn man verwelkte Blüten regelmäßig ausputzt.

Wenn man Wicken regelmäßig ausputzt (oder die Blüten für die Vase schneidet), bilden sich immer wieder neue Blütenknospen.

## Werkzeuge und Geräte

Die Schnittwerkzeuge, die man benötigt, gehören zur gärtnerischen Grundausstattung. Hauptsächlich kommt die normale Gartenschere zum Einsatz, für die zarten Triebe von Sommerblumen reicht auch eine herkömmliche Schere. Heckenscheren kann man verwenden, um ganze Pflanzen zurückzuschneiden. Großflächige Staudenpflanzungen können sogar mit dem Rasenmäher geschnitten werden.

## Schnittzeitpunkt

Stauden können praktisch immer geschnitten werden. Bei manchen Arten beginnt man gleich nach dem Austrieb damit, die Triebspitzen auszukneifen (Pinzieren), damit der Wuchs buschiger wird. Am Ende oder zu Beginn der Gartensaison werden abgestorbene Stängel zurückgeschnitten (klassischer Staudenschnitt). Dazwischen entfernt man kontinuierlich Abgeblühtes und abgeknickte Triebe. Daher sollten Sie, wenn möglich, mindestens einmal in der Woche durch ihre Beete und Kübelpflanzen gehen. Dabei kann man die Pflanzen gleichzeitig kontrollieren und sich an ihnen erfreuen. Manche schneiden abgestorbene Stängel im Herbst ab, andere lassen sie über den Winter stehen, damit Vögel die Samen fressen können und um sich an mit Raureif überzogenen Samenköpfen zu erfreuen.

Blumenampeln, Balkonkästen oder Pflanzkübel sehen besser aus, wenn man die in ihnen wachsenden Sommerblumen regelmäßig ausputzt und Abgeblühtes entfernt. Auch überlange Triebe kann man einkürzen, damit der Wuchs buschig und attraktiv bleibt.

# Formschnitt von Stauden

Fast jeder Gärtner hat Stauden im Garten, oft in großen Gruppen, um Farbflächen zu schaffen. Damit die Dauerwirkung solcher Pflanzungen erhalten bleibt und Stauden in Kübeln immer gut aussehen, sind regelmäßige Schnittmaßnahmen nötig.

### Buschige Pflanzen

Viele Arten buschig wachsender Stauden, wie Nelken, sehen noch besser aus, wenn man sie etwas stutzt, um die Verzweigung zu fördern. Durch Pinzieren (Auskneifen der jungen Neutriebe) wird die Bildung von Seitentrieben gefördert. Man kann mit den Fingern oder einer kleinen Schere pinzieren.

### Verkleinerung der Pflanzengröße

In kleinen Gärten werden viele Pflanzen für das begrenzte Platzangebot oft zu groß. So können einige Astern eine Höhe von über 1,20 m erreichen, obwohl man sie, wegen des geringen Platzes, vielleicht nur 60 cm hoch haben möchte. Zunächst lässt man die Pflanzen normal wachsen, bis sie eine Höhe von 45 bis 60 cm erreicht haben und schneidet sie dann bis knapp über dem Erdboden zurück. Sie treiben anschließend neu aus und blühen bei einer Wuchshöhe von 60 cm. Diese Technik funktioniert am besten bei vieltriebigen polster- oder horstbildenden Arten, wie Astern und Wiesenknöpfen *(Sanguisorba)*.

### Ausputzen von Verblühtem

Das laufende Ausputzen von abgeblühten und welken Blüten hat zwei Vorteile: Zum Einen lenken braune, welke Pflanzenteile nur den Blick von noch schönen Trieben ab und zum Zweiten wird so die Samenbildung verhindert, die die Pflanze viel Energie kostet und die Bildung neuer Blüten hemmt. Die Stängel von Stauden mit einblütigen Blütentrieben schneidet man bis zum Boden zurück, alle anderen bis zur nächsten Knospe oder zum nächsten Trieb.

### Rückschnitt zur Blattförderung

Viele Stauden, wie Storchschnabel *(Geranium)*, Frauenmantel *(Alchemilla)* oder Lungenkraut *(Pulmonaria)*, treiben mit frischen Blättern neu aus, wenn man sie nach der Blüte ganz zurückschneidet. In den meisten Fällen ist die Pflanze kräftig genug, um noch als Blattschmuck im Beet zu wirken. Lässt man die alten Blätter stehen, wirkt die Pflanze schlapp und zerzaust,

Nelken verzweigen sich besser und bekommen einen buschigen Wuchs, wenn man die Triebspitzen pinziert.

## Haltegerüst für Sommerblumen und Stauden

**1** Drücken Sie dünne Haltestäbe um die Pflanze in den Boden. Schneiden Sie dann die Spitzen der Stäbe ab, damit sie von der Pflanze verborgen werden, wenn diese weiterwächst.

**2** Verbinden Sie die Stäbe untereinander mit Gartenschnur, sodass ein spinnennetzartiges Geflecht entsteht, durch das die Triebe wachsen können.

**3** Das fertige Haltegerüst. Die gespannten Schnüre verhindern, dass die Triebe umknicken oder umfallen und sind selbst unsichtbar im Pflanzeninnern verborgen.

## Weitere Staudenstützen

**1** Eine fertige Staudenstütze, die nur noch in den Boden um die Staude gedrückt werden muss. Die Triebe wachsen dann durch das Gitter.

**2** Man kann auch rechtwinklig gebogene Drahthalter, die untereinander zusammengesteckt werden, verwenden.

**3** Größere Flächen oder Beete bedeckt man mit Maschendrahtzaun, der an stabilen Haltestäben befestigt wird.

außerdem sind sie für Krankheiten, wie Mehltau, anfälliger.

## Staudenschnitt im Herbst

Gegen Ende der Saison verblühen immer mehr Pflanzen und die Beete füllen sich mit abgestorbenen, trockenen Stängeln, Blättern und Samenständen. Wenn man dazwischen noch spätblühende Blumen gepflanzt hat, sollte man alles Abgestorbene entfernen, damit die noch schönen Blüten besser zur Geltung kommen. Sind alle verblüht, hat man zwei Möglichkeiten: Manche Gärtner lassen die trockenen Stängel und Samenstände stehen, damit sie Vögeln als Nahrung und Insekten als Überwinterungsquartier dienen können, und schneiden die Pflanzen erst im Frühjahr zurück.

**4** Aufrecht wachsende, hohe Stauden, wie Rittersporn, können in Drahtzylindern, die an Pfosten befestigt sind, gezogen werden.

**5** Stauden mit einzelnen Trieben können an einem Stab, der hinter ihnen ins Beet gesteckt wird, befestigt werden.

Andere schneiden im Herbst alles zurück, damit der Garten auch im Winter „ordentlich" aussieht und um im Frühjahr Zeit für andere Arbeiten zu haben. Lässt man die Stängel bis zum Frühjahr stehen, muss man sie rechtzeitig, bevor die neuen Triebe erscheinen, zurückschneiden, sonst wird der Rückschnitt sehr aufwändig, will man die zarten Neutriebe nicht verletzen. Als Kompromiss kann man im Herbst auslichten, damit im Frühling nicht zu viel Arbeit anfällt, aber ein Teil für Vögel als Futterquelle stehen bleibt.

## Reisig und andere Stützen

**1** Wenn man dünne Haselnuss-Ruten zur Hand hat, ist dies die billigste Methode, Stauden zu stützen. Stecken Sie die Ruten rings um die Pflanze ins Beet.

**2** Die Spitzen der Ruten knickt man um und verflechtet sie zu einem Gitter, durch das die Triebe der Stauden wachsen und Halt finden können.

**3** Kletternde Stauden oder höhere Pflanzen kann man auch mit einem Reisigturm stützen. Hier sind Birkenzweige zusammengesteckt worden.

**4** Warten Sie mit dem Rückschnitt im Frühjahr nicht zu lange, sonst sind die neuen Triebe zu lang und das Schneiden ist dann sehr umständlich.

# Schnitt von Sommerblumen

Sommerblumen werden immer beliebter, nicht so sehr als Beet- und Rabattenpflanzen, sondern vor allem als Ergänzung und Solitäre in Töpfen und Kübeln. Damit sie dauerhaft attraktiv bleiben, sollten sie einmal wöchentlich kontrolliert, ausgeputzt und gegebenenfalls zurückgeschnitten werden.

### Sommerblumen

Viele Sommerblumen profitieren davon, wenn man sie pinziert. Dazu entfernt man die jungen weichen Triebe. Entweder kneift man sie mit den Fingern aus oder nimmt eine kleine Schere dazu. Die Pflanze verzweigt sich so besser. Ständiges Pinzieren führt zu sehr dichten, stark verzweigten Pflanzen mit kompaktem Wuchs. Man kann durch gezieltes Pinzieren von Seitentrieben auch den Wuchs in der Höhe beeinflussen und so Säulen- oder Pyramidenformen erzielen. Dasselbe gilt für Hänge- oder Kaskadenformen. Bei Blumenampeln entfernt man die aufrecht wachsenden Triebe, damit sie breiter und hängender wachsen.

### Einjährige Kletterpflanzen

Viele einjährige Kletterpflanzen, wie Duft-Wicken *(Lathyrus odoratus)*,

Locker wachsende Sommerblumen kann man im Spätsommer zurückschneiden, damit sie kompakter wachsen und neue Triebe und Blüten bilden.

### Aufräumen

**1** Wenn Sommerblumen abgeblüht sind, schneidet man sie entweder zurück oder nimmt sie aus dem Beet, um Selbstaussaat zu verhindern.

**2** Das Schnittgut kann kompostiert werden, da die Samen durch die Wärmeentwicklung im Komposthaufen abgetötet werden.

### Ausputzen von Sommerblumen

**1** Braune, welke Blüten, die bereits Samen ansetzen, stören das Erscheinungsbild eines Sommerblumen-Arrangements.

**2** Schneiden Sie die welken Blüten mit einer Schere heraus oder kneifen Sie sie mit den Fingern ab.

**3** Derselbe Balkonkasten ausgeputzt und in neuer Pracht. Es werden sich viel schneller neue Blüten bilden.

## Pinzieren

**1** Viele Sommerblumen neigen dazu, eintriebig in die Höhe zu wachsen. Das Auskneifen der Spitzen fördert die Verzweigung.

**2** *(rechts)* Dieses Silberblatt *(Senecio cineraria)* hat sich gut verzweigt und ist zu einer buschigen Pflanze herangewachsen.

wachsen buschiger, wenn man die Spitze des Haupttriebs entfernt. Dies fördert die Bildung von Seitentrieben, die schnell größere Flächen bedecken und reichlich blühen. Lässt man die Kletterer frei wachsen, bekommt man nur lange, unattraktive Pflanzen mit wenigen Blüten.

## Ausputzen

Sobald eine Blüte bestäubt wurde, beginnt sie mit der Samenbildung. Dies kostet die Pflanze viel Energie, die für die Bildung neuer Blüten dann nicht mehr zur Verfügung steht. Deshalb entfernt man die welke Blüte noch bevor die Samenbildung einsetzt.

So können durch das regelmäßige Ausputzen eine längere Blütezeit und ein üppigerer Blütenflor erreicht werden. Zudem sieht eine Pflanze ohne welke und vertrocknete Blüten natürlich viel attrakiver aus.

## Verjüngung

Im Laufe der Wachstumsperiode, vom Frühling bis in den Herbst, werden die Triebe der Sommerblumen immer länger. Besonders in Kübeln sehen sie dann ungepflegt aus.

Man schneidet die Pflanzen deshalb zurück. Dadurch wird nicht nur das Aussehen verbessert, sondern auch die Verjüngung durch die Förderung frischer Neutriebe angeregt. Diese neuen kräftigen Triebe tragen meistens auch noch größere, farbenprächtigere Blüten als die überlangen, alten.

Üppig blühende Herbst-Arrangements sind nicht nur das Ergebnis optimaler Düngung und Bewässerung, sondern auch der Lohn für regelmäßigen Schnitt. Manchmal dauert es eine Weile, bis neue Blüten erscheinen, aber bereits das frische Blattwerk macht die Pflanze schon attraktiver. Häufig ist schönes Laub genauso zierend wie prächtige Blüten.

Viele Sommerblumen brauchen eine Kletterhilfe, wie diese Schwarzäugige Susanne *(Thunbergia alata)*.

## Schnitt von Duft-Wicken

**1** Wenn man Samenkapseln an der Pflanze lässt, leitet diese ihre Energie in die Bildung von Samen und nicht von Büten.

**2** Wenn man Blütentriebe für die Vase schneidet, wird die Bildung neuer Triebe und damit auch neuer Blüten angeregt.

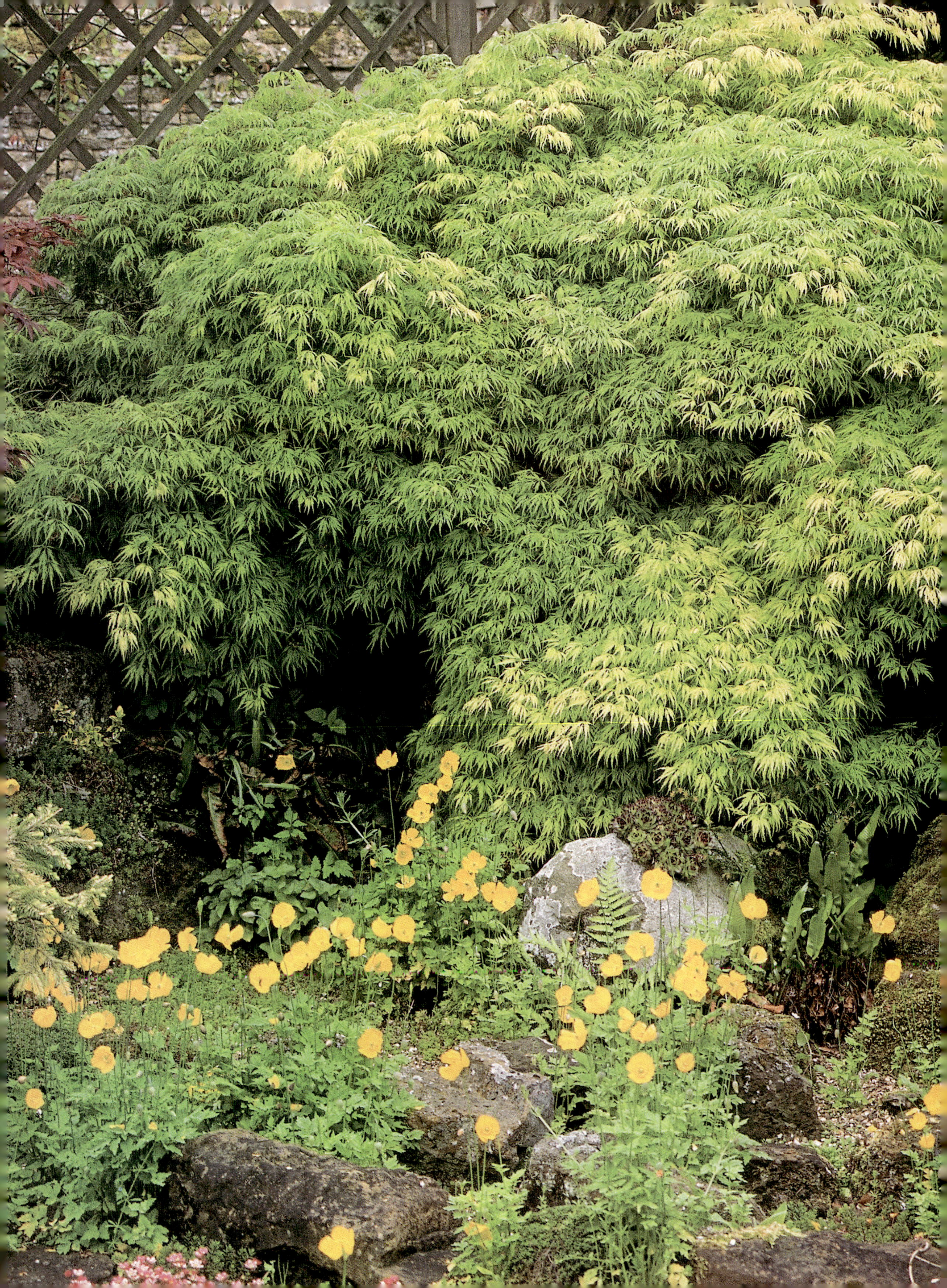

# Pflanzen-Porträts

Auf den vorigen Seiten wurde der Schnitt von Stauden und Sommerblumen detailliert beschrieben. Folgend werden nun verschiedene Pflanzenarten in alphabetischer Reihenfolge aufgelistet und zu jeder wird der optimale Schnittzeitpunkt und die beste Schnitttechnik aufgeführt. Es wurden die Pflanzen ausgewählt, die man häufig in unseren Gärten findet.

Manche Schnitttechniken sind etwas aufwändiger als andere, aber keine übersteigt unsere gärtnerischen Fähigkeiten. Gehölzschnitt kann man, wie vieles andere auch, durch Üben erlernen und schon bald wird man bei den Pflanzen in seinem Garten die jeweils richtigen Schnitttechnik anwenden können. Wer unsicher ist, schneidet einfach etwas weniger ab und ist so auf der sicheren Seite. Vor allem bei Nadelgehölzen muss man etwas vorsichtiger sein, da viele nicht so leicht aus dem alten Holz neu austreiben. Allgemein kann man sagen, dass der Rückschnitt bis ins Holz des Vorjahrs problemlos möglich ist.

Bei allen Pflanzen sollte man routinemäßig abgestorbene, kranke, schwache oder beschädigte Triebe entfernen. Wenn man sich dann noch an die allgemeinen Schnittregeln hält und auf ein kräftiges Auge oder einen kräftigen Trieb zurückschneidet, kann nichts schief gehen, und die Pflanzen werden üppig gedeihen.

Durch regelmäßige Schnittmaßnahmen hält man seine Gartenpflanzen gesund und wüchsig. Unterschiedliche Pflanzenarten brauchen unterschiedliche Schnitttechniken, um optimal zu wachsen, blühen und fruchten.

*Abelia grandiflora*

## Abelie
*Abelia*

Immergrüner Strauch, der am vorjährigen Holz blüht. Der Hauptschnitt findet im Sommer nach der Blüte statt, dabei entfernt man die ältesten Triebe, um neue Austriebe an der Basis anzuregen, die in der Regel schnell erscheinen. Im Frühling erfolgt dann ein zweiter Schnitt, bei dem abgestorbene und im Winter beschädigte Triebe entfernt werden. Einige der frostempfindlicheren Sorten können am Spalier vor einer Mauer gezogen werden, dann bindet man neue Triebe an die Spalierstreben.

## Schönmalve
*Abutilon*

Diese immergrüne oder laubabwerfende Kübelpflanze kann im Sommer an einem geschützten Platz im Freien stehen. Manche Arten, wie *A. vitifolium*, können auch am Spalier, *A. megapotamicum* am Spalier oder freiwachsend gezogen werden. Die Schnittmaßnahmen beschränken sich hauptsächlich auf das Entfernen von Verblühtem, was bei dieser Gattung besonders wichtig ist. Weitere Schnittmaßnahmen sind nicht nötig. Alte und vorjährige Triebe können im Spätfrühling um ein Drittel zurückgeschnitten werden. Abgestorbenes Holz sollte man möglichst regelmäßig auf ein gesundes Auge zurückschneiden.

## Ahorn
*Acer*

Laubabwerfende Bäume und Großsträucher, die als Hochstamm oder mehrstämmig gezogen werden. Der Rückschnitt darf nur während der Ruheperiode erfolgen, da sie sonst stark „bluten". Die großen Arten zieht man mit einem durchgehenden Mitteltrieb, sie brauchen dann im Alter kaum noch geschnitten zu werden. Die mehrstämmig wachsenden Arten werden wie Sträucher geschnitten. Wenn die Pflanze ihre endgültige Gestalt erreicht hat, muss sie kaum noch geschnitten werden. Sorten mit panaschiertem Laub bilden manchmal nur noch grünblättrige Triebe, diese werden sofort entfernt. Das kann auch im Sommer geschehen, wenn die Triebe noch klein sind. Die Gefahr des Blutens ist dann gering.

## Kiwi
*Actinidia*

Schlingender Kletterstrauch, der im Winter das Laub abwirft. In geschützten Lagen am besten an Mauern oder Zäunen ziehen. Der Schnitt erfolgt im zeitigen Frühjahr. Bei der Pflanzung schneidet man bis auf ein paar kräftige Knospen zurück. Dann leitet man fünf oder sechs starke Triebe zur Kletterhilfe und führt sie fächerförmig nach oben. Die übrigen Triebe werden entfernt. Im nächsten Frühjahr schneidet man alle Triebe um die Hälfte bis zwei Drittel zurück und bindet die neuen Triebe im Sommer an die Kletterhilfe. Ab diesem Zeitpunkt wird nur noch zur Formerhaltung geschnitten. Gelegentlich nimmt man ältere Triebe heraus, um die Pflanze zu verjüngen.

## Fünffingerstrauch
*Akebia*

Starkwüchsige, schlingende Kletterpflanze, die an jeder Kletterhilfe emporwächst. Nach der Pflanzung zieht man fünf oder sechs Triebe zur Kletterhilfe und bindet sie fest. Ein Rückschnitt um ein Drittel fördert den Austrieb kräftiger Neutriebe. Wenn die Pflanze einmal etabliert ist, kann sie stark wuchern und muss durch Rückschnitt alter Triebe im Zaum gehalten werden. Da die Blüten sehr früh erscheinen, wird erst im Spätfrühling geschnitten.

## Erle
*Alnus*

Laubabwerfende Bäume, die als Hochstamm oder mehrstämmig gezogen werden. Wenn man einen Hochstamm haben möchte, muss man den Baum schon früh erziehen, da die meisten Exemplare von Natur aus eher mehrstämmig wachsen. Im Alter sind keine Schnittmaßnahmen nötig. Wenn Erlen zu groß werden, können sie auf den Stock zurückgenommen werden, da sie aus dem Stumpf willig neu austreiben. Alle Schnittmaßnahmen dürfen im Winter durchgeführt werden.

## Felsenbirne
*Amelanchier*

Laubabwerfender Großstrauch oder kleiner Baum, der ein- oder mehrstämmig gezogen werden kann. Der beste Schnittzeitpunkt ist im Winter. Wichtig ist beim Erziehungsschnitt, dass die Krone offen bleibt und nicht zu dicht wird. Die ausläufertreibende Felsenbirne (*A. stolonifera*) bildet meist zahlreiche Schösslinge um die Basis. Diese werden entfernt, um die Ausbreitung zu bremsen.

*Actinidia kolomikta*

*Amelanchier lamarckii*

## Scheinrebe
*Ampelopsis*

Wüchsige, laubabwerfende Kletterpflanze, die wegen ihres Blattschmucks kultiviert wird. Sie hält sich mit Ranken an der Kletterunterlage fest. So kann sie fast überall, auch in Bäumen, emporwachsen. Bis auf das Aufleiten an der Kletterhilfe sind anfangs keine Schnittmaßnahmen nötig. An Standorten, wo sie sich frei ausbreiten kann, lässt man sie einfach verwildern, ansonsten nimmt man lange Triebe bis zum Haupttrieb im Frühling ab. Im Sommer werden übermäßig lange Ranken bis auf eine starke Knospe zurückgeschnitten.
Vorsicht: Darf nicht in Regenrohre oder unter Traufen wachsen.

## Erdbeerbaum
*Arbutus*

Immergrüner, etwas frostempfindlicher Baum mit interessanter Rinde. Oft wächst er auch als lockerkroniger Großstrauch. Bis zum Anwachsen braucht der Erdbeerbaum einen stabilen Stützpflock. Ein Erziehungsschnitt ist nicht nötig, außer man möchte ein Hochstämmchen haben. Dann entfernt man die unteren Triebe schon früh. Ansonsten wird nur abgestorbenes Holz entfernt. Alle Schnittmaßnahmen werden im Spätfrühling durchgeführt.

## Aukube
*Aucuba*

Immergrüner Blattschmuckstrauch, der in kühlen Lagen besser als Kübelpflanze gepflegt wird. Nach der Pflanzung kürzt man alle Triebe um ein Drittel ein, um einen buschigen Aufbau zu erzielen. Diese Schnittmaßnahme wiederholt man im folgenden Frühjahr. Wenn die Pflanze etabliert ist, werden nur Triebe herausgeschnitten, die ins Innere wachsen. Sonst sind keine

*Abutilon megapotamicum*

*Acer palmatum*

weiteren Schnittmaßnahmen nötig. Zur Verjüngung oder wenn der Strauch zu groß geworden ist, kann man ihn komplett zurückschneiden, Aukuben treiben willig neu aus. Beim Schnitt von Hecken sollte man nur eine Gartenschere und keine Heckenschere verwenden, da die großen Blätter sonst verletzt und unansehnlich werden.

## Azara
*Azara*

Immergrüne, frostempfindliche Kübelpflanze. Die Pflanzen werden meist mehrstämmig oder am Topfspalier gezogen und müssen kaum geschnitten werden. Da sie im Frühling am vorjährigen Holz blühen, erfolgt der Schnitt erst nach der Blüte. Zur Verjüngung kann stark zurückgeschnitten werden.

## Berberitze
*Berberis*

Beliebte Gattung mit vielen Arten, die immergrün oder laubabwerfend sind und die gelbe oder orange Blüten und attraktive Beeren schmücken. Viele besitzen sehr spitze Dornen, deshalb beim Schneiden unbedingt dicke Lederhandschuhe tragen. Sie eignen sich als vielstämmige Solitärsträucher oder für freiwachsende oder streng geschnittene Hecken. Berberitze vertragen den Schnitt gut, trotzdem sollte man je nach Verwendung die richtigen Sorten wählen, da es viele Wuchsformen gibt. Man kann zur Verjüngung auch ältere Triebe entfernen, was aber selten nötig ist. Bei größeren Exemplaren, die unten verkahlen, können lange Triebe bis auf einen kräftigen Trieb zurückgeschnitten werden. Alle Schnittmaßnahmen werden am besten im Winter durchgeführt.

*Berberis aristata*

### Schnitt von Berberitzen

**1** Berberitzen werden mit der Zeit so hoch, dass sich Blüten und Laub weit oben bilden und unten nur noch kahle Triebe zu sehen sind.

**2** Zuerst nimmt man tote, beschädigte und kranke Triebe heraus, um sich dann einen Überblick über das Grundgerüst des Strauchs zu machen.

**3** Dicke Äste, die den Strauch verdichten, nimmt man ganz heraus und dünnt die anderen aus, damit eine Verjüngung stattfinden kann.

**4** Beim Ausdünnen entfernt man auch alle Triebe, die über Kreuz wachsen, aneinanderscheuern oder nach Innen wachsen.

**5** Arbeiten Sie sich durch die ganze Pflanze und nehmen Sie altes Holz heraus, jüngere Triebe bleiben stehen, damit sich die Pflanze verjüngt.

**6** Zum Schluss wird die äußere Form geschnitten. Achten Sie darauf, immer auf eine kräftige Knospe zurückzuschneiden.

## Birke
*Betula*

Laubabwerfender Baum mit attraktiver Rinde. Es gibt auch Hänge- und Trauerformen. Birken müssen kaum geschnitten werden, sollten aber mit einem durchgehenden Mitteltrieb erzogen werden. Üblicherweise sieht man sie meist als Hochstamm, so kommt die Rinde am besten zur Geltung. Einige Arten wachsen aber auch strauchförmig und bilden zahlreiche Triebe aus der Basis. Damit sich hängende Formen nicht zur Seite neigen oder gar umkippen, stützt man sie in der Jugend mit einem stabilen Pflock. Triebe, die bei Trauerformen unter der Veredlungsstelle erscheinen, werden früh entfernt, da sie aufrecht nach oben streben und den Charakter des Baums verändern. Da Birken leicht „bluten", schneidet man am besten im Spätherbst oder frühen Winter.

## Bougainvillee
*Bougainvillea*

Laubabwerfender, starkwüchsiger Spreizklimmer mit unscheinbaren Blüten, die von prächtigen Hochblättern umgeben sind. Die Kübelpflanzen sind frostempfindlich. Im Sommer fühlen sie sich an einem heißen, sonnigen Platz auf der Terrasse oder dem Balkon am wohlsten. Eine stabile Kletterhilfe ist notwendig. Der Erziehungsschnitt ist wichtig,

*Berberis 'Georgeii'*

*Betula pendula*

dazu werden fünf bis sechs starke Triebe ausgewählt und an die Kletterhilfe gebunden. Dann schneidet man sie auf etwa 15 cm Länge zurück. Die restlichen werden entfernt. Damit die Pflanze nicht zu dicht wird, schneidet man nach innen oder zu eng beieinander wachsende Triebe im Frühling weg. Zur gleichen Zeit werden alle Seitentriebe auf zwei bis drei Knospen zurückgeschnitten, damit sich, wie bei Zierquitten, Blütenkurztriebe bilden. Nach der Blüte schneidet man alle Blütentriebe auf einen nichtblühenden Trieb zurück. Zur Verjüngung kann stark zurückgeschnitten werden, besser nimmt man aber alle paar Jahre ältere Triebe nach und nach heraus.

## Greiskraut
### Brachyglottis (syn. Senecio)

Die Gattung umfasst viele, meist immergrüne, Arten, darunter Stauden, Sträucher und Bäume. Viele Pflanzen werden noch unter dem alten Namen *Senecio* angeboten. Ein Erziehungsschnitt ist in der Regel nicht nötig, die meisten Schnittmaßnahmen beschränken sich darauf, den etwas sparrigen Wuchs in Form zu halten. Die Blätter sind meist silbrig und die Blüten gelb. Ein regelmäßiger starker Rückschnitt im Frühling sorgt für schönes Laub, verhindert aber die Blütenbildung. Möchte man nicht nur Blattschmuck, sondern auch Blüten, dann schneidet man erst nach den Blüten, da diese an vorjährigen Trieben erscheinen. Ein radikaler Verjüngungsschnitt ist möglich, besser nimmt man aber alle paar Jahre ältere Triebe nach und nach heraus. Überalterte Pflanzen ersetzt man durch jüngere.

## Engelstrompete
### Brugmansia (syn. Datura)

Eine kleine Gattung mit frostempfindlichen Sträuchern, die wegen ihrer großen Blätter und Blüten gerne als Kübelpflanzen gepflegt werden. Da sie giftige Substanzen enthalten, trägt man bei Schnittmaßnahmen Handschuhe. Im Frühling schneidet man die Triebe bis kurz über der Erdoberfläche oder auf zwei bis drei Seitentriebe zurück. Welke Blüten regelmäßig entfernen.

*Buddleja davidii* 'Dartmoor'

## Schmetterlingsstrauch
### Buddleja

Halbimmergrüne Sträucher mit silbrigem Laub und attraktiven Blüten. Man teilt sie in drei Schnittgruppen auf. Nur eine wird regelmäßig stark zurückgeschnitten, aber alle vertragen starken Rückschnitt, es bleibt dann nur die Blüte ein Jahr lang aus. *B. davidii* und ihre Sorten werden im Frühling bis auf 30 cm über dem Boden zurückgeschnitten und blühen im Sommer an den diesjährigen Trieben. Auch *B. crispa* und *B. fallowiana* werden so geschnitten. *B. alternifolia* blüht am vorjährigen Holz und wird nach der Blüte zurückgeschnitten. Dazu schneidet man abgeblühte Triebe bis zum nächsten nicht blühenden Trieb zurück. Gelegentlich kann man auch alte Zweige ganz entfernen. *B. globosa* blüht an neuen Trieben am vorjährigen Holz und benötigt nur wenig Schnitt. Wird die Pflanze mit der Zeit zu groß, schneidet man sie zur Verjüngung radikal zurück. Sie treiben aus dem alten Holz wieder gut aus.

*Callistemon citrinus*

## Buchsbaum
### Buxus

Immergrüner Strauch für Hecken oder Topiari-Figuren. Als freistehender Strauch braucht Buchs nur wenig geschnitten zu werden. Will man Pflanzen für Hecken oder Formschnittfiguren, schneidet man sie als Jungpflanze kräftig zurück, damit sie sich gut verzweigen. Wenn die gewünschte Form erreicht ist, kann Buchsbaum so oft wie nötig geschnitten werden. Er verträgt auch einen radikalen Rückschnitt, das alte Holz ist allerdings extrem hart.

## Lampenputzerstrauch
### Callistemon

Immergrüner, frostempfindlicher Strauch, der ideal als Kübelpflanze geeignet ist. Es sind nur wenige Schnittmaßnahmen nötig. Neutriebe kann man bremsen, indem man

*Camellia* 'Cornish Spring'

die Spitzen pinziert. Dies sollte schon im Jugendstadium erfolgen, damit eine gute Verzweigung erreicht wird.

## Kamelie
### Camellia

Immergrüne Sträucher, auch kleine Bäume. Bis auf das Entfernen beschädigter oder abgestorbener Triebe sind keine Schnittmaßnahmen nötig. Auch zuweilen auftretende Triebe mit sortenuntypischen Blüten, werden entfernt. Ein buschiger Wuchs wird erreicht, wenn man bei Jungpflanzen im Frühjahr die neuen Seitentriebe vorsichtig zurückschneidet. Ein radikaler Rückschnitt im Frühling ist bei vergreisten Pflanzen möglich.

## Trompetenblume, Klettertrompete
### Campsis

Laubabwerfende Kletterpflanze, die sich mit Haftwurzeln an der Unterlage festhält und wegen ihres Laubs und der attraktiven Blüten kultiviert wird. Trotz der Haftwurzeln ist eine

### Schnitt von Schmetterlingsstrauch (Sommerflieder)

**1** Sommerflieder wächst kräftig und bildet im Laufe des Sommers viele Triebe, die im Frühjahr radikal zurückgeschnitten werden sollten.

**2** Schneiden Sie alle Triebe des Vorjahrs auf ein bis zwei Knospenpaare zurück. Die Höhe sollte nur etwa 30 cm über dem Boden liegen.

**3** Der Strauch nach dem Schnitt. Damit sich die Pflanze von der Basis aus verjüngt, kann man einige der ältesten Triebe herausnehmen.

Kletterhilfe (Spalier, Spanndrähte) empfehlenswert. Nach der Pflanzung kürzt man die Triebe auf 15 bis 20 cm ein, um einen kräftigen Neuaustrieb zu fördern. Die Neutriebe leitet man dann fächerförmig an die Kletterhilfe. Die Klettertrompete blüht an jungen Trieben, man schneidet deshalb die Seitentriebe im zeitigen Frühjahr auf ein bis zwei Knospen zurück. Zur Verjüngung kann die ganze Pflanze auf 30 cm über dem Boden zurückgeschnitten werden. Besser ist es jedoch, alte Triebe nach und nach herauszunehmen.

## Hainbuche
### Carpinus
Laubabwerfender Baum, der auch ideal als Heckenpflanze verwendet werden kann. Die Bäume zieht mal als Hochstamm oder Solitär mit durchgehendem Mitteltrieb. Später sind kaum noch Schnittmaßnahmen nötig. Hecken schneidet man ein- bis zweimal im Jahr, je nach Bedarf.

## Bartblume
### Caryopteris
Laubabwerfende Sträucher, die wegen ihrer attraktiven Belaubung und Blüten kultiviert werden. Beim ersten Schnitt kürzt man alle Triebe bis auf einige Knospen ein, um eine gute Verzweigung zu erreichen. Der Erhaltungsschnitt besteht aus dem Zurücknehmen der Vorjahrstriebe auf ein bis zwei Knospen im Frühling. Da Bartblumen aus dem alten Holz nicht mehr austreiben, ist ein stärkerer Rückschnitt nicht empfehlenswert.

*Ceanothus griseus*

## Kastanie
### Castanea
Dieser große Baum wird wegen seiner Früchte, die als Ess-Kastanien oder Maronen bekannt sind, oder zur Holzproduktion angebaut.

Er passt nur in große Gärten, wo er im Alter kaum geschnitten werden muss. Meist zieht man ihn als Hochstamm.

## Trompetenbaum
### Catalpa
Laubabwerfender Zierbaum mit attraktiven Blüten. Wird meist als Hochstamm gezogen, der sich im Alter von alleine verzweigt und eine große, offene Krone bildet. Muss nach der Etablierung kaum geschnitten werden. Alte Bäume können durch morsche Äste gefährlich werden. Die Bäume treiben nach einem Rückschnitt wieder gut aus. Allerdings lässt man einen Rückschnitt zu diesem Zweck besser von einem professionellen Baumschirurgen durchführen. Trompetenbäume dürfen auf den Stock zurückgesetzt werden und treiben dann mit kräftigen Trieben und riesigen Blättern wieder aus.

## Säckelblume
### Ceanothus
Immergrüne oder laubabwerfende Sträucher. Der Schnitt der immergrünen wird auf Seite 98 beschrieben. Die laubabwerfenden Arten und Sorten werden meist als frei wachsende Solitärsträucher gezogen. Die ersten Schnittmaßnahmen dienen dazu, eine gleichmäßige Verzweigung aufzubauen. Man kürzt die Triebe um die Hälfte oder zwei Drittel auf eine nach außen zeigende Knospe. Im Frühjahr des folgenden Jahrs verfährt man mit dem Zuwachs genauso. Wenn der Busch seine Endgröße erreicht hat, schneidet man abgeblühte Triebe um die Hälfte und nicht blühende auf ein bis zwei Knospen zurück. Zu dichte oder nicht blühende Zweigpartien entfernt man komplett. Auch die laubabwerfenden Ceanothus-Arten regenerieren sich schlecht.

## Bleiwurz
### Ceratostigma
Immergrüne oder laubabwerfende Kübelpflanzen. In sehr milden Regionen können sie auch ausgepflanzt werden, frieren aber meist bis zum Boden zurück und treiben im Frühjahr neu aus. Im Frühling kann man auch bei Kübelpflanzen die Triebe bis auf 5 cm zurückschneiden oder man schneidet die Vorjahrstriebe im Frühjahr jeweils auf ein oder zwei Knospen zurück.

## Katsurabaum
### Cercidiphyllum
Laubabwerfender, normalerweise mehrstämmiger Baum mit aufrech-

*Cestrum parqui*

tem Wuchs. Keine Schnittmaßnahmen nötig. Der Baum sieht am besten aus, wenn er sich natürlich entwickeln kann.

## Judasblattbaum
### Cercis
Laubabwerfende Bäume und Sträucher mit attraktiven herzförmigen Blättern und schönen Blüten, die im Frühling vor dem Laub direkt am Stamm und den Trieben erscheinen. Wächst zu einem lockerkronigen, mehrstämmigen Großstrauch oder kleinen Baum heran und muss nicht geschnitten werden. Beschädigte oder abgestorbene Äste werden entfernt, da die Gattung etwas empfindlich für die Rotpustelkrankheit ist.

## Hammerstrauch
### Cestrum
Laubabwerfende oder immergrüne Sträucher, die auf Grund ihrer Frostempfindlichkeit nur als Kübelpflanzen gepflegt werden können. Anfangs sind keine Schnittmaßnahmen nötig, später schneidet man abgestorbene Triebe bis zur Basis zurück. Im zeitigen Frühling kann man den Hammerstrauch kräftig zurückschneiden.

## Zierquitte
### Chaenomeles
Laubabwerfende oder immergrüne Sträucher. Sie können als Solitär frei wachsend, als Hecke oder am Wandspalier gezogen werden. Da sie freiwachsend sehr ausladend werden können, eignen sie sich so besser für größere Gärten.

Sie brauchen nur wenig geschnitten zu werden. Lange Triebe kann man zurücknehmen, um die Größe zu begrenzen. Bei älteren Pflanzen nimmt man jedes Jahr ein oder zwei der ältesten Triebe heraus, um den Strauch zu verjüngen.

### Schnitt von Bleiwurz

**1** Bleiwurz wächst jedes Jahr kräftig und wird ziemlich dicht. In kühleren Gegenden erfrieren viele oberirdische Triebe im Winter.

**2** Man braucht die Triebe nicht einzeln zurückzuschneiden: Mit einer Heckenschere kann man die Triebe etwa 5 cm über dem Boden abschneiden.

**3** Aus den zurückgeschnittenen Stümpfen erscheinen bald die neuen Triebe. Auch im Kübel gezogene Exemplare kann man stark zurückschneiden.

*Cistus cyprius*

## Orangenblume
### Choisya

Immergrüner Strauch, der in milden Lagen auch im Freien ausgepflanzt werden kann. Braucht anfangs nur wenig Schnitt, da er von alleine kompakt und fein verzweigt wächst. Später besteht der Schnitt nur aus Ausputzen und leichtem Rückschnitt, um den kompakten Wuchs zu erhalten. Wenn Triebe durch Frost geschädigt wurden, entfernt man diese im Frühling. Ein Verjüngungsschnitt kann bei Bedarf bis auf den Boden erfolgen.

## Zistrose
### Cistus

Immergrüne Sträucher aus der Mittelmeerregion, die bis zu −7 °C vertragen und deshalb besser als Kübelpflanze kultiviert werden. Anfangs sind kaum Schnittmaßnahmen nötig. Ein Entspitzen junger Triebe, um einen buschigen Wuchs zu fördern, ist jedoch ratsam. Bei ausgewachsenen Exemplaren muss nur abgestorbenes Holz entfernt werden. Mit der Zeit werden sie struppig, lassen sich aber schlecht verjüngen, da sie aus altem Holz nur schwer austreiben.

### Schnitt von Zistrosen

**1** Zistrosen bilden dichte, immergrüne Büsche, die bei der Pflanzung und auch später nur wenig geschnitten werden müssen.

**2** Entfernen Sie tote Triebe und schneiden Sie die übrigen leicht bis ins vorjährige Holz zurück, um den Strauch in Form zu halten.

## Waldrebe
### Clematis

Immergrüne oder laubabwerfende Kletterpflanzen mit wunderschönen Blüten. Es gibt auch staudig wachsende Arten. Die kletternden Arten werden je nach Wuchs und Blütenentwicklung unterschiedlich geschnitten. Ihr Schnitt wird ab Seite 86 im Detail beschrieben.

## Losbaum
### Clerodendron

Gattung mit immergrünen oder laubabwerfenden Großsträuchern oder Bäumen, von denen nur zwei Arten frostunempfindlicher sind. *C. bungei* friert fast immer bis zum Boden zurück, treibt aber im Frühling wieder aus. Erfrorene Triebe entfernt man im Frühjahr. *C. trichotonum* var. *fargesii* wächst strauchig und kann, sobald er ausgewachsen ist, jedes Jahr im Frühling auf ein bis zwei Knospen des Vorjahrstriebs zurückgenommen werden. Wurzelschösslinge sollte man ausgraben und an der Wurzel abtrennen.

## Wüstenerbse, Ruhmesblume
### Clianthus

Immergrüne Kübelpflanze, die am besten am Topfspalier gezogen wird. Bei der Pflanzung schneidet man die Triebe stark zurück, um kräftige Neutriebe zu erhalten.
Im Frühling pinziert man die Triebe, um noch buschigere Pflanzen zu bekommen. Wenn die Kletterhilfe ganz bewachsen ist, beschränkt sich der Rückschnitt auf das Entfernen alter Triebe im Frühling. Dazu schneidet man bis zu einem kräftigen Seitentrieb zurück. Neutriebe führt man zur Kletterhilfe und bindet sie fest.

## Glockenrebe
### Cobaea

Immergrüne Kletterpflanze, die mit ihren krautigen Trieben meist nur einjährig gezogen wird. Man kürzt im Frühjahr die Haupttriebe, um die Verzweigung anzuregen und leitet die Neutriebe zur Kletterhilfe, wo man sie so befestigt, dass möglichst viel Fläche bedeckt wird. Überwintert man *Cobaea*, werden die Triebe im Frühling bis auf ein Viertel zurückgeschnitten.

## Blasenstrauch
### Colutea

Laubabwerfend. Am einfachsten lässt man den Blasenstrauch frei wachsen und entfernt nur einige der älteren Triebe jedes Jahr im Frühling. Will man einen kompakteren Wuchs erzielen, kann im Frühling auch bis zum Boden zurückgeschnitten werden. So können ältere Sträucher verjüngt werden.

## Hartriegel
### Cornus

Laubabwerfende Bäume oder Sträucher. Baumartige Arten lässt man am besten frei wachsen oder erzieht sie mit einem durchgehenden Mitteltrieb. Viele, darunter die Kornelkirsche (*C. mas*), haben die Tendenz, sich zu mehrstämmigen Großsträuchern zu entwickeln. Wenn sie ihre Endgröße erreicht haben, sind nur noch wenige Schnittmaßnahmen nötig. Im Winter kann man abgestorbene, schräg wachsende oder beschädigte Triebe entfernen. Die strauchartigen Formen, die wegen ihrer attraktiven Rindenfärbung unsere Gärten bereichern, schneidet man im Frühjahr bis zum Boden zurück, da nur junge Triebe die schöne Färbung zeigen. Will man auch Blüten, schneidet man nicht, sondern entfernt nur gelegentlich ältere Triebe, um den Strauch zu verjüngen.

Überalterte Exemplare werden durch einen radikalen Rückschnitt knapp über dem Boden verjüngt.

*Clematis*

*Clematis* 'Lasurstern'

*Cornus alba* 'Sibirica'

*Cotoneaster conspicuus*

*Crataegus laevigata*

### Schnitt von Ginster

*Cytisus battandieri* muss kaum geschnitten werden. Nur unerwünschte oder über Kreuz wachsende Triebe werden im Frühjahr zurückgeschnitten.

*Davidia involucrata*

## Scheinhasel
### Corylopsis
Laubabwerfende Sträucher mit attraktiven Blüten im Winter. Junge Pflanzen lässt man ungestört wachsen und entfernt nur abgestorbene oder beschädigte Triebe. Muss man stärker zurückschneiden, sollte dies nach der Blüte geschehen.

## Hasel
### Corylus
Laubabwerfende Sträucher, die wegen ihrer Blätter, Blütenkätzchen und Nüsse im Garten kultiviert werden. Ziersträucher werden als vielstämmige Sträucher gezogen und bis auf das Entfernen alter Triebe nicht geschnitten. Zur Verjüngung kann man die Pflanze auch bis zum Boden zurückschneiden.

## Perückenstrauch
### Cotinus
Laubabwerfender Großstrauch. Anfangs sind nur wenige Schnittmaßnahmen nötig. Der spätere Schnitt hängt davon ab, wie die Pflanze im Garten eingesetzt wird. Große, intensiv gefärbte Blätter erhält man, wenn man die Pflanze jährlich im zeitigen Frühjahr auf ein Grundgerüst von 60 cm Höhe zurückschneidet und dabei nur ein bis zwei Knospen der Vorjahrstriebe bestehen lässt. Größere Sträucher haben auch farbintensives, aber nicht so großes Laub, dafür aber die wunderbar duftigen Blüten- und Fruchtstände. Bei ihnen beschränkt sich der Schnitt auf das Entfernen abgestorbener und beschädigter Triebe. Durch einen radikalen Rückschnitt im Frühling kann der Strauch verjüngt werden.

## Cotoneaster
### Cotoneaster
Immergrüne oder laubabwerfende Sträucher, die wegen ihrer Blätter, Blüten oder Früchte kultiviert werden. Eine der bekannteren Arten, *C. horizontalis*, kann an einem Wandspalier oder als Bodendecker gezogen werden. Bei letzterer Verwendung sind keine Schnittmaßnahmen nötig, zumal der Austrieb aus altem Holz nur zögerlich erfolgt. An einem Wandspalier leitet man die Triebe zur Kletterhilfe und befestigt sie. Schon bald schmiegt sich der Cotoneaster dicht an die Wand. Auch hier sind nur wenige Schnittmaßnahmen nötig.

## Weiß- und Rotdorn
### Crataegus
Laubabwerfende Sträucher, die auch als Hochstamm gezogen werden können. Sie werden vor allem für freiwachsende Hecken in ländlichen Gebieten verwendet. Blühende Zierformen, wie 'Paul's Scarlet', werden meist als Hochstamm gezogen, können aber auch mehrstämmig kultiviert werden, wenn der Mitteltrieb beschädigt wird. Wenn der Wuchs zu dicht wird, kann man sie stark bis auf den Boden zurückschneiden, ansonsten sind keine weiteren Schnittmaßnahmen nötig.
Für Hecken siehe Seite 63 ff.

## Ginster
### Cytisus
Halbimmergrüne Sträucher, die nur wenig geschnitten werden müssen. Eine der bekannteren Arten, der Besen-Ginster (*Cytisus scoparius*), wird schnell sparrig, deshalb schneidet man die Vorjahrstriebe nach der Blüte um zwei Drittel zurück. Schneiden Sie nicht ins alte Holz zurück, da Ginster nur schlecht wieder neu austreibt.

## Seidelbast
### Daphne
Immergrüne oder laubabwerfende Zwergsträucher, die nicht oder kaum geschnitten werden. Ein zu starker Rückschnitt kann sogar zum Absterben der ganzen Pflanze führen.

## Taschentuchbaum
### Davidia
Großer, laubabwerfender Baum mit weißen Blütenhochblättern, die die unscheinbaren Blüten umgeben und ihm den Namen gaben. Schnittmaßnahmen nach der Pflanzung beschränken sich auf Entfernen unerwünschter Seitentriebe, wenn man einen Hochstamm haben möchte.

## Deutzie
### Deutzia
Laubabwerfende Sträucher, die wegen ihrer zierenden Blüten in den Garten gepflanzt werden. Die

### Ausputzen von Heidekraut

**1** Heidekraut wird mit der Zeit sehr struppig und ist dann schwierig zu verjüngen. Eine Neupflanzung ist dann am besten.

**2** Zur Verjüngung schneidet man nach der Blüte mit einer Heckenschere über den Strauch und entfernt die abgeblühten Blütentriebe.

**3** Der Strauch nach dem Schnitt. Schneiden Sie nicht zu tief ins alte Holz, da sich Heidekraut nicht so gut regeneriert.

*Deutzia* x *elegantissima*

*Euonymus europaeus*

langen Triebe erscheinen an der Basis und sehen oft sparrig aus, deshalb kürzt man sie rechtzeitig, um einen buschigen Wuchs zu erhalten. Nach der Blüte muss nur noch auf neue Seitentriebe zurückgeschnitten und gelegentlich alte Triebe zur Verjüngung von der Basis aus herausgenommen werden.

## Schönranke
### Eccremocarpus
Immergrüne Rankpflanze, die häufig nur einjährig gezogen wird. Man kann sie am Topfspalier ziehen oder als einjährige Kletterpflanze an Zäune setzen. Mit den Ranken kann sie sich an der Unterlage festhalten, braucht aber anfangs etwas Unterstützung. Pinzieren Sie bei jungen Pflanzen die Triebspitzen, um einen buschigen Wuchs zu fördern. Wenn die Pflanzen überwintert werden, schneidet man die Triebe im Frühling bis auf ein oder zwei kräftige Knospen zurück.

## Ölweide
### Elaeagnus
Immergrüne oder laubabwerfende Sträucher oder Kleinbäume. Sie wachsen von Natur aus zu buschigen Sträuchern, ein Erziehungsschnitt ist daher nicht nötig. Auch später muss man kaum schneiden, vom Rückschnitt zu langer Triebe im Spätsommer abgesehen. Die Ölweide verträgt den Schnitt gut und kann auch als Hecke gezogen werden. *E.* x *ebbingei* ist dafür besonderes gut geeignet. Zur Verjüngung kann radikal zurückgeschnitten werden.

## Chilenischer Feuerbusch
### Embothrium
Immergrüne Kübelpflanze, die als Hochstämmchen oder Busch gezogen werden kann. Der Feuerbusch wächst von natur aus strauchig, braucht also als Busch kaum noch geschnitten zu werden. Will man ein Hochstämmchen, muss man einen starken Haupttrieb auswählen und die Seitentriebe entfernen. Später muss nicht mehr viel geschnitten werden. Wurzelschösslinge können an der Basis entfernt werden.

## Heide
### Erica
Immergrüne Sträucher. Die meisten Arten und Sorten werden im Heidegarten als niedrige Sträucher oder auf dem Balkon in Kästen und Töpfen gepflegt. Einige größere Arten sind schöne Kübelpflanzen. Heidekraut muss nach der Blüte zurückgeschnitten werden, damit der Wuchs nicht struppig wird. Sie schlagen aus altem Holz nicht besonders gut aus, deshalb darf man nur bis in den Vorjahrszuwachs zurückschneiden. Vergreiste Pflanzen lassen sich schlecht verjüngen. Baumartig wachsende Arten dagegen können bis ins alte Holz zurückgeschnitten werden und treiben willig wieder aus. Im Kübel zieht man sie meist als mehrstämmige Bäumchen oder als Busch, dazu schneidet man sie anfangs etwas zurück, um die Verzweigung zu fördern. Später muss nur noch die Größe im Zaum gehalten werden, weitere Schnittmaßnahmen sind nicht nötig. Der Rückschnitt erfolgt nach der Blüte.

## Escallonie, Andenstrauch
### Escallonia
Immergrüne Kübelpflanze, die auch ein paar Frostgrade aushalten kann. Sie braucht nur wenig geschnitten

*Embothrium coccineum*

*Eucalyptus gregsoniana*

zu werden. Ältere Triebe können entfernt werden, um den Austrieb neuer Zweige zur Verjüngung anzuregen. Wenn der Andenstrauch zu groß wird, schneidet man lange Triebe nach der Blüte bis auf einige kräftige Knospen oder Seitentriebe zurück. Sie vertragen auch stärkere Rückschnitte und können gut verjüngt werden.

## Eukalyptus
### Eucalyptus
Immergrüne Sträucher oder Bäume, von denen einige auch in milden Gegenden ausgepflanzt werden können, die meisten zieht man im Kübel. Vom Rückschnitt alter Äste zur Verjüngung abgesehen, sind nur wenige Schnittmaßnahmen nötig. Werden die Pflanzen zu groß, ist auch ein radikaler Rückschnitt möglich. Einige Arten, wie *E. gunnii*, haben im Jugendstadium anders geformte Blätter. Soll Eukalyptus seine typischen, attraktiven, runden Blätter ausbilden, so schneidet man im Frühjahr die Triebe radikal zurück. Lässt man den Strauch wachsen, bilden sich die schmal lanzettlichen Altersblätter.

## Eucryphia
### Eucryphia
Immergrüne Kübelpflanze, die als Hochstämmchen oder Busch gezogen wird. Sie wächst von Natur aus kompakt und braucht nur wenig geschnitten zu werden. Vertrocknete oder von Frost beschädigte Triebe entfernt man.

## Spindelstrauch
### Euonymus
Immergrüne oder laubabwerfende Sträucher. Ein Erziehungsschnitt ist in der Regel nicht nötig, da sie von Natur aus gut verzweigen. Später können zu lange Triebe zurückgeschnitten werden. Die immergrüne Kletter-Spindel (*E. fortunei*) kann auch am Spalier oder zur Wandbegrünung gezogen werden, wo sie sich mit ihren Haftwurzeln festhält. Nach außen wachsende Triebe schneidet man zurück oder leitet sie zur Kletterhilfe. Buntblättrige Sorten treiben manchmal Triebe mit einfarbig grünem Laub, diese werden entfernt, sobald man sie entdeckt. Zur Verjüngung kann radikal zurückgeschnitten werden, da *Euonymus* aus altem Holz gut austreibt.

## Buche
### Fagus
Große, laubabwerfende Bäume. Wenn man Buchen als Solitärbaum zieht, sind bis auf das Entfernen abgestorbener Äste keine Schnittmaßnahmen nötig. Bei großen Exemplaren lässt man dies am besten von professionellen Baumchirurgen ausführen. Bei der Pflanzung von Hecken ist ein starker Rückschnitt sinnvoll, um eine gute Verzweigung zu fördern. Bei Solitärbäumen, die als Hochstamm gezogenen werden, entfernt man unerwünschte Seitentriebe. Bei Buchenhecken verbleibt das trockene Laub meist bis zum Frühjahr am Strauch, sodass auch im Winter für Sichtschutz gesorgt ist. Man schneidet Hecken ein bis zweimal im Jahr. Ein starker Rückschnitt wird vertragen, die Verjüngung tritt jedoch manchmal etwas zögerlich ein.

*Euonymus alatus*

*Fagus sylvatica* 'Pendula'   *Ficus carica*   *Fraxinus ornus*

## Efeuaralie
### x *Fatshedera*

Immergrüne Kübel- oder Zimmerpflanze, die wegen ihrer schönen Blätter gepflegt wird. Die langen Triebe werden meist an einer Kletterhilfe entlanggeführt oder an einem Topfspalier befestigt. Obwohl einer der Eltern dieser Kreuzung, der Efeu, mit Haftwurzeln klettert, braucht die Efeuaralie selbst eine Kletterhilfe. Wenn man die Pflanze frei wachsen lässt, werden die langen Triebe im Frühling stark zurückgeschnitten, so fällt der Busch nicht auseinander. Die Pflanzen vertragen zudem einen radikalen Rückschnitt.

## Feige
### *Ficus*

Immergrüne Bäume und Sträucher, von denen die Art *F. carica* auch in unseren Gärten an einem geschützten Platz ausgepflanzt werden kann. Vor Mauern kann man sie schön am Spalier ziehen und die Triebe fächerförmig aufleiten.
Damit sie sich durch Wurzelausläufer nicht zu stark ausbreitet, empfiehlt es sich, sie mit einer Rhizomsperre zu pflanzen. Wenn die Pflanze vernachlässigt wurde und nicht mehr schön aussieht, kann sie auch radikal zurückgeschnitten werden und treibt dann von der Basis neu aus.

## Forsythie
### *Forsythia*

Laubabwerfender Strauch, der wegen seiner zierenden Blüten im Frühling beliebt ist. Anfangs lässt man die Pflanze frei wachsen, da sie am älteren Holz blüht. Später schneidet man ältere Äste heraus, um die Verjüngung zu fördern. Man kann sie bis zur nächsten starken Knospe oder bis zur Basis zurückschneiden. Forsythien können auch als Hecke geschnitten werden und selbst bei starkem Rückschnitt blühen sie noch reichlich. Zur Verjüngung wird radikal zurückgeschnitten. *F. suspensa* kann auch am Spalier gezogen werden, dazu bindet man die hängenden Triebe an eine Kletterhilfe. Abgeblühte Zweige werden bis zur Basis zurückgeschnitten, die Lücke wird mit den nachwachsenden jüngeren Trieben gefüllt.

## Esche
### *Fraxinus*

Laubabwerfender Baum mit schönen Blättern. Eschen wachsen von Natur aus zu großen, einstämmigen Bäumen, sodass anfänglich keine Schnittmaßnahmen nötig sind. Entlang des Stamms kann man unerwünschte Seitentriebe bis zum Kronenansatz entfernen. Eschen werden auch zur Produktion von Pfählen oder Feuerholz angebaut. Dazu werden sie regelmäßig auf den Stock zurückgesetzt und die bis dahin gewachsenen Triebe werden geerntet. Bei etablierten Bäumen sind keine Schnittmaßnahmen durchzuführen, tote Äste werden jedoch regelmäßig entfernt, da sonst nach und nach ganze Kronenbereiche absterben können. Man schneidet sie bis ins gesunde, lebende Holz zurück. Hängeformen werden als Hochstamm gezogen und nach Wunsch geschnitten.

## Flanellstrauch
### *Fremontodendron*

Immergrüner Strauch oder kleiner Baum, der wegen seiner schönen Blätter und Blüten als Kübelpflanze gepflegt wird. In sehr milden Gegenden kann auch ein Auspflanzen versucht werden.
Die behaarten Blätter können bei Berührung Hautreizungen verursachen, auch das Einatmen der Härchen muss vermieden werden. Man kann ihn als freiwachsenden Busch oder am Spalier ziehen. Der Mitteltrieb wird dann mit seinen Seitentrieben an der Kletterhilfe befestigt. Die Blüten erscheinen an den diesjährigen Trieben, deshalb wird nach der Blüte geschnitten, sonst schneidet man die Triebe mit den Blütenknospen weg. Ein radikaler Rückschnitt wird schlecht vertragen.

## Fuchsie
### *Fuchsia*

Kleine, immergrüne oder laubabwerfende Sträucher, die als Kübelpflanze oder in Balkonkästen beliebt

---

### Schnitt von Forsythien

**1** Forsythien blühen am Holz des Vorjahrs, deshalb werden sie nicht zu stark geschnitten. Geschnitten wird immer nach der Blüte.

**2** Schneiden Sie zu dicht wachsende Triebe, aneinanderscheuernde und nach innen wachsende Zweige heraus.

**3** Abgestorbene Triebe und die alten Zapfen werden herausgeschnitten. Auch ein oder zwei der ältesten Triebe werden zur Verjüngung entfernt.

**4** Die fertig geschnittene Pflanze ist viel offener als vorher. Wenn man Forsythien als Hecke zieht, blühen meistens die inneren, älteren Triebe.

### Schnitt von winterharten Fuchsien

**1** Winterharte Fuchsien vertragen einige Frostgrade, die oberirdischen Triebe sterben im Winter oft ab und treiben im Frühjahr neu aus.

**2** Schneiden Sie die alten Triebe bis fast über dem Boden zurück, wenn im Spätfrühling keine starken Fröste mehr zu erwarten sind.

sind. Einige Arten, wie *F. magellanica*, sind begrenzt winterhart. Es gibt hängende und buschige Formen, letztere können auch als Hochstämmchen gezogen werden. Der Erziehungsschnitt besteht aus regelmäßigem Pinzieren, um einen buschigen Wuchs zu erzielen. Bei ausgepflanzten Exemplaren entfernt man im Frühjahr vom Frost beschädigte Triebe an der Basis. Bei im Haus überwinterten Fuchsien schneidet man im Frühling alle Seitentriebe auf ein bis zwei Knospen zurück. Im weiteren Verlauf sind die Spitzen zu pinzieren, um einen gleichmäßig buschigen Wuchs zu erzielen. Bei Hochstämmchen werden regelmäßig die Seitentriebe am Stamm entfernt.

## Garrye
### *Garrya*

Immergrüner Strauch, der insbesondere wegen seiner zierenden, silbrigen Winterkätzchen im Garten geschätzt wird. Am schönsten wirkt er, wenn man ihn ungeschnitten wachsen lässt. Bis auf den gelegentlichen Rückschnitt unerwünschter Triebe sind keine Maßnahmen nötig. Schnittmaßnahmen finden im Frühjahr nach der Blüte statt. Bei geringem Platz kann *Garrya* auch am Wandspalier gezogen werden. Hier sind etwas mehr Schnittmaßnahmen nötig, um den Strauch in Form zu halten. Zur Verjüngung ist bei Garryen ein radikaler Rückschnitt bis ins alte Holz möglich.

## Ginster
### *Genista*

Laubabwerfende Sträucher mit attraktiven Blüten. Sie brauchen sowohl nach der Pflanzung als auch später kaum geschnitten zu werden, im Gegenteil: Ein Rückschnitt ins alte Holz wird nicht vertragen. Nach der Blüte können einzelne Triebe des Vorjahrs zurückgeschnitten werden, um einen kompakten Wuchs zu erhalten. Ein Verjüngungsschnitt ist nicht möglich. Überalterte Exemplare ersetzt man durch neue.

## Zaubernuss
### *Hamamelis*

Laubabwerfende Sträucher mit gelben, orangen oder roten Blüten, die uns mitten im Winter erfreuen. Es sind keine Schnittmaßnahmen erforderlich! Nur unerwünschte Triebe oder abgestorbene Zweige werden immer wieder entfernt. Auch wenn die Versuchung groß ist, sollte man die attraktiv blühenden Zweige im Winter nicht für die Vase schneiden, da sich die Zaubernuss nur schlecht aus dem alten Holz regeneriert. Ein recht radikaler Rückschnitt ist zwar möglich, jedoch selten notwendig. Die Pflanze treibt dann nur langsam wieder neu aus.

## Hebe
### *Hebe*

Immergrüne Sträucher mit schönen Blüten und attraktiver Belaubung. Die meisten Arten lässt man frei wachsen, da sie von alleine kompakt und buschig bleiben. Erst wenn sie größer werden, können manche Sorten unansehnlich werden. Deshalb ist ab einer gewissen Größe ein leichter Rückschnitt der abgeblühten Triebe empfehlenswert. Kompakte Büsche erhält man, wenn man die Pflanzen einmal im Jahr mit einer Heckenschere in Form schneidet und das abgeblühte Holz entfernt. Kugelig wachsende Zwergformen, die als Bodendecker verwendet werden, können ebenfalls so geschnitten werden. Sorten mit langen, überhängenden Trieben lässt man jedoch frei wachsen und reguliert sie nur, wenn sie die Form verlieren. Die Hebe kann in der Regel recht stark zurückgeschnitten werden, um die Verjüngung zu fördern.

*Hebe* 'Great Orme'

## Efeu
### *Hedera*

Immergrüne Kletterpflanze, die zur Begrünung von Zäunen, Mauern und Fassaden verwendet wird. Die relativ unauffälligen Blüten erscheinen im Spätherbst und sind eine wichtige Insektennahrung. Efeu hält sich mit Haftwurzeln an der Unterlage fest und braucht keine Kletterhilfe. Er ist auch ein idealer Bodendecker. An senkrechten Kletterhilfen

### Schnitt von Ginster

**1** Ginster hat einen sehr sparrigen Wuchs. Da er aus dem alten Holz nur schlecht regeneriert, ist eine Verjüngung schwierig.

**2** Wenn man es vermeiden kann, schneidet man nicht ins alte Holz. Tote Triebe muss man aber bis ins gesunde Holz zurückschneiden.

**3** Wenn man möchte, kann man die diesjährigen Triebe nach der Blüte etwas zurückschneiden, um die Form kompakt zu halten.

**4** Der fertig geschnittene Strauch sieht immer noch recht struppig aus. Alte Büsche ersetzt man deshalb besser durch einen neuen.

*Genista lydia*

GARRYA BIS HYDRANGEA 143

*Hedera helix* 'Bruder Ingobert'

### Schnitt von Sonnenröschen

1 Sonnenröschen haben einen dichtbuschigen, fast polsterförmigen Wuchs und vertragen keinen starken Rückschnitt ins alte Holz.

2 Schneiden Sie die diesjährigen Triebe nach der Blüte leicht zurück, damit der Strauch buschiger wird und sich verzweigt.

## Wachsblume
### Hoya

Immergrüne Kletterpflanzen mit schlingenden Trieben, die beliebte Ampel- und Zimmerpflanzen sind. Der beim Schnitt austretende Milchsaft kann zu Hautirritationen führen, deshalb Handschuhe tragen! Anfangs muss man lediglich die neuen Triebe zur Kletterhilfe leiten und später die zu dicht wachsenden, unerwünschten Ranken entfernen. Der Schnitt erfolgt immer erst nach der Blüte. Starker Rückschnitt wird nicht so gut vertragen.

kann man die Pflanzen festbinden, bis sie mit den Haftwurzeln Halt gefunden haben. Besser ist es aber, den Efeu über eine kurze Bodenstrecke zur senkrechten Unterlage wachsen zu lassen, damit er dann selbst daran emporklettert. Wenn man einen wilden, romantischen Garten haben möchte, lässt man ihn frei in Bäume und an Gebäuden wachsen, wo er dann, wie ein Vorhang, herabhängen kann. Wichtig ist, dass er nicht in Regenrohre oder unter die Traufe, beziehungsweise zwischen die Dachziegel, wächst. Efeu kann aber auch gut in Form geschnitten werden. Wenn er als Bodendecker gepflanzt wird, darf er im Spätwinter oder Frühjahr mit einer Heckenschere etwa 15 cm über dem Boden zurückgeschnitten werden. Efeu kann über eine Metallform geleitet und so als Topiari gezogen werden. Lange Triebe flechtet man in die Form zurück oder schneidet sie so, dass eine kompakte, geschlossene Fläche entsteht und die gewünschte Figur sichtbar wird. Wenn man den Blütengeruch nicht mag oder die Insekten als störend empfindet, kann man die Blüten auch wegschneiden. Am besten wird im Winter geschnitten, aber auch zu allen anderen Jahreszeiten sind Schnittmaßnahmen möglich.

## Sonnenröschen
### Helianthemum

Niedrig wachsende, immergrüne Zwergsträucher mit attraktiven Blüten und schönem Laub. Anfängliche Schnittmaßnahmen beschränken sich auf das Pinzieren junger Triebe, um die Verzweigung zu fördern. Im Laufe der Zeit werden die Zwerggehölze oft sparrig und fallen auseinander, wenn sie nicht regelmäßig nach der Blüte zurückgeschnitten werden. Dazu schneidet man immer nur bis ins Vorjahrsholz zurück, da der Strauch sich aus dem alten Holz schlecht regeneriert. Bei großflächigen Anpflanzungen kann man auch eine Heckenschere verwenden, muss aber aufpassen, nicht zu tief zu schneiden, da sonst kahle Stellen entstehen. Statt zu verjüngen ersetzt man alte Pflanzen durch neue.

## Katzenpfötchen, Currykraut, Strohblume
### Helichrysum

Immergrüne Sträucher, die wegen ihrer silbrigen Blätter und der schönen Blüten beliebt sind. Die frostempfindliche *H. petiolare* ist eine beliebte Beet- und Balkonpflanze.

Um eine reiche Verzweigung zu erzielen, pinziert man die jungen Triebe. Werden die jungen Triebspitzen immer wieder entfernt, erhält man eine kompakte Blattschmuckpflanze. Nach der Überwinterung schneidet man die alten Triebe bis auf frische Seitentriebe zurück. Häufig ist es jedoch besser, sich im Frühjahr einfach neue Pflanzen zu besorgen. Das Currykraut (*H. italicum*) ist ein schöner Zwergstrauch mit silbrigen, aromatisch duftenden Blättern und gelben Blüten. Damit die Pflanze kompakt bleibt, kürzt man einmal im Jahr, im Frühling, die Triebe ein. Zur Verjüngung kann auch radikal bis ins alte Holz zurückgeschnitten werden.

## Eibisch, Hibiskus
### Hibiscus

Die Gattung umfasst laubabwerfende und immergrüne Sträucher sowie Stauden, die vor allem wegen ihrer auffälligen Blüten beliebt sind. Damit ein gleichmäßiger Aufbau erzielt wird, muss nach der Pflanzung geschnitten werden. Schwache, kranke und beschädigte Triebe werden weggeschnitten und die übrigen zurückgenommen, damit eine schöne Verzweigung erreicht wird. Bei etablierten Pflanzen schneidet man die Zweige im Frühling um etwa die Hälfte zurück. Dabei entfernt man auch einige der ältesten Triebe, um den Strauch zu verjüngen. Totholz muss sofort ausgeschnitten werden. Ein radikaler kompletter Rückschnitt sollte vermieden werden. Besser ist es, die alten Äste nach und nach über mehrere Jahre verteilt zurückzunehmen.

*Helianthemum* 'Rhodanthe Carneum'

## Hopfen
### Humulus

Stark wachsende Kletterpflanze, deren oberirdische Triebe im Winter absterben und die im Frühjahr aus dem Wurzelstock neu austreibt. Das attraktive Laub bietet schnellen Sichtschutz, die Blütenstände werden getrocknet oft zur Dekoration verwendet. Man lässt den Hopfen an Zäunen, Spanndrähten oder Spalieren wachsen und leitet die ersten Triebe auf, damit sie nicht seitlich wachsen und andere Pflanzen überwuchern. Die jungen Triebe werden dazu im Uhrzeigersinn um die Kletterhilfe gewunden. Im Herbst schneidet man die abgestorbenen Triebe dann bis zum Boden zurück.

## Hortensie
### Hydrangea

Laubabwerfende Sträucher oder Kletterpflanzen mit attraktiven Blütenständen. Die meisten Sorten gehen auf *H. macrophylla*, die

*Humulus lupulus* 'Aureus'

*Hydrangea*

Bauern-Hortensie, zurück. Anfangs muss nicht geschnitten werden, später schneidet man die abgeblühten Triebe im Frühjahr auf ein kräftiges Knospenpaar zurück. Gleichzeitig entfernt man ein oder zwei der ältesten Triebe, um die Verjüngung zu fördern. Andere Arten brauchen noch weniger Schnittmaßnahmen. Ausnahmen sind *H. paniculata*, *H. arborescens* und *H. cinerea*, bei denen im Frühling die abgeblühten Triebe des Vorjahrs bis auf die stärksten untersten Knospen zurückgeschnitten werden.

Kletternde Arten halten sich mit Haftwurzeln an der Unterlage fest, brauchen aber häufig am Anfang etwas Unterstützung, bis sie Halt gefunden haben. Einmal richtig angewachsen, sind sie sehr wüchsig. Triebe, die Regenrohre oder die Traufe erreichen, schneidet man rechtzeitig weg. Hortensien vertragen einen radikalen Verjüngungsschnitt und regenerieren gut.

## Johanniskraut
### *Hypericum*

Immergrüne oder laubabwerfende Sträucher, Halbsträucher und Stauden mit schönen Blüten. Die meisten brauchen nur wenig geschnitten zu werden. Wenn sie etabliert sind, entfernt man regelmäßig Verblühtes, abgestorbene oder schwächliche Triebe. Um einen kräftigen Neuaustrieb zu fördern, nimmt man jährlich ein oder zwei der ältesten Triebe heraus.

Auch ein radikaler Rückschnitt zur Verjüngung wird vertragen. Bei bodendeckenden Arten, wie *H. calycinum*, schneidet man im Frühling alle Vorjahrstriebe zurück. Bei großflächigen Pflanzungen ist dies auch mit einer Heckenschere oder einer Motorsense möglich, um Zeit zu sparen.

*Ilex aquifolium* 'J.C. van Tol'

## Stechpalme, Ilex
### *Ilex*

Immergrüne Bäume und Sträucher mit attraktiver Belaubung und schönem Fruchtschmuck. Bäume zieht man oft als Hochstamm, aber auch mehrstämmige oder bis zum Boden beastete Exemplare sind gängig. Der Übergang zum Großstrauch ist fließend. Es sind nur wenige Schnittmaßnahmen nötig, am besten lässt man sie frei wachsen. Wenn man sie als Hecken oder für Topiari im Garten verwendet, müssen sie ein- bis zweimal pro Jahr getrimmt werden, um in Form zu bleiben. Bei den buntblättrigen (panaschierten) Sorten muss man Triebe, die reingrüne Blätter tragen, sofort entfernen. Stechpalmen vertragen einen starken Rückschnitt, bei Hecken sollte ein Verjüngungsschnitt aber über drei Jahre verteilt werden.

## Indigostrauch
### *Indigofera*

Laubabwerfender Strauch mit attraktiven Blüten und gefiederten Blättern. Kein Pflanzschnitt nötig. Wenn der Strauch angewachsen ist, schneidet man im Frühjahr alle Triebe bis auf ein oder zwei Knospen über dem Boden zurück. Lässt man sie frei wachsen, werden sie schnell unansehnlich und fallen auseinander. Ein radikaler Rückschnitt dient der Verjüngung.

## Echter Jasmin
### *Jasminum*

Immergrüne oder laubabwerfende Kletterpflanzen oder Sträucher, von denen manche als Kübelpflanzen gepflegt werden, andere sind winterhart. Die Blüten duften meist stark. Anfangs schneidet man die Triebe um die Hälfte zurück, um eine gute Verzweigung zu fördern. Die Neutriebe leitet man dann breit-

*Jasminum nudiflorum*

*Kerria japonica* 'Pleniflora'

flächig zur Kletterhilfe. Der Erhaltungsschnitt beschränkt sich auf das Entfernen unerwünschter oder zu dicht wachsender Triebe. Totholz muss regelmäßig ausgeschnitten werden. Jährlich entfernt man einige der älteren Triebe, um junge Neutriebe zu fördern. Man kann sie durch einen radikalen Rückschnitt bis zum Boden verjüngen. Dadurch bleibt aber die Blüte für einige Jahre aus, sodass es besser ist, den Verjüngungsschnitt über einige Jahre zu verteilen.

## Kerrie, Ranunkelstrauch
### *Kerria*

Eine laubabwerfende Art mit mehreren Sorten (Blätter grün oder panaschiert, Blüten einfach oder gefüllt), die wegen ihrer zeitigen, gelben Blüten im Frühling beliebt ist. Anfangs muss nicht geschnitten werden, später schneidet man die Triebe direkt nach der Blüte entweder bis zum Boden oder bis zum nächsten starken Seitentrieb herunter. Da dieser Strauch durch Ausläufer lästig werden kann, entfernt

### Schnitt von Echtem Jasmin

**1** *Jasminum nudiflorum* wächst im Laufe der Jahre zu einem sehr sparrigen Kletterstrauch heran, der innen viel Totholz enthält.

**2** Schneiden Sie die abgestorbenen Triebe heraus und dünnen Sie die übrigen Zweige so aus, dass die Fläche gleichmäßig bedeckt ist.

**3** Trotz des starken Rückschnitts enthält dieser Strauch immer noch etwas Totholz. Ein jährlicher Rückschnitt verhindert starke Verjüngungsmaßnahmen.

*Laburnum* x *watereri* 'Vossii'

man Wurzelschösslinge direkt an der Basis. Bei der panaschierten Sorte muss man Triebe mit reingrünen Blättern sofort entfernen, sonst überwachsen sie die buntblättrigen Zweige. Durch radikalen Rückschnitt können Kerrien verjüngt werden.

## Kolkwitzie
### Kolkwitzia
Laubabwerfender Zierstrauch. Bei der Pflanzung sind keine Schnitt- oder Erziehungsmaßnahmen nötig. Wenn der Strauch etabliert ist, schneidet man regelmäßig einige der älteren Triebe nach der Blüte zurück, um das Wachstum neuer Triebe anzuregen. Störende Wurzelschösslinge werden entfernt. Vernachlässigte Sträucher kann man durch einen Rückschnitt, bei dem fast alle alten Triebe bis zum Boden weggeschnitten werden, verjüngen.

## Goldregen
### Laburnum
Laubabwerfender Großstrauch mit attraktiven Blüten. In allen Teilen giftig. Man kann den Goldregen als Solitärstrauch ziehen. Wenn er als Hochstamm kultiviert wird, entfernt man unerwünschte Seitentriebe, mehrstämmige Solitäre lässt man frei wachsen. Auch später sind, bis auf das Entfernen abgestorbener Äste und unerwünschter Triebe unterhalb der Veredlungsstelle, keine Schnittmaßnahmen nötig. Goldregen kann auch über Bögen, Pergolen, Tunnel oder Laubengänge gezogen werden, wo seine hängenden Blütentrauben besonders gut zur Geltung kommen. Wenn man die Pflanzen in Kastenform (Seite 38) zieht, müssen zu dicht wachsende Triebe entfernt und zu lange Äste eingekürzt werden, damit neue Blüten gebildet werden. Genauso verfährt man, wenn sie am Wandspalier gezogen werden. Alle Schnittmaßnahmen dürfen nur im Spätherbst oder frühen Winter durchgeführt werden, da die Schnittwunden zu anderen Jahreszeiten stark bluten. Vergreiste Exemplare zu verjüngen, ist schwierig. Besser ist es alte Sträucher durch neue Pflanzen zu ersetzen.

## Echter Lorbeer
### Laurus
Immergrüner Strauch oder kleiner Baum, der als Hochstämmchen oder Busch gezogen wird. In milden Gegenden kann er nach Abhärtung an geschützten Standorten auch ausgepflanzt werden, sonst hält man ihn besser als Kübelpflanze. Anfangs muss nur wenig geschnitten werden, es sei denn, man möchte einen Hochstamm ziehen. In diesem Fall werden alle unerwünschte Seitentriebe am Hauptstamm bis zum erwünschten Kronenansatz entfernt. Zur Wachstumsunterstützung kann man anfangs am Stamm einige Triebe als „Sauger" stehen lassen. Später sind nur wenige Schnittmaßnahmen nötig. Wenn man Blätter für die Verwendung in der Küche erntet, ist darauf zu achten, dass die Gesamtform nicht beeinträchtigt wird. Man kann auch nur einzelne Blätter statt ganzer Zweige ernten. Lorbeer wird oft als zierendes Kugel- oder Pyramidenbäumchen gezogen. Zur Verjüngung kann stark zurückgeschnitten werden, die neuen Triebe erscheinen aber nur langsam.

## Lavendel
### Lavandula
Immergrüner Zwergstrauch mit aromatischen Blütentrieben und Blättern. Nach der Pflanzung schneidet man die Pflanze etwas zurück, um einen buschigen Wuchs zu fördern. Bei älteren Pflanzen werden die Vorjahrstriebe im Frühling auf ein paar Knospen zurückgeschnitten. Dafür verwendet man eine Gartenschere

*Lavatera* 'Kew Rose'

*Lavatera* 'Kew Rose'

oder, bei flächigen Pflanzungen, eine Heckenschere. Achten Sie darauf, nicht zu tief zu schneiden, da die Regenerationsfähigkeit aus dem alten Holz nicht besonders gut ist. Eine Verjüngung ist deshalb schwierig, setzen Sie besser neue Pflanzen. Nach der Blüte werden die langen Blütenstängel entfernt.

## Malve
### Lavatera
Laubabwerfende Sträucher, die wegen ihrer schönen Blüten beliebt sind. Am Anfang muss man, bis auf das Entfernen schwacher Triebe, nicht schneiden. Wenn die Pflanze etabliert ist, werden die Triebe jedes Jahr im Frühling bis knapp über dem Boden zurückgeschnitten, damit jährlich neue Triebe gebildet werden. Im Herbst nimmt man diese etwas zurück, damit sie bei Wind nicht brechen. Wenn sich an der Basis der Pflanze ein Loch bildet, in dem sich Wasser sammelt, kann durch Fäulnis der ganze Strauch absterben. Malven regenerieren sich nur schlecht aus dem alten Holz, deshalb werden alte Exemplare besser durch junge neue ersetzt.

## Leycesterie
### Leycesteria
Laubabwerfender Strauch mit hohlen, schilfartigen Stängeln. Keine Schnitt- oder Erziehungsmaßnahmen nötig. Nach ein paar Jahren entfernt man einige der ältesten Triebe, um die Pflanze zu verjüngen. Wurzelschösslinge schneidet man an der Basis ab, wenn sie stören. Auch ein radikaler Verjüngungsschnitt bis knapp über der Erdoberfläche wird vertragen.

## Liguster
### Ligustrum
Immergrüner oder halbimmergrüner (wintergrüner) Strauch, der gelegentlich als Solitär gepflanzt wird, üblicherweise jedoch als Hecke. Freiwachsende Exemplare müssen kaum geschnitten werden. Nur wenn bei buntblättrigen (panaschierten) Sorten grünblättrige Triebe erscheinen, müssen diese entfernt werden. Bei Heckenpflanzen ist eine dichte Verzweigung wichtig, deshalb schneidet man sie bereits bei der Pflanzung um die Hälfte zurück, um einen buschigen Wuchs zu fördern. So verfährt man jedes Jahr, bis die gewünschte Heckengröße erreicht ist. Dann muss lediglich noch zwei- oder dreimal im Jahr zur Formerhaltung geschnitten werden. Zur Verjüngung kann man Hecken und auch freiwachsende Sträucher radikal zurückschneiden.

## Amberbaum
### Liquidambar
Laubabwerfender Baum mit wunderschöner Herbstfärbung. Man zieht ihn meist als Hochstamm, aber auch mehrstämmige Exemplare sind möglich. Bis auf das Entfernen unerwünschter Triebe muss nicht geschnitten werden.

## Tulpenbaum
### Liriodendron
Laubabwerfender Baum mit großen Blüten und exotisch wirkenden Blättern. Dieser Baum ist nicht schwierig zu schneiden, da man fast nichts

*Leycesteria formosa*

*Liquidambar styraciflua*

*Lonicera* x *brownii*

*Magnolia denudata* 'Forrest's Pink'

### Schnitt von Mahonien

Mahonien schneidet man wenig. Die langen Spitzentriebe kann man einkürzen, um die Verzweigung zu fördern.

*Malus* x *schiedeckeri* 'Hillieri'

tun muss. Man lässt ihn am besten frei wachsen, da er von alleine eine schöne Form annimmt. Bei Hochstämmen kann man unerwünschte Seitentriebe am Stamm entfernen. Auch Totholz und beschädigte Äste werden herausgeschnitten.

## Geißblatt
*Lonicera*

Immergrüne oder laubabwerfende Schlinger oder Sträucher. Die kletternden Arten sind ausgesprochen beliebt, aber auch bei den Sträuchern gibt es viele schöne Vertreter. Die Schlinger führt man nach der Pflanzung zur Kletterhilfe, damit diese möglichst großflächig bewachsen wird. Lässt man sie ungeschnitten, verkahlen sie an der Basis und werden im Laufe der Zeit sehr kopflastig. Am besten schneidet man sie jährlich nach der Blüte auf einige wenige Knospen zurück. Dabei werden auch abgestorbene Triebe entfernt. Man kann sie auch stärker, auf 60 bis 90 cm über dem Boden, zurückschneiden. Die Pflanze braucht dann aber eine Weile, bis sie ihr maximales Blühpotenzial wieder erreicht hat. Strauchartig wachsende Geißblattarten werden nach der Blüte zurückgeschnitten, dabei sind auch einige der ältesten Triebe zu entfernen, um die Verjüngung zu fördern. Die jüngeren Triebe kürzt man auf einige kräftige Seitentriebe ein, damit ein kompakter Wuchs erhalten bleibt. Zur Verjüngung darf radikal zurückgeschnitten werden. *L. nitida* wird auch als Heckenpflanze verwendet und dann genauso wie Liguster geschnitten.

## Magnolie
*Magnolia*

Laubabwerfende und immergrüne Bäume oder Sträucher. Die baumartigen Vertreter werden entweder als Hochstamm, Solitär oder mehrstämmig gezogen. Nur Hochstämme benötigen einen Erziehungsschnitt. Man entfernt die Seitentriebe am Stamm erst, wenn sich der Mitteltrieb gut entwickelt hat. Zur Verjüngung dürfen einige der älteren Äste vorsichtig entfernt werden, aber nie zu viele auf einmal. Magnolien wachsen schöner, wenn sie nicht geschnitten werden. Die immergrüne *M. grandiflora* braucht einen geschützten Standort, am besten vor einer Mauer. Auch am Wandspalier lässt sie sich pflegen, dazu führt man den Mitteltrieb nach oben und zieht die Seitentriebe an die Spanndrähte oder das Spaliergitter. Wenn die endgültige Form erreicht ist, schneidet man die Triebe nach der Blüte auf einige Blätter zurück. Alle strauchartigen Formen werden nicht geschnitten, man lässt sie frei wachsen.

## Mahonie
*Mahonia*

Immergrüne Sträucher mit glänzend dunkelgrünen Blättern, gelben Blüten und schwarzblauen Beeren. Die meisten Arten wachsen relativ langsam und müssen kaum geschnitten werden. Bei Bedarf kann man einige der ältesten Triebe an der Basis entfernen, um den Austrieb von Neutrieben zu fördern. Wenn der Strauch die Form verloren hat, schneidet man die Triebe nach der Blüte auf einen starken Seitentrieb oder eine dicke Knospe zurück. Zur Verjüngung kann radikal zurückgeschnitten werden, die Sträucher brauchen dann aber eine gewisse Zeit, bis sie wieder blühen. *M. aquifolium* neigt dazu, Ausläufer und Dickichte zu bilden. Man kann diese durch regelmäßigen Rückschnitt im Zaum halten.

## Zier-Apfel
*Malus*

Laubabwerfende Ziergehölze, die wegen ihrer schönen Blüten und den zierenden Früchten beliebt sind. Der Schnitt von Apfelbäumen ist im Kapitel Obstbaumschnitt (Seite 164 ff.) beschrieben. Zier-Äpfel sind relativ einfach zu schneiden. Man lässt sie einfach frei wachsen und entfernt vom Stamm nur die unerwünschten Seitentriebe bis zum Kronenansatz. Wenn der Mitteltrieb verloren geht, kann man den Baum entweder als mehrstämmigen Solitär pflegen oder einen der Seitentriebe als neuen Mitteltrieb heranziehen. Viele Sorten produzieren Wasserschosse, besonders von waagrechten Trieben. Diese entfernt man zusammen mit sich überkreuzenden, aneinanderscheuernden, abgestorbenen oder kranken Ästen. Alle Schnittmaßnahmen werden im Winter durchgeführt.

*Mahonia aquifolium* 'Apollo'

*Malus*

## Myrte
*Myrtus*

Immergrüne oder laubabwerfende Sträucher mit attraktiver Belaubung und Blüten. Es sind keine aufwändigen Schnittmaßnahmen nötig. Nur wenn der zur Verfügung stehende Platz überwuchert wird, können längere Triebe zurückgeschnitten werden. Durch einen radikalen Rückschnitt wird die Pflanze verjüngt, diese Maßnahme sollte aber auf einige Jahre verteilt werden.

## Heiliger Bambus
*Nandina*

Immergrüner Strauch mit roten Beeren mit einer Art *(Nandina domestica)*. Nach der Pflanzung nicht schneiden. Auch später sind kaum Schnittmaßnahmen nötig, gelegentlich können die ältesten Triebe zur Verjüngung entfernt werden. Ein kompletter Rückschnitt knapp über dem Boden wird vertragen, besser ist es aber, dies über einige Jahre zu verteilen.

## Oleander
*Nerium*

Immergrüner Strauch, der als Kübelpflanze sehr beliebt ist. Er muss frostfrei überwintert werden. Der Pflanzensaft ist äußerst giftig, deshalb müssen bei allen Schnittmaßnahmen Handschuhe getragen und die Hande danach gewaschen werden. Anfänglich beschränken sich Schnittmaßnahmen auf das Entfernen der Triebspitzen, um einen buschigen Wuchs zu erhalten. Später schneidet man alle Triebe nach der Blüte um die Hälfte zurück, damit die Form kompakt bleibt. Man kann Oleander auch als Hochstämmchen ziehen. Zur Verjüngung darf radikal zurückgeschnitten werden, allerdings brauchen die Pflanzen dann einige Jahre, bis sie wieder blühen.

## Ausdünnen von Olearien

1 Olearien werden nur dann zurückgeschnitten, wenn sie im Alter sparrig und zu dicht werden.

2 Statt auszudünnen kann man auch radikal zurückschneiden, der Strauch treibt aus dem alten Holz neu aus.

*Parthenocissus tricuspidata*

*Passiflora 'Amethyst'*

## Südbuche
### Nothofagus

Immergrüne oder sommergrüne Bäume, die in ihrer Heimat und in milden Gegenden zu enormer Größe heranwachsen. Gelegentlich gibt es sie auch als mehrstämmige Großsträucher. Möchte man einen Hochstamm, wird der Baum mit durchgehendem Mitteltrieb erzogen und dabei störende Seitentriebe am Stamm entfernt. Wenn der Baum ausgewachsen ist, sind keine Schnittmaßnahmen mehr nötig.

## Olearie
### Olearia

Immergrüne Sträucher mit attraktiven Blüten. Nach der Pflanzung kürzt man die jungen Triebe etwas ein, damit eine gleichmäßige Verzweigung gefördert wird. Einmal etabliert, braucht nicht mehr geschnitten zu werden, außer der Strauch fällt auseinander oder wächst über die ihm zur Verfügung stehende Fläche hinaus. Wenn man jährlich einige der ältesten Triebe entfernt, bleibt die Pflanze durch die ständige Verjüngung vital.

## Duftblüte
### Osmanthus

Immergrüne Sträucher mit attraktiver Belaubung und duftenden Blüten. Nach der Pflanzung ist noch kein Schnitt nötig, man lässt die Pflanzen frei wachsen. Wenn man möchte, kann man die Spitzen der Triebe pinzieren, um einen buschigen Wuchs zu fördern. Bis auf einen Rückschnitt, wenn der Busch zu groß geworden ist, sind keine Schnittmaßnahmen nötig. Der Schnitt erfolgt im Frühjahr, bei den frühlingsblühenden Arten direkt nach der Blüte. Zur Verjüngung darf die Duftblüte radikal zurückgeschnitten werden.

## Pfingstrose
### Paeonia

Sträucher und Stauden mit attraktiver Belaubung und riesigen Blüten. Die verholzenden Arten werden als Strauch-Päonien bezeichnet. Kein Pflanzschnitt nötig. Auch später beschränken sich die Schnittmaßnahmen auf das Entfernen von Blütentrieben. Man schneidet dazu bis zum nächsten Auge zurück. Im Laufe der Zeit können sie auseinanderfallen. Um dies zu verhindern, entfernt man im Herbst oder Winter einige der ältesten Triebe, damit die Bildung jüngerer, buschiger Triebe gefördert wird. Strauch-Päonien schlagen aus dem alten Holz nur schwer aus, deshalb sind Verjüngungsmaßnahmen schwierig. Bei Stauden-Pfingstrosen lässt man das Laub im Herbst stehen, da viele Arten schöne Herbstfarben und Samenstände zeigen.

## Wilder Wein
### Parthenocissus

Laubabwerfende Kletterpflanzen mit schöner Belaubung und fantastischer Herbstfärbung. Sie sind sehr starkwüchsig. Nach der Pflanzung leitet man die Triebe breitflächig an die zu begrünende Fläche. Sobald sie die Wand oder Kletterhilfe erreichen, halten sie sich mit eigenen Haftwurzeln oder Ranken fest. Schnittmaßnahmen dienen lediglich dazu, das Wachstum im Zaum zu halten. Sobald die Triebe die Traufe, Regenrinnen oder das Dach erreichen, sollte man sie zurückschneiden. Auch von Fensterstürzen und Kaminen muss man die Triebe entfernen. Alle Schnittmaßnahmen werden im Winter durchgeführt. Bei Bedarf kann Wilder Wein zur Verjüngung bis auf 1 m über dem Boden zurückgeschnitten werden.

## Passionsblume
### Passiflora

Immergrüne oder halbimmergrüne Kletterpflanzen, die fast alle nicht winterhart sind. Selbst die härteste Art, *P. caerulea*, gedeiht nur in milden Gegenden. Alle anderen können lediglich als Kübelpflanzen mit Topfspalier oder im Wintergarten gepflegt werden. Sie halten sich mit Ranken von alleine fest, sollten aber an einem Klettergerüst gezogen werden. Nach der Pflanzung leitet man die Triebe breitflächig an der Kletterhilfe empor. Diese werden dabei auch pinziert, damit sie sich verzweigen. Nach außen wachsende Triebe leitet man zur Kletterhilfe zurück. Nach der Blüte schneidet man die Triebe auf einige wenige Augen zurück. Ansonsten werden nur schwache, tote und zu dichte Triebe oder zu ausladende Ranken entfernt. Da sie einen starken Rückschnitt nicht vertragen, ist es besser, überalterte Pflanzen zu ersetzen.

## Blauglockenbaum
### Paulownia

Laubabwerfender Baum mit großen Blättern und exotischen Blüten. Nach der Pflanzung muss nur

## Schnitt von Duftblüten

1 *Osmanthus delavayii* wird weder bei der Pflanzung noch später stark geschnitten. Abgestorbene Zweige schneidet man heraus.

2 Wenn der Strauch zu groß geworden ist, können die längeren Triebe zurückgeschnitten werden. Auch alle unerwünschten Zweige nimmt man heraus.

3 Abgestorbene, kranke oder beschädigte Triebe entfernt man, sobald man sie entdeckt. Sonst wird im Frühjahr nach der Blüte geschnitten.

geschnitten werden, wenn man einen Hochstamm haben möchte, mehrstämmige Exemplare lässt man frei wachsen. Bei Hochstämmen werden unerwünschte Seitentriebe bis zum Kronenansatz entfernt. Später sind keine weiteren Schnittmaßnahmen nötig. Lediglich Schösslinge an der Basis sind regelmäßig zu entfernen. Ein radikaler Rückschnitt wird nicht vertragen.

## Blauraute, Silberstrauch
*Perovskia*

Laubabwerfender Strauch mit silbrigem Laub und hellblauen Blüten. Nach der Pflanzung schneidet man ihn bis auf ein oder zwei Augen des Vorjahrsholzes zurück. So wird jedes Frühjahr verfahren, damit das Grundgerüst des Strauchs dicht am Boden bleibt. Bei älteren Sträuchern entfernt man dabei auch einige der ältesten Triebe zur Verjüngung.

## Pfeifenstrauch, Falscher Jasmin
*Philadelphus*

Laubabwerfende Sträucher mit duftenden Blüten. Die Triebe erscheinen aus dem Wurzelstock an der Basis, sodass kein Pflanzschnitt erforderlich ist. Einmal etabliert, schneidet man abgeblühte Triebe nach der Blüte auf kräftige Seitentriebe zurück und entfernt im Laufe der Jahre auch einige der ältesten Triebe, um die Wuchskraft anzuregen. Die Art *P. microphyllus* ist eine Ausnahme und muss praktisch nicht geschnitten werden. Der Verjüngungsschnitt wird am besten über mehrere Jahre verteilt, man kann vernachlässigte Exemplare aber auch radikal zurückschneiden.

*Perovskia* 'Blue Spire'

### Schnitt von Blarauten

**1** *Perovskia* bildet im Laufe eines Jahrs viele Blütentriebe, die im Frühling auf einen Grundrahmen zurückgeschnitten werden können.

**2** Die Blauraute wird meist im Staudenbeet gepflanzt. Entfernen Sie alle Überreste der staudenartigen Pflanzen um die Basis.

**3** Schneiden Sie die alten abgeblühten Triebe auf ein bis zwei Knospen des Vorjahrsholzes knapp über dem Boden zurück.

**4** Im Laufe der Jahre bilden sich knorrige Stumpen, die man ganz entfernen sollte, damit sich die Pflanze von unten verjüngt.

### Schnitt von Brandkraut

**1** *Phlomis* verliert manchmal im Winter das Laub, treibt aber aus dem alten Holz neu aus. Ganz abgestorbene Triebe schneidet man heraus.

**2** Warten Sie mit dem Schneiden auf den Austrieb der Knospen, damit Sie erkennen können, wie weit Sie zurückschneiden können.

## Brandkraut
*Phlomis*

Immergrüne Sträucher, die wegen ihrer Blüten und Blätter kultiviert werden. Der „Staub" der Blätter kann allergische Reaktionen auslösen, tragen Sie daher bei allen Kulturmaßnahmen eine Staubmaske. Kein Pflanzschnitt nötig, auch später muss nur wenig geschnitten werden. Abgeblühtes schneidet man im Herbst bis zu den Blättern zurück. Wenn die Sträucher zu ausladend werden, können sie wieder in Form geschnitten werden. Zu lange Triebe kürzt man dabei bis auf einen Spross innerhalb des Strauchs zurück. Diese Schnittmaßnahmen führt man am besten im Frühjahr durch. Bei frostempfindlicheren Arten, wie *P. italica*, werden im Frühling die frostgeschädigten Triebe entfernt. Zur Verjüngung kann radikal auf einen Grundstock zurückgeschnitten werden, da das Brandkraut aus dem alten Holz gut regeneriert.

## Glanzmispel
*Photinia*

Laubabwerfende oder immergrüne Sträucher mit attraktiver Belaubung. Keine Schnittmaßnahmen nötig, es sei denn, man möchte einen Hochstamm erziehen. Der farbige Austrieb wird verstärkt, wenn man im zeitigen Frühjahr die Triebe auf eine starke Knospe zurückschneidet. Verwilderte Sträucher können stärker auf ein Grundgerüst zurückgeschnitten werden. Glanzmispeln lassen sich auch als Hecke ziehen, man schneidet sie dann zwei- oder dreimal im Jahr. Freiwachsende Hecken werden seltener geschnitten.

## Kapfuchsie
*Phygelius*

Es gibt in dieser Pflanzengattung zwei immergrüne Straucharten mit attraktiven Blüten. Nach der Pflanzung werden die Spitzen pinziert, damit sich die Kapfuchsien besser verzweigen. Später schneidet man im Frühjahr vom Frost beschädigte Triebe auf 10 bis 20 cm über dem Boden zurück. Ältere Pflanzen können sehr struppig werden und auseinanderfallen, deshalb ist ein regelmäßiger Rückschnitt wichtig. Auch ein radikaler Rückschnitt ist möglich.

## Lavendelheide
*Pieris*

Immergrüne Sträucher mit attraktivem Austrieb und schönen Blüten. Sie brauchen kaum erzogen oder geschnitten werden. Von Frösten beschädigte Triebe entfernt man im Frühjahr. Auch Abgeblühtes wird

*Photinia* x *fraseri*

*Pieris japonica*

regelmäßig weggeschnitten. Zur Verjüngung kann radikal auf ein Grundgerüst zurückgeschnitten werden.

## Klebsame
*Pittosporum*

Immergrüne Sträucher oder kleine Bäume, die nicht alle winterhart sind. Die Klebsame ist eine schöne Kübelpflanze. Die Seitentriebe entlang des Haupttriebs sollte man nicht entfernen, da der Strauch besser aussieht, wenn er bis zum Boden beastet ist. Später sind kaum Schnittmaßnahmen nötig. Wenn man die Größe reduzieren möchte, schneidet man im Frühjahr ältere Triebe bis ins Innere des Strauchs zurück. Ein starker Rückschnitt zur Verjüngung alter Sträucher wird vertragen.

## Knöterich
*Polygonum* (syn. *Fallopia*)

Sehr stark wachsender Schlinger. Da der Knöterich sehr hoch wächst, muss die Kletterhilfe stark genug sein, um das Gewicht der Pflanzen zu tragen. Vorsicht: Nicht in abgestorbene Bäume wachsen lassen, da das Gewicht des Knöterichs Äste zum Abbrechen bringen kann. Bei der Pflanzung leitet man die Triebe breitflächig zur Kletterhilfe. Normalerweise wächst der Knöterich sehr schnell zu einer dichten Fläche heran, die einen Schnitt in der Pflanze nahezu unmöglich macht.

Um die Größe zu begrenzen, schneidet man die Außenkonturen mit einer Heckenschere zurück. Zur Verjüngung kann die ganze Pflanze auf 60 bis 90 cm über dem Boden zurückgeschnitten werden.

## Pappel
*Populus*

Laubabwerfende Bäume, von denen die meisten groß bis sehr groß werden und für kleine Gärten nicht geeignet sind. Sie werden meistens als Hochstamm gezogen, mit einem Kronenansatz in 2 bis 3 m Höhe. An den Wunden der entfernten Seitenäste treiben sehr häufig zahlreiche Triebe aus, die man sofort wegschneiden muss.

Alle Schnittmaßnahmen müssen im Frühwinter stattfinden, da Pappeln während der Wachstumszeit stark bluten, wenn sie geschnitten werden. Einmal etabliert, ist bis auf das Entfernen toter Äste kein weiterer Schnitt notwendig. Größere Maßnahmen muss man Spezialisten, wie Baumpflegern, überlassen. Einige Pappelarten produzieren Wurzelschösslinge, die entfernt werden sollten. Manche Arten sind sehr anfällig für Baumkrebs und sollten daher so wenig wie möglich geschnitten werden, damit die Krankheitserreger nicht über die offenen Wunden eintreten können. Ein Verjüngungsschnitt ist bei Pappeln schwierig.

## Fingerstrauch
*Potentilla*

Laubabwerfende Sträucher mit attraktiver Belaubung und schönen Blüten. Ein Pflanzschnitt ist nicht

*Potentilla fruticosa*

nötig, allerdings kann man durch Pinzieren der jungen Triebspitzen eine buschige Verzweigung fördern. Wenn die Sträucher etabliert sind, werden jedes Jahr lediglich zu lange sowie einige der ältesten Triebe entfernt, um die Verjüngung zu fördern. Nach der Blüte putzt man Verblühtes aus. Eine regelmäßige Verjüngung in kleinen Schritten ist besser als ein radikaler Rückschnitt. Wenn die Pflanze nicht mehr schön ist, ersetzt man sie am besten durch eine neue.

## Zier-Kirsche
*Prunus*

Immergrüne und laubabwerfende Bäume oder Sträucher, die wegen ihrer zierenden Blüten, aber auch der Rinde und ihrer Herbstfärbung, beliebt sind. Generell kann man sagen, dass die laubabwerfenden Arten und Sorten so wenig wie möglich geschnitten werden sollten. Anfangs zieht man sie am besten als Hochstämmchen mit einem

*Prunus 'Shirotae'*

Haupttrieb oder auch als Trauerform. Wurzelschösslinge, die auch in einiger Entfernung vom Stamm erscheinen können, müssen direkt an den Wurzeln entfernt werden. An alten Schnittwunden entstehen häufig Wasserschosse, die sofort entfernt werden sollten, wenn man sie entdeckt. Gleiches gilt auch für alle Triebe, die bei veredelten Sorten unterhalb der Veredlungsstelle erscheinen.

Sonst sind keine weiteren Schnittmaßnahmen nötig. Immergrüne Arten schneidet man im Prinzip genauso, sie können aber auch stärker geschnitten werden, zum Beispiel als Hecken oder für Topiari.

## Feuerdorn
*Pyracantha*

Immergrüne Sträucher mit schönem Beerenschmuck. An ihren spitzen Dornen kann man sich leicht verletzen. Zum Schneiden trägt man dicke Handschuhe, ein Armschutz ist ebenfalls empfehlenswert.

### Schnitt der Klebsame

**1** Die Klebsame muss nur wenig geschnitten werden. Tote oder beschädigte Äste schneidet man heraus.

**2** Zu dicht stehende oder aneinanderscheuernde Äste werden bis zum Boden zurückgeschnitten.

**3** Zu lange Triebe, die die äußere Form stören oder den Busch zu groß werden lassen, schneidet man zurück.

Feuerdorn kann als freiwachsender Strauch oder am Wandspalier gezogen werden. Besonders unter und um Fenster ist er dabei ein praktischer Schutz vor unerwünschten Besuchern. Freistehende Exemplare brauchen kaum geschnitten zu werden, auseinanderfallende Triebe können bei Bedarf zusammengebunden werden. An Mauern gezogene Sträucher zieht man an Drähten. Die Triebe werden dabei einfach an die Drähte geheftet. Man kann Feuerdorn auch formaler als Fächer oder zur Wandbegrünungen mit waagrechten Seitentrieben erziehen. Einmal etabliert, schneidet man im Sommer lange Triebe auf einige Augen zurück, um den Wuchs kompakt zu halten. Da sich Feuerdorn aus dem alten Holz schlecht regeneriert, ersetzt man unschön gewordene Exemplare besser durch neue. Er kann auch als kompakte, dornige Hecke gezogen werden, die zwei- bis dreimal im Jahr geschnitten werden.

## Birne
*Pyrus*

Laubabwerfende Bäume, die wegen der Blüten, der Belaubung und der zierenden Früchte kultiviert werden. Der Schnitt der Obstsorten wird ab Seite 180 beschrieben. Unter den Ziersorten ist die silberlaubige Weidenblättrige Birne (*P. salicifolia*) beliebt, besonders die Hängeform 'Pendula'. Man zieht sie fast immer als Hochstamm. Die Hängeformen brauchen anfangs eine Stütze, damit sie sich nicht zur Seite neigen. Einmal etabliert, brauchen Birnen kaum geschnitten zu werden, nur totes oder krankes Holz wird entfernt. Wenn man befallenes Holz ausschneidet, muss man die Schnittwerkzeuge vor und nach dem Schneiden desinfizieren, um die Krankheitserreger nicht weiterzuverbreiten.

## Eiche
*Quercus*

Laubabwerfende und immergrüne Bäume. Die meisten Eichen-Arten wachsen von alleine zu großen Bäumen mit einem Hauptstamm heran, es sei denn, sie wurden in der Jugend beschädigt. Man entfernt unerwünschte Seitentriebe bis zum gewünschten Kronenansatz, der meist in 2,50 bis 3 m Höhe liegt.

*Quercus frainetto*

Außer dem Entfernen toter Äste muss nicht geschnitten werden. Vor allem bei großen alten Bäumen sind die Schnittmaßnahmen Spezialisten zu übertragen, genau wie der Rückschnitt zu großer Bäume. Eichen können zur Verjüngung stark zurückgeschnitten werden, es dauert jedoch lange, bis der ursprüngliche Wuchs wieder erreicht wird. Alle Schnittmaßnahmen werden im Winter durchgeführt.

## Purpurglockenwein
*Rhodochiton*

Laubabwerfende Kletterpflanze. Anfangs pinziert man die Spitzen der Triebe, um eine reiche Verzweigung anzuregen. Der Purpurglockenwein benötigt eine senkrechte Kletterhilfe, an der er sich mit den Blattranken festhalten kann, während er emporwächst. Später braucht er nicht mehr geschnitten zu werden. Da die Pflanze recht kurzlebig ist, ersetzt man ältere Exemplare besser durch neue. Eine Überwinterung lohnt sich nicht.

*Rhododendron* 'Loder's White'

## Rhododendron
*Rhododendron*

Immergrüne und laubabwerfende Sträucher und Bäume mit attraktiver Belaubung und auffälligen Blüten. Am besten lässt man sie ungestört wachsen und schneidet nicht. Zu lange Zweige kann man einkürzen, um den Strauch in Form zu halten. Ausgewachsene Exemplare brauchen nicht geschnitten zu werden, man nimmt nur abgestorbene Triebe heraus.

Viele Arten und Sorten profitieren vom Auskneifen abgeblühter oder eingetrockneter Knospen, um den Samenansatz zu verhindern, bei großen Exemplaren kann dies aber umständlich werden. Bei manchen Arten können Ausläufer erscheinen, besonders bei veredelten Sorten muss man diese entfernen. Rhododendren treiben, mit Ausnahme von *R. ponticum*, die bis zum Boden zurückgeschnitten werden können, aus dem älteren Holz schlecht aus und sollten nicht zu radikal geschnitten werden.

### Entfernen der Knospen bei Rhododendren

**1** Um den Samenansatz bei Rhododendren zu verhindern, kneift man die welken Blüten aus.

**2** Achten Sie darauf, die unter der Blüte liegenden Blattknospen nicht zu verletzen.

*Ribes sanguineum*

## Essigbaum, Sumach
*Rhus*

Laubabwerfende Sträucher oder kleine Bäume, die vor allem wegen der schönen Herbstfärbung beliebt sind. Bei der Pflanzung sind keine Schnittmaßnahme nötig, außer man möchte einen Hochstamm ziehen. In diesem Fall wählt man einen starken Trieb und zieht ihn als Stamm hoch. Bei etablierten Exemplaren müssen lediglich Wurzelschösslinge entfernt werden. Diese erscheinen oft in großer Zahl und können schnell lästig werden. Essigbäume dürfen jedes Frühjahr bis zum Boden zurückgeschnitten werden, dann wird besonders großes, intensiv gefärbtes Laub gebildet. Auch zur Verjüngung kann radikal zurückgeschnitten werden. Der Essigbaum ist in allen Teilen giftig.

## Johannisbeere
*Ribes*

Laubabwerfende Sträucher mit schönen Blüten, Blättern und bei manchen Zierarten essbaren Beeren. Obstsorten werden ab Seite 242 beschrieben. Die Zierformen brauchen nach der Pflanzung nur wenig geschnitten zu werden. Später entfernt man jährlich nach der Blüte einige der ältesten Triebe, um die Verjüngung zu fördern. Die Kletter-Johannisbeere (*R. speciosum*) wird am Wandspalier oder einem Zaun gezogen. Man kann sie locker führen und die Triebe nur zur Kletterhilfe leiten oder formaler als Fächer erziehen. Zur Verjüngung darf radikal zurückgeschnitten werden, besser ist es aber regelmäßig nur einige der ältesten Triebe zu entfernen.

## Rosen
*Rosa*

Laubabwerfende Sträucher und Klettersträucher. Der Schnitt wird ab Seite 101 ausführlich beschrieben.

### Schnitt von Heiligenkraut

**1** *Santolina* wird im Laufe der Jahre struppig und unschön. Ein radikaler Rückschnitt ist leider nicht immer erfolgreich.

**2** Wenn sich in der Mitte des Strauchs viele neue Triebe befinden, kann der Busch im Frühjahr kräftig zurückgeschnitten werden.

**3** Wenn der Strauch keine oder nur wenige Neutriebe in der Mitte hat, ist es besser, ihn auszugraben und durch einen neuen zu ersetzen.

*Sambucus racemosa*

## Rosmarin
*Rosmarinus*

Immergrüner Strauch mit aromatisch duftenden Blättchen und Blüten. Kein Pflanzschnitt nötig. Ein Auspflanzen ist nur in milden Gegenden möglich, sonst pflegt man ihn im Kübel. Später schneidet man lediglich zu lange Triebe zurück. Junge Triebe, die in der Küche Verwendung finden, sollten gleichmäßig am ganzen Strauch entnommen werden, damit keine Lücken entstehen. Überalterte Pflanzen ersetzt man besser durch neue, ein radikalerer Rückschnitt zur Verjüngung ist nicht empfehlenswert. Besser ist es, die Neutriebe jährlich leicht zurückzuschneiden, damit die Pflanze buschig bleibt.

## Brom- und Himbeeren
*Rubus*

Laubabwerfende Sträucher mit schönen Blüten und Rindenfärbung. Die fruchtenden Obstsorten werden ab Seite 238 ausführlich beschrieben. Arten, die wegen der winterlichen Rindenfärbung gepflanzt werden, schneidet man im Spätfrühling bis zum Boden zurück. Blütensträucher werden nach der Blüte bis auf einen seitlichen Neutrieb gekürzt. Gleichzeitig entfernt man dabei einige der ältesten Triebe, um die Verjüngung zu fördern.

## Weide
*Salix*

Laubabwerfende Sträucher und Bäume mit malerischem Wuchs, attraktiven Blütenkätzchen und schöner Winterrindenfärbung. Man kann sie frei wachsen lassen oder als „lebenden Zaun" ziehen, indem man die Triebe miteinander verflechtet. Wenn man sie nicht als Kopfweide zieht, brauchen sie später nicht geschnitten werden. Sorten mit schöner Rindenfärbung werden im Spätfrühling stark zurückgeschnitten. Für Weidenskulpturen oder lebende Zäune steckt man Weidenruten in den Boden und verflechtet sie. Sie bewurzeln bei ausreichender Bodenfeuchte schnell. Seitentriebe nimmt man in diesen Fällen bis auf ein Auge zurück, damit die Grundform erhalten bleibt. Weiden können zur Verjüngung radikal zurückgeschnitten werden. Veredelte Trauerformen sollte man regelmäßig ausdünnen, damit sie nicht zu kopflastig werden. Große Trauerformen zieht man mit einer Stütze bis zur gewünschten Höhe des Kronenansatzes und lässt sie dann frei wachsen.

*Salix repens*

## Zier-Salbei, Salvie
*Salvia*

Immergrüne Sträucher, die nicht alle winterhart sind und besser im Kübel überwintert werden. Nach der Pflanzung kürzt man die Triebe etwas ein, um einen buschigen Wuchs zu fördern. Später schneidet man die Vorjahrstriebe im Frühjahr auf wenige Augen zurück. Im Frühjahr sind beim Garten-Salbei (*S. officinalis*) zudem abgefrorene und abgestorbene Triebe zu entfernen. Wenn man für die Küche Blätter und Triebe entnimmt, sollte das ganze Kraut beerntet werden, damit es keine kahlen Stellen gibt. Ein starker Rückschnitt ist möglich, es ist jedoch besser, die Pflanze konstant in Form zu halten.

## Holunder
*Sambucus*

Laubabwerfende Sträucher mit schönen Blüten, zierenden Früchten und attraktiver Belaubung. In den ersten zwei bis drei Jahren lässt man Holunder frei wachsen. Der weitere Schnitt hängt davon ab, wie man die Pflanze später verwenden möchte. Für üppigen Blattschmuck schneidet man die Triebe im Frühjahr bis auf ein Grundgerüst über dem Boden zurück. Das regt das Wachstum starker Triebe mit großen, intensiv gefärbten Blättern an. Möchte man jedoch mehr Blüten, so werden nur die ältesten Äste herausgeschnitten und man nimmt die jüngeren um etwa die Hälfte zurück. Wenn Holunder einige Jahre nicht gepflegt wird, kann sich Totholz ansammeln, das entfernt werden sollte. Holunder darf zur Verjüngung radikal zurückgeschnitten werden, sehr alte vergreiste Exemplare ersetzt man jedoch besser durch jüngere.

## Heiligenkraut
*Santolina*

Immergrüner Zwergstrauch mit schöner, bei manchen Arten silbriger, Belaubung. Frischgepflanzte Sträucher schneidet man leicht zurück, damit die Verzweigung buschiger wird. Etablierte Exemplare schneidet man jährlich im Frühling leicht zurück, damit der kompakte Wuchs erhalten bleibt. Die gelben Blüten, die im Sommer erscheinen, stören manche Gärtner, da sie etwas von der Belaubung ablenken. Bei Bedarf können die Knospen ausgekniffen werden, sobald sie erscheinen. Pflanzen, die aus der Form geraten sind, ersetzt man besser durch neue, da sie sich schlecht verjüngen lassen.

*Santolina pinnata* subsp. *neapolitana*

## Schizophragma
*Schizophragma*

Laubabwerfende Kletterpflanze, die einer Kletter-Hortensie ähnelt. Man kann sie an Mauern, stabilen Zäunen oder an Klettergerüsten und Bäumen emporklettern lassen. Man pflanzt sie mindestens 45 cm von der Mauer entfernt und führt die Triebe zur Wand. Dort halten sie sich mit Haftwurzeln von alleine fest. Um eine breitflächige Begrünung zu erreichen, zieht man die Leittriebe auseinander. Etablierte Pflanzen brauchen nicht geschnitten zu werden, man muss aber darauf achten, dass sie nicht in Regenrohre, unter Traufen oder in Fenster oder Ventilatoren wachsen. Zur Verjüngung können einige der ältesten Triebe nach der Blüte entfernt werden.

## Skimmie
*Skimmia*

Immergrüne Sträucher mit attraktiver Belaubung, schönen Blüten und Beeren. Alle Schnittmaßnahmen sind kosmetischer Natur und beschränken sich auf das Entfernen toter, kranker oder unerwünschter Zweige. Skimmien wachsen von Natur aus dichtbuschig und kompakt. Zum Schneiden nimmt man besser eine Gartenschere. Mit Heckenscheren besteht die Gefahr, dass die großen Blätter verletzt werden und unschöne Schnittränder davontragen.

## Kartoffelwein
*Solanum*

Laubabwerfende Sträucher und Kletterpflanzen mit attraktiven

*Sorbus*

Blüten. Da der Pflanzensaft zu Hautirritationen führen kann, trägt man beim Schneiden und Hantieren besser Handschuhe. Die Pflanzen sind nicht frosthart und werden meist als Kübelpflanze gezogen. Sie benötigen eine Kletterhilfe in Form eines Spaliers oder Rankgitters, an dem sie hochranken können. Bei der Pflanzung kürzt man die Triebe etwas ein, um einen buschigen Wuchs zu fördern und leitet sie dann breitflächig über die Kletterhilfe. Anfangs muss man die Triebe festbinden, später finden sie am Rankgerüst von alleine Halt. Im Frühling schneidet man nach der Überwinterung alle Triebe auf zwei bis drei Augen zurück, sodass ein Grundgerüst an Zweigen entsteht. Totholz wird entfernt. Dabei können auch einige der ältesten Triebe entfernt werden, um die Verjüngung zu fördern. Unansehnlich gewordene Exemplare ersetzt man besser durch neue.

## Eberesche, Vogelbeere
*Sorbus*

Laubabwerfende Sträucher oder Kleinbäume. Der Formschnitt beschränkt sich bei jungen Bäumen auf das Erziehen eines senkrechten Mitteltriebs. Wer einen Hochstamm

*Spiraea* x *arguta*

möchte, entfernt unerwünschte Seitentriebe bis zum künftigen Kronenansatz, der meist in 1,20 bis 1,50 m Höhe liegt. Ältere Exemplare brauchen nicht mehr geschnitten zu werden, unerwünschte Triebe an der Stammbasis kann man entfernen.

## Spierstrauch
*Spiraea*

Laubabwerfende Sträucher mit attraktiven Blüten. Generell ist kein Pflanzschnitt nötig. Später schneidet man die Triebe nach der Blüte bis zum nächsten kräftigen Seitentrieb zurück und nimmt einige der ältesten Triebe heraus, um die Verjüngung zu fördern. Ein radikaler Rückschnitt ist weniger empfehlenswert, besser man verjüngt die Pflanze permanent, wie beschrieben.

## Kranzspiere
*Stephanandra*

Laubabwerfende Sträucher mit attraktivem Laub und schöner Herbstfärbung. Auch die Blüten sind hübsch anzusehen. Kein Pflanzschnitt nötig. Später beschränken sich die Schnittmaßnahmen auf das Entfernen einiger älterer Triebe nach der Blüte, um eine ständige Verjün-

*Syringa* x *josiflexa*

gung zu erreichen. Kranzspieren breiten sich durch Ausläufer aus. Wenn diese zu sehr „wandern" müssen sie entfernt werden. Zur Komplettverjüngung kann im zeitigen Frühling radikal bis knapp über dem Boden zurückgeschnitten werden.

## Flieder
*Syringa*

Laubabwerfende Sträucher mit attraktiven, duftenden Blüten. Manche wachsen typisch strauchartig, andere ähneln im Alter eher mehrstämmigen Kleinbäumen. Anfangs sind nur kosmetische Schnittmaßnahmen nötig, um unerwünschte Triebe zu entfernen. Später sollte man abgeblühte Rispen entfernen, soweit man sie erreichen kann. Es ist darauf zu achten, dass die Knospen unterhalb der Blütenrispe nicht beschädigt werden. Wurzelschösslinge sind zu entfernen. Ein radikaler Verjüngungsschnitt ist möglich.

## Tamariske
*Tamarix*

Laubabwerfende Sträucher mit fedrigen Zweigen und attraktiven Blüten. Nach der Pflanzung, und im Jahr darauf, kürzt man die Triebe, um einen buschigen Wuchs zu fördern. Später werden abgeblühte Triebe bis zu einem kräftigen Seitentrieb zurückgenommen. Bei den meisten Arten macht man das nach der Blüte, nur die spät blühenden Sorten werden im zeitigen Frühling zurückgeschnitten. Zur Verjüngung kann radikal auf ein Grundgerüst an Ästen zurückgeschnitten werden.

## Thymian
*Thymus*

Niedrige Sträucher oder Bodendecker, die wegen des aromatisch duftenden Laubs und der Blüten gepflanzt werden. Viele finden auch in der Küche Verwendung. Kein Pflanzschnitt nötig. Später schneidet man abgeblühte Triebe zurück,

### Schnitt von Skimmien

1 Skimmien neigen dazu, im Innern des Strauchs totes Holz zu bilden, das man entfernen sollte.

2 (rechts) Schneiden Sie tote Triebe und alle beschädigten Zweige bis ins gesunde Holz zurück.

3 Skimmien wachsen in der Regel sehr gleichmäßig. Gelegentlich auftretende lange Triebe schneidet man heraus.

*Tilia platyphyllos*

aber nicht zu tief ins alte Holz. Zur Verwendung in der Küche schneidet man nur die jungen Triebspitzen ab, da sonst kahle Stellen entstehen. Bei den panaschiertblättrigen Sorten kann es passieren, dass sie nach dem Beernten nur noch grünblättrige Triebe ausbilden. Diese schneidet man jedoch komplett weg. Alte, struppige Pflanzen ersetzt man besser durch neue, da sie sich schlecht verjüngen lassen.

## Linde
### Tilia

Laubabwerfende Bäume. Freiwachsende Exemplare passen nur in große Gartenanlagen. In Form geschnitten sind sie jedoch auch für kleinere Gärten geeignet. Beim Formschnitt zieht man sie als Hochstamm, entfernt unerwünschte Seitentriebe bis zum gewünschten Kronenansatz und erzieht das Kronengrundgerüst mit 2 bis 3 m langen Ästen. Etablierte Bäume brauchen nicht geschnitten zu werden, es sei denn, es treten Probleme auf. Diese Schnittmaßnahmen muss man dann aber professionellen Baumchirurgen überlassen. Linden können leicht über Formgerüste zu Laubengängen, in Kastenform oder als Spalierwand gezogen werden. Ein Verjüngungsschnitt ist möglich, sollte aber ebenfalls von professionellen Baumchirurgen durchgeführt werden.

## Sternjasmin
### Trachelospermum

Immergrüne Kletterpflanze, die als Kübelpflanze beliebt ist. Die Blüten duften intensiv. Sie klettert mit schlingenden Trieben und braucht

*Trachelospermum asiaticum*

daher eine Kletterhilfe. Die ersten Triebe leitet man breitflächig zum Topfspalier, um eine komplette Begrünung zu erreichen. Etablierte Exemplare brauchen nur wenig Schnitt. Nach der Überwinterung schneidet man die Triebe um die Hälfte zurück, um die Verjüngung zu fördern. Alte, überwucherte Pflanzen ersetzt man besser durch neue.

## Ulme
### Ulmus

Laubabwerfende Bäume. Die meisten wachsen zu mächtigen Bäumen heran und können dann nur von professionellen Baumchirurgen geschnitten werden. Am Anfang zieht man sie als Hochstamm und entfernt bis zur gewünschten Kronenansatzhöhe, meist in 2 bis 3 m Höhe, alle Seitentriebe. Ein Renovierungsschnitt ist nur von Profis durchführbar.

## Schneeball
### Viburnum

Laubabwerfende oder immergrüne Sträucher, die wegen ihrer attraktiven Belaubung, den Blüten und zum Teil auch ihres Fruchtschmucks gepflanzt werden. Die winterblühenden, laubabwerfenden Arten, wie *V.* x *bodnantense*, werden im Frühling geschnitten. Dabei entfernt man nur einige der ältesten Triebe, um die Regenerierung anzuregen. Die anderen Arten brauchen kaum geschnitten werden, nur unerwünschte Wurzelschösslinge entfernt man. Fast alle Arten können zur Verjüngung starker zurückgeschnitten zu werden. Der Mittelmeer-Schneeball (*V. tinus*) wird auch gerne als Hochstämmchen gezogen.

## Immergrün
### Vinca

Immergrüne Zwergsträucher oder Bodendecker. Ein Pflanzschnitt ist nicht nötig. Später können bei Bedarf allzu lange Triebe entfernt werden. Werden sie als Bodendecker gepflanzt, kann man sie auch mit der Heckenschere trimmen, um einen dichtbuschigen Wuchs zu erzielen. Wenn sie in Hecken mitwachsen, können sie beim Heckenschnitt einfach mitgekürzt werden oder man nimmt lange, überhängende Triebe mit einer Gartenschere zurück. Immergrün verträgt auch einen radikalen Rückschnitt bis knapp über dem Boden.

## Wein
### Vitis

Laubabwerfende Kletterpflanzen. Sorten, die für die Ernte von Tafeltrauben im Garten anbaut werden, sind ab Seite 224 genauer beschrieben. Die Zierformen benötigen ein stabiles Klettergerüst oder eine Pergola, können aber auch frei in Bäumen wachsen. Die Triebe werden bei der Pflanzung eingekürzt, um eine gute Verzweigung an der Basis anzuregen. Neue Triebe leitet man ins Klettergerüst. Wenn die ganze Konstruktion eingewachsen ist, kürzt man die Seitentriebe jeden Winter auf ein bis zwei Knospen ab. Bei besonders starkwüchsigen Sorten kann diese Maßnahme ein zweites Mal im Sommer durchgeführt werden. Wird Wein lediglich als Blattschmuck gezogen, können Blütenknospen entfernt werden. Überalterte Pflanzen dürfen durch einen radikalen Rückschnitt, der bis zur Basis gehen kann, verjüngt werden.

## Weigelie
### Weigela

Laubabwerfende Sträucher mit attraktiven Blüten. Ein Pflanzschnitt ist normalerweise nicht nötig. Bei etablierten Pflanzen schneidet man die Triebe nach der Blüte bis zum nächsten kräftigen Trieb zurück. Zu lange Triebe, die das Erscheinungsbild stören, können weggeschnitten werden. Im Frühling schneidet man einige der ältesten Triebe heraus, um eine konstante Verjüngung zu fördern. Bei panaschierten oder buntlaubigen Formen entfernt man normalgrüne Triebe, sobald sie erscheinen. Zur Verjüngung ist ein radikaler Rückschnitt bis knapp über dem Boden möglich.

## Blauregen, Glyzine
### Wisteria

Laubabwerfende, schlingende Kletterpflanze mit reichem Blütenflor. Der Schnitt ist ab Seite 92 genau beschrieben.

*Viburnum opulus* 'Xanthocarpum'

*Vitis vinifera* 'Purpurea'

*Wisteria floribunda*

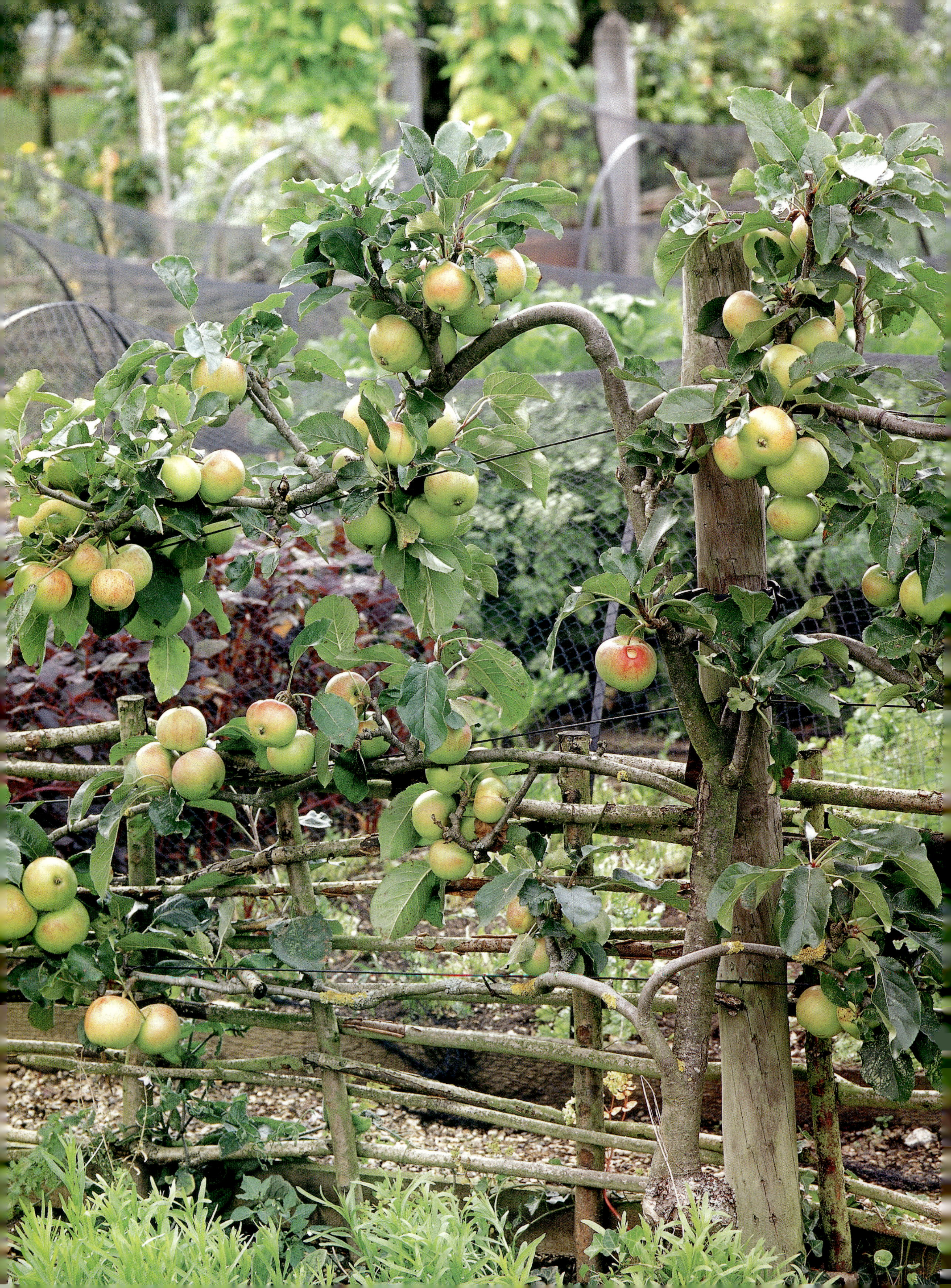

# Obstgehölze

Obsttragende Bäume werden seit Beginn der Gartenkultur angebaut. Einfache Schnittmaßnahmen haben schon immer dazu gedient, ihren Ertrag zu erhöhen. Seit vielen Jahrzehnten verwendet man unterschiedliche Unterlagen, auf die die Fruchtsorten veredelt werden, um das Wachstum der Bäume zu beeinflussen. Völlig neue Schnittmethoden wurden nötig, die es ermöglichen, den Baum in eine bestimmte Form zu bringen, um möglichst hohe Fruchterträge zu erzielen und den Wuchs kontrollieren zu können. Man kann heute zwischen vielen verschiedenen Wuchsformen wählen. Bestimmte Sorten eignen sich sogar für Kübel.

Der Schnitt von Obstbäumen mag anfangs kompliziert und schwierig erscheinen, aber nach einiger Zeit, etwas Übung und zunehmender Erfahrung wird man feststellen, dass die wenigen Regeln leicht einzuhalten sind und das Schneiden fast wie von selbst geht. Denken Sie immer daran, dass Sie nur die Schnitttechniken für Obstarten zu erlernen brauchen, die Sie selbst im Garten haben. Vernachlässigt man Obstbäume, überwachsen sie schnell und ihr Ertrag nimmt ab.

Wenn man einfach einen Baum kauft und pflanzt, wird das Ergebnis nach einigen Jahren enttäuschen. Erzieht und schneidet man von Anfang an konsequent, rechtfertigt der Ertrag an Früchten die anfänglichen Investitionen und den Zeitaufwand. Auf den folgenden Seiten werden Schnitt und Erziehung der für den Garten geeigneten Obstarten beschrieben.

Eigenes Obst im Garten anzubauen ist erfolgversprechend und belohnt bei richtiger Pflege mit reichen Ernten. Frisch vom Baum gepflückt schmecken die Früchte immer noch am besten.

# Kronen- und Erziehungsformen

Man kann Obstbäume in vielen verschiedenen Formen erziehen und schneiden.

### Größe des Obstbaums
Es gibt verschiedene Gründe, sich für eine spezielle Erziehungsform zu entscheiden, einer davon ist die Baumgröße. Ein ausgewachsener Apfel-Hochstamm braucht viel Platz, und kann einen kleinen Garten komplett ausfüllen. Eine kleine Pyramidenform passt dagegen auch in kleinere Ecken und ein Kordon kann sogar am Zaun stehen oder als Hecke gezogen werden.

### Ertrag und Qualität
Der zweite Grund für den Schnitt ist der höhere Ertrag an qualitativ besseren Früchten. Ein Fächerbaum an einer Mauer wird nicht nur einen im Verhältnis zur Fläche hohen Ertrag haben, die Früchte selbst werden auch größer und aromatischer, da sie alle gleich viel Licht erhalten. Bei einem Hochstamm beschatten die oberen Äste die unteren, was kleinere Früchten zur Folge hat. Bei einem freistehenden Spalier, Fächer oder Kordon, ist dieses Phänomen selten. Die Erziehung an Mauern ist auch für empfindlichere Obstarten, wie Pfirsiche und Nektarine, empfehlenswert, da sie geschützter stehen.

Obstgehölze am Spalier sind dekorativ und bringen gute Ernten. Man kann sie im Garten auch als Sichtschutz- oder Trennwände einsetzen.

### Sorten
Bei der Wahl der Wuchsform sollte man auch berücksichtigen, wie viele Obstarten und -sorten man pflanzen möchte. Ein Fächer kann zum Beispiel die gleiche Fläche einer Mauer beanspruchen, die man für ein halbes Dutzend Kordone benötigen würde. Diese tragen nicht unbedingt mehr Früchte, aber man hat eine größere Auswahl unterschiedlicher Sorten, die sich in Geschmack und Reifezeit unterscheiden.

### Dekorative Aspekte
Formgehölze stellen im Garten einen nicht zu unterschätzenden dekorativen Aspekt dar. Ein großes Birnen-Spalier an der Vorderseite eines Wohnhauses ist ein beeindruckender Anblick und auch mehrere kleine Fächer sind sehr attraktiv. Freistehende Kordone und Spaliere bieten Sichtschutz und können im Küchengarten als Windschutz und zur Trennung der Beete dienen.

### Auswahl und Einkauf
Bevor man in der Baumschule oder im Gartencenter einfach drauf los kauft, sollte man sich Gedanken machen, wo man den Baum pflanzen möchte und welches die beste Form für diesen Standort ist. Man sollte auch bedenken, dass einfache Formen, wie Hochstämme, weniger Schnittmaßnahmen benötigen als aufwändige Formen, beispielsweise Spaliere. Bei groß wachsenden Bäumen ist zu bedenken, dass man zur Ernte in gewisse Höhen steigen muss. Wenn man sich auf Leitern oder Gerüsten nicht wohl fühlt, sollte man von diesen Formen Abstand nehmen.

Fächerformen sehen besonders attraktiv aus, wenn man sie vor einer Mauer zieht. Blüten und Früchte sind eine Zierde im Garten.

Obstbäumchen kann man auch gut in großen Kübeln ziehen. Hier wurden zwei Birnen als mehrarmige Kordone gezogen.

Säulen-Äpfel sind relativ neu auf dem Markt. Sie eignen sich besoners gut für kleine Gärten, da sie nur wenig Platz benötigen.

## Erziehungsformen von Obstgehölzen

Die Erziehungsform der Obstgehölze sollte danach gewählt werden, wieviel Platz man im Garten zur Verfügung hat. Viele der dekorativeren Formen brauchen mehr Platz, sie sind aber auch vom persönlichen Geschmack abhängig und müssen zur restlichen Gartengestaltung passen. Je größer diese Formen gestaltet werden, desto mehr Früchte kann man ernten.

**Buschbaum** Diese Form ist am „praktischsten" für die meisten Hausgärten. Sie ist nicht zu groß, sodass Schnitt- und Erntemaßnahmen leicht durchzuführen sind.

**Hochstamm** Obstbaumhochstämme werden relativ groß und deshalb sieht man sie heute nicht mehr so oft. Zum Ernten und Schneiden muss man Leitern benutzen.

**Halbstamm** Diese Form entspricht einem Hochstamm, nur ist sie durch den kürzeren Stamm kleiner. Trotzdem braucht man zum Ernten und Schneiden Leitern.

**Spindelbusch** Kleiner, strauchartiger Obstbaum, bei dem die Äste so erzogen werden, dass sie viel Licht bekommen. Meist sind keine Leitern zum Pflegen nötig.

**Pyramide** Die kleinste der „Baumformen" und besonders für kleine Gärten geeignet. Alle Pflegemaßnahmen können vom Boden ausgeführt werden.

**Fächer** Diese Form passt besonders gut vor Mauern oder Zäune, kann aber auch freistehend an zwischen Pfosten gespannten Drähten gezogen werden. Der Ertrag ist meist recht hoch.

**Kordon** Diese Form braucht nur wenig Platz und bringt doch viel Ertrag. So kann man auf kleinem Raum viele Sorten anpflanzen.

**Doppel-Kordon** Die Form entspricht dem Kordon, wird aber aufrecht und mit zwei Schenkeln erzogen.

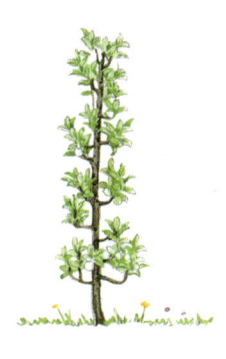

**Säule** Entspricht einem einfachen Kordon, kann aber viel höher gezogen werden. Ideal für Kübel und Container.

**Mehrarmiger Kordon** Entspricht einem Doppel-Kordon, hat aber mehrere aufrechte Arme (Schenkel). Mehrarmige Kordone sehen besonders im Alter sehr dekorativ aus.

**Spalier** Diese Erziehungsform bringt von allen dekorativen Formen den höchsten Ertrag. Wenn man sie an einer Hauswand zieht, kann die ganze Fassade bedeckt werden.

**Waagrechter Kordon** Ideal, um Äpfel oder Birnen als Begrenzung von Beeten oder als Einfassung einzusetzen. Im Prinzip entspricht die Form einem ein- oder zweiarmigen Kordon.

# Unterlagen

Fast alle Obstbäume, wie Äpfel, Birnen, Kirschen und andere, werden nicht wie die meisten anderen Pflanzen aus Samen oder vegetativ – aus Stecklingen oder durch Teilung – vermehrt. Sie werden auf verschiedene Unterlagen veredelt. Beim Kauf sollten Sie immer prüfen, ob die Unterlage auf die Sorte Ihrer Wahl veredelt wurde, die zu Ihren Ansprüchen passt.

## Eine Frage der Größe

Die Unterlage bestimmt die Wuchskraft und -form des Obstbaums, die veredelte Sorte (zum Beispiel 'Alkmene') die Obstsorte. Der Einfluss der Unterlage ist Gegenstand aufwändiger Forschungs- und Züchtungsarbeiten. Es gibt mittlerweile sehr viele Unterlagen, sodass nun praktisch für jeden Bedarf Material zur Verfügung steht. Bis vor einigen Jahren gab es beispielsweise keine schwachwachsenden Unterlagen für Kirschen und somit auch keine kleinen Kirschbäume.

## Pflanzung eines Obstbaums

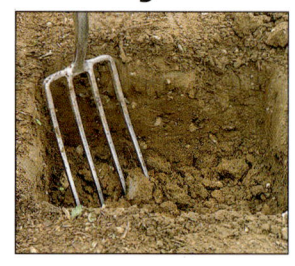

**1** Bereiten Sie den Boden im und um das Pflanzloch vor, indem Sie ihn auflockern und mit Kompost, Pflanzerde oder gut verrottetem Mist/Rinderdung verbessern.

**2** Überprüfen Sie, dass die Wurzeln nicht rund um den Container gewachsen sind. Lockern Sie den Wurzelballen und ziehen Sie die Wurzeln vorsichtig auseinander.

**3** Stellen Sie den Baum ins Pflanzloch und prüfen Sie, ob der Baum so tief steht, wie er vorher in der Baumschule stand. Die Veredlungsstelle muss über dem Boden liegen.

**4** Schlagen Sie den Haltepflock schräg ein, damit die Wurzeln nicht beschädigt werden. Überstehendes wird abgesägt.

**5** Fixieren Sie den Baum am Stamm mit speziellem Bindematerial am Pflock, dass es nicht in die Rinde einschneidet oder am Stamm scheuert.

**6** Der Baum ist nun bereit für den ersten Erziehungsschnitt. Nach dem Angießen wird der Boden wird mit einer Mulchschicht bedeckt.

Apfel auf der Wurzelunterlage M9. Die schwachwachsende Unterlage ist ideal für Buschbäume und dekorative Formen in kleinen Gärten.

Apfel auf M26. Eine mittel schwachwachsende Unterlage, die für etwas größere Formen, wie Fächer und Spaliere geeignet ist.

Apfel auf M27. Diese extrem schwachwüchsige Unterlage eignet sich für Pyramiden, Kordone und andere Zwergformen.

## Weitere Eigenschaften

Die Unterlage hat nicht nur einen Einfluss auf die Wuchskraft und -form des Obstbaums, sondern auch auf seine Widerstandsfähigkeit gegenüber Krankheiten und Schädlingen. Auch die Standortgegebenheiten spielen bei der Wahl der Unterlage eine Rolle: Es gibt trockenheits- und kältetolerante Unterlagen. Wenn man bei einer Baumschule vor Ort kauft, wird man meist eine passende Unterlage erhalten, bei Versandgärtnereien oder Billigangeboten ist Vorsicht angeraten.

## Pflanzung

Obstbäume werden meist als einjährig veredelte Bäumchen mit einem Haupttrieb, sogenannte Heister, oder als Hochstämmchen mit entwickelten Seitentrieben angeboten. Die Pflanzung von Obstbäumen unterscheidet sich nicht von der anderer Gehölze. Der Boden wird gründlich vorbereitet und tiefgründig gelockert, damit im Pflanzloch keine Staunässe entstehen kann. Bei der Pflanztiefe muss man darauf achten, dass die Veredlungsstelle nicht unterhalb der Erdoberfläche liegt, da sonst das Edelreis selbst Wurzeln ausbildet und der positive Einfluss der Unterlage auf das Wachstum der Edelsorte zunichte gemacht wird. Vor dem Pflanzen wird ein Pfahl oder Stab als Stütze in das Pflanzloch gesetzt, an dem der Baum befestigt wird.

**Verdelte Unterlage**
So sieht die Veredlungsstelle eines Obstbaums aus. Deutlich erkennt man die Stelle, an der Wurzelunterlage und Edelreis miteinander verwachsen sind.

### Apfelunterlagen

| | | |
|---|---|---|
| M27 | sehr schwachwüchsig | Buschbaum, Pyramide, Kordon |
| M9 | schwachwüchsig | Buschbaum, Pyramide, Kordon |
| M26 | mittel starkwüchsig | Buschbaum, Pyramide, Kordon |
| MM106 | mittel starkwüchsig | Buschbaum, Spindelbusch, Kordon, Fächer, Spalier |
| M7 | mittel starkwüchsig | Buschbaum, Spindelbusch, Kordon, Fächer, Spalier |
| M4 | mittel schwachwüchsig | Buschbaum, Spindelbusch |
| MM4 | starkwüchsig | Hochstamm |
| M2 | starkwüchsig | Hochstamm |
| MM111 | starkwüchsig | Halbstamm, Hochstamm, großer Buschbaum, große Fächer und Spaliere |
| M25 | starkwüchsig | Hochstamm |
| MM109 | starkwüchsig | Hochstamm |
| M1 | starkwüchsig | Hochstamm |

### Birnenunterlagen

| | | |
|---|---|---|
| Quitte C | mittel schwachwüchsig | Buschbaum, Kordon, Pyramide, Spalier, Fächer |
| Quitte A | mittel schwachwüchsig | Buschbaum, Kordon, Pyramide, Spalier, Fächer |
| Birne | starkwüchsig | Hochstamm, Halbstamm |

### Kirschunterlagen

| | | |
|---|---|---|
| Tabel/Edabritz | schwachwüchsig | Buschbaum |
| Gisela 5 | schwachwüchsig | Buschbaum |
| Colt | mittel schwachwüchsig | Halbstamm |
| GM61.1 | mittel schwachwüchsig | Halbstamm |
| Mazard | starkwüchsig | Hochstamm |
| Mahaleb | starkwüchsig | Hochstamm |

### Pflaumen-, Zwetschen- und Reneklodenunterlagen

| | | |
|---|---|---|
| Pixy | schwachwüchsig | Buschbaum, Pyramide |
| Damas C | mittel schwachwüchsig | Buschbaum |
| St Julien A | mittel schwachwüchsig | Buschbaum, Fächer, Pyramide |
| Brompton A | starkwüchsig | Halbstamm, Hochstamm |
| Myrobalan B | starkwüchsig | Halbstamm, Hochstamm |

### Aprikosen-, Pfirsich- und Nektarinenunterlagen

| | | |
|---|---|---|
| St Julien A | mittel schwachwüchsig | Buschbaum, Fächer |
| Brompton A | starkwüchsig | Buschbaum |
| Pfirsich Sämling | starkwüchsig | Hochstamm, Buschbaum |
| Aprikosen Sämling | starkwüchsig | Hochstamm, Buschbaum |

# Grundtechnik

Wie bei den meisten Tätigkeiten im Garten gibt es viele Wege, ein Ziel zu erreichen. Das trifft auch auf den Schnitt von Obstgehölzen zu. Einige Grundprinzipien muss man aber einhalten – abhängig davon, an welchen Trieben der Baum Früchte trägt.

## Schnitttechniken

Die allgemeinen Schnittregeln, die für Ziergehölze gelten, treffen auf Obstgehölze genauso zu. Die Schnittführung an dicken oder dünneren Ästen und Zweigen sollte dicht bei einer Knospe oder Verzweigung liegen, sodass keine „Kleiderhaken" entstehen. Wenn man zwischen zwei Knospen schneidet, wird der obere Teil absterben. Je länger dieser ist, desto größer ist die Gefahr, dass Krankheitserreger eindringen können. Die Schnittfläche sollte leicht von der Knospe wegführen. Als Zweites muss man beachten, dass große Äste sehr schwer sind. Wenn man einen Ast von oben einsägt, wird er durch sein Gewicht ab einer bestimmten Schnitttiefe abbrechen und einen langen Rinden- und Holzstreifen mit abreißen. Schneiden Sie große Äste daher immer zuerst auf der Unterseite ein, bevor Sie ihn von oben ganz absägen. Wenn der Ast bricht, reißt er dann nur bis zum unteren Schnitt ein. Nach dem Absägen kann man den Stumpf sauber abschneiden. Ob Schnittwunden mit einem Wundverschlussmittel behandelt werden sollen oder nicht, wird kontrovers diskutiert. Heute setzt man

*Bei Feigen ist es manchmal nötig, das Laub zu entfernen, damit die darunter wachsenden Früchte genug Sonne und Wärme zum Reifen bekommen.*

*Aufrechte Stützstäbe müssen vor dem Pflanzen ins Pflanzloch eingeschlagen werden, da sonst Wurzeln beschädigt werden können.*

*Wenn zu viele Früchte an einem Trieb reifen, muss man einige im Sommer ausdünnen, damit die übrigen richtig ausreifen können.*

*Der Rückschnitt von neuen Langtrieben bei Birnen stoppt die Wuchskraft und regt die Bildung neuer Fruchtspieße an.*

**Obstgehölze mit Fruchtspießen** Einige Apfelsorten tragen an kurzen Fruchttrieben, die am älteren Holz erscheinen.

**An Langtrieben fruchtende Obstgehölze** Viele Obstbäume tragen an Langtrieben und müssen so geschnitten werden, dass diese nicht entfernt werden.

**Unverzweigte Rute** Im ersten Jahr wächst aus der Veredlungsstelle nur ein einzelner unverzweigter Trieb.

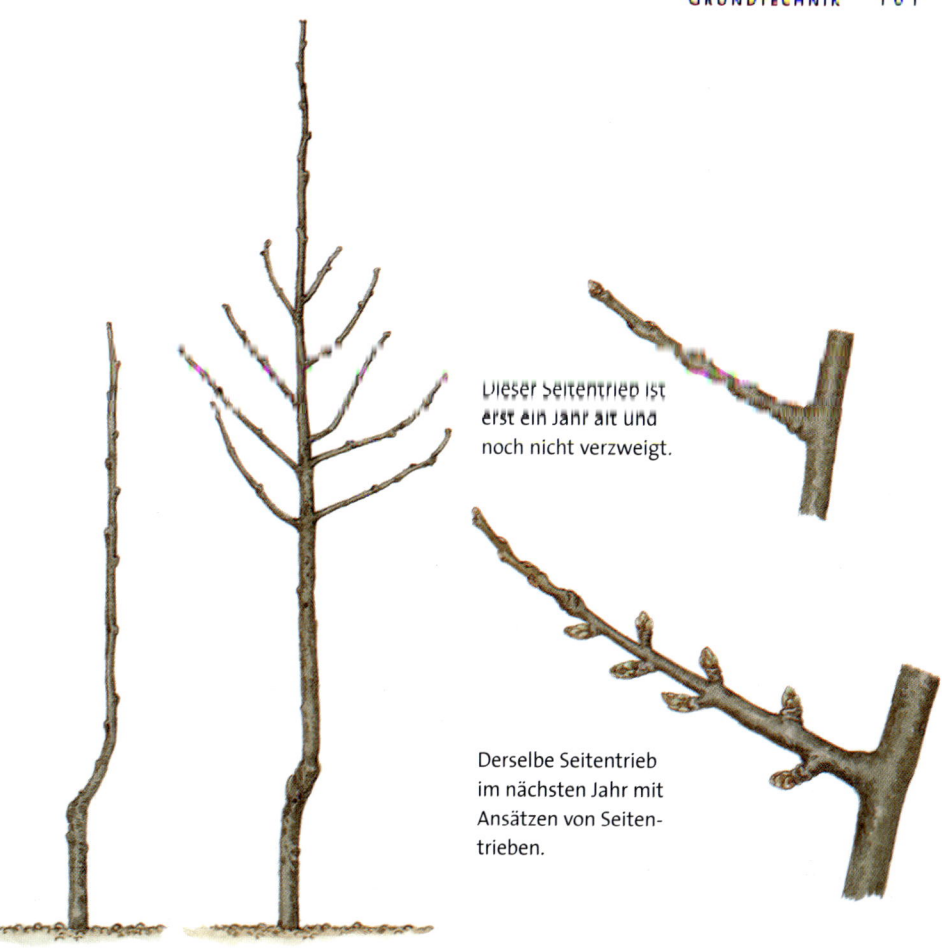

**Verzweigter Jungbaum (Heister)** Im zweiten und den folgenden Jahren bilden sich am Mitteltrieb Seitentriebe.

Dieser Seitentrieb ist erst ein Jahr alt und noch nicht verzweigt.

Derselbe Seitentrieb im nächsten Jahr mit Ansätzen von Seitentrieben.

auf die Selbstheilungskraft des Baums. Wenn man auf eine saubere Schnittführung achtet, die Schnittwerkzeuge immer scharf sind und man bei größeren Wunden ausgefranste Wundränder mit einem Messer glatt schneidet, ist man meist auf der sicheren Seite.

## Erziehungsschnitt

In den ersten Jahren nach der Pflanzung muss der Baum in die gewünschte Wuchsform erzogen werden. Die Grundform eines Kordons lässt sich einfacher erreichen als ein großer Fächer, der über mehrere Jahre aufgebaut werden muss. Auch die einfacheren Formen, wie Hochstamm, Halbstamm oder Buschbaum, brauchen eine gewisse Grunderziehung, da sie nicht unbedingt so natürlich sind, wie sie aussehen. Die Äste müssen gleichmäßig verteilt sein und die Krone sollte möglichst offen sein, damit alle Früchte ausreichend Licht bekommen.

## Blüten und Früchte

Je nach Obstsorte werden die Blüten und später die Früchte an unterschiedlichen Trieben angesetzt. Dies beeinflusst unmittelbar die Schnitttechnik. Die meisten Apfelsorten fruchten zum Beispiel an kurzen Trieben, die dicht zusammenstehen, den sogenannten Fruchtspießen. Diese sind meist mindestens drei Jahre alt. Es gibt aber auch Sorten, die an den Enden längerer Triebe Früchte bilden. Würde man diese Spitzen wegschneiden, hätte das eine Ertragsminderung zu Folge. Deshalb können solche Sorten, wie 'Worcester Pearmain', nicht als Kordon gezogen werden. Durch die für einen Kordon nötige Schnitttechnik würden alle fruchtenden Triebe entfernt. Manche Obstbäume, wie Sauerkirschen oder Pfirsiche, fruchten an den Trieben des Vorjahrs. Man muss sie also so schneiden, dass jedes Jahr möglichst viele neue Triebe entstehen.

## Allgemeiner Schnitt

Beim Schneiden muss man nicht nur auf den Ertrag, sondern auch auf das äußere Erscheinungsbild achten. Abgestorbene und schwache Äste müssen entfernt werden. Auch aneinanderscheuernde oder zu dicht wachsende Zweige schneidet man heraus.

## Schnittzeitpunkt

Der Zeitpunkt des Schnitts hängt von der Obstsorte ab. Hochstämme und Buschbäume müssen nur einmal im Jahr geschnitten werden, während kompliziertere Erziehungsformen, wie Fächer, zweimal geschnitten werden sollten.

# Verjüngungsschnitt

Wenn Obstbäume regelmäßig geschnitten und gepflegt werden, tragen sie über viele Jahre Früchte. Manchmal kommt es aber dazu, dass man in den Besitz alter und vernachlässigter Bäume gerät, zum Beispiel wenn man einen neuen Garten übernimmt oder man die eigenen Bäume nicht so regelmäßig geschnitten hat, wie es nötig gewesen wäre. Das führt dazu, dass die Bäume nicht mehr so viele und häufig auch kleinere Früchte als normal tragen. Außerdem sind sie anfälliger für Krankheiten.

### Ersetzen

Nicht immer lohnt sich eine Renovierung oder Verjüngung. Vergreiste, kranke oder durch Astbruch beschädigte Bäume entfernt man besser und ersetzt sie durch neue. Will man den Baum nur als Schattenspender und nicht zur Obstgewinnung, dann kann man ihn noch einige Jahre stehen lassen. Besteht allerdings die Gefahr, dass morsche Äste abbrechen können und eine Verletzungsgefahr darstellen, muss der Baum natürlich gefällt werden.

### Verjüngungsschnitt – 1. Jahr

Es ist empfehlenswert, die Verjüngung eines Baums über mehrere Jahre zu verteilen, damit der Baum Zeit hat, sich von den drastischen Schnittmaßnahmen zu erholen und nicht zu sehr gestresst wird.

Zuerst, wie bei allen Schnittmaßnahmen, entfernt man abgestorbene Äste und kranke Triebe. Diese Maßnahme bedeutet keinen Stress für den Baum, man kann im ersten Jahr also noch weitergehen. Als Nächstes entfernt man zu dicht stehende Äste.

### Verjüngungsschnitt an einem alten Obstbaum

**1** Wenn ein ausgewachsener Obstbaum durch Vernachlässigung zu dicht und unschön geworden ist, und der Ertrag abnimmt, muss er verjüngt oder renoviert werden.

**2** Zuerst werden alle abgestorbenen, kranken oder beschädigten Äste herausgeschnitten. Dann wird das alte Holz, das zu dicht wächst oder an anderen Ästen scheuert, zurückgeschnitten.

**3** Schneiden Sie alle Wasserschosse heraus. Sie machen den Baum dicht, wachsen in die Höhe und bringen keinen Ertrag an Früchten.

**4** So geschnitten werden sich neue Fruchtspieße bilden und der Ertrag des Obstbaums wird wieder steigen.

**5** Das Kroneninnere ist nun offener, sodass Licht und Luft auch an weiter unten liegende Äste gelangen kann. So können alle Früchte gleichmäßig ausreifen.

**6** Der gleiche Baum im folgenden Sommer. Deutlich erkennt man das starke Wachstum nach dem Rückschnitt, das durch weitere Schnittmaßnahmen gebremst werden muss.

## Ausdünnen von Fruchtspießen bei Obstgehölzen

Es ist wichtig, darauf zu achten, dass die Fruchtspieße nicht zu dicht werden, da dies den Ertrag mindert und die Qualität der Früchte abnimmt. Ab einem gewissen Alter müssen sie regelmäßig ausgedünnt werden.

**Vor dem Schnitt** Wenn der Baum über mehrere Jahre Fruchtspieße gebildet hat, werden diese mit der Zeit zu dicht und unproduktiv.

**Nach dem Schnitt** Durch Entfernen der ältesten werden die Fruchtspieße ausgedünnt. Man lässt genug für die nächste Ernte stehen.

Obstanlage mit vielen Reihen gut gepflegter Apfelbäume. Man beachte die durch Schnitt offen gehaltenen Kronen.

Besonders sich kreuzende Zweige, die aneinanderreiben, müssen entfernt werden. Danach betrachtet man den Baum mit etwas Abstand und prüft, ob noch weitere Äste entfernt werden müssen, vor allem im Kroneninneren. Licht und Luft müssen in die Krone gelangen können.

Wenn viele Äste entfernt werden müssen, konzentriert man sich im ersten Jahr auf das Kroneninnere und schneidet die äußeren Bereiche erst im nächsten Jahr. Der Baum sieht nun schon besser aus und hat ein Jahr Zeit, sich zu erholen.

## Die Baumscheibe

Bei der Verjüngung muss man sich nicht nur um die Kronenbereiche kümmern, sondern auch um die Umgebung. Unkraut und Gestrüpp, das sich unter dem Baum angesammelt hat, werden entfernt. Der Boden wird leicht aufgeharkt und mit Kompost, verrottetem Mist oder organischem Dünger verbessert. Eine Mulchschicht verhindert schnelles Austrocknen der Erde. Der Mulch wird ringförmig um den Stamm verteilt, sollte ihn aber nicht berühren, da dies Fäulnis oder die Bildung von Schösslingen anregen kann.

## Verjüngungsschnitt – 2. Jahr

Nachdem im ersten Jahr die Form des Baums wiederhergestellt wurde, wird im zweiten Jahr die Ertragskraft gesteigert. Im äußeren Kronenbereich dünnt man zu dicht stehende Äste aus, wenn dies nicht schon im ersten Jahr geschehen ist. Senkrechte Triebe an den Hauptästen, sogenannte Wasserschosse, schneidet man weg, bis der Baum „aufgeräumt" aussieht. An den Zweigenden kürzt man die Triebe auf eine nach außen stehende Seitenknospe ein. Zu dicht stehende Fruchtspieße müssen auch ausgelichtet werden.

## Schnitt eines Birnbaums

**1** Am besten vermeidet man Verjüngungs- und Renovierungsmaßnahmen, indem man seine Bäume von Anfang an schneidet und erzieht.

**2** Der Mitteltrieb wird gekappt, damit sich der Baum verzweigt und mehr in die Breite als in die Höhe wächst.

**3** Die längeren Seitentriebe werden auf die Hälfte zurückgeschnitten, sodass ein ausgeglichener, gleichmäßig geformter Obstbaum entsteht.

**4** Die kürzeren Seitentriebe an der Spitze des Baums schneidet man auf eine kräftige Triebknospe zurück.

**5** Alle Seitentriebe, die nicht als Hauptäste benötigt werden, entspitzt man, damit die Bildung von Fruchtspießen gefördert wird.

# Äpfel *(Malus domestica)*
## Apfel-Hochstamm und -Halbstamm

Hochstämme brauchen viel Platz und Pflegemaßnahmen, wie Schnitt, Pflanzenschutz, Einnetzen oder Ernte, die aufwändig und schwierig sind. Da sie aber für romantischen Schatten und ländliches Flair sorgen, haben sie noch viele Anhänger. Ein Halbhochstamm ist als Alternative empfehlenswert. Beide Formen werden freistehend gepflanzt.

### Stützpfahl
Bevor man den Baum ins Pflanzloch stellt, schlägt man einen Pfahl ein. Würde man ihn erst später einschlagen, könnten die Wurzeln des Baums beschädigt werden. An windigen Standorten kann man den Baum auch an zwei Pfählen befestigen. Zum Anbinden (Achter-Knoten) nimmt man spezielle Kunststoffbänder (Fachhandel), da eine normale Nylonschnur oder ein Draht in die Rinde einschneiden und einwachsen können.

### Erziehungsschnitt
Man beginnt mit einem verzweigten Hochstamm. Während des Wachstums entfernt man nach und nach die unteren Seitentriebe, um einen unbeasteten Stamm zu erhalten. Dies wird solange durchgeführt, bis die gewünschte Kronenhöhe erreicht ist. Dann wird der Mitteltrieb abgeschnitten. Die seitlichen Äste bilden nun als Leitäste die Krone. Die Leitäste müssen gleichmäßig verteilt wachsen und dürfen sich nicht überkreuzen. Die Langtriebe an den Leitästen kürzt man ein, um die Verzweigung zu fördern. Das Kroneninnere muss frei bleiben. Alle störenden Triebe am Stamm werden entfernt.

### Erhaltungsschnitt
Hochstämme werden meist nur im Winter geschnitten. Die Schnitttechnik hängt davon ab, ob die Sorte an den Langtrieben oder Kurztrieben fruchtet. Bei Sorten, die an Kurztrieben tragen, entfernt man starkwüchsige und sich überkreuzende oder schräg wachsende Triebe. Den Neuzuwachs der Leitäste kürzt man um ein Viertel bis ein Drittel des Vorjahrswachstums ein. Kontrollieren sie auch die Fruchtspieße: Sind zu viele ausgebildet, werden die ältesten entfernt. Bei Sorten, die an Langtrieben tragen, lässt man diese ungeschnitten oder entfernt nur die Endknospe. Ältere Triebe werden auf jüngere Seitentriebe zurückgeschnitten, damit sich der Baum erneuern kann und der Ertrag nicht zurückgeht. Bei beiden Sortengruppen wird das Kroneninnere offen gehalten.

Einige Apfel-Sorten, wie der mittelgroße 'Katja', sollten direkt verzehrt werden, da sie sich nicht lange lagern lassen.

'Laxtons' Epicure'. Für den Hausgarten gibt es zahlreiche Sorten, deren Früchte man nicht im Supermarkt kaufen kann.

### Sorten

| | |
|---|---|
| 'Ahra' | 'Otava' |
| 'Alkmene' | 'Pilot' |
| 'Ariwa' | 'Pinova' |
| 'Arkcharm' | 'Piros' |
| 'Berlepsch' | 'Prinz Albert von |
| 'Discovery' | Preussen' |
| 'Gerlinde' | 'Rajka' |
| 'Goldrush' | 'Resi' |
| 'Goldstar' | 'Resista' |
| 'Gravensteiner' | 'Retina' |
| 'Jakob Fischer' | 'Rewena' |
| 'James Grieve' | 'Rosana' |
| 'Kaiser Wilhelm' | 'Roter Berlepsch' |
| 'Kalco' | 'Roter Boskoop' |
| 'Klarapfel' | 'Rubinola' |
| 'Nela' | 'Topaz' |

## Erziehung eines Apfel-Hochstamms

Die Erziehung eines Apfel-Hochstamms oder Halbstamms ist nicht besonders schwierig. Die ersten Schnittmaßnahmen sind aber sehr wichtig, da damit das Grundgerüst des Baums geschaffen wird. Bis zum dritten Jahr schneidet man alle Sorten gleich, später wird zwischen Sorten, die an Kurz- und solchen, die an Langtrieben fruchten, unterschieden.

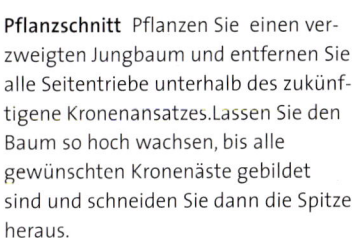

**Pflanzschnitt** Pflanzen Sie einen verzweigten Jungbaum und entfernen Sie alle Seitentriebe unterhalb des zukünftigen Kronenansatzes. Lassen Sie den Baum so hoch wachsen, bis alle gewünschten Kronenäste gebildet sind und schneiden Sie dann die Spitze heraus.

**Erziehungsschnitt** Wenn sich der Baum weiterentwickelt, schneidet man alle Seitentriebe der Kronenäste, die zu dicht stehen oder aneinanderscheuern. Der Neuzuwachs der Spitzen der Kronenäste wird um die Hälfte eingekürzt, alle anderen Seitentriebe auf vier Knospen.

**Sorten, die an Kurztrieben fruchten** Wenn die Endgröße erreicht ist, werden alle Triebe auf fünf Knospen zurückgeschnitten. Unerwünschte Zweige oder Äste werden entfernt. Wenn die Fruchtspieße zu dicht werden, dünnt man sie aus. Gelegentlich sollte man ältere Äste auf einen starken Seitentrieb zurücksetzen, damit sich der Baum verjüngt.

**Sorten, die an Kurztrieben fruchten** Der Neuzuwachs aller Triebe wird um ein Viertel bis ein Drittel zurückgeschnitten. Triebe, die nicht für das Astgerüst benötigt werden, schneidet man auf vier Knospen zurück, damit sich Fruchtspieße bilden. Unerwünschte Triebe schneidet man heraus.

**Sorten, die an Langtrieben fruchten** Bei diesen Sorten werden die Triebe an den Hauptästen nur um ein Viertel zurückgeschnitten. Die äußeren Triebe werden nicht geschnitten, außer sie wachsen über Kreuz. In solchen Fällen schneidet man sie ganz heraus oder nimmt sie auf einen Seitentrieb zurück.

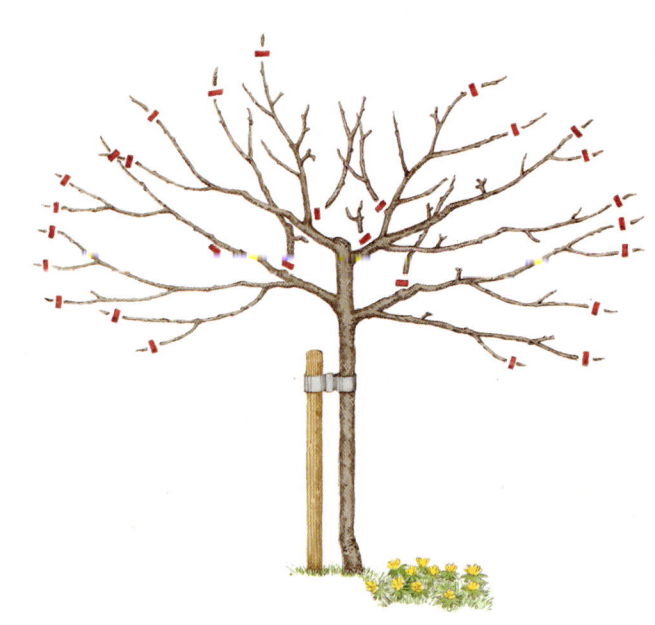

**Sorten, die an Langtrieben fruchten** Wenn Sorten, die an Langtrieben tragen, etabliert sind, muss nur noch wenig geschnitten werden. Man nimmt nur die Spitzen leicht zurück. Das Kroneninnere sollte offen gehalten werden. Auch unerwünschte oder über Kreuz wachsende Äste schneidet man weg.

# Apfel-Buschbaum

Buschbäume sind Hochstämme ohne oder mit einem nur sehr kurzen Stamm. Sie sind kleiner als Hoch- oder Halbhochstämme und ideal für den kleinen Garten. Ein gut gestalteter Buschbaum ist immer noch so groß, dass man unter ihm sitzen kann. Sie eignen sich sowohl für Sorten, die an Kurztrieben tragen, als auch für solche, die an Langtrieben Früchte bilden.

### Stützpfahl

Wählen Sie einen stabilen Pfahl und setzen Sie diesen vor dem Pflanzen ins Pflanzloch. An exponierten Standorten nimmt man zwei Pfähle. Zum Anbinden verwendet man spezielle Kunststoffbänder oder -schnüre, die nicht in die Rinde einschneiden oder scheuern.

### Erziehungsschnitt

Man beginnt mit einem jungen Baum, dessen Mitteltrieb gestäbt, das heißt an einen Stab gebunden wird. Wenn der Baum wächst, entfernt man nach und nach die untersten Seitentriebe, um einen kurzen Stamm zu erhalten. Wenn die gewünschte Höhe des Kronenansatzes erreicht ist, schneidet man den Mitteltrieb ab. Die Seitenäste bilden nun die Krone. Noch am Stamm vorhandene Triebe werden weggeschnitten. Halten Sie das Kroneninnere offen.

Buschbäume sind ideal, wenn man einen „kleinen Baum" haben möchte. Sie bleiben relativ klein, auch auf starkwüchsigeren Unterlagen.

Eigene Früchte aus dem Garten schmecken besser als viele Supermarkt-Angebote. Und man hat ein richtiges Erfolgserlebnis bei der Ernte.

Apfelbäume sind nicht nur reine Nutzbäume im Garten. Die abgebildete Sorte 'Pruniflora' zeigt, dass sie auch ausgesprochen dekorativ sind.

### Erhaltungsschnitt

Buschbäume müssen meist nur im Winter geschnitten werden. Je nachdem, ob man eine Sorte hat, die an Kurz- oder Langtrieben trägt, wird unterschiedlich geschnitten. Bei Sorten, die an Kurztrieben fruchten, schneidet man alle unerwünschten, zu stark wachsenden Triebe heraus. Auch aneinanderscheuernde Äste werden entfernt. Die Langtriebe des Vorjahrs nimmt man um ein Viertel bis ein Drittel zurück. Fruchtspieße, die zu dicht stehen, werden ausgedünnt. Bevorzugt entfernt man dabei die ältesten Fruchtspieße. Bei Sorten, die an Langtrieben tragen, lässt man die Triebe ungeschnitten oder entfernt nur die äußerste Knospe. Älteres Holz wird bis auf einen starken Seitentrieb zurückgeschnitten, um eine kontinuierliche Verjüngung und einen regelmäßigen Ertrag zu gewährleisten. Außerdem entfernt man zu dicht stehende oder scheuernde Triebe, und solche, die zu stark gewachsen sind. Das Kroneninnere sollte offen gehalten werden.

## Erziehung eines Apfel-Buschbaums

Buschbäume sind ideal für kleinere Gärten. Wenn Sie einmal ausgewachsen sind, brauchen sie nur noch wenig geschnitten werden. Pflanz- und Erziehungsschnitt unterscheiden sich nur wenig von dem von Hochstämmen, außer dass der Baum insgesamt kleiner wird. Ab dem dritten Jahr wird zwischen Sorten, die an Kurz- und an Langtrieben fruchten, unterschieden.

**Pflanzschnitt** Pflanzen Sie einen verzweigten Jungbaum und entfernen Sie die Seitentriebe unterhalb des künftigen Kronenansatzes. Lassen Sie den Baum so hoch wachsen, bis alle Kronenäste gebildet sind und schneiden Sie dann die Spitze heraus.

**Erziehungsschnitt** Alle Seitentriebe der Kronenäste, die zu dicht stehen oder aneinanderscheuern, schneidet man zurück. Der Neuzuwachs der Spitzen der Kronenäste wird um die Hälfte eingekürzt, alle anderen Seitentriebe auf etwa vier Knospen.

**Sorten, die an Kurztrieben fruchten** Ab dem dritten Jahr werden alle Triebe auf fünf Knospen zurückgeschnitten. Unerwünschte Zweige oder Äste werden entfernt. Wenn die Fruchtspieße zu dicht werden, dünnt man sie aus. Gelegentlich setzt man ältere Äste auf einen starken Seitentrieb zurück, damit sich der Baum verjüngt.

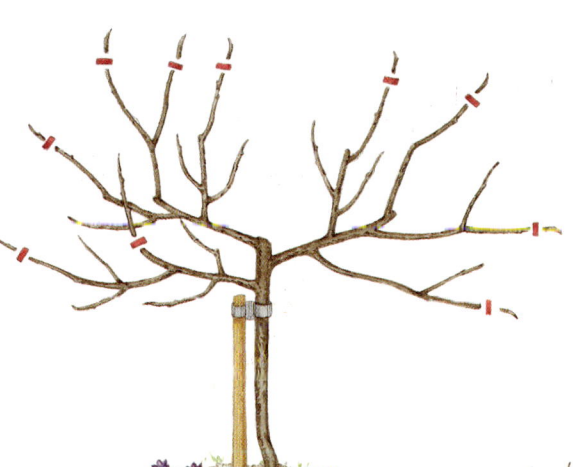

**Sorten, die an Kurztrieben fruchten** Weiterhin wird der Neuzuwachs aller Triebe um ein Viertel bis ein Drittel zurückgeschnitten. Triebe, die nicht für das Astgerüst benötigt werden, schneidet man auf vier Knospen zurück, damit sich Fruchtspieße bilden. Unerwünschte Triebe schneidet man heraus.

**Sorten, die an Langtrieben fruchten** Bei diesen Sorten werden die Triebe an den Hauptästen nur um ein Viertel zurückgeschnitten. Die äußeren Triebe werden nicht geschnitten, außer sie wachsen über Kreuz. Dann schneidet man sie ganz heraus oder nimmt sie auf einen Seitentrieb zurück.

**Sorten, die an Langtrieben fruchten** Sorten, die an Langtrieben tragen müssen nur noch wenig geschnitten werden, wenn sie ausgewachsen sind. Man nimmt nur die Spitzen leicht zurück. Auch unerwünschte oder über Kreuz wachsende Äste schneidet man weg. Das Kroneninnere sollte offen gehalten werden.

# Apfel-Spindelbusch

Diese Erziehungsform stammt aus dem Erwerbsanbau. Spindelbüsche bieten den Vorteil hoher Erträge bei relativ kleiner Baumgröße. Allerdings sehen sie weniger schön aus. Die Erziehung basiert auf dem Prinzip, dass waagrechte Äste mehr Fruchtspieße bilden und so der Ertrag höher ist.

## Stützpfahl

Sie brauchen einen Pfahl, der genauso lang ist, wie der Baum später hoch sein wird. Setzen Sie ihn vor der Pflanzung ins Pflanzloch, da beim späteren Einpflanzen die Wurzeln beschädigt werden. Binden Sie den Mitteltrieb in mehreren Höhen am Pfahl fest. Bei schwachwüchsigen Unterlagen sollte der Stützpfahl auch später am Baum bleiben, wenn dieser angewachsen ist.

## Erziehungsschnitt

Pflanzen Sie einen jungen Baum und kappen Sie den Mitteltrieb, wenn er eine Höhe von etwa 1 m erreicht hat. Die Anzahl der Seitentriebe wird auf drei bis vier begrenzt. Der unterste sollte etwa 60 cm über dem Boden liegen. Man wählt die Seitentriebe so aus, dass sie mit gleichmäßigem Abstand rund um den Stamm platziert sind. Sie bilden die zukünftigen Leitäste des Baums. Im ersten Sommer zieht man den Neuzuwachs der Leitäste vorsichtig herunter, bis die Äste möglichst waagrecht wachsen. Man hält sie in Position, indem man die Schnüre an Pflöcken oder an der Basis des Pfahls festbindet. Achten Sie darauf, dass das Bindematerial nicht in die Rinde einschneidet. Wenn sich ein neuer Spitzentrieb am Hauptstamm bildet, wird er an den Pfahl gebunden und neue Seitentriebe werden herangezogen. Man kann dies beschleunigen, indem man den neuen Mitteltrieb im Winter um ein Drittel einkürzt. Man schneidet immer auf ein Auge, das dem beim Vorjahrsschnitt ausgewählten Auge gegenüber liegt. Die neuen Seitentriebe werden ebenfalls heruntergebogen und zu stark wachsende, aneinanderscheuernde Triebe weggeschnitten. Alle Seitentriebe müssen, von oben gesehen, genug Licht und Luft bekommen. Wenn der Mitteltrieb eine Höhe von etwa 2 m erreicht hat (diese Höhe kann man mit einer Leiter noch erreichen), wird er jedes Jahr auf ein oder zwei Knospen zurückgeschnitten.

Spindelbüsche ermöglichen den gleichzeitigen Anbau verschiedener Sorten auf kleinem Raum in einer Obstanlage.

## Erziehung eines Apfel-Spindelbuschs

Die Erziehung von Spindelbüschen sieht auf den ersten Blick schwieriger aus, da die Schnüre zum Herunterbinden ungewohnt sind. In Wirklichkeit ist ihre Erziehung nicht schwer und der Aufwand wird mit reichen Ernten belohnt.

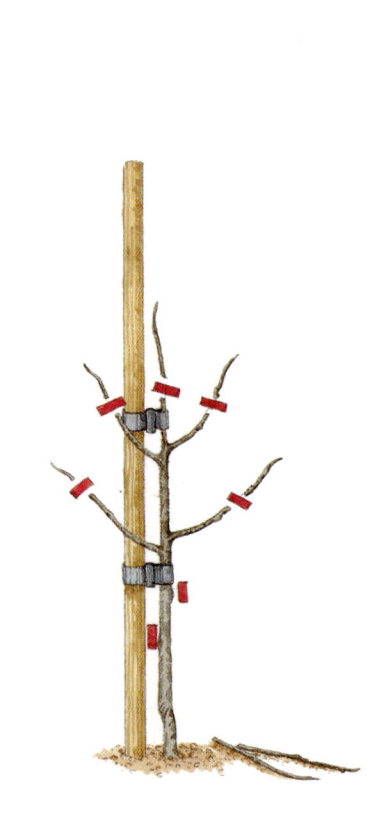

**Erstes Jahr, Winter** Man beginnt mit der Pflanzung eines verzweigten Jungbaums. Man muss Spindelbüsche an einen stabilen Pflock binden, der höher ist, als der Baum. In einer Höhe von etwa 1 m wird die Spitze herausgeschnitten und der Stamm auf 60 cm aufgeastet.

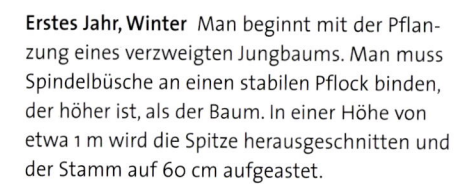

**Erstes Jahr, Sommer** Im ersten Sommer werden die verbliebenen Seitentriebe vorsichtig nach unten gebogen, indem man sie an Schnüre bindet, die mit Krampen am Pflock oder mit Heringen im Boden verankert werden. Der neue Mitteltrieb wird an den Pflock gebunden.

## Erhaltungsschnitt

Wenn der Baum seine Endgröße erreicht hat, wird die Spitze jeden Winter auf ein bis zwei Knospen zurückgeschnitten. Die Leitäste sollten in ihrer waagrechten Position bleiben, wenn man die Schnüre entfernt. Ersatztriebe bindet man herab, damit auch sie waagrecht und nicht nach oben wachsen. Zu stark wachsende oder sich kreuzende Triebe werden herausgeschnitten. Jedes Jahr sollte man einige neue Triebe heranziehen, damit die ältesten nach und nach entfernt werden können.

Ein Spindelbusch, der gerade anfängt zu tragen. Die Schnüre sollten besser an einem Pflock oder Heringen befestigt werden, als am Stamm.

An diesen Spindelbüschen in einer professionellen Obstanlage kann man gut erkennen, wie niedrig sie bleiben und wie einfach Schnitt- und Erntemaßnahmen dadurch sind.

**Folgejahre** Wiederholen Sie das Herabbinden und Einkürzen des Mitteltriebs so lange, bis der Spindelbusch seine gewünschte Höhe von etwa 2,20 m erreicht hat. Alle Triebe, die senkrecht oder steil nach oben wachsen, werden herausgeschnitten.

**Erhaltungsschnitt** Wenn die Endgröße erreicht ist, wird der Mitteltrieb jährlich auf ein oder zwei Knospen zurückgeschnitten. Älteres Holz wird nach und nach herausgeschnitten, damit sich der Busch verjüngen kann. Wenn die Triebe ausgereift sind, entfernt man die Schnüre.

# Apfel-Pyramide

Für den Gärtner, der einen kleinen Garten hat und einen Apfelbaum möchte, ist die Pyramide die ideale Erziehungsform. Wichtig ist, dass die Sorte auf eine schwachwüchsige Unterlage veredelt wird, damit der Baum leicht auf etwa 2 m Höhe und 1,20 m Breite gehalten werden kann. Aufgrund ihrer begrenzten Größe werden meist nur Sorten, die an Kurztrieben fruchten, verwendet. Aber die Bandbreite an Sorten ist dennoch groß genug.

Pyramidenbäume sind so klein, dass sie sogar in großen Kübeln gezogen werden können. Ideal für Balkon und Terrasse! Der Schnitt unterscheidet sich nicht von dem von im Garten ausgepflanzten Exemplaren.

## Stützpfahl

Ein stabiler Pfahl wird vor der Pflanzung ins Pflanzloch gesetzt. Würde man ihn später einschlagen, könnten Wurzeln verletzt werden. Der Pfahl muss so lang sein, dass er mindestens 2 m über der Erdoberfläche steht. Zum Anbinden verwendet man spezielle Kunststoffbänder.

## Erziehungsschnitt

Ziel ist es, einen kegelförmigen Aufbau zu erhalten, bei dem die Seitenäste von unten nach oben immer kürzer werden. Beginnen Sie mit einem Jungbaum, der gleichmäßig verteilte Seitentriebe hat. Triebe, die zu dicht stehen oder steil nach oben wachsen, werden weggeschnitten. Die verbliebenen Seitenäste, die zukünftigen Leitäste, kürzt man bis auf 15 cm vom Stamm ein, möglichst auf eine nach außen (nicht nach oben!) zeigende Knospe. Der Mitteltrieb wird auf eine Höhe von etwa 75 cm gekürzt. Seitentriebe werden bis in eine Höhe von 45 cm vom Boden aus komplett entfernt. Im Sommer schneidet man senkrechte Triebe (Wasserschosse) heraus. Der Mitteltrieb wird nicht geschnitten, Seitentriebe der Leitäste kürzt man auf 10 cm ein. Im zweiten Winter werden die Leittriebe auf etwa 20 cm auf eine nach außen zeigende Knospe einge-

## Erziehung einer Apfel-Pyramide

Die Pyramidenform ist besonders gut für kleine Hausgärten geeignet, da man auch bei wenig Platzangebot mehrere Sorten anpflanzen kann. Normalerweise kann man von Apfelbäumen in Pyramidenform sehr bald die ersten Früchte ernten.

**Erstes Jahr, Winter** Pflanzen Sie einen verzweigten Jungbaum und kürzen Sie den Spitzentrieb auf eine Höhe von 75 cm. Die Seitentriebe am Stamm entfernt man bis in eine Höhe von 45 cm und kürzt die übrigen auf etwa 15 cm Länge ein.

**Erstes Jahr, Sommer** Schneiden Sie die Seitentriebe der Haupttriebe auf eine Länge von 10 cm zurück. Die Spitzen der Haupttriebe und den Mitteltrieb lässt man im ersten Sommer noch ungeschnitten wachsen.

kürzt. Der Mitteltrieb des Baums wird um etwa zwei Drittel zurückgenommen. Man schneidet dabei auf eine Knospe, die derjenigen gegenüberliegt, auf die man im Vorjahr zurückgeschnitten hat. Im zweiten Sommer kürzt man den Neuzuwachs der Leittriebe auf 20 cm und den Neuzuwachs ihrer Seitentriebe auf 15 cm ein.

## Erhaltungsschnitt

Wenn der Baum im dritten Jahr seine endgültige Größe und Form erreicht hat, muss zweimal im Jahr geschnitten werden. Im Sommer werden alle Neutriebe an den Hauptästen auf ungefähr sechs Blätter zurückgeschnitten. Neutriebe am Stamm nimmt man um die Hälfte zurück. Gleichzeitig reduziert man die Neutriebe an den Fruchtspießen auf ein Blatt. Im Winter schneidet man diese dann auf eine Knospe zurück, um die Bildung neuer Fruchtspieße anzuregen. Der Neutrieb der Spitze wird auf eine Knospe zurückgeschnitten. Später dünnt man die Fruchtspieße etwas aus.

Der Mitteltrieb wird nach der Pflanzung im Winter auf eine kräftige Knospe etwa 75 cm über dem Boden zurückgeschnitten.

Bei ausgewachsenen Pyramidenbäumen schneidet man die Seitentriebe auf eine Knospe zurück, um die Bildung von Fruchtspießen anzuregen.

**Zweites Jahr, Winter** Im folgenden Winter kürzt man den Neuzuwachs aller Triebe auf 20 cm ein. Der Mitteltrieb wird um etwa zwei Drittel eingekürzt, und zwar auf eine Knospe, die der Schnittstelle des Vorjahrs gegenüberliegt.

**Zweites Jahr, Sommer** Im zweiten Jahr Im zweiten Sommer lässt man den Mitteltrieb wie im Vorjahr frei wachsen, die Spitzen der Hauptäste werden auf 20 cm und die Seitentriebe auf 15 cm zurückgeschnitten.

**Erhaltungsschnitt** Wenn der Baum seine Endgröße erreicht hat, muss jeden Sommer und Winter geschnitten werden, da er sonst zu groß wird. Folgen Sie den Schnittmaßnahmen, die im Text oben beschrieben sind.

# Apfel-Kordon

Mit dieser Erziehungstechnik kann man mehrere verschiedene Apfelsorten auf engstem Raum anbauen. Kordone sind sehr dekorativ und eignen sich auch ideal als Hecke oder Sichtschutzwände.

## Stützkonstruktion

Kordone können an einer Mauer, an Zäunen oder freistehend an Drähten, die zwischen Pfosten gespannt sind, erzogen werden. Der Abstand der Spanndrähte zur Mauer sollte etwa 10 cm, der Abstand zwischen den Drähten etwa 60 cm betragen. Der unterste Draht wird 30 cm über dem Boden gespannt. Bei freistehenden Kordonen spannt man die Drähte zwischen Pfosten, die man im Abstand von 2 bis 2,50 m in den Boden schlägt.

## Erziehungsschnitt

Man pflanzt einen verzweigten Jungbaum im Winkel von etwa 45° zum Draht und bindet den Mitteltrieb an einen dünnen Stab, der am Draht befestigt ist. Die Seitentriebe kürzt man auf drei bis vier Augen ein. Im nächsten Sommer schneidet man alle Seitentriebe auf vier Blätter zurück und an ihnen neu entstandene Seitentriebe auf zwei Blätter.

## Schnitt eines etablierten Apfel-Kordons

**1** Etablierter Apfel-Kordon an einem Zaun. Man braucht nur wenig Platz und kann mehrere Sorten zusammen anpflanzen.

**2** Im Winter werden die Seitentriebe und alle Neutriebe auf ein bis zwei Knospen zurückgeschnitten.

**3** Auch der Neuzuwachs an vorhandenen Seitentrieben wird auf ein bis zwei Knospen zurückgeschnitten.

**4** Im Sommer wird der Mitteltrieb zurückgeschnitten, wenn er das Ende der Haltekonstruktion erreicht hat. Man kürzt ihn auf ein bis zwei Knospen ein.

**5** Auch alle Neutriebe werden im Sommer auf zwei oder drei Blätter zurückgeschnitten.

**6** Neutriebe an vorhandenen Seitentrieben werden auf ein Blatt zurückgeschnitten.

## Erhaltungsschnitt

Im Sommer werden alle Neutriebe an den Seitenästen auf eine Knospe zurückgeschnitten und neue Seitentriebe am Hauptstamm auf zwei bis drei Blätter zurückgenommen. Wenn der Spitzentrieb die Endhöhe erreicht hat, schneidet man ihn im Winter auf eine Knospe zurück. Zu dicht stehende Fruchtspieße werden dabei ausgedünnt und die ältesten entfernt.

## Säulen-Kordon

Diese Form ist relativ neu und wurde entwickelt, um Obstbäume in Kübeln anpflanzen zu können. Sie sind nichts anderes als ein senkrechter Kordon und werden genauso geschnitten.

## U-Form und mehrtriebige Kordone

Kordone können auch mit zwei, drei oder mehr Haupttrieben gezogen wer-

Diese gut gepflegten Kordone zeigen, wie groß der Ertrag an Äpfeln sein kann. Sie lassen sich einfach schneiden und ernten.

Apfel-Kordone nach dem Schnitt im Winter. Statt an einem Zaun oder einer Mauer wurden diese Exemplare an Drähten zwischen Pfosten gezogen.

## Erziehung eines einarmigen Apfel-Kordons

Bei Kordonen sind die anfänglichen Erziehungsmaßnahmen und der Erhaltungsschnitt besonders wichtig. Vernachlässigt man sie, wird der Kordon schnell wieder in seine ursprüngliche Baumform zurückwachsen. Die Schnittmaßnahmen sind nicht aufwändig, sollten aber jeden Sommer und Winter durchgeführt werden.

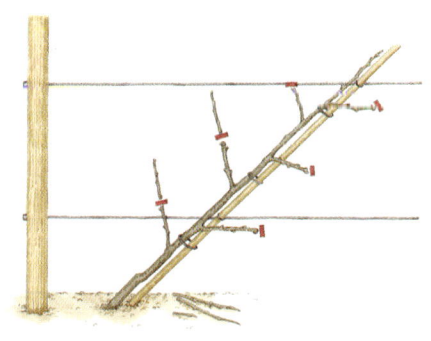

Ein Apfelbaum in Säulenform braucht nur wenig Platz und erlaubt dem Gärtner, auch in kleinen Gärten mehrere Sorten anzupflanzen.

**Erstes Jahr, Winter** Pflanzen Sie einen verzweigten Jungbaum im Winkel von 45° und kürzen Sie alle Seitentriebe auf drei bis vier Kospen ein. Der Mitteltrieb bleibt ungeschnitten.

**Erstes Jahr, Sommer** Im ersten Sommer werden alle Neutriebe an den vorhandenen Seitentrieben auf ein bis zwei Blätter zurückgeschnitten. Neue Seitentriebe kürzt man auf vier Blätter ein.

den, entweder senkrecht oder schräg im Winkel von 45°. Dazu schneidet man den Mitteltrieb eines jungen Baums auf Höhe des untersten Drahts ab und zieht zwei Seitentriebe als Spitzen. Man bindet sie an senkrechte Stäbe, die man am Draht befestigt hat. Dann entwickelt man sie wie zwei einzelne Kordone. Für drei-, vier- oder fünftriebige Kordone zieht man einfach die entsprechende Anzahl an Seitentrieben heran. Man kann die Triebe in vielen Formen erziehen.

**Erhaltungsschnitt, Sommer** Wenn der Kordon ausgewachsen ist, werden alle Neutriebe an den vorhandenen Seitentrieben auf ein Blatt und neue Seitentriebe auf zwei bis drei Blätter zurückgeschnitten.

**Erhaltungsschnitt, Winter** Im Winter werden alle Neutriebe auf ein Blatt zurückgeschnitten. Wenn die Fruchtspieße nach ein paar Jahren zu dicht geworden sind, dünnt man die älteren aus, damit sich neue bilden können.

## Schnitt von mehrarmigen Kordonen

**Zweiarmiger Kordon** Ein zweiarmiger Kordon (Doppelkordon) wird genauso geschnitten, wie einarmige Kordone.

**Dreiarmiger Kordon** Bei einem dreiarmigen Kordon wird in der Mitte noch ein weiterer Trieb erzogen. Der Ertrag ist dadurch höher.

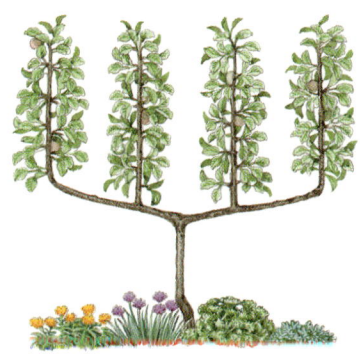

**Vierarmiger Kordon** Vierarmige Kordone sehen ausgesprochen dekorativ aus, brauchen aber mehr Platz im Garten.

**Geneigter Kordon** Ein zweiarmiger Kordon kann wie ein normaler Kordon auch schräg in einem Winkel von etwa 45° gezogen werden.

# Apfel-Spalier

Ein Apfel-Spalier kann an einer Mauer oder einem Zaun gepflanzt werden. Freistehend wirkt es wie eine Hecke oder eine Sichtschutzwand. Anfangs braucht man eine Stützkonstruktion, später sind viele Spaliere auch freitragend. Der Wuchs sollte so gleichmäßig wie möglich sein. Diese Form eignet sich nur für Sorten, die an Kurztrieben fruchten.

## Stützkonstruktion

Befestigen Sie drei oder mehr parallel gespannte Drähte an einer Mauer, einem Zaun oder zwischen Pfählen. Der Abstand der waagrecht gespannten Drähte sollte 45 bis 60 cm betragen und der Abstand zur Wand 15 cm. Der unterste Spanndraht sollte 45 bis 60 cm über dem Erdboden verlaufen.

## Erziehungsschnitt

Man beginnt mit einem Jungbaum oder einer Rute. Ersterer sollte kräftige, möglichst dicht gegenüberliegende Knospen besitzen. Bei einer Rute schneidet man die Spitze etwa 5 cm über dem untersten Draht auf zwei gegenüberliegende Knospen zurück. Die neuen Seitentriebe sollen sich direkt unter dem untersten Draht entwickeln. Im ersten Sommer zieht man die zukünftigen waagrechten Triebe und bindet sie an Stäbe, die im Winkel von 45° am Draht befestigt sind. Der neue Mitteltrieb wird senkrecht am Draht angebunden. Die anderen Seitentriebe schneidet man auf zwei bis drei Blätter zurück. Im folgenden Winter zieht man die unteren, schräg stehenden Triebe in die Waagrechte. Störende Seitentriebe entfernt man. Im ersten Winter wird der Mitteltrieb auf Höhe des zweiten Spanndrahts gekappt. In den Folgejahren verfährt man genauso, bis das Spalier bewachsen ist. Dann kappt man den Mitteltrieb.

Ein freistehendes Apfel-Spalier das an Drähten, die zwischen Pfosten gespannt wurden, gezogen wird. Es ist dekorativ und bringt einen hohen Ertrag.

## Schnitt eines jungen Apfel-Spalierbaums

**1** Gut erkennt man die ersten waagrechten Triebe. Die Seitentriebe der zweiten Etage müssen noch herabgebogen werden.

**2** Neutriebe an den waagrechten Ästen werden auf ein bis zwei Knospen über der Schnittstelle des Vorjahrs zurückgeschnitten.

**3** Ganz neue Seitentriebe werden auf drei bis vier Knospen eingekürzt und die Spitze an den Draht gebunden.

## Erziehung eines Apfel-Spaliers

Es ist nicht besonders schwierig, einen Apfel zum Spalier zu erziehen, man muss die nötigen Schnittmaßnahemn aber jeden Winter und Sommer durchführen, damit das Spalier in Fomr bleibt und nicht zu einem Baum auswächst. Das Grundprinzip ähnelt der Erziehung eines Kordons, aber man arbeitet nur in einer Ebene, da das Spalier flach wächst.

**Erstes Jahr, Winter** Im Winter wird eine Rute gepflanzt, mit einem Stab am Draht befestigt und die Spitze auf Höhe des untersten Drahts gekappt.

**Erstes Jahr, Sommer** Wenn sich die beiden neuen Seitentriebe entwickeln, stäbt man sie und bindet sie im Winkel von etwa 45° an den Draht. Der Mitteltrieb wird senkrecht aufgebunden. Alle anderen Triebe kürzt man auf zwei bis drei Blätter ein.

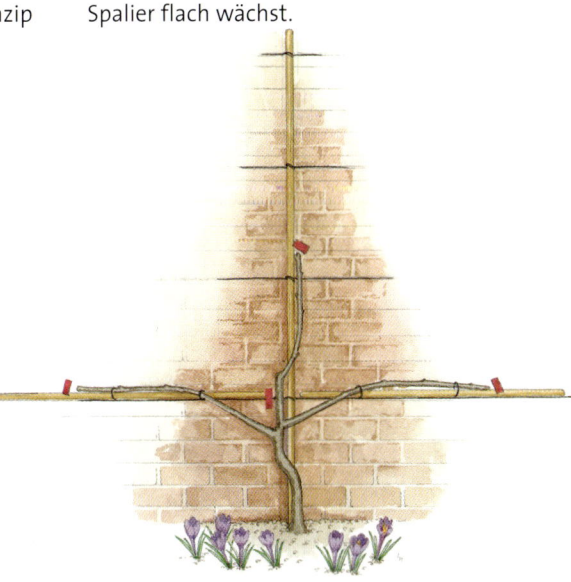

**Zweites Jahr, Winter** Im zweiten Winter zieht man die Seitenäste vorsichtig nach unten in die Waagrechte und bindet sie am Draht fest. Der Mitteltrieb wird knapp über dem zweiten Draht zurückgeschnitten.

**Zweites Jahr, Sommer** Während sich die zweite Astetage entwickelt, bindet man sie im Winkel von 45° an den Draht und stäbt den Mitteltrieb senkrecht. Die Seitentriebe der unteren Äste werden auf drei Blätter zurückgeschnitten und die Spitzen am Stab oder Draht befestigt.

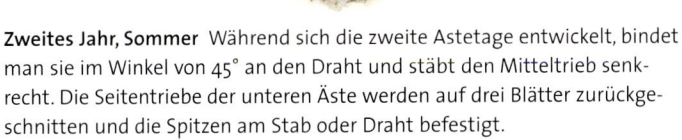

**Folgejahr, Sommer und Winter** Ziehen Sie die Astetagen herab und binden Sie sie an die Drähte. Neutriebe werden auf drei Blätter zurückgeschnitten oder ganz entfernt. Neutriebe am alten Holz nimmt man im Sommer auf ein Blatt zurück. Im Winter kann man die Fruchtspieße ausdünnen.

## Erhaltungsschnitt

Nach dem Entfernen der Stäbe bindet man die Äste direkt am Draht fest. Im Sommer schneidet man alle Neutriebe an den Seitenästen auf ein Blatt zurück, um die Bildung von Fruchtspießen anzuregen. Bei fertigen Spalieren entfernt man alle Neutriebe, die direkt an den Seitenästen erscheinen. Im Winter dünnt man die Fruchtspieße aus und schneidet die ältesten, nicht mehr tragenden heraus. Neutriebe, die direkt am Stamm erscheinen, schneidet man auf drei Blätter zurück und behandelt sie wie Fruchtspieße an den Seitenästen. Es ist wichtig, dass nur ein oder zwei fruchttragende Triebe zwischen den waagrechten Astetagen stehen bleiben.

# Apfel-Fächer

Für einen Apfel-Fächer braucht man viel Platz und eine stabile Haltekonstruktion. Windige Standorte eignen sich nicht für freistehende Fächer, da die Bäume voll belaubt nicht von alleine standfest sind.

## Stützkonstruktion

Spannen Sie fünf bis sieben waagrechte Drähte im Abstand von 30 cm parallel vor einer Wand. Der Abstand zur Wand sollte 10 bis 15 cm betragen, damit Luft zirkulieren kann und die Äste nicht an der Mauer scheuern können. Der unterste Draht sollte etwa 45 cm über dem Boden verlaufen. Für einen freistehenden Fächer spannt man die Drähte zwischen zwei Pfähle, die in den Boden geschlagen werden.

## Erziehungsschnitt

Kaufen Sie einen Jungbaum mit zwei starken Seitentrieben, die etwa in Höhe des untersten Drahts entspringen. Den Mitteltrieb schneidet man über den Seitentrieben ab. Diese bindet man an Stäbe, die im Winkel von etwa 40° am Draht befestigt werden. Dann kürzt man sie auf etwa 45 cm auf eine nach unten beziehungsweise außen weisende Knospe ein. So wird die Bildung weiterer Seitentriebe im selben Jahr angeregt. Binden Sie diese zusammen mit Stäben an die Drahtkonstruktion. An den Enden bildet sich der Neuzuwachs der „Arme", der ebenfalls mit Stäben am Draht befestigt wird. Unerwünschte Triebe werden herausgeschnitten, dabei achtet man darauf, dass der Fächer möglichst symmetrisch ist. Am Hauptstamm erscheinende Triebe schneidet man weg. Die Spitzen der Seitenäste kappt man, um eine weitere Verzweigung anzuregen. Alle Triebe, die aus dem Fächer herauswachsen, werden weggeschnitten. In den folgenden Jahren zieht man den

## Erziehung eines Apfel-Fächers

Fächer brauchen, wie alle dekorativen Schnittformen, viel Pflege und Aufmerksamkeit, damit sie in Form bleiben und nicht unkontrolliert wachsen. Ein Apfel-Fächer muss im Sommer und im Winter geschnitten werden.

**Erstes Jahr, Winter** Beginnen Sie mit einem verzweigten Jungbaum, der im Winter gepflanzt wird. Kappen Sie den Mitteltrieb auf Höhe des untersten Drahts. Die beiden Seitentriebe werden gestäbt und im Winkel von 40° an den Drähten fixiert. Kürzen Sie die übrigen Seitentriebe auf einige Knospen ein.

**Erstes Jahr, Sommer** Im folgenden Sommer werden die Seitentriebe, die an den beiden Hauptästen wachsen, gestäbt und gleichmäßig am Draht befestigt. Zu dicht gewachsene Triebe schneidet man ganz heraus. Die kleinen Seitentriebe am Stamm schneidet man nun ganz weg.

**Folgejahre, Sommer** Stäben und erziehen Sie die neuen Triebe weiter so, dass ein fächerförmiger Astaufbau entsteht. Schneiden Sie die Spitzen zurück, damit sich die Äste besser verzweigen. Unerwünschte Triebe kürzt man auf zwei bis drei Blätter ein, damit sich Fruchtspieße bilden.

Fächer so, bis er die ganze Fläche begrünt hat.

## Erhaltungsschnitt

Wenn die Äste ausgereift sind, kann man die Stäbe entfernen und die Äste direkt am Draht festbinden. Im Sommer schneidet man Neutriebe an den Seitentrieben auf ein Blatt zurück. Auch an den Enden der Äste kürzt man die Neutriebe, um die Bildung von Fruchtspießen anzuregen. Zu dichte Zweige schneidet man heraus. Im Winter schneidet man bei zu dicht stehenden Fruchtspießen die ältesten weg. Kontrollieren Sie regelmäßig, dass der Fächer fest an der Haltekonstruktion befestigt ist, da er bei Wind leicht umfallen kann und der Baum dann beschädigt wird.

Apfel-Fächer sieht man nicht so häufig, wie bei anderen Obstarten. Sie sind aber trotzdem attraktiv und tragen viele Früchte.

**Erhaltungsschnitt, Sommer und Winter** Im Sommer kürzt man alle Neutriebe an den Fruchtspießen auf ein Blatt. Alle anderen Neutriebe kürzt man auf zwei bis drei Blätter ein oder entfernt sie komplett. Im Winter dünnt man zu dicht gewachsene Fruchtspieße aus und entfernt die ältesten.

# Waagrechter Apfel-Kordon

Apfel-Kordone sind nicht nur ausgesprochen dekorativ, sondern tragen auch noch viele Früchte, wenn die „Arme" des Kordons lang sind. Waagrechte Kordone sind ideal als Beetabgrenzungen in Küchen- und Bauerngärten oder als niedrige Trennungshecken für Terrassen- oder Hanggärten. Man zieht sie in der Regel nur 30 bis 60 cm hoch. Jede Apfelsorte, die an Kurztrieben trägt und auf eine schwachwachsende Unterlage veredelt wurde, ist geeignet.

### Stützkonstruktion

Kurze, stabile Pfähle, die im Abstand von 2 m in den Boden geschlagen werden, sind ideal. Spannen Sie einen Draht in Höhe von 45 cm zwischen den Pfählen. Je nach Bedarf kann die Reihe auch länger werden, man muss dann weitere Pfähle einschlagen. Der Kordon kann auch über Eck gezogen werden.

### Erziehungsschnitt

Waagrechte Kordone werden normalerweise mit zwei Seitenästen gezogen. Sie entsprechen im Prinzip einem U-förmigen Kordon, bei dem die Seitenäste nicht senkrecht aufgeleitet wurden, oder einem Spalier, das nur die unterste Astetage hat. Manchmal werden sie auch nur mit einem Seitenarm, der nach links oder rechts geleitet wird, gezogen. Im Prinzip ist das dann ein einfacher Kordon, der waagrecht, statt im Winkel von 45°, gezogen wurde. Ein zweiarmiger waagrechter Kordon wird genauso erzogen, wie auf Seite 173 beschrieben, nur dass die Seitenäste nicht senkrecht, sondern horizontal am Draht angebunden werden. Man könnte auch sagen, dass man den Baum wie ein Spalier zieht, den Mitteltrieb sofort kappt und nur die beiden Seitentriebe weiterleitet. Ein einarmiger Kordon wird genauso entwickelt

### Erziehung eines waagrechten Apfel-Kordons

Im Prinzip ist ein waagrechter Apfel-Kordon nichts anderes als ein Spalier, bei dem man nur die unterste Astetage erzieht. Man beginnt also mit der Erziehung, wie bei einem Spalier (Seite 174). Es ist besonders wichtig, dass der Kordon regelmäßig geschnitten wird, da er sonst seine Form verliert. Pflanzen Sie ihn nicht da, wo Kinder ihn als Hüpf-Hürde benutzen könnten.

**Erstes Jahr, Winter** Pflanzen Sie eine unverzweigte Rute im Winter und kappen Sie die Spitze unterhalb des Drahts über zwei kräftigen Seitenknospen. Aus diesen werden sich die beiden Seitenäste bilden.

**Erstes Jahr, Winter** Wenn man einen einseitig gezogenen Kordon möchte, wird die Spitze nicht gekappt, sondern gestäbt und im Winkel von 45° am Draht befestigt. Im Sommer kann man den Trieb dann vorsichtig nach unten in die Horizontale ziehen.

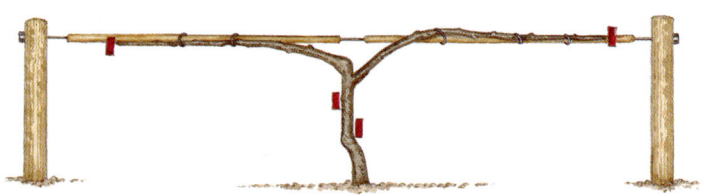

**Erstes Jahr, Sommer** Wenn sich die beiden Seitentriebe entwickeln, werden sie im ersten Sommer gestäbt und im Winkel von etwa 45° am Draht befestigt. Seitentriebe unterhalb der Hauptäste werden entfernt.

**Zweites Jahr, Winter** Im zweiten Winter zieht man die gestäbten Triebe vorsichtig nach unten und bindet sie am Draht fest. Wenn die Spitzen das Ende des Drahts erreicht haben, kappt man sie, sonst lässt man sie wachsen.

## Sommerschnitt eines waagrechten Apfel-Kordons

**1** Ein waagrechter Apfel-Kordon im Hochsommer. Die Seitentriebe und die horizontalen Ästen sind gewachsen und müssen nun geschnitten werden.

**2** Beim Sommerschnitt wird der Neuzuwachs an den Seitenästen auf drei bis vier Blätter eingekürzt und neue Triebe auf ein oder zwei Blätter zurückgeschnitten.

**3** Der ausgelichtete Kordon. Die längeren Triebe werden im folgenden Winter während der Wachstumsruhe zurückgeschnitten.

**4** An diesem Kordon erkennt man, dass alle Triebe im Winter auf Fruchtspieße zurückgeschnitten wurden. Zu dichte Spieße werden ausgedünnt.

oder aus einer Rute gezogen. Auch ein Jungbaum, bei dem alle Seitentriebe bis auf einen entfernt werden, ist dafür geeignet. Pflanzen Sie den Baum in der Nähe des Pfahls und binden Sie die Spitze an einen Stab. Biegen Sie den Trieb nach und nach vorsichtig herab, bis der Winkel 90° beträgt. Dazu verkürzt man die Schnur, mit der der Stab am Draht befestigt wird, immer weiter, bis der Trieb waagrecht liegt. Dann verfährt man wie bei einem normalen Kordon (Seite 172).

### Erhaltungsschnitt

Der Erhaltungsschnitt ist exakt derselbe wie bei einem Kordon (Seite 172), nur das man die äußere Triebspitze frei wachsen lässt, bis das Ende des Drahts erreicht ist oder man auf einen zweiten Kordon trifft, wenn man eine durchgehende Hecke hat.

**Zweites Jahr, Sommer** Im folgenden Sommer schneidet man den Neuzuwachs an den Hauptästen auf drei bis vier Knospen zurück und entfernt alle Triebe vom Hauptstamm.

**Erhaltungsschnitt, Winter und Sommer** Wenn der Kordon ausgewachsen ist, wird der Neuzuwachs im Winter auf eine Knospe zurückgeschnitten und die Fruchtspieße werden ausgedünnt. Im Sommer schneidet man alle Neutriebe an den Spießen auf ein oder zwei Blätter zurück und entfernt zu dichte Triebe.

# Birnen *(Pyrus communis)*
# Birnen-Buschbaum

Birnen wurden früher meist nur als Hochstamm gezogen, der im Laufe der Zeit zu einer stattlichen Größe heranwuchs. Heute werden Birnbäume eigentlich nur noch als Buschbaum oder, wenn man wenig Platz hat, als Pyramide erzogen. Birnbäume wachsen etwas aufrechter als Apfelbäume, im Schnitt unterscheiden sie sich aber kaum.

### Sorten

'Alexander Lukas'
'Condo'
'Conference'
'Köstliche von Charneu'
'Frühe von Trevoux'
'Gellerts Butterbirne'
'Gute Luise'
'Harrow Sweet'
'Pierre Corneille'
'Stuttgarter Geißhirtle'
'Vereinsdechants'
'Williams Christ' (syn. 'Williams Bon Chretien')

## Stützpfahl

Schlagen Sie einen stabilen Pfahl in das Pflanzloch, bevor der Baum eingesetzt wird. So besteht keine Gefahr, dass die Wurzeln beschädigt werden. Der Stamm wird mit einem speziellen Kunststoffband am Pfahl befestigt, da eine normale Schnur oder Draht in die Rinde einschneiden können.

## Erziehungsschnitt

Starten Sie mit einem zweijährigen gestäbten Jungbaum. Um den Stamm zu erziehen, entfernt man immer wieder die untersten Seitentriebe. Wenn man die gewünschte Stammhöhe erreicht hat, wird der Mitteltrieb gekappt. Aus den Seitentrieben erzieht man die zukünftige Krone. Alle übrig gebliebenen Triebe am Stamm werden entfernt. Die zukünftigen Leitäste der Krone dürfen sich nicht überkreuzen oder aneinanderscheuern, man kürzt sie etwas ein, damit sie sich besser verzweigen. Das Innere der Krone sollte offen bleiben, obwohl das dem natürlichen Wuchs der Birne etwas widerspricht.

Die Blüten der Birnensorte 'Williams Christ' sind dekorativ. Gut erkennt man ihre Anordnung an den Fruchtspießen.

## Schnitt eines jungen verzweigten Birnen-Buschbaums

**1** Diese jungen Birnbäume in der Baumschule sind nun bereit, um an ihre endgültige Position gepflanzt zu werden.

**2** Mit einem schrägen Schnitt wird der Mitteltrieb auf der Höhe, auf der der Stamm enden soll, gekappt.

**3** Alle kräftigen Triebe, die eine Konkurrenz zum Mitteltrieb werden könnten, schneidet man komplett heraus.

**4** Die untersten Seitentriebe nimmt man ganz weg, die oberen schneidet man um die Hälfte zurück.

## Erziehung eines Birnen-Buschbaums

Die Erziehung eines Birnen-Buschbaums unterscheidet sich nicht grundlegend von der eines Apfel-Buschbaums. Wie beim Apfel muss bei etablierten Exemplaren weniger häufig geschnitten werden, wie bei den dekorativen Formen, zum Beispiel Spalieren. Wenn man sie nicht klein hält, braucht man bei Buschbäumen im Alter eine Leiter zum Schneiden und Ernten.

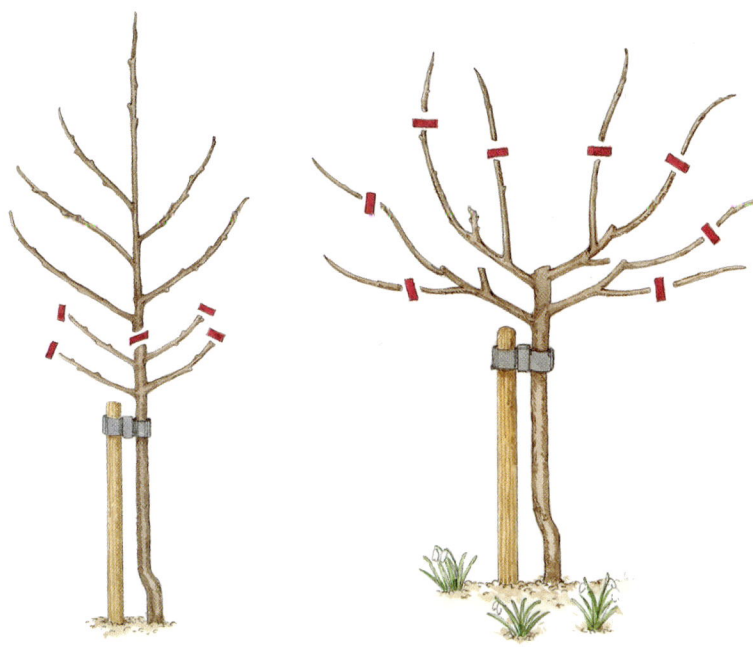

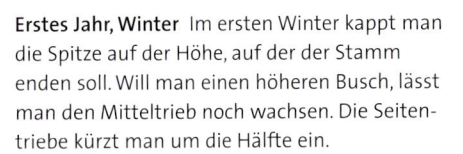

**Erstes Jahr, Winter** Im ersten Winter kappt man die Spitze auf der Höhe, auf der der Stamm enden soll. Will man einen höheren Busch, lässt man den Mitteltrieb noch wachsen. Die Seitentriebe kürzt man um die Hälfte ein.

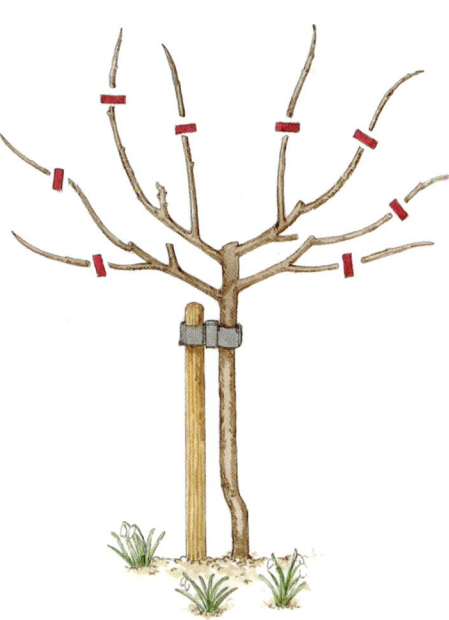

**Zweites Jahr, Winter** Im zweiten Winter wird der Neuzuwachs an den Seitenästen eingekürzt, um die Verzweigung zu fördern. Das Kroneninnere sollte offen gehalten werden. Unerwünschte Triebe werden entfernt.

**Folgejahre, Winter** Schneiden Sie wie in den Vorjahren weiter, bis der Baum seine endgültige Form und Größe erreicht hat. Danach müssen nur noch zu dicht wachsende Fruchtspieße ausgedünnt werden.

## Erhaltungsschnitt

Birnen-Buschbäume werden generell im Winter geschnitten. Ältere Pflanzen wachsen nicht mehr allzu stark und der Schnitt beschränkt sich oft auf das Ausdünnen alter Fruchtspieße. Zu lange Triebe, schräg wachsende oder sich kreuzende Zweige schneidet man heraus. Wenn die Leitäste zu lang werden, können sie um ein Viertel bis ein Drittel eingekürzt werden. Die Fruchtspieße dünnt man bei Bedarf aus und entfernt die ältesten, nicht mehr so stark fruchtenden.

**Erhaltungsschnitt, Winter** Wenn der Baum ausgewachsen ist, muss im Sommer nicht mehr geschnitten werden. Im Winter müssen nur abgestorbene, kranke oder beschädigte Äste herausgeschnitten und die Fruchtspieße bei Bedarf ausgedünnt werden. Zu lange Neutriebe kürzt man um ein Viertel bis ein Drittel des Vorjahrszuwachses ein.

# Birnen-Pyramide

Eine Birnen-Pyramide eignet sich am besten für den kleinen Garten, wenn man einen natürlich aussehenden Baum möchte. Sie braucht nur wenig Platz und zum Schneiden oder Ernten ist nicht einmal eine Leiter nötig. In Kombination mit Apfel-Pyramiden bekommt man einen kleinen gemischten Obstgarten. Das Prinzip der Erziehung von Pyramidenformen besteht darin, den Baum so zu schneiden, dass auch die untersten Äste genügend Licht bekommen.

Im Hochsommer reifen Birnen, wie 'Williams Christ'. Die Früchte wurden ausgedünnt, sodass jede einzelne optimal mit Sonne, Wasser und Nährstoffen versorgt werden kann.

## Stützpfahl
Der Pfahl wird vor dem Baum im Pflanzloch platziert, damit man die Wurzeln gut um ihn herum auslegen kann. Er muss mindestens 2 m über dem Erdboden stehen. Zum Anbinden nimmt man spezielle Bänder, die nicht in die Rinde einschneiden.

## Erziehungsschnitt
Beginnen Sie mit einem zweijährigen Jungbaum, der gleichmäßig verteilte Seitentriebe hat. Triebe, die nicht so wachsen wie gewünscht oder zu steil nach oben weisen, entfernt man. Die verbleibenden kürzt man auf etwa 15 cm ein, am besten auf eine Außenknospe. Seitentriebe bis zu einer Höhe

## Erziehung einer Birnen-Pyramide
Die Pyramide ist die kleinste Erziehungsform für Birnen und ideal für kleine Gärten. Man muss sie aber regelmäßig schneiden, damit sie nicht zu groß werden und außer Form geraten. Ungeschnitten wachsen sie schnell zu einem großen Baum heran.

Pyramidenbäume sind in der Regel so klein, dass man sie ohne Leiter oder Hilfsmittel schneiden und abernten kann.

**Erstes Jahr, Winter** Pflanzen Sie einen verzweigten Jungbaum und kürzen Sie den Mitteltrieb etwa 75 cm über dem Boden. Die Seitentriebe am Stamm entfernt man bis in eine Höhe von 45 cm und kürzt die übrigen auf 15 cm ein.

**Erstes Jahr, Sommer** Schneiden Sie die Seitentriebe der Haupttriebe im Sommer auf eine Länge von 10 cm zurück. Wasserschosse entfernt man komplett. Die Spitzen der Haupttriebe und den Mitteltrieb schneidet man nicht.

**Zweites Jahr, Winter** Im folgenden Winter kürzt man den Neuzuwachs aller Triebe auf 20 cm ein. Der Mitteltrieb wird um etwa zwei Drittel eingekürzt, und zwar auf eine Knospe, die der Schnittstelle des Vorjahrs gegenüberliegt.

BIRNEN-PYRAMIDE 183

von 45 cm vom Boden schneidet man ganz weg, um einen schönen Stamm zu bekommen. Den Mitteltrieb kürzt man auf eine Höhe von 75 cm ein. Im Sommer schneidet man alle starkwüchsigen Triebe, die nach oben wachsen, heraus. Den Neuzuwachs an den Enden der Leitäste lässt man wachsen, ihre Seitentriebe kürzt man auf 10 cm ein. Im zweiten Winter kürzt man den Vorjahrszuwachs der Leitäste auf 20 cm auf eine nach außen stehende Knospe ein. Die Enden der Leittriebe werden um ein Drittel zurückgeschnitten, und zwar auf ein Auge, das dem Auge unter der Schnittstelle des Vorjahrs gegenüberliegt. Im zweiten Sommer schneidet man den Neuzuwachs der Leitäste auf 20 cm und ihre Seitentriebe auf 15 cm zurück.

'Conference'-Birnen, die noch reifen müssen. Sie können später direkt vom Baum gegessen werden.

### Erhaltungsschnitt

Etwa im dritten Jahr wird der Baum seine Endgröße erreicht haben. Man muss weiterhin zweimal im Jahr schneiden, damit die Pyramide in Form bleibt. Im Sommer nimmt man alle neuen Triebe an den Leitästen auf sechs Blätter zurück. Längere Triebe nimmt man um die Hälfte zurück. Triebe an den Fruchtspießen nimmt man auf ein Blatt zurück und entfernt die ältesten komplett. Die Spitzen der Leitäste werden auf eine Knospe des Neuzuwachses zurückgeschnitten.

**Zweites Jahr, Sommer** Im zweiten Sommer lässt man den Mitteltrieb wie im Vorjahr frei wachsen, die Spitzen der Hauptäste und der Seitentriebe werden auf eine Länge von etwa 20 cm zurückgeschnitten. Den Neuzuwachs an den Seitenästen kürzt man auf 15 cm ein.

**Erhaltungsschnitt, Winter und Sommer** Im Winter wird der Mitteltrieb auf eine Knospe des Neuzuwachses zurückgeschnitten. Zu dichte Fruchtspieße dünnt man aus. Im Sommer nimmt man den Neuzuwachs an den Hauptästen auf sechs Blätter und neue Seitentriebe auf drei Blätter zurück. Neutriebe an den Fruchtspießen kürzt man auf eine Knospe ein.

# Birnen-Spalier

Ein Birnen-Spalier ist eine attraktive Bereicherung für den Garten. Es kann vor einer Mauer oder an der Hausfassade gezogen werden.

## Stützkonstruktion

Befestigen Sie drei (oder mehr) Drähte an einer Mauer, einem Zaun oder an freistehenden Pfählen. Die Drähte sollten untereinander einen Abstand von 45 bis 60 cm haben und straff gespannt sein. Der Abstand zur Wand muss mindestens 10 cm betragen und der unterste Draht sollte etwa 45 bis 60 cm über dem Boden gespannt sein.

## Erziehungsschnitt

Man kauft den Birnbaum entweder als Jungbaum oder als einjährige Rute. Beim Jungbaum achtet man auf gut platzierte Seitentriebe und einen starken Haupttrieb. Wenn man mit einer Rute beginnt, sollte diese in Höhe des untersten Drahts zwei kräftige Seitenknospen besitzen, auf die sie bei der Pflanzung zurückgeschnitten wird. Die Knospen sollten knapp unterhalb des Drahts liegen. Die neuen Triebe werden so, wie in den Zeichnungen gegenüber, am Draht erzogen und geschnitten. Die Äste, die später waagrecht wachsen sollen, werden im ersten Sommer in einem Winkel von 45° an Stäben am Draht befestigt und im zweiten Sommer dann auf 90° in die Horizontale gezogen. Die übrigen Seitentriebe werden entfernt. Im zweiten Winter wird der Mitteltrieb knapp über dem zweiten Draht zurückgeschnitten. So verfährt man in den folgenden Wintern, bis alle Spanndrähte bewachsen sind. Der Mitteltrieb wird entfernt.

## Erhaltungsschnitt

Wenn sich die Triebe stabilisiert haben, kann man die Stäbe entfernen und die Äste direkt am Draht leiten. Im Sommer schneidet man die neuen Triebe an den Seitenästen auf ein Blatt zurück. An den Enden der Äste kürzt man den Neuzuwachs, um die Bildung neuer Fruchtspieße anzuregen. Triebe, die direkt an den Hauptästen erscheinen, entfernt man ebenfalls. Im Winter dünnt man die Fruchtspieße aus und schneidet die ältesten, weniger produktiven heraus.

Birnen-Spalier an einem Zaun. Man kann ein solches Spalier auch an einer Mauer, an Hausfassaden oder freistehend an Drähten, die zwischen zwei Pfosten gespannt wurden, ziehen.

Eine üppige Ernte saftiger Birnen ist das Ergebnis gezielter Schnitt- und Erziehungsmaßnahmen an den Birnbäumen.

In manchen Jahren werden so viele Früchte angesetzt, dass man einige ausdünnen muss, um eine gute Ernte zu bekommen.

## Erziehung eines Birnen-Spaliers

Bei einem Spalier werden die Äste etagenförmig erzogen. Normalerweise zieht man drei bis vier Etagen an parallel verlaufenden Ästen links und rechts vom Hauptstamm, man kann die Birne aber auch höher ziehen, um zum Beispiel eine ganze Hausfassade dekorativ zu begrünen. So hat man eine attraktive und zugleich ertragreiche Erziehungsform in einem.

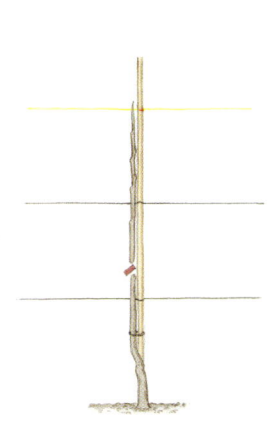

**Erstes Jahr, Winter** Im Winter wird eine Rute gepflanzt, mit einem Stab am Draht befestigt und die Spitze auf Höhe des untersten Drahts gekappt. Aus den darunter liegenden Seitenknospen wachsen die beiden neuen Seitentriebe.

**Erstes Jahr, Sommer** Wenn sich die beiden neuen Seitentriebe entwickeln, stäbt man sie und bindet sie im Winkel von etwa 45° an den Draht. Der Mitteltrieb wird senkrecht aufgebunden. Alle anderen Triebe kürzt man auf zwei bis drei Blätter ein.

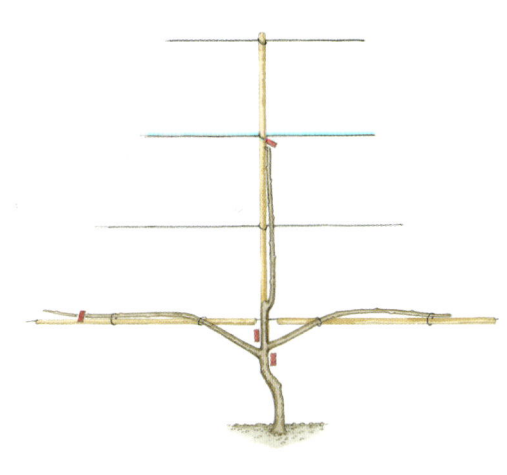

**Zweites Jahr, Winter** Im zweiten Winter zieht man die Seitenäste vorsichtig nach unten in die Waagrechte und bindet sie am Draht fest. Der Mitteltrieb wird knapp über dem zweiten Draht zurückgeschnitten und alle anderen Seitentriebe entfernt.

**Zweites Jahr, Sommer** Während sich die zweite Astetage entwickelt, bindet man diese im Winkel von 45° an den Draht und stäbt den Mitteltrieb senkrecht. Die Seitentriebe der unteren Äste werden auf drei Blätter zurückgeschnitten und die Spitzen am Stab oder Draht befestigt.

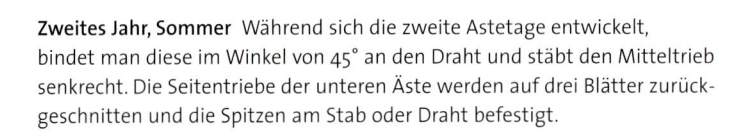

**Folgejahr, Sommer und Winter** Ziehen Sie die neuen Astetagen herab und binden Sie sie an die Drähte. Neutriebe werden auf drei Blätter zurückgeschnitten oder ganz entfernt, wenn sie nicht für die Gestaltung benötigt werden. Neutriebe am alten Holz nimmt man im Sommer auf ein Blatt zurück. Im Winter kann man die Fruchtspieße ausdünnen, sollten diese zu dicht geworden sein.

# Birnen-Fächer

Diese Erziehungsmethode sieht man bei Birnen nicht sehr häufig, das Ergebnis sieht aber, wenn gekonnt erzogen wurde, ausgesprochen attraktiv aus. Ein Birnen-Fächer kann an Mauern und Zäunen oder freistehend zwischen Pfählen oder gespannten Drähten gezogen werden.

## Stützkonstruktion

Die Äste werden an waagrechten Drähten, die im Abstand von 30 cm gespannt werden, befestigt. Der Abstand zur Mauer oder zum Zaun sollte 10 cm betragen. So kann zwischen Mauer und Baum die Luft zirkulieren und die Äste scheuern nicht an der Mauer. Bei freistehenden Konstruktionen müssen die Pfähle fest im Boden verankert sein.

## Erziehungsschnitt

Wählen Sie einen jungen Baum mit zwei starken Seitentrieben aus. Den Mitteltrieb schneidet man über diesen beiden Trieben ab. Die beiden Seitentriebe bindet man an Stäbe, die wiederum im Winkel von etwa 40° an den Drähten befestigt werden und kürzt sie auf etwa 45 cm auf eine Außenknospe ein. Dies regt das Wachstum neuer Seitentriebe im selben Jahr an. Auch diese werden gestäbt und am Draht festgebunden. Aus den Endknospen wachsen neue Triebe, die am Stab in Wuchsrichtung der Haupttriebe

Ein fantastischer Birnen-Fächer, der freistehend an Drähten zwischen einer Pfostenkonstruktion erzogen wurde. Alternativ könnte er auch vor einer Mauer oder einem Zaun gezogen werden.

An diesem Fächer kann man erkennen, wie die einzelnen Birnen in der Sonne wachsen können. Beim nächsten Schnitt muss verjüngt werden.

Birnentrieb mit den typischen Fruchtspießen, an denen die Blüten und später die Früchte sitzen. Dieser ist optimal gewachsen.

Birnen-Fächer können auch an permanenten Strukturen, wie einem Holz-Spalier, gezogen werden.

Bei reichhaltigem Fruchtansatz sollte man die jungen Früchte ausdünnen, damit sich die übrigen optimal entwickeln können.

## Erziehung eines Birnen-Fächers

Birnen eignen sich besonders gut, um in der dekorativen Fächerform gezogen zu werden. Das Erziehungsprinzip ist mit der Erziehung eines Apfel-Fächers identisch. Eigentlich werden alle Fächerformen nach derselben Methode erzogen. Man braucht einige Jahre, das Ergebnis rechtfertigt den Aufwand aber in jedem Fall. Fächer sind einfach zu schneiden und zu beernten.

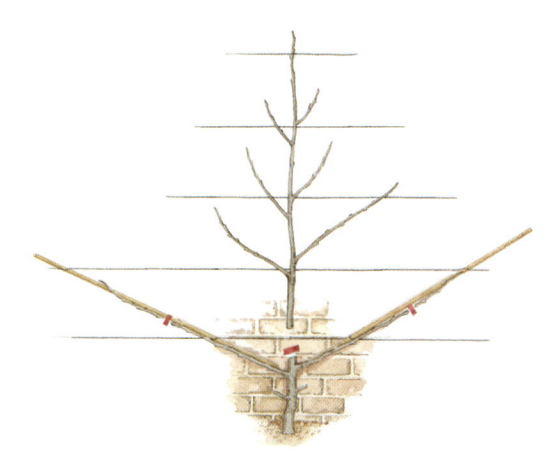

**Erstes Jahr, Winter** Beginnen Sie mit einem verzweigten Jungbau. Kappen Sie den Mitteltrieb auf Höhe des untersten Drahts. Die beiden Seitentriebe werden gestäbt und im Winkel von 40° an den Drähten fixiert.

**Erstes Jahr, Sommer** Im folgenden Sommer werden die Seitentriebe, die an den beiden Hauptästen wachsen, gestäbt und gleichmäßig am Draht befestigt. Zu dicht gewachsene Triebe schneidet man ganz heraus. Kleine Seitentriebe am Stamm schneidet man weg.

befestigt werden. Unerwünschte Triebe entfernt man und achtet darauf, dass der Baum möglichst symmetrisch wächst. Neue Triebe am Hauptstamm schneidet man weg. Die Spitzen der Seitentriebe an den Hauptästen kürzt man etwas ein, damit sie sich ebenfalls verzweigen. Alle Triebe, die aus dem Fächer herauswachsen, schneidet man zurück. In den folgenden drei Jahren erzieht man den Fächer immer breiter und weiter nach außen, bis die ganze Fläche bewachsen ist.

**Folgejahre, Sommer** Stäben und erziehen Sie die neuen Triebe weiter so, dass ein fächerförmiger Astaufbau entsteht. Schneiden Sie Triebe, die aus der Fächerebene nach vorne oder hinten wachsen heraus.

## Erhaltungsschnitt

Der Fächer sieht besser aus, wenn man an den ausgereiften Trieben die Stäbe, an denen sie erzogen wurden, wieder entfernt. Man befestigt die Äste dann direkt am Spanndraht. Im Sommer schneidet man alle neuen Triebe auf ein Blatt zurück und schneidet die Hauptäste etwas zurück. Dadurch wird das Längenwachstum gestoppt und die Bildung von Fruchtspießen angeregt. Neutriebe, die zu dicht an den vorhandenen Ästen wachsen, schneidet man heraus. Im Winter dünnt man zu dichte Fruchtspieße aus.

**Erhaltungsschnitt, Sommer und Winter** Wenn die Triebe ausgereift sind, können die Stäbe entfernt und die Äste direkt am Draht angebunden werden. Im Sommer schneidet man die Neutriebe an den Seitenästen auf ein Blatt zurück. Die Spitzen der Hauptäste werden ganz zurückgeschnitten. Triebe, die zu dicht oder über Kreuz wachsen, nimmt man heraus und dünnt im Winter die Fruchtspieße aus.

# Pflaumen *(Prunus domestica)*
## Pflaumen-Buschbaum

Ein Pflaumen-Buschbaum ist ideal, wenn man große Mengen an Pflaumen oder Zwetschen im Garten ernten will. Sie werden meist im Hochsommer geschnitten, während der Erziehungsphase auch im zeitigen Frühjahr. Im Winter sollte man nicht schneiden, da die offenen Wunden eine Eintrittstelle für pilzliche Krankheitserreger darstellen.

### Sorten

- 'Bühler Frühzwetsche'
- 'Elena'
- 'Graf Althans Reneklode'
- 'Große Grüne Reneklode'
- 'Hanita'
- 'Herman'
- 'Katinka'
- 'Nancy-Mirabelle'
- 'Ontariopflaume'
- 'Victoria'
- 'Wangenheimer Frühzwetsche'
- 'Valjevka'

### Erziehung eines Pflaumen-Buschbaums

Pflaumen-Buschbäume eignen sich für größere Gärten, besonders wenn man viele Pflaumen ernten will, zum Beispiel zum Einmachen oder Einfrieren. Wenn die Bäume ihre Endgröße erreicht haben, sind nur noch wenige Schnittmaßnahmen nötig. Um Krankheiten zu vermeiden, wird dann nur im Sommer geschnitten, damit die Wunden verheilen können.

**Erstes Jahr, Winter** Pflanzen Sie im Winter einen verzweigten Jungbaum und kappen Sie die Spitze in einer Höhe von etwa 1,50 m oder da, wo der künftige Stamm enden soll. Die Seitentriebe kürzt man um etwa ein Drittel auf eine nach außen zeigende Knospe ein.

**Zweites Jahr, Frühling** Im folgenden Sommer wählt man etwa vier geeignete Seitentriebe aus, die die zukünftigen Kronenäste bilden werden. Alle anderen entfernt man komplett. Auch Triebe aus dem Stamm oder über Kreuz wachsende schneidet man heraus. Den Neuzuwachs der anderen Triebe kürzt man um die Hälfte auf eine nach außen zeigende Knospe ein.

**Erhaltungsschnitt, Sommer** Wenn der Baum ausgewachsen ist, wird nur noch im Hochsommer geschnitten. So können Schnittwunden noch im selben Jahr verheilen und das Risiko, dass Krankheitserreger eindringen können, wird vermindert. Man entfernt nur noch abgestorbene, kranke oder über Kreuz wachsende, aneinderscheuernde Triebe. Wasserschosse, die am Stamm, am Wurzelansatz oder den Ästen erscheinen, schneidet man ganz heraus.

Ein oder zwei dieser Pflaumen hätte man ausdünnen müssen, damit die anderen besser wachsen.

## Stützpfahl

Schlagen Sie einen kurzen Pfahl ins Pflanzloch und breiten Sie dann die Wurzeln um ihn herum aus. Wenn man den Baum zuerst pflanzt und dann den Pfahl einschlägt, ist die Gefahr groß, die Wurzeln zu verletzen. Mit speziellen Kunststoffbändern befestigt man den Stamm am Pfahl. In windigen Lagen sind zwei Pfähle, an jeder Seite des Stamms einer, empfehlenswert.

## Erziehungsschnitt

Kaufen Sie einen jungen verzweigten Baum und pflanzen Sie ihn an einen Stützpfahl. Im Frühjahr wird der Mitteltrieb auf 1,50 m über dem Boden, unmittelbar über einer Knospe, zurückgeschnitten. Alle Seitentriebe kürzt man um etwa zwei Drittel auf nach außen zeigende Knospen ein. Im folgenden Frühjahr schneidet man die unteren Seitentriebe bis in eine Höhe von etwa 60 cm weg, um einen Stamm zu bekommen. Auch schräg wachsende, unerwünschte oder sich kreuzende Triebe werden weggeschnitten oder auf eine Knospe zurückgenommen, aus der ein besser platzierter Zweig entstehen wird. Alle anderen Triebe schneidet man um die Hälfte bis zwei Drittel auf eine nach außen zeigende Knospe zurück.

## Erhaltungsschnitt

Am Ende des dritten Jahrs sollte der Pflaumen-Busch seine endgültige

Bei Bäumen mit großem Fruchtansatz muss man die Äste abstützen, damit sie nicht brechen.

Größe erreicht haben. Von nun an wird nur noch im Hochsommer geschnitten. Bis auf das Entfernen toter, kranker, beschädigter oder schwacher Triebe und dem Ausschneiden sich kreuzender Zweige, fallen keine größeren Schnittarbeiten an. Wasserschosse, die an den Leitästen oder am Stamm erscheinen, schneidet man weg.

Grüne Renekloden werden wie Pflaumen geschnitten und gepflegt.

Ein reicher Fruchtbehang von Zwetschen im Hochsommer. Zwetschen und Renekloden erzieht man am besten als Buschbaum und schneidet sie wie andere Pflaumen.

# Pflaumen-Pyramide

Für einen kleinen Garten ist eine Pflaumen-Pyramide ideal. Aufgrund der geringen Baumgröße sind Pflegearbeiten, wie Schneiden, Ernten oder Bespannen mit einem Netz, kein Problem und man kann trotzdem viele Früchte ernten.

## Stützpfahl

Ein Stützpfahl wird in das Pflanzloch geschlagen, bevor man den Baum einsetzt. Wenn man den Pfahl nach der Pflanzung einschlägt, kann es passieren, dass man Wurzeln unter der Erdoberfläche beschädigt. Der Baum wird mit speziellen Kunststoffbändern befestigt, die nicht in die Rinde einschneiden oder scheuern. Wenn der Baum angewachsen ist, kann der Pfahl entfernt werden, es sei denn, der Standort ist besonders windig.

## Erziehungsschnitt

Kaufen Sie einen Jungbaum, der bereits Seitentriebe gebildet hat und pflanzen Sie ihn im Winter. Im zeitigen Frühjahr entfernt man alle Seitentriebe bis zu einer Höhe von 45 cm vom Boden aus gemessen. Den Mitteltrieb kappen Sie bei einer Höhe von 1,50 m. Die übrigen Seitentriebe, die zukünftigen Leitäste, kürzt man etwa um die Hälfte auf eine nach außen zeigende Knospe ein. Im folgenden Sommer werden die Spitzen der Leitäste auf 20 cm eingekürzt und man schneidet alle neuen Seitentriebe der Leitäste auf 15 cm zurück. Man schneidet immer auf Außenknospen. Im folgenden Frühjahr kürzt man den Vorjahreszuwachs um etwa zwei Drittel ein.

## Erhaltungsschnitt

Wenn der Baum ausgewachsen ist, wird nur noch im Sommer geschnitten, um Pilzkrankheiten, wie die Bleiglanzkrankheit, zu vermeiden. Der

Pflaumen der Sorte 'Victoria' gehören zu den beliebten Gartensorten. Oft tragen die Bäume so stark, dass die Äste gestützt werden müssen.

Saftige Pflaumen kurz vor der Ernte sind das Ergebnis guter Pflege und gezielter Schnittmaßnahmen. Bei kleinen Bäumen kann man sie sogar ohne Leiter oder Hilfsmittel ernten.

## Erziehung einer Pflaumen-Pyramide

Einige Pflaumen-Sorten lassen sich auf schwachwüchsige Unterlagen veredeln, sodass sie als Pyramide gezogen werden können. Sie sind ideal für kleinere Gärten, wenn man nicht so viele Früchte ernten möchte. Fragen Sie in Ihrer Baumschule also nach geeigneten Sorten. Man kann sogar mehrere Bäume mit unterschiedlichen Sorten anpflanzen.

**Erstes Jahr, Winter** Pflanzen Sie einen verzweigten Jungbaum im Winter und schneiden Sie den Mitteltrieb in einer Höhe von etwa 1,50 m zurück. Die Seitentriebe werden um die Hälfte reduziert und bis auf eine Höhe von 45 cm komplett entfernt.

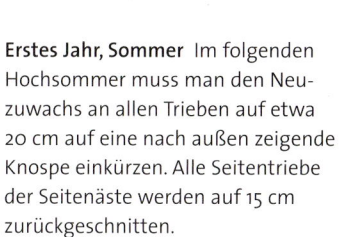

**Erstes Jahr, Sommer** Im folgenden Hochsommer muss man den Neuzuwachs an allen Trieben auf etwa 20 cm auf eine nach außen zeigende Knospe einkürzen. Alle Seitentriebe der Seitenäste werden auf 15 cm zurückgeschnitten.

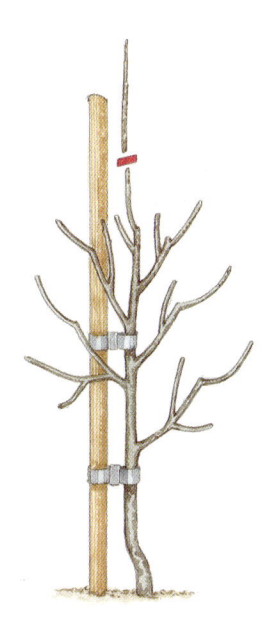

**Zweites Jahr, Frühling** Im zweiten Jahr wird der Mitteltrieb um etwa zwei Drittel zurückgeschnitten. Sonst sind keine Schnittmaßnahmen nötig.

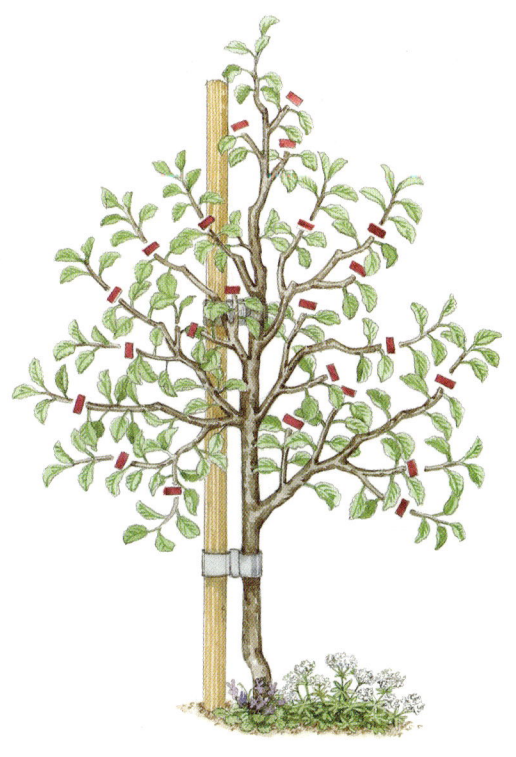

**Erhaltungsschnitt, Sommer** Meist hat der Baum im dritten Standjahr seine Endgröße erreicht, manchmal braucht er noch ein Jahr länger. Ausgewachsene Pflaumen-Pyramiden brauchen nur wenig geschnitten werden Starkwüchsige Triebe schneidet man ganz heraus, die übrigen kürzt man im Hochsommer auf einige wenige Blätter ein. Abgestorbene, kranke und über Kreuz wachsende Äste und Zweige schneidet man komplett heraus.

Hauptschnitt beschränkt sich auf das Entfernen toter, kranker oder beschädigter Zweige und das Ausdünnen zu dichter Astpartien. Wenn der Baum stärker wächst, kann es sein, dass man den neuen Mitteltrieb des Baums und den Neuzuwachs an den Leitästen auf 20 cm sowie die Seitentriebe der Leitäste auf 15 cm einkürzen muss. Wenn der Mitteltrieb seine endgültige Höhe erreicht hat, kürzt man ihn im Spätfrühling auf eine Knospe des vorjährigen Zuwachses ein.

Im Frühsommer wurden diese Pflaumen ausgedünnt, sodass nun ein gleichmäßiger Fruchtbehang eine reiche Ernte verspricht.

# Pflaumen-Spindelbusch

Eine Pflaumen-Pyramide ist die beste Erziehungsform, wenn man einen kleinen Garten hat. Will man aber eine möglichst große Menge an Pflaumen ernten, so lohnt es sich, dem Trend der Erwerbsgartenbauer zu folgen und seine Pflaumenbäume als Spindelbüsche zu erziehen.

## Stützpfahl

Für einen Spindelbusch braucht man eine permanente Stütze, die so hoch sein muss wie der Baum. Man platziert sie vor der Pflanzung im Pflanzloch, da sonst die Wurzeln des Baums beschädigt werden können. Der Stamm wird am Pfahl befestigt.

## Erziehungsschnitt

Pflanzen Sie einen bereits verzweigten Jungbaum im Winter an einen

Spindelbüsche bleiben relativ klein und ermöglichen es, auch auf kleinem Raum mehrere unterschiedliche Sorten anzubauen. Fragen Sie in Ihrer Obstbaumschule nach Sorten, die sich für diese Erziehungsmethode eignen.

Die Sorte 'Victoria' gehört zu den beliebtesten Pflaumensorten. Der gute Fruchtbehang an diesem Zweig ist das Resultat gezielten Schnitts.

Ein vielversprechender Fruchtbehang an einem Zwetschenbaum. Zwetschen werden genauso geschnitten, wie Pflaumen. Sie neigen dazu, Wasserschosse an den Ästen und am Stamm zu bilden, die man sofort entfernen sollte.

## Erziehung eines Pflaumen-Spindelbuschs

Bei einem Spindelbusch kann das Sonnenlicht bis ins Innere der Krone gelangen, sodass alle Früchte genug Licht und Wärme zum Reifen erhalten. Auch wenn das Herabbinden der Äste kompliziert aussieht, ist das Schneiden und Erziehen eines Spindelbuschs nicht schwierig. Pflaumen sollten nur im Hochsommer geschnitten werden.

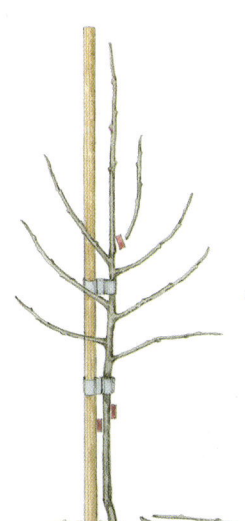

**Erstes Jahr, Winter** Pflanzen Sie einen verzweigten Jungbaum und entfernen Sie alle unerwünschten Seitentriebe und die unteren bis in eine Höhe von 60 cm.

**Erstes Jahr, Sommer** Im Hochsommer wird in einer Höhe von etwa 1 m der Mitteltrieb gekappt und alle Seitentriebe um die Hälfte eingekürzt.

**Folgejahre, Sommer** Wenn sich die Triebe entwickeln, bindet man sie vorsichtig mit Schnüren in die horizontale. Die Schnüre verankert man mit Heringen im Boden oder fixiert sie am Haltepflock. Der neue Mitteltrieb wird an den Pflock gebunden. Ab nun wird nur noch im Sommer geschnitten, die Seitentriebe aufgebaut und zu stark wachsende Triebe entfernt.

**Erhaltungsschnitt** Wenn der Baum seine Endgröße erreicht hat, wird der Mitteltrieb im Sommer immer auf ein bis zwei Knospen zurückgeschnitten. Zu dichte und starkwüchsige Triebe, die ins Kroneninnere wachsen, schneidet man heraus. Geeignete Seitentriebe bindet man herab.

Stützpfahl. Im folgenden Frühjahr entfernt man unten am Stamm alle Seitentriebe bis in eine Höhe von 60 cm. Alle anderen Seitentriebe und den Mitteltrieb lässt man ungeschnitten, nur zu steile oder dicht stehende Triebe werden entfernt. Im Sommer schneidet man den Mitteltrieb auf eine Höhe von 1 m zurück und kürzt die Seitentriebe um die Hälfte ein. Den Neuzuwachs an den Enden der Seitentriebe bindet man vorsichtig möglichst waagrecht herunter. Man kann die Bindeschnur mit Zelt-Heringen im Boden oder mit Krampen am Haltepflock befestigen.

Stellen Sie sicher, dass die Schnur nicht in die Rinde einschneidet. Bilden sich an den Seitentriebe neue senkrecht oder zu stark wachsenden Triebe, schneidet man diese weg. Wenn sich der neue Mitteltrieb entwickelt, bindet man ihn am Pfahl fest und zieht sich weitere gut platzierte Seitenäste heran. Ab jetzt wird nur noch im Sommer geschnitten.

Die Seitenäste können sich relativ frei entwickeln, man schneidet nur über Kreuz und zu stark wachsende Triebe heraus. Achten Sie darauf, dass die Äste möglichst waagrecht gezogen werden und alle Zweige genug Licht und Luft bekommen.

## Erhaltungsschnitt

Alle weiteren Schnittmaßnahmen werden im Sommer durchgeführt, um die Infektionsgefahr mit pilzlichen Krankheitserregern, wie der Bleiglanzkrankheit, zu vermindern. Wenn der Baum seine endgültige Höhe von 2 bis 2,20 m erreicht hat, schneidet man den Mitteltrieb jedes Jahr auf zwei Knospen zurück. Höher sollte man den Baum nicht wachsen lassen, da man die oberen Bereiche sonst nicht mehr bequem erreichen würde. Wenn sich die Seitenäste in ihrer waagrechten Position gefestigt haben, kann man die Bindeschnur entfernen. Alle Neutriebe, die der natürlichen Tendenz folgend, nach oben wachsen, bindet man herunter. Über Kreuz oder zu stark wachsende Triebe schneidet man aus. Jedes Jahr lässt man einige Seitentriebe wachsen, damit die alten mit der Zeit ersetzt werden können.

# Pflaumen-Fächer

Ein Fächer sieht attraktiv aus und die Gefahr von Spätfrostschäden an den Blüten ist bei dieser Erziehungsform geringer als bei anderen. An geschützten Plätzen kann man Fächer auch freiwachsend an Drähten zwischen Pfosten ziehen.

## Stützkonstruktion

Befestigen Sie fünf bis sieben waagrechte Drähte an einer Mauer oder einem Zaun. Der Abstand zwischen den Drähten sollte 30 cm und der Abstand zur Wand 10 cm betragen. So kann die Luft zwischen Pflanze und Mauer zirkulieren. Die Drähte müssen straff gespannt werden, der unterste Draht wird etwa 45 cm über dem Boden gezogen. Wenn man die Konstruktion freistehend aufstellt, müssen die Pfähle im Abstand von 2 bis 2,50 m fest im Boden verankert werden.

## Erziehungsschnitt

Beginnen Sie mit einem jungen Baum, der zwei kräftige Seitentriebe auf Höhe des untersten Drahts besitzt. Im Frühling wird der Mitteltrieb auf Höhe des oberen der beiden Seitentriebe gekappt. Die beiden Seitentriebe kürzt man auf 45 cm auf eine Außenknospe ein. Diese Triebe werden nun an lange Stäbe gebunden, die im Winkel von etwa 40° am Draht befestigt werden. Alle anderen Seitentriebe kürzt man auf zwei Knospen ein und schneidet sie im Sommer dicht am Stamm ganz weg. Im Hochsommer bindet man den Neuzuwachs am Ende der Haupttriebe an die Stäbe. Die am besten gewachsenen Seitentriebe bindet man an den Draht und entfernt alle übrigen, besonders die starkwachsenden senkrechten Triebe. Ziehen Sie auch Triebe nach unten, damit die Fläche gleichmäßig bewachsen wird. Diese Maßnahmen werden jeden Sommer ausgeführt, bis der Fächer die ganze Fläche bewachsen und schön begrünt hat.

## Erhaltungsschnitt

Im Hochsommer schneidet man tote, kranke und beschädigte Zweige heraus. Auch Triebe, die aus der Fächerebene herauswachsen oder die den Fächer zu dicht werden lassen, werden entfernt. Die Spitzen der Haupttriebe und alle Seitenäste kürzt man auf wenige Blätter ein. Im Frühling (nicht im Winter!) dünnt man alle Triebe aus. Es bleiben nur solche Triebe ungeschnitten, die als Ersatz oder zum Füllen von Lücken benötigt werden.

Ein Pflaumen-Fächer vor eine Mauer. Durch die Wärmeabstrahlung der Mauer sind die Blüten vor Spätfrösten im Frühjahr geschützt.

Wenn man diese Büschel von Pflaumen im Frühsommer ausgedünnt hätte, wären die übrig gebliebenen Früchte größer geworden.

## Erziehung eines Pflaumen-Fächers

Die Erziehung eines Fächers gehört zu den aufwändigsten Schnittmethoden bei Pflaumen. Das Ergebnis ist allerdings ausgesprochen dekorativ. Am besten zieht man den Fächer vor einer Mauer, aber auch Zäune oder zwischen Pfosten gespannte Drähte sind geeignet. Wählen Sie einen Jungbaum, der knapp unter der Höhe des untersten Drahts zwei kräftige Seitentriebe besitzt. Pflaumen-Fächer werden nicht sehr groß und können ohne Leitern oder Hilfsmitteln geschnitten und abgeerntet werden.

**Erstes Jahr, Winter** Pflanzen Sie im Winter einen verzweigten Jungbaum. Im Frühjahr wird der Mitteltrieb knapp über den beiden untersten Seitentrieben gekappt und diese gestäbt. Dann bindet man sie im Winkel von etwa 40° an die Drähte und kürzt sie auf eine Länge von 45 cm ein. Die unteren Seitentriebe schneidet man auf wenige Knospen zurück.

**Erstes Jahr, Sommer** Im Hochsommer stäbt man die sich entwickelnden Seitentriebe an den beiden Hauptästen und bindet sie so an die Drähte, dass die Fläche gleichmäßig bedeckt ist. Unerwünschte oder über Kreuz wachsende Triebe schneidet man ganz heraus. Die untersten Seitentriebe werden dicht am Stamm zurückgeschnitten.

**Folgejahre** Wenn der Fächer ausgewachsen ist, werden im Sommer alle Neutriebe an den Haupt- und Seitenästen auf zwei bis drei Blätter zurückgeschnitten. Zu dichte oder störende Triebe schneidet man ganz heraus. Die Form sollte insgesamt so offen sein, dass Licht und Luft an alle Bereich gelangen kann. Im Frühling dünnt man den Fächer aus und behält nur die Triebe, die als Ersatz oder zum Füllen von enstandenen Lücken benötigt werden.

# Kirschen (Prunus sp.)
# Süßkirschen-Busch

Kirschbäume waren lange für den Hausgarten weniger geeignet, da sie sehr starkwüchsig sind und schwachwüchsige Unterlagen zur Veredlung nicht vorhanden waren. Ihre Größe erschwerte Ernte, Schnitt und Pflegemaßnahmen. Durch die Züchtung schwachwüchsiger Unterlagen (GiSelA, Weiroot) können Kirschbäume heute auch als einfach zu pflegende Buschbäume erzogen werden. Natürlich kann man sie auch als Hochstamm oder Halbstamm ziehen, sie werden dann für den normalen Garten aber zu groß. Es gibt mittlerweile viele selbstbefruchtende Sorten ('Lapins', 'Sunburst'). Kirschen werden im Frühling oder Sommer geschnitten.

### Sorten

| Süßkirschen | | Sauerkirschen |
|---|---|---|
| 'Burlat' | 'Schneiders Späte Knorpel' | 'Favorit' |
| 'Hedelfinger' | | 'Karneol' |
| 'Kordina' | 'Silvia' | 'Koröser Weichsel' |
| 'Lapins' | 'Sunburst' | 'Korund' |
| 'Napoleon' | | 'Morellenfeuer' |
| 'Oktavia' | | 'Morello' |
| 'Regina' | | 'Ungarische Traubige' |
| 'Sam' | | |

### Stützpfahl

Schlagen Sie einen Pfahl in das Pflanzloch, bevor der Baum hineingestellt wird. Pflanzt man den Baum zuerst und schlägt dann den Pfahl ein, kann es passieren, dass die Wurzeln unter der Erde beschädigt werden. Mit speziellen Kunststoffbändern befestigt man den Stamm am Pfahl, eine normale Schnur würde einschneiden oder scheuern. In windigen Lagen befestigt man den Stamm an zwei Pfählen.

### Erziehungsschnitt

Beginnen Sie mit einem Jungbaum, der gestäbt wird. Im Frühling wird der Mitteltrieb über der Knospe, die die neue Spitze bilden soll, auf 1,50 m gekürzt. Alle Seitenäste, die zukünftigen Leitäste, werden um zwei Drittel auf eine Außenknospe zurückgeschnitten. Im folgenden Frühjahr entfernt man alle Seitentriebe bis in eine Höhe von 1 m über dem Boden, um den Stamm freizulegen. Dabei werden auch alle Zweige, die schräg oder zu dicht stehen entweder ganz entfernt oder auf eine Knospe zurückgeschnitten, aus der ein besseres Wachstum zu erwarten ist. An den Leitästen werden alle neuen Triebe, die ins Kroneninnere wachsen, herausgeschnitten und die übrigen um die Hälfte bis zwei Drittel auf eine nach außen zeigende Knospe zurückgenommen.

### Erhaltungsschnitt

Im dritten Jahr sollte der Baum seine Endgröße erreicht haben. Ab jetzt wird nur noch im Frühsommer geschnitten. Süßkirschen blühen vor allem an älteren Kurztrieben, der Schnitt konzentriert sich also auf das Freihalten der Krone. Im Prinzip müssen nur tote, kranke oder beschädigte Äste und aneinanderscheuernde Triebe entfernt werden. Senkrecht wachsende Triebe, die an den Haupt- und Nebenästen erscheinen, werden weggeschnitten. Ab und zu muss man ganze Äste zurückzuschneiden, damit der Kirsch-Busch nicht zu groß wird. In diesem Fall schneidet man bis zum ersten geeigneten Seitenast zurück.

*Ganze Kirschtrauben sind am einfachsten zu ernten. Sauerkirschen, wie diese, werden besonders gerne zum Einmachen und für Konfitüren verwendet.*

*Kirschen sollte man am besten in den frühen Morgenstunden ernten, bevor die Hitze des Tags eintritt. Dann hängen die Blätter herab und verstecken die Kirschen.*

## Erziehung eines Süßkirschen-Buschs

Für einen Süßkirschen-Busch wählt man einen Baum, der auf eine schwachwüchsige Unterlage veredelt wurde.

Hochstämme oder Halbhochstämme sind zu starkwüchsig und schwierig im Zaum zu halten. Wählen Sie einen gut verzweigten Jungbaum mit starken Seitenästen, die eine Fläche von ungefähr 1,20 bis 1,50 Quadratmetern bedecken.

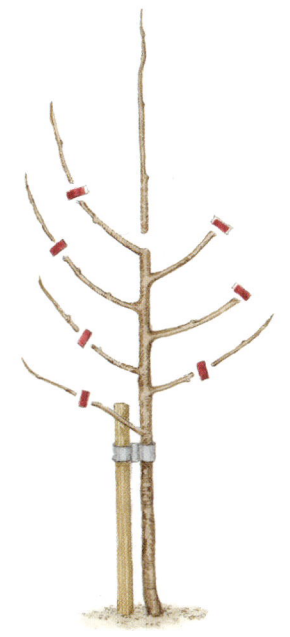

**Erstes Jahr, Winter** Pflanzen Sie im Winter einen verzweigten Jungbaum. Im zeitigen Frühjahr wird der Mitteltrieb auf Höhe der gewünschten Stammlänge von etwa 1,50 m gekappt. Alle Seitentriebe werden um ein Drittel zurückgeschnitten.

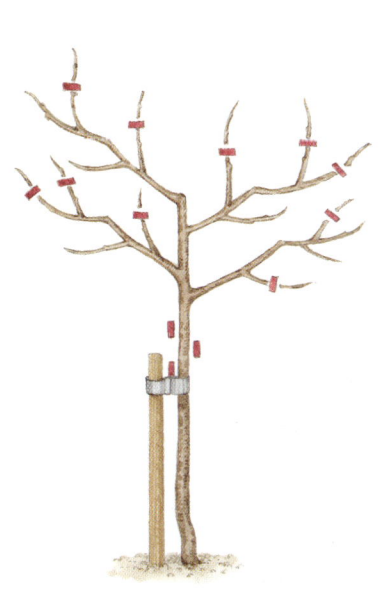

**Zweites Jahr, Winter** Im zweiten Standjahr werden alle Seitentriebe unterhalb des Kronenansatzes, der in ewta 1 m Höhe liegt, entfernt. Alle unerwünschten Triebe schneidet man heraus und kürzt die restlichen um ein Drittel bis die Hälfte ein.

**Folgejahre** Führen Sie die oben beschriebenen Schnittmaßnahmen so lange durch, bis die gewünschte Form und Größe erreicht ist. Alle weiteren Schnittmaßnamen finden dann im Frühsommer statt und beschränken sich auf das Entfernen unerwünschter oder zu stark wachsender Zweige.

Im zweiten Jahr der Erziehung werden alle Triebe im Sommer um die Hälfte bis zwei Drittel eingekürzt.

# Süßkirschen-Fächer

Bei genug Platz, kann man eine Kirsche auch als Fächer ziehen, sofern eine Mauer oder ein Zaun zur Verfügung steht. Obwohl der Arbeitsaufwand beim Schneiden größer ist, bietet ein Fächer viele Vorteile. Man braucht zum Schneiden, Ernten und Einnetzen keine Leiter.

## Stützkonstruktion

An einer Mauer oder einem Zaun werden fünf bis sieben parallel laufende, waagrechte Drähte im Abstand von 30 cm gespannt. Der Abstand zur Mauer sollte 10 cm betragen, damit zwischen Pflanze und Wand Luft zirkulieren kann. Der unterste Draht wird etwa 45 cm über dem Boden gespannt. Alternativ können die Drähte auch zwischen zwei freistehenden, im Abstand von 2 bis 2,50 m stabil verankerten Pfählen gespannt werden.

## Erziehungsschnitt

Im Winter wird ein verzweigter Jungbaum gepflanzt, der auf Höhe des untersten Drahts zwei starke Seitentriebe hat. Im nächsten Frühjahr wird der Mitteltrieb über den beiden Seitentrieben abgeschnitten. Diese stäbt man, bindet sie im Winkel von etwa 40° an die Drähte und kürzt sie auf 45 cm auf eine nach außen zeigende Knospe ein. Alle anderen Seitentriebe werden auf zwei Knospen zurückgeschnitten und im Sommer dicht am Stamm weggeschnitten. Im Hochsommer stäbt man den Neuzuwachs an den Spitzen der beiden Hauptäste. Die am besten gewachsenen neuen Seitentriebe bindet man am Draht fest. Die übrigen werden zusammen mit allen senkrechten Trieben herausgeschnitten. Ziehen Sie auch einige Triebe nach unten, damit die Lücken gefüllt werden. Dies wiederholt man bis der Fächer seine Endgröße erreicht hat.

Ein Süßkirschen-Fächer im Winter. Deutlich erkennt man die Struktur und den Aufbau der Triebe. Dieser Kirsch-Fächer steht vor einem sonnigen Bretterzaun, man kann den Fächer aber auch vor einer Mauer oder freistehend an Drähten, die zwischen Pfosten gespannt sind, ziehen.

## Erhaltungsschnitt

Im Frühsommer schneidet man tote, kranke und beschädigte Zweige heraus. Auch zu stark gewachsene Triebe, die die Fächerstruktur verdichten oder nach hinten oder vorne wachsen, nimmt man zurück. Alle Seitentriebe werden auf wenige Blätter zurückgeschnitten. Im Frühling (nicht im Winter!) dünnt man die Neutriebe aus, in dem man die Spitzen zurücknimmt und nur diejenigen Triebe stehen lässt, die als Ersatz oder zum Füllen von Lücken im Fächer benötigt werden.

Ein Süßkirschen-Fächer im Sommer. Das Netz schützt die reifenden Kirschen vor hungrigen Vögeln. Wenn man Kirschbäume nicht vor Vögeln schützt, wird man nur wenige Früchte ernten können.

## Erziehung eines Süßkirschen-Fächers

Man beginnt für einen Kirsch-Fächer mit einem verzweigten Jungbaum, der zwei kräftige, gegenüberliegende Seitentriebe an der Basis hat. Diese bilden die beiden Hauptäste, von denen der Fächer aufgebaut wird. Bis auf den Erziehungsschnitt sollten alle Schnittmaßnahmen bei Kirschen im Sommer stattfinden.

Ein Kirsch-Fächer mit gleichmäßigem Blütenbesatz. Dies ist das Ziel der Schnitt- und Erziehungsmaßnahmen.

Wenn einer der älteren Äste ersetzt werden muss, wählt man einen geeigneten Seitentrieb, stäbt ihn und schneidet den großen Ast weg. Die Gesamtform des Fächers sollte so offen wie möglich sein und trotzdem die Fläche gut bedecken.

**Erstes Jahr, Winter** Pflanzen Sie im Winter einen verzweigten Jungbaum. Im Frühjahr wird der Mitteltrieb knapp unter dem untersten Draht gekappt und die beiden Seitentriebe gestäbt. Dann bindet man sie im Winkel von 40° an die Drähte und kürzt sie auf 45 cm ein.

**Erstes Jahr, Sommer** Im Frühsommer stäbt man die Spitzentriebe der Hauptäste und heftet sie an den Draht. Die besten Seitentriebe bindet man ebenfalls am Draht fest und entfernt alle Seitentriebe am Stamm.

**Folgejahre** Wiederholen Sie die oben beschriebenen Schnitt- und Erziehungsmaßnahmen so lange, bis die ganze Fläche bewachsen ist. Bis auf das Entfernen unerwünschter oder nach vorne beziehungsweise hinten wachsender Triebe, muss nur wenig geschnitten werden. Die Spitzen von Trieben, die nicht gebraucht werden, pinziert man.

# Sauerkirschen-Busch

Sauerkirschen werden hauptsächlich zum Einkochen und Einmachen verwendet. Meist werden sie als Hochstamm oder Halbstamm gezogen, man kann sie aber auch als Buschbaum schneiden. Sie bleiben relativ starkwüchsig und werden im normalen Garten zu groß.

### Stützpfahl

Ein stabiler Pfahl wird in das Pflanzloch geschlagen, bevor die Wurzeln im Loch ausgebreitet werden. Schlägt man den Pfahl nach der Pflanzung ein, besteht die Gefahr, die Wurzeln zu beschädigen. Mit speziellen Kunststoffbändern befestigt man den Stamm am Pfahl. Kontrollieren Sie regelmäßig, ob das Band in die Rinde einschneidet und ersetzen Sie es dann durch ein neues.

### Erziehungsschnitt

Im Gegensatz zu Süßkirschen fruchten Sauerkirschen an den Vorjahrstrieben. Durch den Schnitt soll der Austrieb

Reifende Kirschen sind für Vögel unwiderstehlich. Deshalb muss man die Früchte durch Einnetzen des ganzen Baums schützen.

neuer Triebe angeregt und der Anteil alter Zweige, die bereits getragen haben, reduziert werden. Beginnen Sie mit einem verzweigten Jungbaum, der mit Pfahl gepflanzt wird. Im zeitigen Frühjahr kappt man seinen Mitteltrieb in einer Höhe von 1,50 m knapp über der Knospe, aus der der oberste Kronenast wachsen soll. Alle Seitentriebe werden um zwei Drittel auf eine Außenknospe geschnitten. Im folgenden Frühjahr schneidet man den Stamm bis in eine Höhe von 1 m frei. Alle anderen Seitentriebe kürzt man wieder um zwei Drittel ein. Störende oder uber Kreuz wachsende Äste schneidet man ganz heraus oder auf eine Knospe zurück, aus der ein besser platzierter Trieb wachsen wird. Die übrigen Triebe werden um die Hälfte bis zwei Drittel auf nach außen wachsende Triebknospen (nicht die dickeren Blütenknospen) eingekürzt. Im Sommer schneidet man senkrechte und zu dicht gewachsene Triebe heraus. Halten Sie das Kroneninnere offen.

Die kräftig roten Kirschen locken viele Vögel an. Ein Kirsch-Busch lässt sich leichter einnetzen, als ein großer Baum.

### Erhaltungsschnitt

Im Frühjahr werden tote, kranke und beschädigte Zweige sowie auch einige der ältesten Äste herausgeschnitten, um das Wachstum neuer Triebe anzuregen. Schneiden Sie immer auf die spitzen Blattknospen zurück, nicht auf die rundlichen Blütenknospen. Nach der Ernte werden alle Triebe, die getragen haben, um ein Viertel bis ein Drittel zurückgeschnitten.

Je nach Sorte unterscheiden sich Sauerkirschen im Geschmack. Beim Anbau mehrerer Sorten sollte man auch auf den Reifezeitpunkt achten.

## Erziehung eines Sauerkirschen-Buschs

Für Sauerkirschen gibt es schwachwachsende Unterlagen. Daher ist es relativ einfach, einen Jungbaum zu bekommen, der für die Erziehung als Busch geeignet ist. Wie bei Süßkirschen wird nach der Erziehung nur noch im Sommer geschnitten.

**Erstes Jahr, Winter** Pflanzen Sie im Winter einen verweigten Jungbaum. Im Frühling wird der Mitteltrieb auf einer Höhe von 1,50 m gekappt und alle Seitentriebe um zwei Drittel auf eine nach außen zeigende Knospe gekürzt.

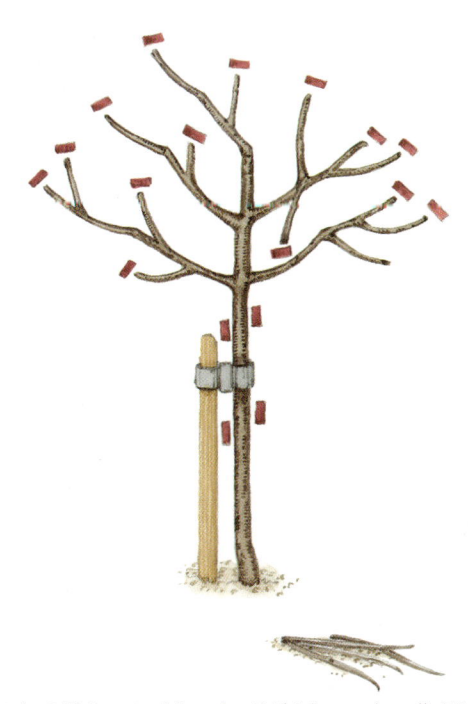

**Zweites Jahr, Frühling** Im folgenden Frühjahr werden alle Triebe unterhalb des Kronenansatzes, der in einer Höhe von etwa 1 m liegen sollte, entfernt. Unerwünschte Triebe entfernt man und kürzt die übrigen um die Hälfte ein.

**Zweites Jahr, Sommer** Im Sommer werden neu gewachsene, unerwünschte Zweige herausgeschnitten. Das Kroneninnere muss, von oben betrachtet, frei und offen bleiben, damit Licht und Luft an alle Triebe gelangt.

**Erhaltungsschnitt** Wenn sich der Busch etabliert hat und die ersten Früchte trägt, schneidet man alle abgeernteten Triebe um ein Viertel bis ein Drittel zurück, damit die Bildung von neuen Fruchttrieben angeregt wird. Wenn der Busch älter ist, kann man ein bis zwei der ältesten Äste auf einen starken Seitentrieb zurückschneiden, um die Verjüngung zu fördern.

# Sauerkirschen-Fächer

Wenn man einen kleinen Garten und eine freie Mauer oder einen Zaun besitzt, ist ein Sauerkirsch-Fächer ideal. Man braucht ungefähr eine Wand- oder Zaunbreite von 5 m.

## Stützkonstruktion

Befestigen Sie fünf bis sieben waagrecht gespannte, parallele Drähte an einer Mauer oder einem Zaun. Der Abstand der Drähte untereinander sollte etwa 30 cm und zur Mauer etwa 10 bis 15 cm betragen. So ist gewährleistet, dass zwischen Pflanze und Mauer Luft zirkulieren kann und keine Äste an der Wand scheuern. Der unterste Draht wird etwa 45 cm über dem Boden gespannt. Für einen freistehenden Fächer spannt man die Drähte zwischen zwei stabilen Pfosten.

## Erziehungsschnitt

Man braucht einen verzweigten Jungbaum, der auf der Höhe des untersten Drahts zwei gegenüberliegende kräftige Seitentriebe besitzt. Schneiden Sie den Mitteltrieb des Baums über dem oberen Seitentrieb ab. Die Seitentriebe werden gestäbt und die Stäbe im Winkel von etwa 40° am Draht befestigt. Dann kürzt man diese beiden Hauptäste des Fächers auf eine Knospe auf der Unterseite und eine Länge von 45 cm ein. Das regt die Bildung neuer Seitentriebe im selben Jahr an. Die restlichen Triebe am Stamm werden vorerst auf zwei Knospen zurückgeschnitten und im Sommer dann komplett entfernt. Neue Seitentriebe an den beiden Hauptästen werden gestäbt und am Draht befestigt. Der Neuzuwachs an den Endknospen der Hauptäste wird am Stab fixiert. Unerwünschte Triebe und Neutriebe am Stamm werden entfernt, dabei achtet man auf einen möglichst gleichmäßigen Astaufbau. Die Spitzen

## Erziehung eines Sauerkirschen-Fächers

Fächerformen eignen sich besonders gut für Kirschbäume, da man so leichter ernten und schneiden kann. Auch das Einnetzen zum Schutz vor Vogelfraß ist einfacher.

Fragen Sie in der Baumschule nach einem Jungbaum, der auf der Höhe des untersten Drahts zwei kräftige, gegenüberliegende Seitentriebe hat.

**Erstes Jahr, Winter** Pflanzen Sie im Frühjahr einen Jungbaum mit zwei gegenüberliegenden Seitentrieben an der Basis und schneiden Sie den Mitteltrieb heraus. Stäben Sie die Seitentriebe und heften Sie diese im Winkel von 40° an die Drähte. Die übrigen Seitentriebe werden auf zwei Knospen eingekürzt.

**Erstes Jahr, Sommer** Stäben Sie die am besten gewachsenen Seitentriebe der Hauptäste und binden Sie sie gleichmäßig verteilt an die Drähte. Entfernen Sie die Seitentriebe am Stamm ganz und halten Sie die Mitte des Fächers noch offen.

Ein Sauerkirschen-Fächer, der in einer mit Netz bespannten Rahmenkonstruktion wächst. Von einem gut erzogenen Fächer kann man viele Jahre Kirschen ernten.

**Folgejahre, Sommer** Bauen Sie den Fächer nach und nach auf, indem Sie die Spitzen der Haupttriebe auskneifen, damit die Verzweigung gefördert wird. Alle Triebe, die nicht gebraucht werden, schneidet man heraus, besonders jene, die aneinanderscheuern oder über Kreuz wachsen.

**Erhaltungsschnitt** Die wichtigste Schnittmaßnahme zur Erhaltung des Fächers ist das Zurückschneiden der abgeernteten Triebe auf einen Seitentrieb. Im Frühsommer kann man bei älteren Exemplaren auch einige der dicksten Triebe ganz herausnehmen, um die Verjüngung zu fördern.

aller Seitentriebe kappt man, damit sie sich verzweigen. Alle Triebe, die nach hinten oder vorne aus der Fächerebene wachsen, werden weggeschnitten. In den nächsten drei Jahren wird der Fächer weiterentwickelt, bis die ganze Fläche bewachsen ist.

## Erhaltungsschnitt

Wenn das Grundgerüst des Fächers erreicht ist, schneidet man nur noch im Frühsommer. Die Hauptäste werden auf eine geeignete Knospe oder ein Auge zurückgeschnitten. Wenn die Pflanze älter wird, entfernt man nach und nach die ältesten Äste, um das Wachstum neuer Triebe anzuregen. Schneiden Sie immer auf Blattknospen oder Seitentriebe zurück. Nach der Ernte schneidet man die Triebe, die getragen haben, auf einen Seitentrieb zurück.

# Pfirsiche und Nektarinen *(Prunus persica)*
## Pfirsich- und Nektarinen-Busch

Immer mehr Gärtner haben freistehende Pfirsich- oder Nektarinenbäume im Garten. In kühleren Gegenden ist es besser, sie an einer schützenden Mauer als Fächer zu ziehen. Es gibt noch keine schwachwüchsigen Unterlagen, aber solche, die eine Kultur als Buschbaum ermöglichen.

### Stützpfahl
In das vorbereitete Pflanzloch wird ein Stützpfahl eingeschlagen, bevor man den Baum platziert. So werden die Wurzeln des Baums nicht verletzt. Mit speziellen Kunststoffbändern, die nicht scheuern, wird der Stamm befestigt.

### Erziehungsschnitt
Pflanzen Sie im Winter einen veredelten einjährigen verzweigten Jungbaum. Im nächsten Frühjahr entfernt man alle Seitentriebe bis in eine Höhe von etwa 1 m, um den Stamm frei zu legen. Vier bis fünf ausgewählte Seitentriebe bilden die zukünftigen Leittriebe, das Gerüst der Krone. Kürzen Sie diese auf ein Drittel ihrer ursprünglichen Länge ein. Der Mitteltrieb wird über dem obersten Leittrieb gekappt. Im Sommer werden neu gewachsene Seitentriebe am Stamm entfernt, es sei denn sie tragen zu einem besseren Gesamtbild bei. Das Kroneninnere sollte offen bleiben, daher schneidet man nach innen wachsende Triebe heraus. Auch zu dichte, über Kreuz oder aneinanderscheuernde Zweige entfernt man. Im folgenden Frühjahr werden dann alle Leittriebe auf eine nach außen weisende Knospe um die Hälfte zurückgeschnitten.

Pfirsich- oder Nektarinen-Büsche eignen sich besonders für größere Gärten in milden Lagen. Bei wenig Platz ist die Fächerform besser geeignet.

Eine Anlage mit jungen Pfirsichbäumen, die gerade beginnen, auszutreiben. Man kann sie wurzelnackt in der Baumschule kaufen.

### Sorten

**Pfirsiche**
'Anneliese Rudolf'
'Benedicte'
'Redhaven'
'Rekord aus Alfter'
'Roter Ellerstätter'
'Revita'

**Nektarinen**
'Nektared'

## Erziehung eines Pfirsich- oder Nektarinen-Buschs

Pfirsiche kauft man als verzweigte Jungpflanze. Wählen Sie einen Baum mit kräftigen, gut platzierten Seitentrieben. Wie bei anderen Vertretern der Gattung *Prunus* wird nach der Erziehung nur noch im Sommer geschnitten, damit die Wunden schnell verheilen und keine Krankheitserreger, wie Pilze oder Bakterien, in die Schnittstelle eindringen können.

**Erstes Jahr, Winter** Pflanzen Sie im Winter einen verzweigten Jungbaum. Im Frühjahr schneidet man den unteren Stammbereich frei. Dann wählt man vier oder fünf starke Seitenäste aus, kürzt sie um ein Drittel ein und kappt den Mitteltrieb.

**Erstes Jahr, Sommer** Im folgenden Sommer entfernt man unerwünschte oder falsch gewachsene Triebe und sorgt dafür, dass das Kroneninnere offen bleibt.

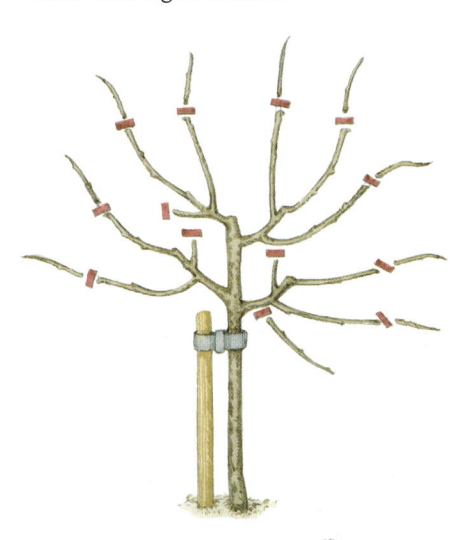

**Zweites Jahr, Frühling** Im nächsten Frühling schneidet man alle unerwünschten Zweige heraus und kürzt die übrigen auf eine kräftige Knospe um die Hälfte ein.

## Erhaltungsschnitt

Alle weiteren Schnittmaßnahmen finden im Frühsommer statt. Zuerst entfernt man tote, kranke oder beschädigte Triebe. Auch über Kreuz und zu dicht wachsende Zweige, besonders im Kroneninneren, werden herausgeschnitten. Die Früchte werden an den Trieben des Vorjahrs angesetzt, deshalb schneidet man einen Teil des Fruchtholzes des Vorjahrs auf einen seitlichen Neutrieb zurück. Neue Seitentriebe am Stamm unterhalb des Kronenansatzes werden entfernt.

Der Geschmack von direkt vom Baum gepflückten Pfirsichen oder Nektarinen ist unvergleichlich. Hier die Sorte 'Redhaven'.

**Erhaltungsschnitt** Wenn der Baum seine Endgröße erreicht hat, schneidet man nur noch unerwünschte oder falsch gewachsene Triebe heraus und nimmt abgeerntete Zweige auf einen Seitentrieb zurück.

# Pfirsich- und Nektarinen-Fächer

Besonders in kühleren Gegenden ist es empfehlenswert, Pfirsiche oder Nektarinen an einer Mauer zu ziehen. Der Baum ist durch die Mauer vor kaltem und nassem Wetter geschützt. Im Winter kann man ihn einfach durch ein Vlies oder eine Folie vor Frost schützen.

## Stützkonstruktion

An der Mauer werden Spanndrähte im Abstand von 30 cm befestigt, der unterste wird etwa 45 cm über dem Boden gespannt. Damit zwischen Pflanze und Mauer Luft zirkulieren kann und die Äste nicht an der Wand scheuern, sollte der Abstand der Drähte zur Wand 10 bis 15 cm betragen. In milderen Gegenden kann der Fächer auch an freistehenden Pflählen gezogen werden, die im Abstand von 2 bis 2,50 m in den Boden geschlagen wurden.

## Erziehungsschnitt

Beginnen Sie mit einem jungen Baum, der auf der Höhe des untersten Drahts

## Erziehung eines Pfirsich- oder Nektarinen-Fächers

Ein Fächer ist im hiesigen Klima die beste Kulturform für Pfirsiche oder Nektarinen, besonders, wenn man sie vor einer Mauer, die Schutz vor Nässe und Kälte bietet, pflanzt. Ein Fächer ist leichter zu schneiden und abzuernten, außerdem sieht er oft dekorativer aus als ein Baum, besonders wenn man mehrere nebeneinander zieht.

**Erstes Jahr, Winter** Pflanzen Sie im Winter einen verzweigten Jungbaum. Im Frühjahr wird der Mitteltrieb über den beiden untersten Seitentrieben gekappt. Diese neuen Hauptäste stäbt man und bindet sie im Winkel von 40° an die Drähte. Dann kürzt man sie auf 45 cm ein und entfernt alle anderen Triebe.

**Erstes Jahr, Sommer** Stäben Sie alle neu gewachsenen Triebe und binden Sie sie an den Draht. Achten Sie dabei auf eine gleichmäßige Bedeckung der Fläche. Zweige, die nicht gebraucht werden, schneidet man heraus. Die Seitentriebe am Stamm entfernt man komplett.

Ein Vorteil der Fächerform bei Pfirsichen und Nektarinen liegt darin, dass im Winter ein schützender Folienvorhang angebracht werden kann.

**Zweites Jahr, Sommer** Im folgenden Sommer schneidet man über Kreuz oder falsch wachsende Triebe weg. Die Triebe sollten auf beiden Seiten des Stamms gleichmäßig verteilt sein. Die Mitte des Fächers sollte nicht zu dicht werden.

## Schnitt eines Pfirsich-Fächers

**1** Im Sommer kann es von Vorteil sein, einige der langen Triebe, die die Früchte beschatten, zurückzuschneiden, damit diese schneller reifen.

**2** Lange Triebe, die keine Früchte tragen, schneidet man auf ein bis zwei Blätter zurück, damit darunter liegende Früchte Sonne bekommen.

**3** Zuviel Schatten kann auch durch das Abschneiden der Spitzen von fruchttragenden Trieben vermieden werden.

zwei kräftig entwickelte Seitentriebe hat. Im Frühjahr schneidet man den Mitteltrieb über dem oberen Seitentrieb ab. Die beiden Seitentriebe, die Hauptäste des Fächers, werden auf etwa 45 cm Länge auf eine Außenknospe zurückgeschnitten. Dann stäbt man sie und befestigt die Stäbe im Winkel von etwa 40° am Draht. Die übrigen Seitentriebe schneidet man auf zwei Knospen zurück und entfernt sie im Sommer komplett. Im Hochsommer stäbt man den Neuzuwachs der Hauptäste und bindet ausgewählte Seitentriebe am Draht fest. Alle übrigen, vor allem starkwüchsige und senkrechte Triebe, schneidet man heraus. Triebe, die nach unten wachsen, werden dagegen gefördert.
So verfährt man auch in den folgenden Sommern, dabei werden die neuen Seitentriebe ebenfalls gestäbt und an den Spanndrähten befestigt.

## Erhaltungsschnitt

Geschnitten wird im Hochsommer. Abgestorbene, kranke und beschädigte Äste schneidet man zusammen mit dicht, über Kreuz oder nach innen wachsenden Zweigen heraus. Auch Triebe, die nach vorne oder hinten zur Wand hin wachsen, werden entfernt. Nach der Ernte wird das alte Fruchtholz auf einen Ersatztrieb zurückgeschnitten. Ältere Äste werden auf junge Seitentriebe zurückgeschnitten.

Ein Pfirsich-Fächer vor einer Mauer. Man kann gut erkennen, wie einfach das Einnetzen zum Schutz der Früchte vor hungrigen Vögeln ist.

**Erhaltungsschnitt, Sommer** Wenn der Fächer seine Endgröße erreicht hat, schneidet man fruchtende Triebe nach der Ernte auf einen Seitentrieb zurück. Auch zu dicht oder über Kreuz wachsende Triebe werden herausgenommen. Alte Zweige kann man zur Verjüngung nach und nach ganz herausnehmen.

# Aprikosen *(Prunus armenica)*
# Aprikosen-Fächer

Aprikosen kann man zwar auch als Busch ziehen, besser ist es aber, sie vor einer schützenden Mauer als Fächer zu ziehen. Auf diese Weise kann man sie besser vor rauem Wetter schützen. Ideal ist auch ein Anlehngewächshaus.

### Sorten
'Goldrich'
'Hargrand'
'Kuresia'
'Luizet'
'Nancy Aprikose'
'Temporao de Vila Franca'
'Ungarische Beste'

### Stützkonstruktion
Befestigen Sie fünf bis sieben waagrecht gespannte Drähte an einer Mauer, und zwar mit 30 cm Abstand voneinander und 10 bis 15 cm Abstand von der Wand. In sehr milden Gegenden kann man einen Aprikosenfächer auch freistehend zwischen zwei im Abstand von 2 bis 2,50 m in den Boden geschlagenen Pfählen ziehen.

### Erziehungsschnitt
Man beginnt mit einem verzweigten Jungbaum, der auf Höhe des untersten Drahts zwei kräftige sich gegenüberliegende Seitentriebe hat. Im ersten Frühjahr nach der Pflanzung kappt man den Mitteltrieb des Baums über dem oberen Seitentrieb. Dann bindet man die beiden Seitentriebe, die zukünftigen Hauptäste des Fächers, an lange Stäbe und befestigt sie im Winkel von etwa 40° am Draht. Ihr Rückschnitt auf eine Länge von 45 cm erfolgt auf ein nach außen beziehungsweise unten weisendes Auge. Alle anderen Seitentriebe werden auf zwei Knospen zurückgeschnitten und im Sommer komplett entfernt. Zu diesem Zeitpunkt bindet man den Neuzuwachs der Hauptäste an die Stäbe und befestigt ausgewählte Seitentriebe am Draht. Alle übrigen, besonders die senkrechten Triebe, werden entfernt.

*(oben)* Ein Aprikosen-Fächer an einer Mauer, der den gleichmäßigen Aufbau und eine über den ganzen Fächer verteilte Blüte zeigt. Durch die Wärmeabstrahlung der Mauer sind die Blüten vor Frost geschützt.

Bei diesem, an einer Mauer gezogenen Aprikosen-Fächer erkennt man, dass die linke Hälfte etwas zu klein ist, im Verhältnis zur rechten. Durch gezielte Schnittmaßnahmen kann dies ausgeglichen werden.

## Erziehung eines Aprikosen-Fächers

In Mitteleuropa kann man Aprikosen nur im Schutz einer Mauer ziehen. Die Fächerform ist dafür die einzig praktikable Erziehungsmethode. Ein Fächer sieht auch sehr dekorativ aus. Wie bei Kirschen und Pflaumen ist der beste Zeitpunkt zum Schneiden der Sommer, da dann die Schnittwunden schnell verheilen und keine Krankheitserreger eindringen können.

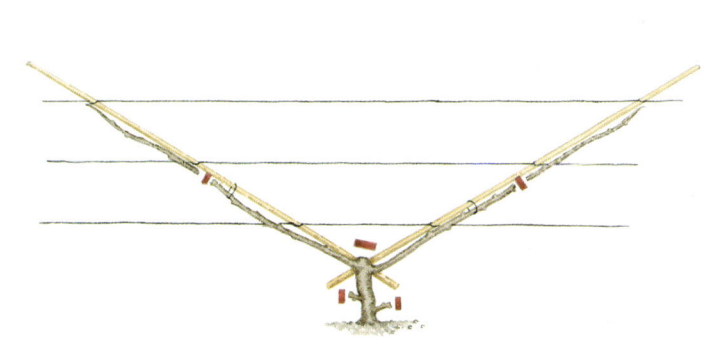

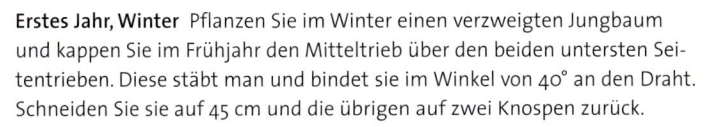

**Erstes Jahr, Winter** Pflanzen Sie im Winter einen verzweigten Jungbaum und kappen Sie im Frühjahr den Mitteltrieb über den beiden untersten Seitentrieben. Diese stäbt man und bindet sie im Winkel von 40° an den Draht. Schneiden Sie sie auf 45 cm und die übrigen auf zwei Knospen zurück.

**Erstes Jahr, Sommer** Binden Sie die größten Seitentriebe an den Hauptästen an den Draht, sodass die Fläche gleichmäßig bewachsen wird. Unbenötigte Triebe schneidet man ganz heraus und entfernt die Seitentriebe am Stamm ganz.

Nach unten wachsende Triebe sollte man fördern, um Lücken zu schließen.

## Erhaltungsschnitt

Wenn der Fächer seine endgültige Größe erreicht hat, wird nur noch im Hochsommer geschnitten. Bei Schnittmaßnahmen im Frühjahr kann es zu Infektionen kommen, die durch die Schnittwunden eindringen. Abgestorbene, beschädigte und kranke Äste werden entfernt. Dabei schneidet man auch stark wachsende sowie zu dichte Triebe und Zweige, die aus der Fächerebene zur Wand oder nach vorne wachsen, heraus. Die Neuzuwächse an den Spitzen der Hauptäste und Seitentriebe werden auf einige wenige Blätter zurückgenommen. Alle anderen Triebe werden ausgedünnt. Man lässt nur diejenigen stehen, die Lücken füllen oder als zukünftiger Ersatz für überalterte Äste dienen sollen. Diese nimmt man in Abständen ganz heraus, sodass sich der Fächer verjüngen kann. Die Mitte des Fächers sollte offen gehalten werden. Die Stäbe können entfernt werden, wenn die Äste ausgereift sind. Dann kann man diese direkt an die Drähte binden.

**Zweites Jahr, Sommer** Im folgenden Sommer werden alle starkwüchsigen senkrechten Triebe entfernt, ebenso andere unerwünschte Zweige. Der Rest wird an die Drähte geheftet.

**Erhaltungsschnitt, Sommer** Wenn der Fächer seine Endgröße erreicht hat, werden nur noch zu stark wachsende, senkrechte und unerwünschte Triebe entfernt. Den Neuzuwachs an allen Trieben kürzt man auf ein bis zwei Blätter ein. Wenn die Zweige ausgereift sind, können die Stäbe entfernt werden.

# Quitten *(Cydonia oblonga)*
# Quitten-Busch

Quitten werden immer seltener gepflanzt. Die Früchte kann man nicht roh essen, sie ergeben aber köstliche Gerichte, wenn man sie beispielsweise zu Gelee verarbeitet. Quitten können als Fächer gezogen werden, wachsen aber besser freistehend als Buschbaum.

**Sorten**
'Bereczki'
'Cydora'
'Konstantinopler Apfelquitte'
'Portugiesische Birnenquitte'
'Vranja'

### Stützpfahl
Schlagen Sie einen kurzen Pfahl innerhalb des Pflanzlochs in den Boden und stellen Sie dann den Baum daneben. Die Wurzeln breitet man gleichmäßig um den Pfahl herum aus. Schlägt man den Pfahl erst nach der Pflanzung ein, können Wurzeln beschädigt werden. Mit einem speziellen Kunststoffband wird der Stamm am Pfahl befestigt.

### Erziehungsschnitt
Man pflanzt einen verzweigten Jungbaum und befreit den Stamm bis in eine Höhe von 60 cm von Seitentrieben. Etwa in 1 m Höhe schneidet man den Mitteltrieb auf eine starke Knospe zurück. Die übrigen Seitentriebe werden um etwa zwei Drittel auf Außenknospen eingekürzt. Im folgenden Winter kürzt man die neu entstandene Spitze etwa 30 cm über der Schnittstelle des Vorjahrs über einem starken Seitentrieb. Dieser wird der oberste Kronenast. Kürzen Sie die Spitzen der übrigen Seitenäste um ein Drittel bis die Hälfte des Vorjahrszuwachses.

### Erhaltungsschnitt
Auch wenn die Grundform des Quitten-Buschs erreicht ist, erscheinen laufend neue Triebe. Solange diese nicht benötigt werden, um Lücken zu füllen, entfernt man sie, vor allem, wenn sie über Kreuz oder zu dicht an anderen Ästen wachsen. Das Kroneninnere sollte offen gehalten werden, damit Licht und Luft an alle Äste gelangen kann. Wenn der Baum älter wird, dünnt man unproduktive und zu dicht wachsende Fruchtspieße aus. Durch Einkürzen der Leittriebe wird die Bildung von neuem Fruchtholz angeregt. Triebe am Stamm oder an der Basis werden entfernt.

Quitten werden meistens als relativ kleine Bäume gezogen. Die attraktiven Blüten und Früchte machen sie besonders in kleinen Gärten zu einer dekorativen Ergänzung des Obstgartens.

Eine junge Quitte im zweiten oder dritten Standjahr. Die Seitentriebe wurden auf Außenknospen zurückgeschnitten, sodass sie sich gut verzweigt haben. Einige der kräftigeren aufrechten Triebe müssen demnächst herausgeschnitten werden.

## Erziehung eines Quitten-Buschs

Quitten werden normalerweise als Busch oder Buschbaum gezogen, man kann sie aber auch in anderen Formen, wie einem Fächer, erziehen. Auch mehrstämmige Formen sind möglich. Am besten zieht man sie aber mit einem Stamm. Wurzelausläufer und Wasserschosse, die am Stamm oder den Ästen erscheinen, entfernt man.

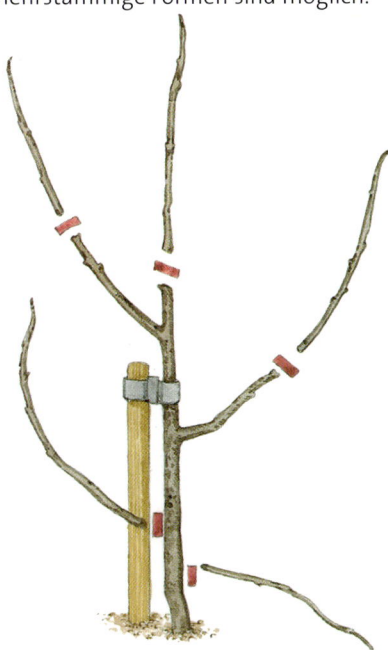

**Erstes Jahr, Winter** Pflanzen Sie einen verzweigten Jungbaum und kappen Sie den Mitteltrieb in einer Höhe von 1 m. Wählen Sie zwei oder vier kräftige Seitentriebe als Kronenäste aus und entfernen sie alle übrigen. Die neuen Kronenäste werden um bis zu zwei Drittel eingekürzt.

**Zweites Jahr, Winter/Frühling** Im nächsten Winter oder Frühjahr wird der Mitteltrieb etwa 30 cm über dem alten Schnitt gekappt und zwei weitere Seitentriebe als Kronenäste ausgewählt, sodass etwa vier bis sechs übrig bleiben. Den Neuzuwachs kürzt man um ein Drittel bis die Hälfte ein.

**Drittes Jahr, Winter** Im folgenden Winter wird die endgültige Form erkennbar. Alle über Kreuz wachsenden oder aneinanderscheuernden Äste werden entfernt. Das Kroneninnere sollte offen bleiben.

**Erhaltungsschnitt, Winter** Bei etablierten Bäumen werden alle senkrechten Triebe und die nicht benötigten entfernt. Die Spitzen der übrigen Zweige kürzt man etwas ein.

# Feigen *(Ficus carica)*
# Feigen-Busch

Im Weinbauklima können Feigen freistehend gezogen werden (auf frostharte Sorte achten!), häufig sieht man sie aber als Busch vor einer Mauer.

## Stützpfahl
Schlagen Sie einen Pfahl ins Pflanzloch und breiten Sie die Wurzeln gleichmäßig aus. Es ist wichtig, den Pfahl vorher einzuschlagen, da sonst die Wurzeln beschädigt werden können. Der Stamm wird mit einem speziellen Band am Pfahl befestigt. Um den Ausbreitungsdrang der Wurzeln zu bremsen, kann man den Baum auch in einen großen versenkten Container ohne Boden pflanzen oder vier 60 cm breite Gehwegplatten senkrecht um den Stamm eingraben. So wird das Laub- und Triebwachstum gebremst.

## Erziehung eines Feigen-Buschs
In milden Gegenden können Feigen als freistehende Büsche gedeihen. Bei der Pflanzung muss man Vorsorge treffen, damit

## Erziehungsschnitt
Pflanzen Sie im Frühjahr einen zweijährigen Baum. Entfernen Sie alle Seitentriebe bis zur Höhe des gewünschten Kronenansatzes, 60 cm über dem Boden sind ideal. Man lässt ungefähr sechs bis sieben Seitentriebe stehen und kappt den Haupttrieb in einer Höhe von etwa 1,20 m.

Im nächsten Frühjahr entfernt man alle über Kreuz wachsenden und zu dicht stehenden Triebe. Im Sommer schneidet man alle Neutriebe auf ungefähr fünf Blätter zurück. Die sich entwickelnden Früchte bekommen so mehr Sonne und reifen besser aus.

## Erhaltungsschnitt
Die Hauptschnittmaßnahmen finden im zeitigen Frühjahr statt. Feigen vertragen einen starken Rückschnitt, sogar bis knapp über dem Boden und

sich die Wurzeln nicht zu stark ausbreiten. Ein versenkter Kübel ohne Boden ist ideal. Wenn man mit einer verzweigten Jung-

### Sorten
'Bourjasotte Grise'
'Brown Turkey'
'Brunswick'
'Rouge de Bordeaux'
'San Pedro Miro'
'White Marseilles'

treiben dann neu aus. Hauptziel der Schnittmaßnahmen ist es, die Krone offen zu halten. Sich kreuzende oder zu dichte Triebe schneidet man heraus. Man schneidet auf nach oben zeigende Knospen, damit der Wuchs eher in die Höhe als in die Breite geht. Abgestorbene oder beschädigte Triebe werden entfernt.

Im Sommer entspitzt man die Neutriebe und kürzt sie auf etwa fünf Blätter ein.

pflanze beginnt, erspart man sich ein ganzes Jahr Erziehungszeit und kann schon früher ernten.

**Erstes Jahr, Frühling** Pflanzen Sie einen verzweigten Jungbaum. In einer Höhe von 1,20 m wird der Mitteltrieb über dem zukünftigen obersten Kronenast gekappt. Alle Seitentrieb unter dem Kronenansatz schneidet man weg.

**Zweites Jahr, Frühling** Im folgenden Frühjahr schneidet man alle über Kreuz wachsenden Triebe und jene, die nicht benötigt werden, heraus. Im Sommer werden alle Zweige auf fünf bis sechs Blätter zurückgeschnitten.

**Erhaltungsschnitt, Frühling** Wenn der Busch ausgewachsen ist, werden alle unerwünschten und über Kreuz wachsenden Triebe entfernt. Wenn der Busch zu dicht wird, kann er radikal zurückgeschnitten werden. Im Sommer pinziert man die Triebspitzen.

# Feigen-Fächer

Feigen wachsen besser vor einer Mauer oder an einem geschützten Standort. Die Wärmespeicherfähigkeit der Mauer ist besonders wichtig. Feigen wachsen relativ kräftig und man muss häufig schneiden, damit aus dem Fächer kein Baum wird.

## Stützkonstruktion

Befestigen Sie im Abstand von jeweils 30 cm fünf bis sieben parallel gespannte, waagrechte Drähte an einer Mauer oder einem dichten Zaun. Der Abstand der Drähte zur Wand sollte wenigstens 10 cm betragen, damit die Luft zwischen Mauer und Pflanze zirkulieren kann. Der unterste Draht wird in einer Höhe von etwa 45 cm über dem Boden gespannt. Um das weitreichende Wurzelsystem zu begrenzen, versenkt man Trittplatten senkrecht, etwa 60 cm tief um den Stamm herum. So wird das Triebwachstum begrenzt und die Bildung von Früchten gefördert. Man kann die Feige auch in einen Kübel pflanzen und frosthart überwintern.

## Erziehungsschnitt

Im zeitigen Frühjahr pflanzt man eine zweijährige Feige. Auf Höhe des untersten Drahts sollte sie zwei kräftige Seitentriebe haben, die gestäbt werden. Die Stäbe befestigt man im Winkel von etwa 40° am Draht. Der Mitteltrieb wird knapp über dem oberen Seitenast abgeschnitten. Die beiden Seitentriebe, die zukünftigen Hauptäste, kürzt man auf 45 cm ein. Im folgenden Frühjahr kürzt man den Neuzuwachs der Hauptäste und ihrer Seitentriebe um die Hälfte und bindet die Triebe an Stäbe. Im nächsten Winter wiederholt man diese Prozedur und nimmt alle Triebe in der Länge etwas zurück. Alle Zweige, die nach vorne oder nach hinten aus der Fächerebene wachsen, werden herausschnitten. Das Ziel ist eine möglichst gleichmäßige Bedeckung der Fläche.

## Erhaltungsschnitt

Im Frühjahr schneidet man alle Triebe, die getragen haben, auf eine Knospe zurück. Damit der Fächer nicht zu dicht wird, nimmt man engstehende und sich kreuzende Triebe heraus.

Abgestorbene und beschädigte Äste schneidet man weg. Triebspitzen, die über die Mauer hinauswachsen, werden eingekürzt.

## Erziehung eines Feigen-Fächers

Wenn man in einer weniger milden Gegend wohnt, ist es besser, Feigen im Garten vor einer schützenden Mauer zu ziehen. Um das Wurzelwachstum zu bremsen, kann man die Feige in einen versenkten, bodenlosen Kübel pflanzen. Wenn sich die Wurzeln ungebremst ausbreiten können, ist das Wachstum zu stark und der Fächer würde aus der Form geraten.

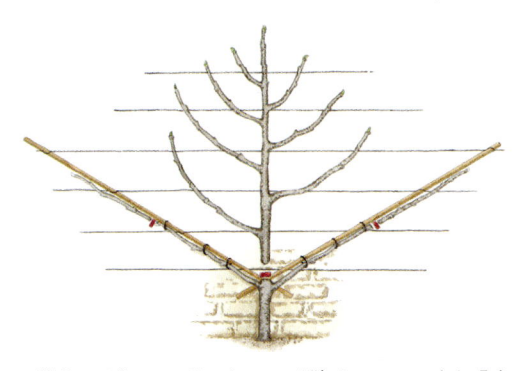

**Erstes Jahr, Frühling** Pflanzen Sie eine zweijährige, verzweigte Feige im zeitigen Frühjahr und schneiden Sie den Mitteltrieb heraus. Die beiden Seitentriebe werden gestäbt, auf 45 cm eingekürzt und an den Draht geheftet.

**Zweites Jahr, Frühling** Im Frühjahr kürzt man alle Triebe um die Hälfte ein. Im Sommer werden die Neutriebe gestäbt und an den Draht gebunden, sodass die Fläche gleichmäßig bedeckt ist. Unerwünschte Triebe ausschneiden.

**Folgejahre, Frühling** Führen Sie den Schnitt so fort, bis die ganze Fläche gleichmäßig bedeckt ist. Die Mitte sollte offener gehalten werden, auch unerwünschte Triebe schneidet man heraus.

**Erhaltungsschnitt, Frühling** Wenn der Fächer seine Endgröße erreicht hat, werden im Frühling alle Triebe, die getragen haben, auf einen Seitentrieb eingekürzt und, wie üblich, unerwünschte Triebe entfernt.

# Mispeln *(Mespilus germanica)*

Mispeln werden eigentlich eher als Zierpflanzen wegen der schönen Belaubung und aufgrund ihrer historischen Bedeutung gepflanzt.

Die Früchte sind roh erst nach Frosteinwirkung mit anschließender zwei- bis dreiwöchiger Lagerung genießbar.

### Sorten

'Bredase Reus'
'Holländische Großfruchtige'
'Macrocarpa'
'Nottingham'
'Westerwald'

## Stützpfahl
Vor der Pflanzung schlägt man einen kurzen Pfahl in das Pflanzloch.

## Erziehungsschnitt
Man pflanzt einen verzweigten Jungbaum und entfernt bis zu einer Höhe von etwa 1,20 m alle Seitentriebe am Stamm. Die übrigen Seitentriebe kürzt man um die Hälfte ein. Im folgenden Winter wählt man die Seitenäste, die die künftige Krone bilden sollen und entfernt alle anderen. Wenn der Baum seine gewünschte Endhöhe erreicht hat, schneidet man den Mitteltrieb über dem obersten Kronenast ab.

Unerwünschte Seitentriebe werden entfernt. Alle Triebe, die zu dicht oder über Kreuz wachsen, schneidet man heraus, damit das Kroneninnere offen bleibt.

## Erhaltungsschnitt
Mispeln gehören zu den pflegeleichtesten Obstgehölzen, da sie, einmal etabliert, praktisch nicht mehr geschnitten werden müssen. Wenn nötig, entfernt man im Spätsommer abgestorbene oder beschädigte Triebe. Die Spitzen der waagrechten Äste sollten nicht geschnitten werden, da dies zur Bildung zahlreicher senkrecht wachsender Triebe führt, die die Form des Baums stören.

## Erziehung einer Mispel
Da sie häufig als Zierpflanzen angeboten werden, sind Mispeln leicht zu bekommen. Etablierte Exemplare müssen nur wenig geschnitten werden und sind pflegeleicht. Beginnen Sie mit einem verzweigten Jungbaum, der im Winter gepflanzt wird.

Mispeln sind attraktive Gehölze und passen eher in den Ziergarten als in den Obst- oder Gemüsegarten.

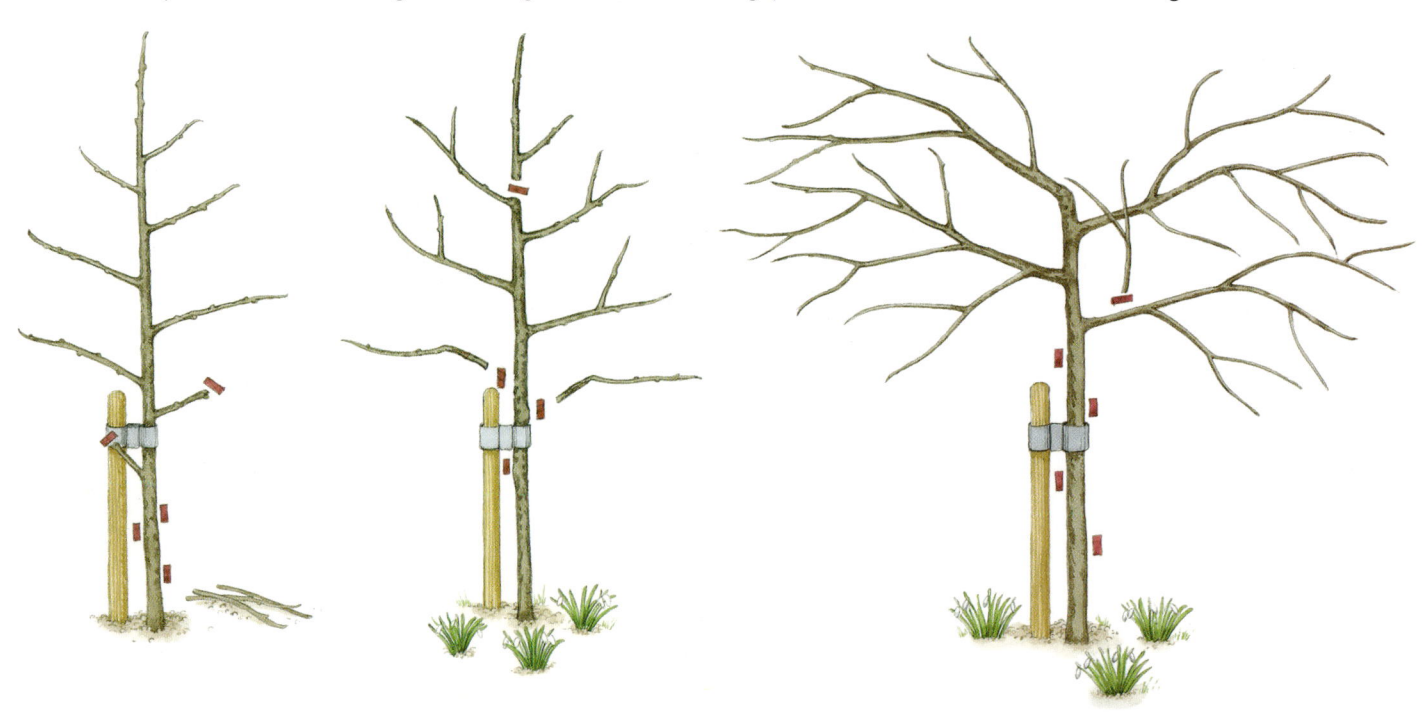

**Erstes Jahr, Winter** Pflanzen Sie im Winter einen jungen Baum und schneiden Sie die unteren Seitentriebe am Stamm weg. Die unter dem zukünftigen Kronenansatz wachsenden kürzt man ein.

**Zweites Jahr, Winter** Im zweiten Winter wählt man die Seitentriebe, die man als Kronenäste aufbauen möchte aus und entfernt alle übrigen. Der Mitteltrieb wird gekappt, ebenso alle Triebe unter dem Kronenansatz.

**Erhaltungsschnitt, Winter** Im dritten Standjahr wird die zukünftige Form erkennbar. Die Schnittmaßnahmen beinhalten das Freihalten des Stamms und die Entfernung unerwünschter Triebe. Wenn nötig, werden kranke, beschädigte und abgestorbene Äste im Spätsommer entfernt.

# Maulbeeren (Morus sp.)

Maulbeerbäume bilden eine Klasse für sich, da sie jeden Gärtner überleben können. Es gibt Exemplare, die mehrere Hundert Jahre alt sind.

### Sorten
'Chelsea'
'King James'
'Large Black'
'Wellington'

## Stützpfahl
Schlagen Sie vor der Pflanzung, damit die Wurzeln nicht beschädigt werden, einen Pfahl in das Pflanzloch, der dem Baum in den ersten Jahren Halt gibt.

## Erziehungsschnitt
Wenn man den Maulbeerbaum als Ziergehölz mit knorrigem Wuchs verwenden möchte, muss nach der Pflanzung kaum geschnitten werden. Will man aber einen produktiveren Baum, sind einige Erziehungsmaßnahmen empfehlenswert. Schnittmaßnahmen führt man nur im zeitigen Winter durch, da zu anderen Jahreszeiten die Wunden stark bluten können. Man kann sowohl eine einfache Rute als auch einen verzweigten Jungbaum pflanzen. Wenn der Baum groß genug ist und ausreichend Seitenäste über dem Kronenansatz ausgebildet hat, entfernt man am unteren Stamm alle Seitentriebe bis zu einer Höhe von 1,20 bis 1,50 m. Im Jahr darauf kappt man den Mitteltrieb über dem obersten Kronenast. Soll der Baum größer wachsen, belässt man die Spitze. Der Baum kann sich dann frei weiterentwickeln.

## Erhaltungsschnitt
Etablierte Maulbeerbäume brauchen nicht geschnitten zu werden. Ausnahme ist das Entfernen abgestorbener oder beschädigter Äste im Frühwinter. Bei dieser Gelegenheit können auch andere unerwünschte Triebe herausgeschnitten werden. Sehr alte Maulbeerbäume neigen sich oft zur Seite und müssen mit Holzstangen gestützt werden. Manchmal muss man auch schon bei relativ jungen Exemplaren einzelne Äste abstützen. Das wirkt nicht unbedingt unattraktiv, sondern kann dem Baum eine würdige Ausstrahlung verleihen.

## Erziehung eines Maulbeerbaums
Maulbeerbäume sind mittlerweile leichter erhältlich geworden. Da sie nach erfolgreicher Erziehung nur noch wenig geschnitten werden müssen, sind sie besonders pflegeleicht. Ältere Exemplare müssen aber oft abgestützt werden, da sie einen leicht übergeneigten Wuchs haben. Dazu stellt man stabile Pfosten unter die geneigten Seitenäste.

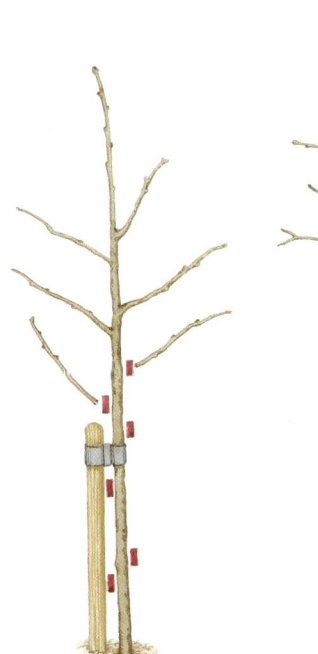

**Erstes Jahr, Winter** Pflanzen Sie einen verzweigten Jungbaum und binden Sie ihn an. Alle Seitentriebe unter dem Kronenansatz werden entfernt.

**Zweites Jahr, Winter** Im folgenden Winter wird der Mitteltrieb über dem obersten Kronenast gekappt. Wenn man einen höheren Baum möchte, lässt man ihn noch ein weiteres Jahr wachsen.

**Erhaltungsschnitt** Ältere Maulbeerbäume brauchen kaum noch geschnitten zu werden. Allerdings muss man die Seitenäste oder den Stamm oft mit Pfosten oder Stäben abstützen, da sie sich überneigen und abbrechen können.

# Zitrusfrüchte (Citrus sp.)

Zitrusbäumchen werden immer beliebter. Viele Pflanzenfreunde ziehen sie nur wegen der attraktiven Blüten, während andere hoffen, auch mal eigene Zitronen ernten zu können. Es gibt immer mehr Arten und Sorten im Handel, sodass man auch exotischere Pflanzen als Zitronen oder Mandarinen erwerben kann. Zitronen, Mandarinen, Tangerinen, Kumquats, Calamondin oder Limetten (Limonen) sind die häufigsten Arten, die angeboten werden.

**Arten**

Calamondin
Grapefruit
Kumquat
Limetten
Mandarinen
Orangen
Zitronen

## Klima

Zitrusbäume wachsen in den Tropen und Subtropen und können nur in südlichen Ländern im Garten ausgepflanzt werden. Viele Arten sind aber ideale Kübelpflanzen. Im Sommer können Sie im Garten, auf der Terrasse oder dem Balkon stehen und im Winter kommen sie in einen Wintergarten oder ein helles Winterquartier. Wenn man sie im Sommer drinnen lassen will, brauchen sie einen hellen Standort.

Zitrusbäume vertragen in der Regel keinen Frost. Sinken die Temperaturen unter 13 °C, gehen die Pflanzen in eine Ruhephase. Der Standort sollte also möglichst hell und warm und vor kalten Winden geschützt sein. Einige Sorten vertragen auch kühlere Temperaturen. Fragen Sie beim Kauf, ob die ausgewählte Pflanze besser im Wintergarten stehen sollte oder im Sommer in den Garten kann.

In Gegenden, in denen Zitrusbäume kommerziell angebaut werden und in denen es zu Frösten kommen kann, wird als Schutz vor Kälte um den Stamm bis zum Ansatz der untersten Äste Erde aufgeschüttet. Selbst wenn die oberen Zweige erfrieren und absterben, kann sich der Baum aus dem Stamm regenerieren, wenn im Frühling die Erde wieder entfernt wird. Da dies ein enormer Aufwand ist, verfährt man meist nur in den ersten Jahren so. In sehr milden Gegenden Mitteleuropas könnte diese Methode einen Versuch wert sein, Zitrusbäumchen im Freien zu kultivieren. In Kübel gepflanzte Exemplare sind noch frostempfindlicher, da der Wurzelballen schneller durchfrieren kann. Räumen Sie die Pflanzen immer rechtzeitig ins Haus.

Die meisten Zitruspflanzen kann man als kleine Bäumchen im Kübel ziehen. In den kälteren Wintermonaten überwintern sie im Haus, Wintergarten oder einem Gewächshaus.

## Stütze

Wenn man Zitruspflanzen im Topf kultiviert, bleiben sie in der Regel so klein, dass man keine Stütze benötigt. Da sie aber im Freien durch Windstöße leicht umgeworfen werden können, muss man für einen sicheren Stand der Kübel sorgen. Wenn die Pflanze als Hochstämmchen gezogen wird, braucht man einen Stützstab.

## Erziehungsschnitt

Normalerweise kauft man Zitruspflanzen in Töpfen oder Kübeln. In der Gärtnerei sind sie schon geschnitten und in Form gebracht worden, sodass man anfangs nicht viel tun muss. Wenn man mit einer kleinen, unverzweigten Jungpflanze beginnt, kann durch geeignete Schnittmaßnahmen die zukünftige Form bestimmt werden.

Zitrus-Arten werden generell wie andere Ziersträucher geschnitten. Meist erzieht man sie als kleinen Buschbaum. Dazu lässt man den Haupttrieb so hoch wachsen, wie der Stamm werden soll und kappt ihn dann, 30 bis 60 cm sind ideal. Im Wintergarten ausgepflanzte Exemplare können auch höher werden.

Hochstämmchen im Kübel erzieht man genauso, nur muss der Stamm eben noch höher wachsen. Im folgenden Winter wählt man drei bis vier kräftige Seitentriebe im oberen Bereich aus, die bei Kübelpflanzen auf 25 cm eingekürzt werden. Bei ausgepflanzten Exemplaren kann man sie etwas länger lassen, 30 bis 35 cm sind eine gute Empfehlung. Alle anderen Seitentriebe werden entfernt. Im nächsten Winter kürzt man den Neuzuwachs an den Spitzen aller Haupttriebe etwa um ein Drittel ein und schneidet alle Zweige, die nach Innen, über Kreuz oder zu dicht wachsen, heraus. So wird weiter geschnitten, bis der Baum seine gewünschte Endgröße und Form erhalten hat.

## Erziehung eines Zitrus-Hochstämmchens

In Mitteleuropa müssen Zitrus-Bäumchen im Haus oder Wintergarten überwintert werden, da die hiesigen Winter zu kalt sind. Das Angebot an verschiedenen Zitrus-Arten als Kübelpflanze ist in den letzten Jahren immer größer geworden. Viele werden schon in schönen Töpfen verkauft, sodass man keine neuen Übertöpfe benötigt.

**Erstes Jahr, Winter** Wenn die Pflanze nicht schon in der Gärtnerei geschnitten wurde, lässt man die Spitze wachsen und schneidet sie über einer Knospe in der gewünschten Höhe ab.

**Zweites Jahr, Winter** Im folgenden Winter kürzt man die entstandenen Seitentriebe auf 25 cm Länge ein und nimmt den neuen Mitteltrieb auf zwei Blätter zurück.

**Folgejahre, Winter** Schneiden Sie weithin die Spitzen aller Triebe zurück, damit das Bäumchen buschiger wird. Später muss weniger geschnitten werden, ab und zu lichtet man zu dichte Zweige aus.

## Erhaltungsschnitt

Ausgewachsene Zitrusbäumchen müssen kaum geschnitten werden. Wenn in Kübeln gezogene Exemplare zu dunkel stehen, bilden sie lange, sogenannte vergeilte Triebe. Man kürzt diese, bevorzugt im Winter in der Ruheperiode, um ein Drittel ein. Auch zu dicht gewordene Zweigbereiche dünnt man aus, damit alle Zweige und Blätter genug Licht bekommen. Die Pflanzen sollten sehr hell stehen, damit sie nicht vergeilen. Wenn eine Pflanze so groß geworden ist, dass der Transport ins oder aus dem Winterquartier schwierig ist, schneidet man sie im Winter zurück, um ihre Größe zu reduzieren. Alle Triebe, die sich überkreuzen oder zu dicht stehen, schneidet man ganz heraus.

Wenn bei veredelten Pflanzen der obere Teil durch Frost oder Schnitt beschädigt wird, treibt die Pflanze aus der Unterlage neu aus. Man wählt dann einen neuen Trieb und beginnt mit der Erziehung von vorn. Will man aber Früchte ernten, muss man in diesem Fall eine neue Pflanze kaufen.

# Haselnüsse *(Corylus avellana)*

Haselnuss-Bäume und -Sträucher werden wegen ihres Zierwerts und der Nüsse im Garten angepflanzt. Ein gut geformter Haselnuss-Strauch sorgt im Sommer für kühlen Schatten und bietet einen fantastischen Sitzplatz. Von Natur aus wachsen Haselnüsse als mehrstämmige Großsträucher. Will man aber mehr Nüsse ernten, ist es empfehlenswert, sie als Kleinbaum mit kurzem Stamm zu ziehen.

Ein Büschel junger Haselnüsse. Wenn man vor den Eichhörnchen ernten will, muss man den Strauch einnetzen.

### Sorten
'Hallesche Riesen'
'Rotblättrige Lambertnuss'
'Webbs Preisnuß'
'Wunder aus Bollweiler'

## Stützpfahl
Normalerweise braucht man keine Stütze, es sei denn der Standort ist extrem windig. Dann kann man den jungen Strauch oder Baum mit einem Kunststoffband an einem Stützpfahl befestigen, bis die Pflanze angewachsen ist.

## Erziehungsschnitt
Will man einen mehrstämmigen Strauch, lässt man die Pflanze einfach frei wachsen. Bei einem Hoch- oder Halbstamm braucht die Hasel etwas mehr Aufmerksamkeit. Man beginnt, wie bei anderen Obstbäumen, mit einem einjährigen Sämling. Der Mitteltrieb wird etwa 60 cm über dem Boden über einer Knospe gekappt. Im folgenden Jahr wählt man aus den erscheinenden Seitentrieben im oberen Bereich drei oder vier kräftige aus, die die neue Krone beziehungsweise die Leitäste bilden. Alle darunter liegenden entfernt man, sodass ein freier Stamm von 45 cm Länge entsteht. Die Leitäste kürzt man auf 25 cm auf eine kräftige Knospe ein. Im dritten Winter kappt man die Spitzen aller Triebe, um eine weitere Verzweigung anzuregen.

## Erhaltungsschnitt
Halten Sie den Stamm unterhalb der Leitäste frei. Im Spätsommer bricht man alle starken, langen Triebe in der Mitte ab – sie dürfen aber nicht ganz abgebrochen werden. Das sieht zwar nicht besonders attraktiv aus, ist aber eine gute Möglichkeit, um den Ertrag des Baums zu steigern. Im zeitigen Frühling, wenn die kleinen rötlichen weiblichen Blüten erscheinen (die männlichen sind die auffälligen gelben Kätzchen), schneidet man die gebrochenen Triebe auf die ersten Kätzchen oder das erste Büschel weiblicher Blüten zurück. Wenn der Trieb nur männliche Kätzchen hat, wartet man, bis diese abgeblüht sind und schneidet dann den ganzen Trieb weg. Auch tote, beschädigte, dichte oder sich kreuzende Triebe schneidet man heraus. Das Kroneninnere sollte offen bleiben.

Im Laufe der Jahre entfernt man nach und nach einige der älteren Äste, um die Verjüngung durch die Bildung neuer Triebe anzuregen.

### Schnitt eines Haselnuss-Buschbaums

**1** Diese alte Haselnuss zeigt den idealen, offenen Kronenaufbau, der das Ziel der Schnittmaßnahmen bei der Erziehung ist.

**2** Um die Bildung neuer Triebe anzuregen, werden einige der älteren Äste in der Kronenmitte komplett herausgesägt.

**3** Äste, die aneinanderscheuern oder über Kreuz wachsen, werden ausgeschnitten. Auch zu dichte Triebe lichtet man aus.

**4** Ins Kroneninnere wachsende Äste werden komplett herausgenommen. Die Krone sollte eine offene Kelchform haben.

## Erziehung eines Haselnuss-Buschbaums

Haselnüsse kauft man meist als einjährige, unverzweigte Ruten. Man muss sie sorgfältig erziehen, damit sie nicht zu mehrstämmigen Sträuchern heranwachsen. Sollte dies dennoch passieren, ist das nicht weiter schlimm, aber für eine reiche Nussernte sind Halbstämme oder Buschbäume besser. Mehrstämmige Exemplare haben aber einen größeren Zierwert.

**Erstes Jahr, Winter** Pflanzen Sie die Rute im Winter und kappen Sie die Spitze auf der Höhe, die der künftige Stamm haben soll. Meist sind das 60 cm.

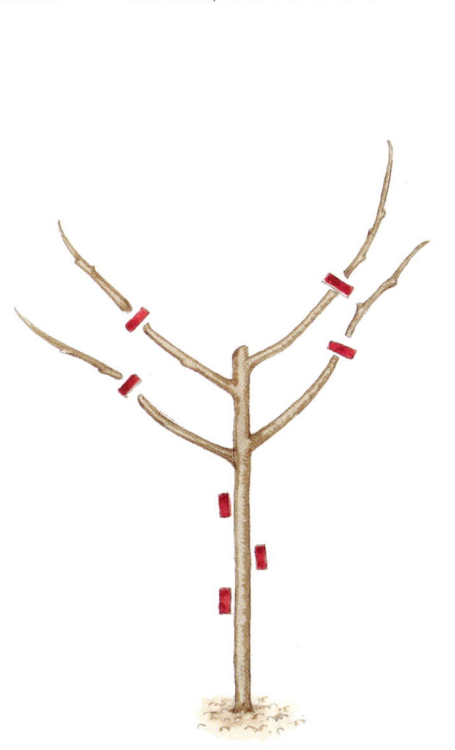

**Zweites Jahr, Winter** Im zweiten Winter werden die Seitentriebe auf etwa 25 cm eingekürzt und die, die man nicht für die Krone benötigt, herausgeschnitten.

**Folgejahre, Winter** In den folgenden Wintern kürzt man die Spitzen aller Triebe ein, um die Verzweigung zu fördern. So verfährt man, bis die endgültige Form und Größe erreicht ist.

**Brechen, Sommer** Bei etablierten Bäumen werden im Spätsommer die langen, nicht fruchtenden Triebe „gebrochen". Knicken Sie die Zweige um, aber brechen Sie sie nicht ganz durch, sodass sie herunterhängen.

**Brechen, Winter** Im zeitigen Frühjahr schneidet mal alle gebrochenen Zweige über der ersten weiblichen Blüte ab. Wenn der Trieb nur männliche Kätzchen trägt, entfernt man den Zweig nach dem Abwelken der Blüte komplett.

# Walnuss *(Juglans regia)*

Walnüsse werden kommerziell oft in Hecken gepflanzt und nur bei der Nussernte beachtet. Heute findet man sie bei vielen Hobbygärtnern, die Platz im Garten haben. Walnussbäume werden zwar sehr groß, haben aber einen malerischern Wuchs.

**Sorten**
'Apollo'
'Jupiter'
'Geisenheimer Walnuss'
'Mars'
'Moselaner'
'Venus'

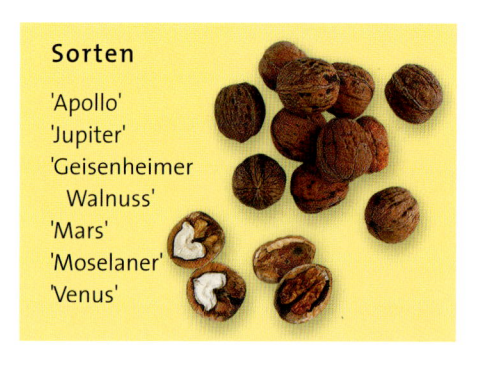

## Stützpfahl
Ein Stützpfahl ist nur in den ersten Jahren nötig, bis der Baum angewachsen ist. Der Pfahl wird vor der Pflanzung eingeschlagen und der Baum mit speziellen Schnüren daran befestigt.

## Erziehungsschnitt
Wahlnüsse werden als verzweigte Jungbäume in Containern angeboten und können im Herbst oder frühen Winter gepflanzt werden. Der beste Schnittzeitpunkt liegt ebenfalls im Spätherbst oder Winter, wenn die Triebe ausgereift sind. Wenn zu anderen Zeiten geschnitten wird, bluten die Schnittwunden sehr stark. Im ersten Herbst nach der Pflanzung nimmt man die unteren Seitentriebe heraus. Im folgenden Jahr können alle Seitentriebe am Stamm unterhalb des Kronenansatzes entfernt werden. Wenn man einen Baum mit durchgehendem Leittrieb haben möchte, lässt man ihn nun einfach frei wachsen. Will man eine rundlichere Krone, kappt man die Spitze über dem Seitenast, der den obersten Kronenast bilden soll. Wenn die Spitze durch Wind oder Frost beschädigt wurde, bilden sich oft zwei neue Mitteltriebe.

Ungeschnitten wächst der Baum zu einem großkronigen Exemplar heran. Will man einen durchgehenden Stamm erhalten, entfernt man den störenden zweiten Mitteltrieb. Bis auf das Ausschneiden störender Äste lässt man den Baum nun ungeschnitten weiterwachsen.

## Erhaltungsschnitt
Bis auf das Entfernen toter, beschädigter oder aneinanderscheuernder Äste sind keine Schnittmaßnahmen nötig.

### Erziehung eines Walnuss-Hochstamms
Walnüsse werden meist als Hochstamm gezogen, entweder mit durchgehendem Stamm doer mit rundlicherer Krone und aus dem Stammende entspringenden Ästen. Da sie stark bluten, werden Walnüsse nur im Herbst und Frühwinter geschnitten.

**Erstes Jahr, Herbst/Winter** Pflanzen Sie einen verzweigten Jungbaum im Spätherbst oder Frühwinter und entfernen Sie im folgenden Spätherbst die untersten Seitentriebe bis auf 60 cm.

**Zweites Jahr, Herbst** Ein Jahr darauf wird diese Schnittmaßnahme im Spätherbst wiederholt und alle Seitentriebe bis zum künftigen Kronenansatz in etwa 1,20 m Höhe entfernt.

**Erhaltungsschnitt** Wenn der Baum etabliert ist, muss kaum noch geschnitten werden. Nur abgestorene, über Kreuz wachsende oder beschädigte Triebe werden entfernt.

# Ess-Kastanie, Marone *(Castanea sativa)*

Ein weiterer Nussbaum, den man oft im Garten antrifft, ist die Ess-Kastanie. Je milder und wärmer die Gegend, desto besser ist die Qualität der Nüsse (Maronen). In vielen Landstrichen werden Ess-Kastanien deshalb eher zur Holzgewinnung angebaut. Viele neue Sorten fruchten allerdings auch in kühleren Lagen noch gut.

## Stützpfahl
In den ersten Jahren ist ein Stützpfahl empfehlenswert, bis der Baum angewachsen ist.

## Erziehungsschnitt
Achten Sie beim Kauf darauf, dass Sie eine Fruchtsorte bekommen. Einige der besonders attraktiven Ziersorten bilden nur wenige Früchte. Ess-Kastanien werden meist als Großbaum mit durchgehendem Leittrieb gezogen.

Lassen Sie den Jungbaum frei wachsen und entfernen Sie nach und nach die unteren Seitenzweige bis zur Höhe des gewünschten Kronenansatzes. Unerwünschte, über Kreuz oder aneinanderscheuernde Äste entfernt man, ebenso ins Kroneninnere wachsende, sonst sind keine weiteren Schnittmaßnahmen nötig.

### Sorten
'Bouche de Betizac'
'Brunella'

### Ess-Kastanienholz
Das harte Holz der Ess-Kastanie ist ideal für Stangen, Pfähle und Zäune. Wenn man den Baum mehrstämmig zieht, bilden sich jedes Jahr Schösslinge an der Basis, die nach Erreichen der gewünschten Dicke und Länge etwa 30 cm über dem Boden abgesägt werden können. Aus den Stümpfen treibt der Baum wieder aus.

## Erhaltungsschnitt
Bis auf das Entfernen toter, beschädigter oder zu dicht wachsender Äste sind keine Maßnahmen nötig. Ab einem Alter von etwa zehn Jahren beginnt der Baum zu tragen. Alte Bäume können ganze Astpartien abwerfen. Die entstehenden Wunden müssen sauber ausgeschnitten werden.

## Erziehung einer Ess-Kastanie
Ess-Kastanien werden in Mitteleuropa meist zur Holzgewinnung in Wäldern angebaut. Es gibt aber mittlerweile einige Sorten, die auch im hiesigen Klima fruchten und Maronen tragen. Etablierte Bäume muss man nur wenig schneiden.

**Erstes Jahr, Winter** Pflanzen Sie einen verzweigten Jungbaum im Winter. Entfernen Sie dann die untersten Zweige bis in eine Höhe von 60 cm und kürzen Sie die oberen auf die Hälfte ein.

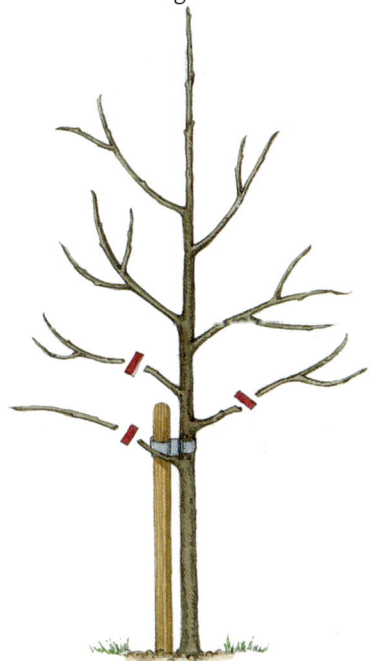

**Zweites Jahr, Winter** Nun werden alle Seitentriebe unterhalb des gewünschten Kronenansatzes entfernt. Wenn der Stamm noch nicht lang genug ist, wartet man noch ein Jahr.

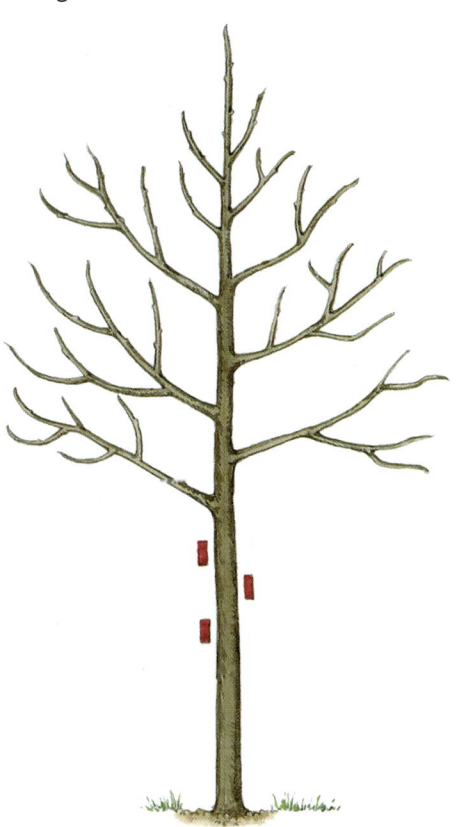

**Folgejahre** Wenn die gewünschte Stammlänge erreicht ist, entfernt man die Stümpfe der Seitentriebe. Der Baum kann nun frei wachsen und muss nur wenig geschnitten werden.

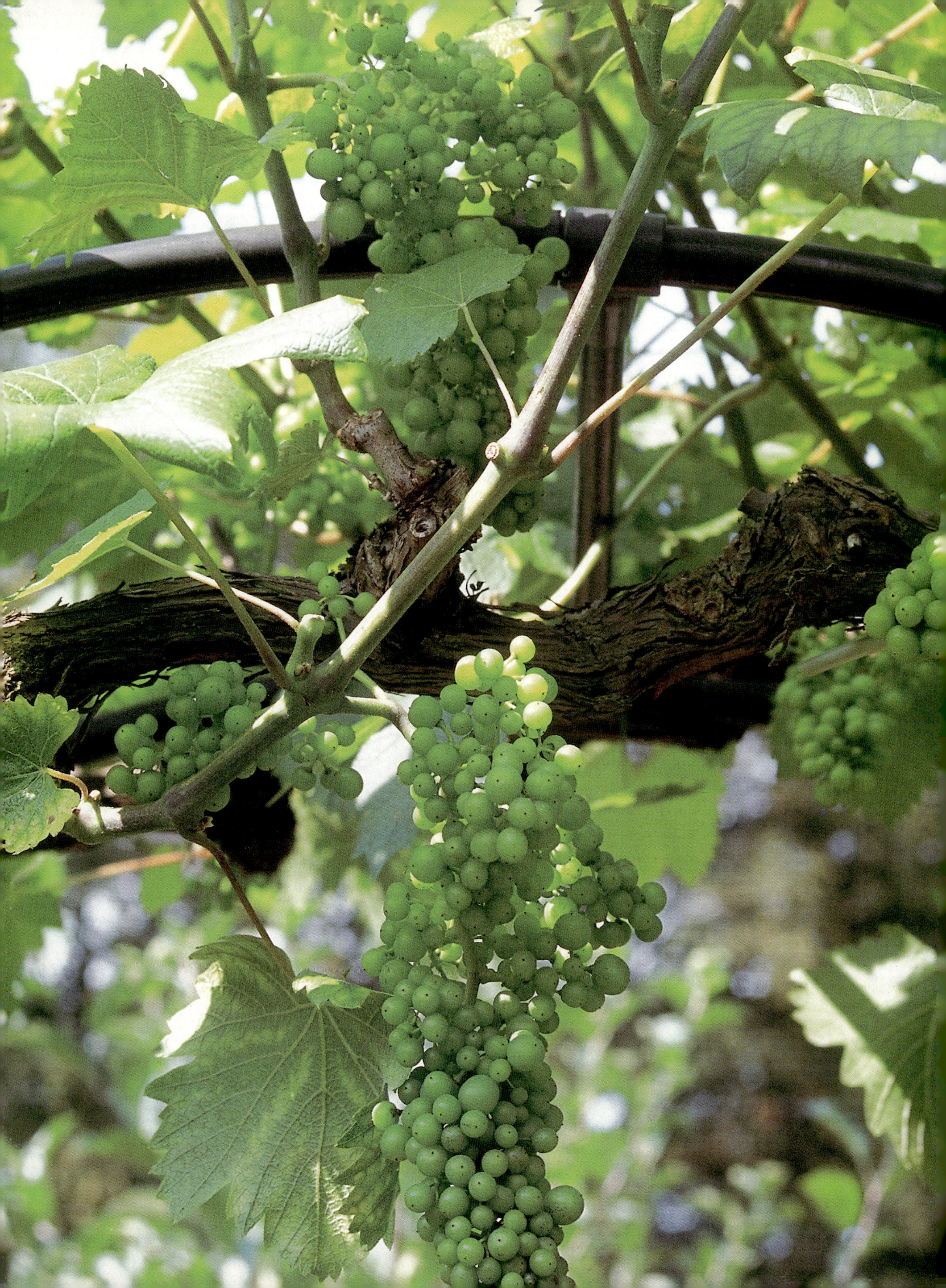

# Kletternde Obstgehölze

Etliche Obstsorten sind kletternde Pflanzen. Die wichtigste Obstart in dieser Gruppe ist der Wein. Wein wird bei vielen Gärtnern immer beliebter, egal ob man nur ein paar Tafeltrauben ernten oder einige Flaschen Wein selbst keltern möchte. Wie bei vielen anderen Gartenpflanzen auch kann es leicht passieren, dass man zum Enthusiasten wird und der ganze Garten in einen kleinen Weinberg verwandelt wird.

Eine Pflanze, die eigentlich nicht als Obst bezeichnet wird, ist der Hopfen. Seit Jahrhunderten wird er angebaut, um ein anderes Getränk herzustellen: Bier. Während der kommerzielle Anbau von Hopfen immer weiter zurückgeht, wird dieser Schlinger als Zierpflanze im Garten ständig beliebter.

Die Grundprinzipien beim Schneiden von kletternden Obstgehölzen sind dieselben, wie bei allen anderen Gehölzen. In kleinen Details unterscheiden sie sich natürlich. Das Ziel ist immer ein möglichst hoher Ertrag an Früchten, die Gesunderhaltung der Pflanze und natürlich der Zierwert, wenn die Pflanze in die Gartengestaltung integriert ist.

Diese prallen Weintrauben sind bald reif und können als Tafeltrauben gegessen oder zu Wein gekeltert werden. Frische Früchte schmecken direkt vom Baum oder Strauch gepflückt, am besten.

# Weintrauben *(Vitis vinifera)* Schnittprinzip

In kühleren Gegenden ist es empfehlenswert, empfindlichere Tafeltrauben unter Glas, zum Beispiel in einem Wintergarten, zu pflanzen. Weintrauben kann man im Garten ernten, wenn gewährleistet ist, dass sie genügend Sonnenlicht bekommen.

### Wurzelunterlage
Nach der Einschleppung der Reblaus in Frankreich im späten 19. Jahrhundert können Weintrauben nur noch auf resistenten Wurzelunterlagen veredelt angebaut werden. Achten Sie beim Erwerb, dass es sich um veredelte Exemplare handelt. Es gibt verschiedene Unterlagen, die für unterschiedliche Gegenden besonders geeignet sind. Fragen Sie in der Reb- oder Baumschule nach der besten Sorte für Ihren Garten.

### Sorten für den Garten

**Weiße Trauben**
- 'Bianca' (früh)
- 'Birstaler Muskat' (früh)
- 'Himrod' (früh)
- 'Glenora' (früh)
- 'Palatina' (früh)
- 'Lilla' (früh)
- 'Phoenix' (mittelfrüh bis mittelspät)
- 'New York' (mittelfrüh bis mittelspät)
- 'Romulus' (mittelfrüh bis mittelspät)
- 'Fanny' (mittelspät)
- 'Angela' (spät)
- 'Teresa' (spät)

**Blaue Trauben**
- 'Königliche Esthertraube' (früh)
- 'Campell early' (früh)
- 'Decora' (früh)
- 'Muscat bleu' (früh)
- 'Regent' (mittelfrüh bis mittelspät)
- 'Boskoops Glorie' (mittelspät)
- 'Solara' (mittelspät)
- 'Nero' (mittelspät)

### Standort und Ansprüche
Trauben brauchen einen durchlässigen Boden und viel Sonne. Man zieht sie an Klettergerüsten aus Pfosten und Spanndrähten. Da Rebstöcke sehr alt werden, muss bei der Konstruktion auf einen stabilen Aufbau und haltbare Materialien geachtet werden. Pfosten aus Holz muss man gegen Fäulnis mit Holzschutzmitteln behandeln. Metallpfosten werden deshalb immer beliebter. Die Spanndrähte sind oft mit einem Drahtspanner verbunden, damit man sie, wenn sie sich unter dem Gewicht der Triebe dehnen, nachspannen kann. Die meisten Systeme bestehen aus einreihig aufgestellten Pfosten mit Spanndrähten, es gibt aber auch zweireihige Systeme. Je nach Methode werden die Weinranken nach oben, unten oder waagrecht gezogen.

### Schnitt und Erziehung
Man unterscheidet beim Weinbau zwei unterschiedliche Erziehungsmethoden. Bei der einen zieht man die fruchttragenden Triebe jedes Jahr neu heran und schneidet sie nach der Ernte weg. Bei der zweiten Methode, dem Zapfenschnitt, schneidet man die Triebe nach der Ernte auf ein bis zwei Knospen zurück. Aus diesen wachsen dann im nächsten Jahr die neuen Fruchttriebe. Die Schnittmethode hängt auch von der Rebsorte ab, fragen Sie beim Kauf also nach, wie die Sorte geschnitten werden muss. Geschnitten wird im Winter an frostfrei-

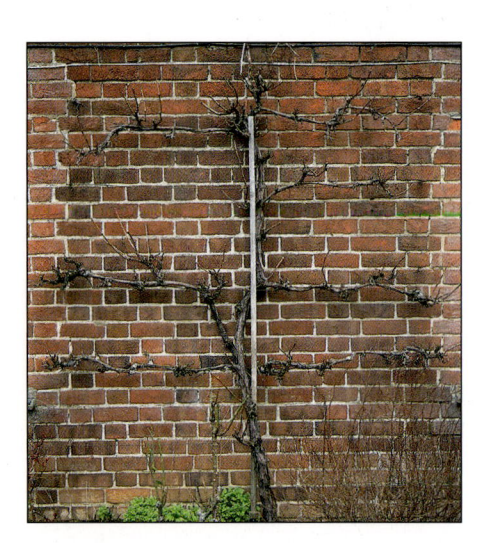

Weintrauben gedeihen besonders gut im Schutz einer Mauer. Blüten und Früchte profitieren von der Wärmeabstrahlung.

Bei allen Schnittmethoden der Weintrauben werden die vorjährigen Fruchtruten auf ein oder zwei Knospen eingekürzt.

Manche Weinbauern warten mit dem Aufbinden der Ruten, da sich die Blütenknospen am ehesten an gebogenen Ruten bilden.

en Tagen. Im Sommer wird wenig geschnitten, man pinziert die Spitzen der Triebe oder dünnt die Blütenstände aus.

## Schnittführung

Der Schnittwinkel muss so verlaufen, dass kein Wasser auf der Schnittfläche stehen bleiben kann. Bei senkrechten Trieben schneidet man in einem Winkel von 30°, bei horizontalen wird senkrecht zum Trieb geschnitten. Der Schnitt sollte an einer Knospe liegen, aber nicht so dicht, dass der geschwollene Triebteil, auf dem das Auge sitzt, beschädigt wird. Der Sommerschnitt beschränkt sich auf das Auskneifen der weichen Triebspitzen mit den Fingern.

## Ausdünnen von Beeren und Blättern

Wenn man Tafeltrauben ernten möchte, ist es wichtig, die Anzahl der Weinbeeren in einer Traube zu reduzieren, damit die Einzelfrüchte größer werden. Mit einer spitzen Schere dünnt man ein Viertel bis ein Drittel der kleinen Beeren aus, damit sich die restlichen gut entwickeln können. Im Herbst, wenn die Trauben reifen, entfernt man die Blätter über den Trauben, damit diese mehr Sonne bekommen.

## Grundschnitttechniken für Wein- und Tafeltrauben

Beim Schneiden von Wein- und Tafeltrauben muss man einige Grundprinzipien beachten. Manche werden im Erwerbsweinbau nicht unbedingt berücksichtigt, im Garten profitieren die Reben aber davon, wenn man sie anwendet.

**Blattschnitt** Wenn die Weintrauben zu reifen beginnen, sollte man die Blätter über den Trauben entfernen, damit sie mehr Licht und Wärme erhalten.

**Sommerschnitt** Viele Rebsorten wachsen sehr stark. Alle Triebe, die man nicht braucht, schneidet man aus, sobald sie erscheinen.

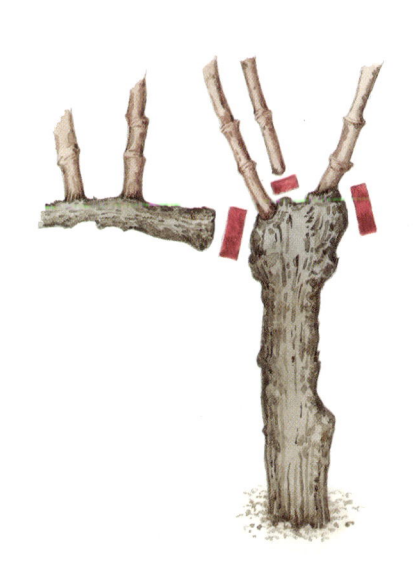

**Ausdünnen der Trauben** Wenn man Tafeltrauben ernten möchte, ist es empfehlenswert, die Trauben auszudünnen, damit man weniger, aber dafür größere Trauben ernten kann.

**Rutenschnitt** Beim Rutenschnitt werden die alten Fruchtruten auf ein bis zwei Augen ganz herausgeschnitten. Aus dem Stock bilden sich dann immer wieder neue Fruchtruten.

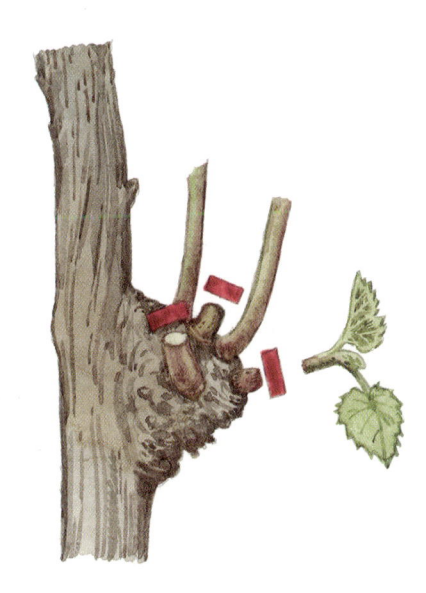

**Zapfenschnitt** Beim Zapfenschnitt werden alle Ruten, die den Weinstock zu dicht werden lassen, herausgeschnitten. Man lässt nur einige kräftige stehen.

# Guyot-System

Eigentlich gibt es zwei Guyot-Systeme, das einfache und das doppelte. Letzteres ist ein weit verbreitetes System im Erwerbsweinbau.

Beim einfachen Guyot-System wird nur eine Rute auf einer Seite des Rebstocks gezogen, beim doppelten sind es zwei Ruten, eine auf jeder Seite.

## Kletterhilfe

Schlagen Sie die Pfosten in der Rebanlage im Abstand von 4 bis 5 m in den Boden und spannen Sie zwischen den Einzelpfosten je vier oder fünf waagrechte Drähte im Abstand von 30 cm.

Der unterste Draht sollte etwa 45 cm über dem Boden verlaufen. Der Hauptstamm jeder einzelnen Rebe wird von einem eigenen Stab gestützt.

Das Guyot-System ist besonders gut für den Anbau von Weintrauben mit großen Fruchtständen, aber kleineren Beeren, geeignet.

## Erziehungsschnitt

Pflanzen Sie einen einjährigen Rebstock im Herbst oder Winter an einen Stab. In der Mitte des Winters wird der Trieb auf zwei Knospen etwa 15 cm über dem Boden zurückgeschnitten. Während des Sommers lässt man den Haupttrieb frei wachsen und entspitzt die Seitentriebe. Im folgenden Winter schneidet man den Haupttrieb auf drei Knospen bis knapp unter dem untersten Draht zurück.

Im nächsten Sommer leitet man die drei Ruten, die aus diesen Knospen wachsen, senkrecht auf und zieht die beiden äußeren im Winter zur Seite in die Horizontale und bindet sie am untersten Draht fest. Schneiden Sie die Spitzen der Seitentriebe auf 60 cm bis 1 m vom Stock entfernt zurück. Der Mitteltrieb wird auf drei Knospen zurückgeschnitten.

Obwohl man Rebstöcke normalerweise an Spanndrähten zieht, kann man, wenn man nur wenige hat, auch eine permanente Kletterhilfe bauen.

Das Guyot-System kann für Tafeltrauben oder für den Anbau unter Glas im Wintergarten modifiziert werden.

## Erhaltungsschnitt

Im folgenden Sommer werden aus den waagrechten Ruten zahlreiche senkrechte Schösslinge wachsen. Binden Sie diese an die Drähte und kneifen Sie Seitentriebe aus. An der mittleren Rute leitet man die drei entstehenden Neutriebe senkrecht auf und bindet sie am Draht fest. Auch bei ihnen kneift man die Seitentriebe aus. Die Weintrauben werden an den senkrechten Trieben an den Seitenruten angesetzt. Im Winter schneidet man diese zurück und verfährt mit den drei senkrechten Ruten am Mitteltrieb genauso wie im Vorjahr. Die seitlichen zieht man nach unten und den mittleren schneidet man auf drei Augen zurück. Diese Schnittmaßnahme wird nun jedes Jahr wiederholt.

## Anbau von Trauben im Guyot-System

Das Guyot-System ist ideal, wenn man eine große Menge an Weintrauben zum Keltern ernten möchte. Der Aufbau ist einfach, die Traubenernte groß und die Qualität gut. Und darauf kommt es beim kommerziellen Weinbau ja an.

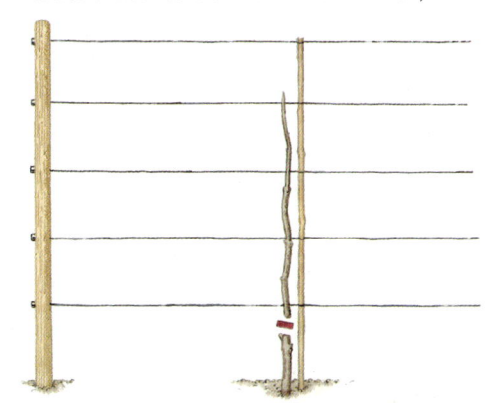

**Erstes Jahr, Winter** Pflanzen Sie eine einjährige Rute und schneiden Sie sie im späten Winter auf ein oder zwei Augen 15 cm über dem Boden ab.

**Erstes Jahr, Sommer** Während des Sommers lässt man den Mitteltrieb wachsen. Binden Sie ihn am Draht fest und kneifen Sie die Seitentriebe aus.

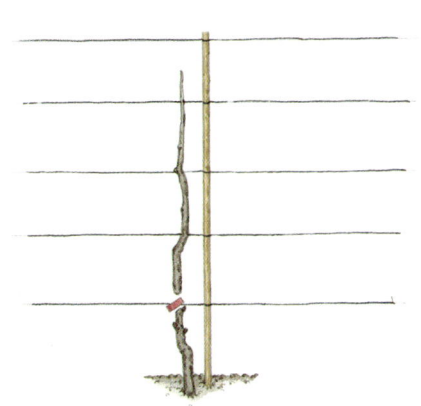

**Zweites Jahr, Winter** Im folgenden Spätwinter schneidet man den Mitteltrieb auf drei kräftige Augen knapp über dem untersten Draht zurück.

**Zweites Jahr, Sommer** Wenn die drei Augen austreiben bindet man die Triebe senkrecht an die Spanndrähte.

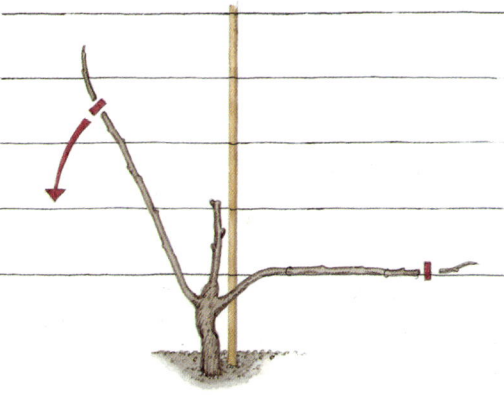

**Drittes Jahr, Winter** Ziehen Sie die äußeren Triebe vorsichtig nach unten in die Horizontale. Der Mitteltrieb wird auf drei Augen zurückgeschnitten.

**Erhaltungsschnitt, Sommer** Im Sommer heftet man die senkrechten Triebe, auch die drei mittleren, an die Spanndrähte und kneift alle Seitentriebe an diesen heraus. An den senkrechten Trieben werden die Früchte gebildet.

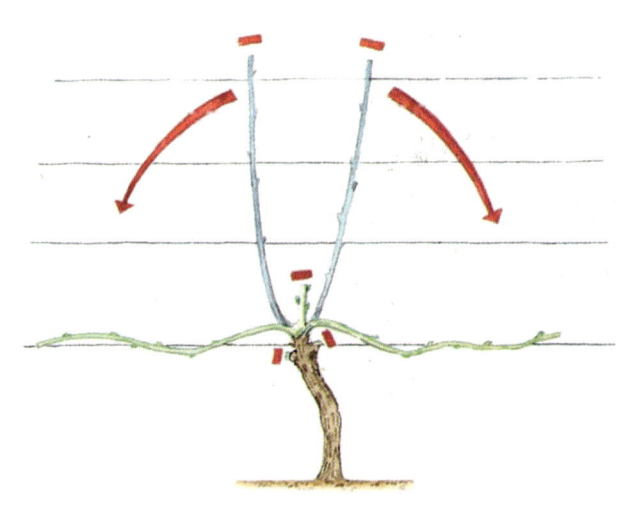

**Erhaltungsschnitt, Winter** Im Winter schneidet man alle Triebe, die getragen haben, heraus und biegt die beiden äußeren der drei Mitteltriebe nach unten. Den Mitteltrieb schneidet man auf drei Augen zurück.

# Trauben-Kordon

Vor allem Tafeltrauben werden besser nach der Zapfenschnittmethode erzogen. Man lässt die Ruten immer aus demselben Zapfen wachsen und zieht sie nicht jedes Jahr neu, wie bei der Guyot-Methode. Fragen Sie beim Kauf der Rebstöcke nach der besten Schnittmethode. Wenn man Trauben unter Glas anbaut, ist der Kordon besonders empfehlenswert.

## Kletterhilfe

Zwischen stabilen Pfosten spannt man im Abstand von 25 cm waagrechte Drähte. Der unterste verläuft 25 cm über der Bodenoberfläche. An jeder Stelle, an der ein Rebstock gepflanzt werden soll, schlägt man einen Stab ein. Es empfiehlt sich, von Anfang an Drahtspanner zu montieren, damit die Drähte schneller und einfacher, als von Hand, nachgespannt werden können.

Tafeltrauben werden am besten mit dem Zapfenschnitt-System erzogen. Es eignet sich fürs Freiland und die Kultur unter Glas.

## Erziehung von Weinreben als Kordon

Die Erziehung von Rebstöcken als Kordon ist bei Hobbygärtnern beliebt. Sie ist zwar recht arbeitsaufwändig, aber nicht besonders kompliziert. Ein Traubenkordon braucht im Garten nicht viel Platz, nicht mehr als ein Johannisbeerstrauch. So kann man mehrere verschiedene Trauben-Sorten auf kleinem Raum anbauen.

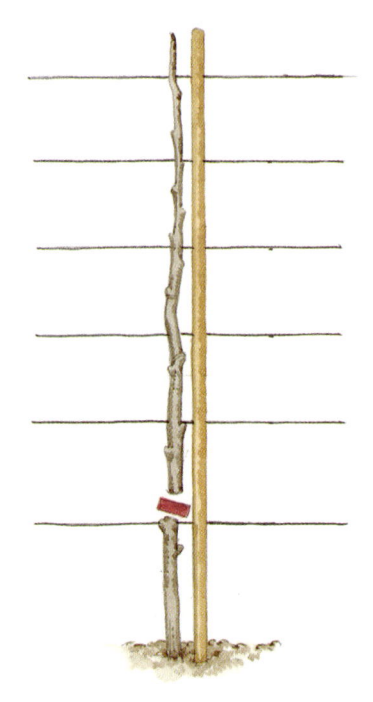

**Erstes Jahr, Winter** Pflanzen Sie einen einjährigen Rebstock im Spätherbst. Im Frühjahr schneidet man die Spitze auf zwei Knospen zurück.

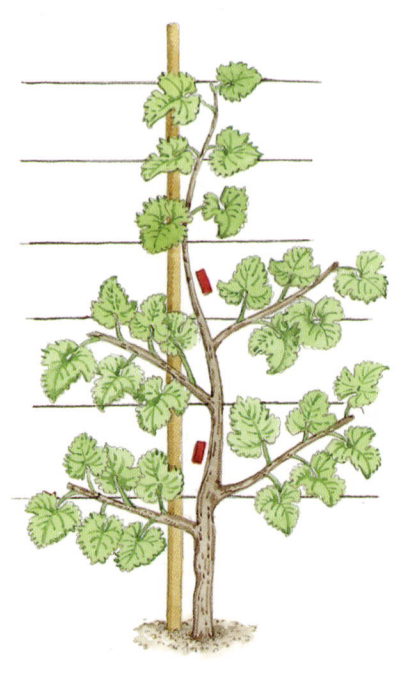

**Erstes Jahr, Sommer** Binden Sie den Mitteltrieb am Draht fest und leiten Sie die Seitentriebe waagrecht an den Spanndrähten entlang.

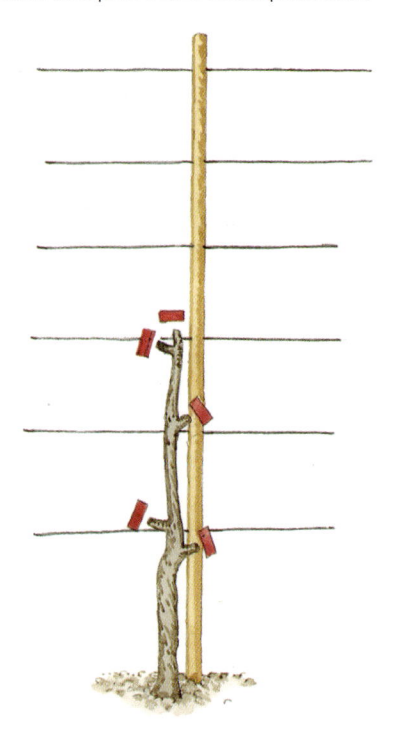

**Zweites Jahr, Winter** Im nächsten Winter werden alle Seitentriebe auf eine Knospe zurückgeschnitten. Der Zuwachs des Mitteltriebs wird um die Hälfte eingekürzt.

**Zweites Jahr, Sommer** Wiederholen Sie die Prozedur des Vorjahrs. Kappen Sie die Spitzen der Seitentriebe und nehmen Sie die Seitentriebe an den waagrechten Trieben auf ein Blatt zurück.

## Erziehungsschnitt

Pflanzen Sie einen einjährigen Rebstock im Spätherbst oder Frühwinter und schneiden Sie ihn auf zwei kräftige Augen auf Höhe des untersten Drahts zurück. Im folgenden Sommer lässt man den Haupttrieb wachsen und bindet ihn am Stab fest. Die Seitentriebe, die auf Höhe der Spanndrähte liegen, leitet man zur Seite und bindet sie am Draht fest. Alle anderen werden ausgekniffen. Im nächsten Winter werden die Seitenruten zurückgeschnitten. Man lässt nur ein bis zwei Knospen pro Rute stehen. Den Mitteltrieb nimmt man um die Hälfte zurück und schneidet dabei auf ein Auge, das dem, auf das man im Vorjahr zurückgeschnitten hat, gegenüberliegt. So schneidet man, bis der oberste Spanndraht erreicht ist.

## Erhaltungsschnitt

Die untersten Ruten werden ausgereift sein, bevor die obersten zu tragen anfangen. Man schneidet also wie beim Erziehungsschnitt. Entfernen Sie im Sommer alle Seitentriebe an den waagrechten Ruten (Schenkel). Wenn man Tafeltrauben ernten möchte, lässt man nur einen Blütenstand pro Kordonschenkel stehen. Will man aus den Trauben Saft oder Wein gewinnen, können es auch mehr sein, da die einzelnen Weinbeeren nicht so groß werden müssen. Bei einer Länge von etwa 60 cm pinziert man die Seitentriebe, um das Längenwachstum zu stoppen. Bei Weintrauben kappt man die Spitze an der letzten Blütentraube. Im nächsten Winter schneidet man alle Ruten auf ein oder zwei Augen zurück. Die Spitze der Rute wird vorsichtig nach unten gebogen. Das regt die Bildung von neuen Ruten an den unteren Zapfen an. Sobald die neuen Triebe erscheinen, kann man den Spitzentrieb wieder senkrecht aufbinden. Diese Prozedur wird jährlich wiederholt.

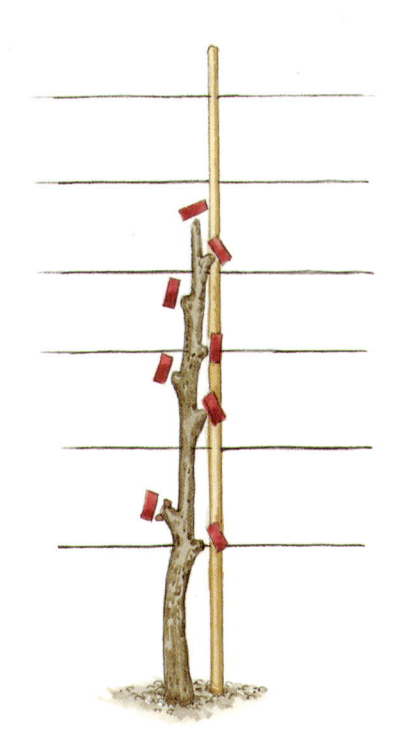

**Drittes Jahr, Winter** Schneiden Sie im Winter alle Seitentriebe auf ein oder zwei Knospen zurück und kürzen Sie den Vorjahrszuwachs des Mitteltriebs um die Hälfte ein.

**Folgejahre** Wiederholen Sie die Schnittmaßnahmen der vorherigen Sommer und Winter, bis der Mitteltrieb bis zur Spitze aus reifem Holz besteht. Ab jetzt wird er auf fünf oder sechs Blätter im Sommer zurückgeschnitten.

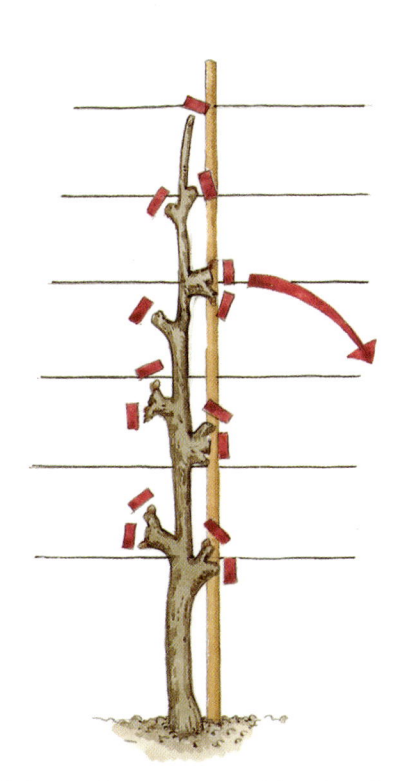

**Erhaltungsschnitt, Winter** Nachdem der Rebstock ausgewachsen ist, werden jeden Winter alle Seitentriebe und der Mitteltrieb auf ein bis zwei Knospen zurückgeschnitten. Ziehen Sie die Spitze vorsichtig nach unten und fixieren Sie sie.

**Erhaltungsschnitt, Frühjahr** Im Frühling bindet man die Spitze wieder senkrecht, sobald sich die ersten Neutriebe an der Basis bilden. Im Sommer schneidet man den Mitteltrieb auf 60 cm zurück und die Seitentriebe auf ein Blatt.

# Einfacher Vorhang

Diese Methode wird im Weinbau vor allem für Sorten, die nach der Zapfenschnittmethode geschnitten werden, angewendet. Der Arbeitsaufwand ist geringer, da die Ruten nicht angebunden werden müssen.

### Kletterhilfe
Bringen Sie Pfähle im Abstand von 4 bis 5 m in den Boden und spannen Sie fünf waagrechte Drähte im Abstand von 45 cm dazwischen. Pro Rebstock wird ein Pflock eingeschlagen.

### Erziehungsschnitt
Im ersten Winter werden die Reben auf eine Länge von 15 cm über dem Boden auf ein oder zwei Augen zurückgeschnitten. Im folgenden Sommer leitet man den neuen Haupttrieb auf und kürzt ihn dann im Winter wieder um die Hälfte des Zuwachses ein. Im dritten Winter entfernt man die unteren Seitentriebe und lässt nur die beiden höchsten am obersten Draht stehen. Man kann auch den Spitzentrieb zur Seite leiten und den nächsten darunter wachsenden Seitentrieb nehmen, wenn diese besser geeignet sind. Leiten Sie diese am obersten Draht entlang und binden Sie sie fest. Die Ruten, die im nächsten Sommer erscheinen, wachsen zuerst nach oben und biegen sich dann nach unten. Lassen Sie alle 30 cm entlang der horizontalen Ruten einen Seitentrieb stehen. Seitentriebe an den hängenden Ruten werden ausgekniffen.

### Erhaltungsschnitt
Die Schnittmaßnahmen finden im Winter statt. Alle hängenden Ruten werden auf ein bis zwei nach oben weisende Augen zurückgeschnitten. Nach unten wachsende Ruten schneidet man komplett heraus. Man lässt nur eine Rute pro Zapfen stehen.

### Erziehung von Trauben zum einfachen Vorhang
Bei diesem System wird, wie beim Kordon, nach der Zapfenschnittmethode gearbeitet. Es ist aber weniger arbeitsaufwändig. Sie ist besonders empfehlenswert, wenn man viele Weinstöcke besitzt. Geschnitten wird wie bei den anderen Methoden.

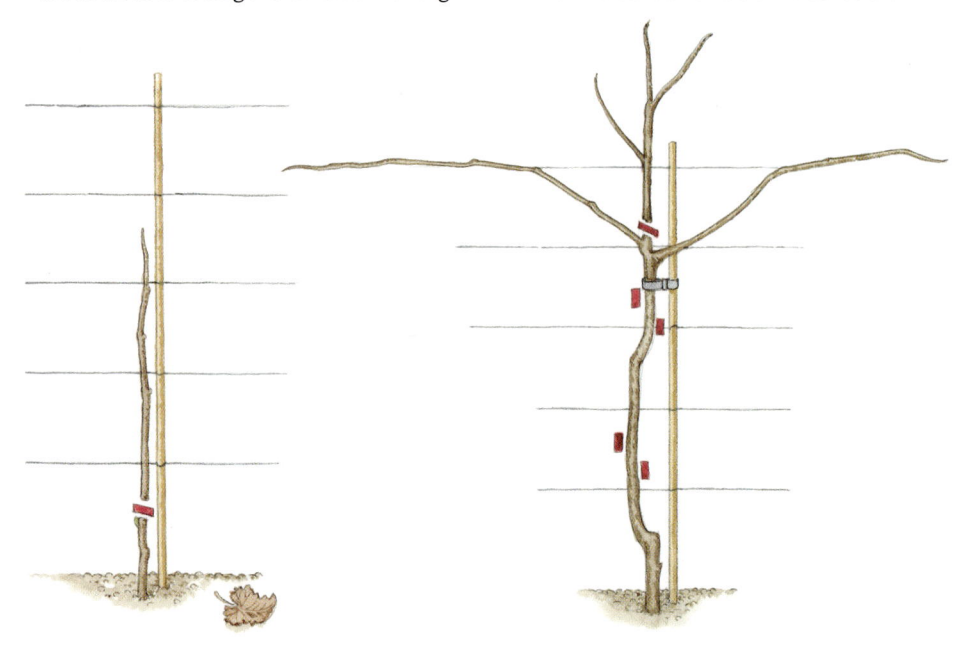

**Erstes und zweites Jahr, Winter** Beginnen Sie mit einem einjährigen Rebstock, der im Winter gepflanzt wird. Die Spitze wird auf 15 cm über dem Boden zurückgeschnitten. Im Sommer wird der neue Spitzentrieb an die Drähte geheftet. Im nächsten Winter wird der Spitzentrieb wieder eingekürzt, und zwar um die Hälfte. Im Sommer wird der Neutrieb dann wieder angebunden. Verfahren Sie so in den nächsten Jahren, bis der oberste Draht erreicht ist.

**Drittes Jahr, Winter** Im Winter entfernt man alle Seitentriebe, außer den beiden oberen, die knapp unter dem obersten Draht wachsen. Biegen Sie diese nach unten und leiten Sie sie am obersten Draht entlang.

**Drittes Jahr, Sommer** Im Sommer erscheinen an den horizontalen Seitentrieben zahlreiche Seitenruten, die nach unten hängen. Lassen Sie etwa alle 30 cm einen dieser Triebe stehen und kneifen Sie alle anderen Seitentriebe aus. Auch die Seitentriebe an den hängenden Ruten werden entfernt. Im folgenden Winter werden dann alle hängenden Seitentriebe auf ein bis zwei, nach oben zeigende Knospen, zurückgeschnitten. Pro Zapfen lässt man eine Rute wachsen.

# Geneva Double Curtain

Diese Erziehungsform wurde von dem Weinbau-Fachmann Dr. Nelson Shaulis entwickelt, aus dem dann der einfache Vorhang entstanden ist. Der Vorteil liegt in der Platzersparnis. Obwohl jede Zeile etwas breiter ist, kann man auf gleicher Länge mehr Rebstöcke pflanzen.

## Kletterhilfe

Man kann zwischen zwei Stützkonstruktionen wählen. Bei der ersten werden die Drähte in einer Höhe von 1,50 m über dem Boden an zwei parallel verlaufenden Reihen von Pfählen gespannt, die im Abstand von 60 cm verlaufen. Alternativ kann man auch eine einzelne Reihe von Pfählen aufbauen und am oberen Ende der Pfosten einen 60 cm langen Querbalken anbringen. Die beiden Spanndrähte werden dann zwischen diesen Querstreben gespannt. Die Stützstäbe für die Rebstöcke werden anschließend in die Mitte zwischen den Drähten eingeschlagen (oder versetzt unter den Drähten). Der Pflanzabstand beträgt etwa 1,20 m.

In kühleren Gegenden kultiviert man Tafeltrauben am besten im Wintergarten oder einem Gewächshaus.

## Erziehungsschnitt

Die Grunderziehung unterscheidet sich nicht von der des einfachen Vorhangs, abgesehen davon, dass die obersten Seitentriebe erst über den Doppeldraht und dann nach links und rechts in gegenüberliegende Richtungen geleitet werden. Dazu pflanzt man einjährige Rebstöcke an die Haltestäbe und schneidet sie im ersten Winter auf 15 cm über dem Boden zurück. Mindestens ein, besser zwei starke Knospen sollten noch am Stock sein. Im Sommer wird der Haupttrieb am Stützstab emporgeleitet und im zweiten Winter die Hälfte des Jahreszuwachses eingekürzt. Im dritten Sommer wird der Spitzentrieb bis zum obersten Draht geleitet und dann alle unteren Seitentriebe im dritten Winter abgeschnitten. Die obersten beiden Seitenruten (oder eine Seitenrute und den Spitzentrieb) lässt man stehen und leitet sie erst an die Drähte und dann in entgegesetzter Richtung an den Drähten entlang. Die Seitentriebe an diesen Ruten, die im folgenden Sommer erscheinen, wachsen erst aufrecht und hängen dann herab. Man lässt etwa alle 30 cm eine Rute stehen, die übrigen schneidet man heraus. Auch Seitentriebe an den hängenden Ruten kneift man aus.

## Erhaltungsschnitt

Ab jetzt wird nur noch im Winter geschnitten, wenn die Triebe nicht im Saft stehen. Alle hängenden Ruten werden auf ein bis zwei nach oben weisende Augen zurückgeschnitten. Direkt nach unten wachsende Ruten schneidet man komplett heraus. Man lässt im nächsten Sommer nur eine Rute aus jedem Zapfen stehen und sich neu entwickeln. Diese Prozedur wird dann in den kommenden Wintern und Sommern wiederholt.

### Erziehung von Trauben nach dem Geneva Double Curtain

Diese Erziehungsmethode ähnelt der gegenüber beschriebenen, außer dass die Reben an zwei im Abstand von 60 cm parallel gespannten Drähten gezogen werden. So kann man auf derselben Fläche mehr Reben anpflanzen.

**Drittes Jahr, Winter** Die Rebstöcke werden genauso erzogen, wie beim einfachen Vorhang. Die Seitentriebe werden aber zuerst L-förmig erzogen, bevor man sie an die Drähte heftet.

**Erhaltungsschnitt** Auch beim Erhaltungsschnitt wird wie beim einfachen Vorhang geschnitten. Die Seitentriebe hängen aber in einer doppelten Reihe herab, statt in nur einer.

# Hopfen *(Humulus lupulus)*

Hopfen gedeiht auch in kühleren Lagen ausgezeichnet und wird seit Jahrhunderten für die Bierherstellung und zur Gewinnung von Farbstoffen angebaut. Der kommerzielle Hopfenanbau nimmt seit Jahren kontinuierlich ab, da weltweit nicht mehr so bittere Biere bevorzugt werden. Aber immer mehr Menschen versuchen sich am Selbstbrauen, und auch als Zierpflanze ist Hopfen beliebt.

### Sorten

'Fuggles'
'Hip-Hop'
'Prima Donna'
'Wye Challenger'
'Wye Northdown'

## Kletterhilfe

Hopfen wird traditionell an Pfosten- oder Drahtkonstruktionen gezogen, an denen die Triebe 3,50 bis 4,50 m hoch wachsen können. Eine kommerzielle Hopfenanlage ist für den Hausgarten zu groß, außerdem sieht sie nicht besonders schön aus. Es gibt seit neuestem auch kleinwüchsigere Sorten, die nur 2 m hoch werden. Sie sind für den Garten ideal, da man sie wie Stangenbohnen in einer Reihe ziehen kann. Eine Gartenanlage kann man aus festverankerten Pfosten bauen, die im Abstand von 3 m in den Boden geschlagen werden und die in einer Höhe von 20 bis 25 cm über dem Boden und in 2 m Höhe durch waagrecht gespannte Drähte verbunden sind. Für den kommerziellen Anbau nimmt man auch häufig grobmaschige Netze, an denen sich der Hopfen emporschlingen kann. Eine Alternative wären Erbsennetze; da man diese aber jährlich erneuern muss (es ist schwierig, die alten Triebe aus dem Netz zu entfernen), ist diese Methode weniger empfehlenswert. Man kann zwischen den Drähten auch im Abstand von 30 bis 45 cm Bindeschnur spannen oder die Hopfenpflanzen an einzelnen Pfosten, die an den Spitzen zusammengebunden sind, hochwachsen lassen. Für schwachwüchsigere Sorten nimmt man Bohnenstangen. Für eine größere Anlage schlägt man 3 m lange, imprägnierte Pfosten im Abstand von 1,20 m in den Boden. Eine stabile Verankerung und ein geschützter Standort sind wichtig, damit das Gerüst bei Wind nicht umfallen kann.

Hopfen kann auch als Zierpflanze, zum Beispiel über einem Bogen, gezogen werden. Links die hellblättrige Sorte 'Aurea', rechts normaler Hopfen.

**Hopfenanlage mit senkrechten Pfosten** Hopfen kann an unterschiedlichen Kletterkonstruktionen erzogen werden. Will man mehr Hopfen ernten, muss das Gerüst höher sein. Früher wurde Hopfen nur an senkrechten Pfosten gezogen, wofür aber viel Platz nötig war. Heute lässt man die Hopfentriebe auch an den zwischen den Pfosten gespannten Drähten entlangwachsen, die die Konstruktion zusätzlich stabilisieren.

Die Blüten und später die Samen des Hopfens werden von grünen Brakteen (Hüllblättern) geschützt.

## Erziehung

Hopfen ist eigentlich eine Staude, das heißt die Triebe sterben im Winter ab und werden im Frühjahr durch neue aus dem unterirdischen Wurzelstock ersetzt. Die Wuchskraft ist unglaublich. Früher hat man Hopfen eher im Herbst gepflanzt, mittlerweile ist das Frühjahr die bevorzugte Pflanzzeit. Der Hopfen braucht ungefähr ein Jahr, um seine volle Wuchskraft und damit die volle Ertragsfähigkeit zu erreichen. Besondere Erziehungsmaßnahmen sind nicht nötig. Man wählt im Frühjahr aus den neu erscheinenden Trieben zwei oder drei kräftige pro Draht aus. Die Triebe sind sehr zart und brechen leicht ab, Vorsicht ist beim Hantieren angesagt. Durch die Reduktion der Triebe wächst die Hopfenpflanze kompakt und wuchert nicht. Die Triebe werden im Uhrzeigersinn um die Drähte gelegt. Wenn sich die ausgewählten Triebe von alleine um den Draht gelegt haben und weiterwachsen, kneift man die übrigen ab. Nach ein paar Wochen wiederholt man dies, und führt Triebe, die herabhängen, wieder an den Draht. Zieht man den Hopfen an Netzen oder Gittern muss man darauf achten, dass die Triebe die Rankhilfe gleichmäßig bewachsen und nicht in dicken Büscheln stehen. Bei größeren entfernt man die untersten unproduktiven Seitentriebe. An Netzen braucht man den Hopfen selten weiter aufleiten, nur freihängende Triebe steckt man wieder zurück. Im Herbst wird der Hopfen geerntet. An Netzen kann man die Hopfendolden einfach abpflücken, wenn man den Hopfen an Drähten oder Pfosten gezogen hat, schneidet man die Triebe etwa 45 cm über dem Boden ab und zieht die ganze Pflanze zum Abernten nach unten. Im Winter werden die abgestorbenen Triebe knapp über dem Boden entfernt.

Kommerzieller Hopfenanbau. Die Triebe wachsen an Schnüren, die an eine Drahtanlage gespannt sind, in die Höhe.

### Empfindlichere kletternde Obstgehölze

#### Passionsfrucht, Maracuja

Passionsblumen oder Maracujas werden meist nur als Zierpflanzen gezogen. Im Wintergarten frei ausgepflanzt kann man aber mit etwas Glück auch bei uns ein paar Früchte ernten. Man zieht die jungen Pflanzen an einem Klettergerüst aus waagrecht gespannten Drähten vor einer Wand oder zwischen zwei Pfosten. Die beiden obersten Seitentriebe zieht man am oberen Draht entlang und schneidet die darunter liegenden heraus. Wenn dann die Neutriebe an den Seitentrieben erscheinen, hängen diese am Klettergerüst herab. Nach der Ernte werden die fruchttragenden Triebe auf wenige Knospen zurückgeschnitten.

#### Kiwi

Die Art *Actinidia kolomikta* wird nur als Zierpflanze verwendet, aber die Kiwi (*A. deliciosa*) kann in milden Gegenden durchaus mit Erfolg im Garten angebaut werden. Am besten zieht man sie an einem Wandspalier, damit sie geschützt steht. In wärmeren Gegenden kann man sie auch an einer Pergola oder zwischen zwei Pfosten wachsen lassen.

*(oben)* Passionsfrüchte lassen sich nur in sehr milden Gegenden im Freien auspflanzen.

*(unten)* Kiwis werden immer beliebter und es gibt mittlerweile auch frosthärtere Sorten.

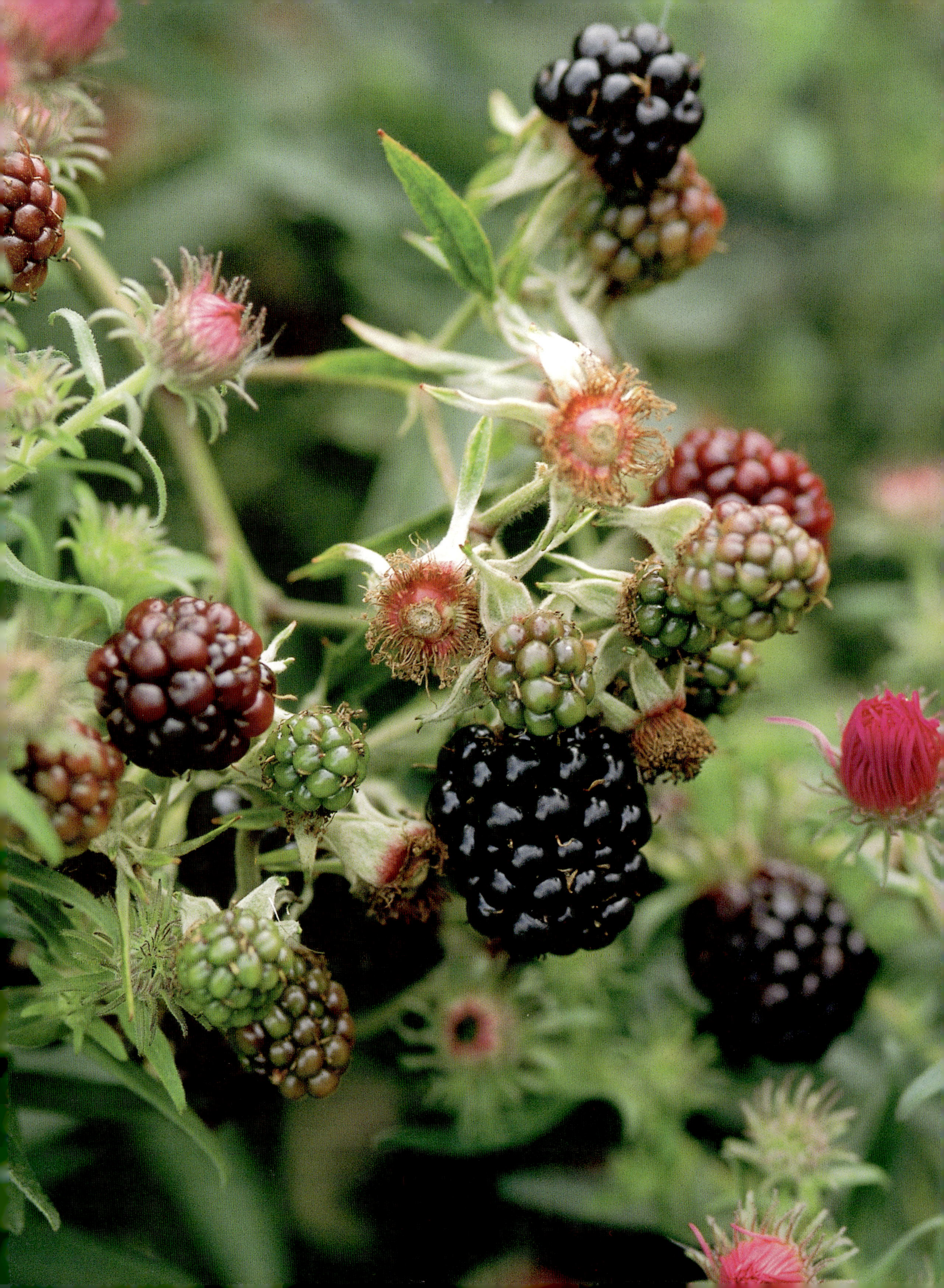

# Beerenobst

Beerenobst gehört in jeden Garten und hat auch noch im kleinsten Platz. Das liegt daran, dass Beerensträucher leicht abzuernten sind, und natürlich schmecken Himbeeren, Brombeeren und deren Verwandte frisch oder gar direkt vom Strauch verzehrt am besten. Gekauftes Obst kann da selten mithalten. Selbst wenn man nur ein paar Himbeerruten gepflanzt hat, wird man überrascht sein, wie viele Beeren man ernten kann. Oft sind sogar welche zum Einfrieren oder Einmachen übrig.

Beerensträucher sind relativ pflegeleicht, solange sie regelmäßig geschnitten werden. Vernachlässigt man sie, wachsen sie zu einem dichten Gestrüpp, das kaum noch Ertrag bringt. Der Schnitt von Beerensträuchern ist einfach, wenn man sich an bestimmte Grundprinzipien hält. Zwei weitere Dinge muss man beachten: Unkraut muss regelmäßig gejätet werden, damit es nicht in die Sträucher wächst und die reifen Beeren sind nicht nur bei Menschen beliebt. Gegen Vögel helfen spezielle Netze, mit denen die Sträucher überspannt werden.

Beim Anblick dieser glänzenden Brombeeren läuft einem das Wasser im Mund zusammen. Wie bei fast allen Obstsorten schmecken frisch vom Strauch geerntete Früchte viel aromatischer, als gekaufte.

# Pflege von Beerenobst

Beerenobst ist weder kompliziert in der Pflege, bei der Erziehung, noch beim Schnitt. Jungpflanzen kann man überall erwerben und fast immer lassen sich schon im ersten Jahr ein paar Früchte ernten. Standort und Kleinklima sind wichtig, die meisten bevorzugen einen feuchten, nährstoffreichen Boden, aber keine Staunässe. Alle lieben volle Sonne, brauchen aber keinen warmen, geschützten Standort.

Taybeeren gehören zu den Kreuzungen der Brombeere und tragen viele aromatische Früchte. Sie sind nicht schwer anzubauen.

Brombeerruten können auch Platz, der sonst vergeudet würde, nutzen. Hier werden sie am Zaun eines alten Schuppens gezogen.

## Kauf und Erwerb

Beerensträucher kann man in fast jedem Gartencenter und in Baumschulen kaufen. In letzteren ist die Auswahl meist größer und man wird auch oft besser beraten. Wenn man zum Beispiel Himbeeren vom Frühsommer bis in den Spätherbst ernten möchte, erhält man in einer Baumschule eine ideale Sortenauswahl, die diese lange Erntezeit ermöglicht. Man kann sich die Pflanzen zwar auch selbst aus älteren Exemplaren anziehen, es ist aber besser, alle paar Jahre die Sträucher durch neue zu ersetzen, um Krankheiten zu vermeiden.

## Pflanzung

Die jungen Sträucher werden meist im Spätherbst angeboten, damit im Winter oder zeitigen Frühjahr gepflanzt werden kann. In Baumschulen sind auch wurzelnackte Sträucher erhältlich, die man entweder gleich pflanzen oder in Erde einschlagen muss, bis gepflanzt werden kann. Die Erde im und um das Pflanzloch herum wird mit Kompost oder Pflanzerde verbessert. Für Arten, die eine Stütze brauchen, baut man diese vor der Pflanzung auf, damit keine Wurzeln oder Triebe beschädigt werden. Pflanzen Sie die Sträucher genauso tief, wie sie in der Baumschule gestanden haben.

## Stütze

Beerenobst, das an Ruten wächst, braucht eine Stützkonstruktion. Meist werden einfach ein paar Drähte zwischen Pflöcke gespannt. Da sich der Draht mit der Zeit dehnt, sieht man von Anfang an Drahtspanner vor. Weil die Pfosten durchaus einige Jahre im Beet bleiben können, sollte man sie

Eine Auswahl leckerer Früchte direkt aus dem Garten. Von oben links nach unten rechts: Rote Johannisbeeren, Erdbeeren, Schwarze Johannisbeeren, Himbeeren, nochmals Himbeeren, Brombeeren, Stachelbeeren und noch mehr Erdbeeren.

Die meisten Beerensträucher müssen bei der Pflanzung zurückgeschnitten werden. Meist sind die Triebe der gekauften Jungpflanzen zu lang.

Um Beerenobst zu ernten, braucht man keinen großen Garten. Mit der abgebildeten Methode kann man Rote Johannisbeeren ziehen.

mit Schutzmitteln behandeln, damit sie nicht rosten (bei Metallpfosten) oder verrotten (bei Holzpfählen). Strauchig wachsende Arten brauchen keine Stütze, es sei denn man möchte sie in eine dekorative Form ziehen. Für einen Fächer spannt man am besten Drähte an einer Mauer oder einem Zaun oder verwendet ein Spaliergitter, für ein Hochstämmchen braucht man einen stabilen Haltestab oder Pflock.

Wenn man die abgestorbenen Triebe aus der Strauchmitte herausschneidet, muss man darauf achten, nicht zu lange Stümpfe stehen zu lassen.

## Beerenobst an einer Pfosten-Draht-Konstruktion

**1** Benutzen Sie stabile Pfosten für die Stützkonstruktion. Schlagen Sie die Pfosten mit einem Hammer so tief in den Boden, dass sie nicht wackeln.

**2** Mit einem diagonal eingeschlagenen Pfosten wird die Konstruktion stabilisiert. So knicken die äußeren Pfosten nicht unter der Spannung der Drähte nach innen.

**3** Der Draht kann zuerst von Hand gespannt und mit Krampen befestigt werden. Dann spannt man ihn mit einem Drahtspanner und fixiert ihn erneut.

**4** Die Ruten der Obststräucher kann man mit Schnur oder Bindedraht am Draht befestigen. Man zieht sie auch zwischen Draht und Rute durch, damit die Rinde nicht aufscheuern kann.

## Erziehungsschnitt

Beerenobst, das an Ruten fruchtet, muss man von Anfang an erziehen, da man es auch später nach einem ganz bestimmten Schema schneidet. Sträucher werden wie offene Büsche gezogen, die gleichmäßig ohne zu dichte und sich kreuzende Triebe wachsen sollen. Viele lassen sich auch in dekorative Formen, wie Spaliere, Kordone, Fächer und sogar als Hochstämmchen, ziehen. Dann brauchen sie etwas mehr Aufmerksamkeit. Auf den folgenden Seiten wird der Schnitt der einzelnen Beerenobstarten genau beschrieben.

## Erhaltungsschnitt

Jedes Jahr werden die abgestorbenen Triebe entfernt und die neuen an das Gerüst gebunden. Bei Beerenobststräuchern kann man durch gezieltes Schneiden die Pflanzengesundheit und Verjüngung fördern. Wie das für jede Art genau geht, steht auf den folgenden Seiten.

Die Schnittführung ist dieselbe, wie bei allen Gehölzen: Über einer Knospe, aber nicht so hoch, dass ein Zapfen stehen bleibt, und leicht schräg, damit Wasser von der Schnittfläche ablaufen kann.

# Himbeeren *(Rubus idaeus)*

Himbeeren sind anspruchslos und pflegeleicht. Mit der richtigen Auswahl an Sorten kann man vom Sommer bis in den Spätherbst, wenn die ersten Fröste auftreten, ernten.

### Sorten

**Frühe**
'Elida'
'Nootka'
'Willamette'

**Mittelspäte**
'Glen Ample'
'Meeker'
'Rusilva'
'Schönemann'

**Späte**
'Rubaka'
'Rutrago'

**Sehr späte**
'Autumn Bliss'
'Golden Bliss'
'Himbo Top'
'September'

### Stütze

Himbeeren werden fast immer in Reihen gepflanzt und die Ruten an Drähte gebunden, die zwischen Pfosten gespannt werden, die im Abstand von 2,50 bis 3 m in den Boden geschlagen werden. Der unterste wird im Abstand von etwa 60 cm zur Erdoberfläche gespannt, darüber kommen dann noch ein bis zwei weitere, ebenfalls im Abstand von 60 cm. Die Drähte müssen straff gespannt sein. Mit einem Drahtspanner können überdehnte Drähte nachgezogen werden. Die Reihen errichtet man im Abstand von 2 m. Innerhalb einer Reihe setzt man die Pflanzen im Abstand von 60 cm in den gut vorbereiteten Boden. Die beste Pflanzzeit ist im Spätherbst oder zeitigen Frühjahr. Die Ruten sind meist schon auf eine Länge von 60 cm zurückgeschnitten, wenn nicht holt man das bei der Pflanzung nach und bindet sie dann am untersten Draht fest. So können sie beim Anwachsen bei Wind nicht umknicken.

### Sommertragende Sorten

Im Frühling erscheinen neue Ruten, die man aufrecht an den Drähten befestigt. Dann kann man die alten Ruten des Vorjahrs über dem Boden zurückschneiden. Wenn sie sehr lang werden, kann man sie an den Spitzen umbiegen und am obersten Draht fixieren. Am Ende des Winters schneidet man die umgebogenen Spitzen zurück, sodass sie etwa 15 cm über dem oberen Draht stehen. Im Sommer werden diese Ruten tragen, während sich gleichzeitig neue an der Basis bilden. Wenn die alten Ruten abgeerntet sind, schneidet man sie am Boden ab und befestigt die jüngeren am Draht. Triebe, die zwischen den Reihen erscheinen, schneidet man weg.

### Herbsttragende Sorten

Himbeer-Sorten, die im Herbst fruchten, werden anders behandelt. Wenn man sie wie sommertragende Sorten schneidet, fruchten sie auch genauso. Wenn man sie aber im Frühling schneidet, tragen sie erst im Herbst. Die neu gepflanzten Ruten wachsen im ersten Sommer und tragen im Herbst. Viele Sorten sind so stabil, dass man sie nicht einmal anbinden muss. Lange Ruten befestigt man aber besser am Draht. Gegen Ende des Winters schneidet man alle Ruten bis zum Boden zurück. Die Neutriebe befestigt man am Draht, sie fruchten im Spätsommer bis zu den ersten Frösten. Im Spätwinter werden alle bis auf den Boden zurückgeschnitten. Die neuen Ruten, die im Frühling wachsen, bindet man an die Drähte. Sie fruchten im Herbst, dann schneidet man sie wieder zurück. Einige neue Sorten tragen im Herbst und an denselben Ruten noch ein zweites Mal im folgenden Sommer. Schneiden Sie diese Ruten erst nach der zweiten Ernte zurück, also wie sommertragende Sorten. Fragen Sie deshalb beim Kauf nach der Schnittmethode der Sorte.

### Schnitt von herbsttragenden Himbeer-Sorten

**1** Herbsttragende Himbeeren werden anders geschnitten als Sorten, die im Sommer tragen. Im Winter erkennt man die Mischung aus abgetragenen und neuen Ruten.

**2** Alle Ruten werden im Winter bis zum Boden abgeschnitten und komplett abgeräumt.

**3** Nachdem die Ruten abgeschnitten wurden, erscheinen schon nach kurzer Zeit die Neutriebe. Wenn sie groß genug sind, bindet man sie an die Spanndrähte.

## Erziehung von Himbeeren

Einige der kürzeren herbsttragenden Sorten können ohne Stützhilfe gezogen werden. Die meisten anderen brauchen aber eine Stütze und werden am besten freistehend und nicht an einer Mauer oder einem Zaun gezogen. Himbeeren pflanzt man am besten im Winter und kauft neue Pflanzen, die frei von Krankheiten sind, statt alte Exemplare durch Teilung zu verjüngen.

**Erstes Jahr, Winter** Wenn die neuen Ruten noch nicht in der Baumschule zurückgeschnitten wurden, kürzt man sie auf eine Länge von 60 cm ein.

**Erstes Jahr, Sommer** Im ersten Sommer wachsen die Triebe bis zu den obersten Spanndrähten empor.

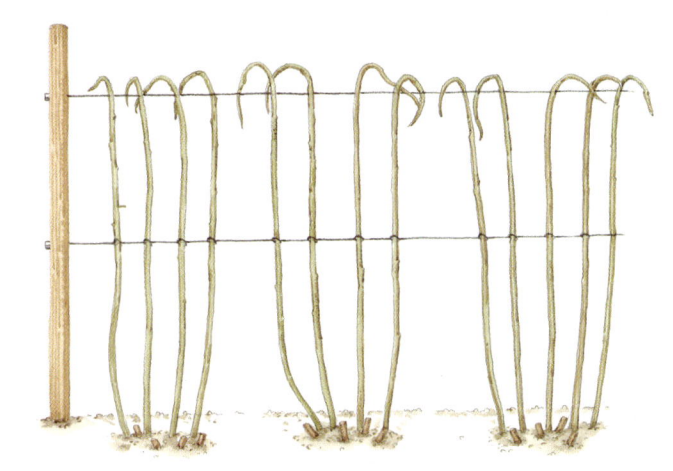

**Sommertragende Himbeeren, zweites Jahr, Winter** Im zweiten Winter werden alle alten Triebe, die getragen haben, herausgeschnitten. Die Spitzen der Neutriebe biegt man über den obersten Draht und befestigt sie.

**Herbsttragende Himbeeren, zweites Jahr, Winter** Schneiden Sie alle Triebe, die abgetragenen und die neuen, bis zum Boden zurück. Es werden bald Neutriebe erscheinen, die man im Herbst abernten kann.

**Herbsttragende Himbeeren, zweites Jahr, Sommer** Binden Sie die Neutriebe, die nach dem Totalrückschnitt gewachsen sind, an die Drähte und befestigen Sie sie mit Bindedraht oder Gartenschnur.

Reifende und erntereife Himbeeren. Beim Ernten zieht man die Früchte mit Daumen und Zeigefinger vorsichtig ab, sodass nur der weiße Mittelteil am Strauch bleibt. Rechts erkennt man zwei davon.

# Brombeeren *(Rubus fruticosus)*

Brombeeren und verwandte Hybriden werden auf dieselbe Weise kultiviert. Alle brauchen relativ viel Platz. Die Kulturbrombeer-Sorten stammen von der wilden Brombeere ab, haben aber größere und süßere Früchte. Hybridsorten, wie Tay- oder Loganbeere, sind durch Kreuzung mit nahe verwandten Arten entstanden. Es gibt stachellose Sorten, die das Ernten erleichtern.

**Sorten**
**Brombeeren**
'Chester Thornless'
'Choctaw'
'Jumbo'
'Loch Ness' ('Nessy')
'Navaho'
'Theodor Reimers'
'Thornless Evergreen'

**Hybridbeeren**
Boysenbeere
Hildabeere
Japanische Weinbeere
Loganbeere
Marionbeere
Sunbeere
Taybeere
Worcesterbeere

## Stütze

Eine stabile Gerüstkonstruktion aus Pfosten mit gespannten Drähten ist empfehlenswert. Der Abstand der Pfosten sollte 3 m betragen. Dazwischen werden vier bis fünf Drähte im Abstand von 30 cm gespannt, der unterste etwa 45 cm über dem Boden. Man kann Brombeeren auch an Zäunen ziehen, wo sie eine undurchdringbare Barriere bilden.

## Pflanz- und Erziehungsschnitt

Es gibt mehrere Methoden, Brombeeren und ihre Kreuzungen zu erziehen, die sich in kleinen Details unterscheiden. Die Vorjahrstriebe, an denen die Früchte angesetzt werden, bindet man an den Drähten fest, während man die diesjährigen Ruten frei wachsen lässt. Nach der Ernte schneidet man alle alten Triebe zurück und bindet die jungen an den Draht. Bei der einfachsten Methode zieht man alle jungen Triebe auf einer Seite nach links oder rechts, aber nur in eine Richtung. Je nach Anzahl der Triebe befestigt man eine oder mehrere Ruten an jedem Draht. Im nächsten Jahr zieht man alle neuen

**Fächerspalier** Die neuen Triebe werden senkrecht an den Drähten befestigt und die fruchttragenden einzeln an den unteren Drähten. Nach der Ernte werden Sie herausgeschnitten und durch die neuen ersetzt, die dann schrittweise nach unten geleitet werden.

**Wechselseitige Erziehung** Man kann bei Brombeeren alle neuen Triebe auf eine Seite der Stützkonstruktion ziehen, während die fruchtenden auf der anderen Seite befestigt sind. Nach der Ernte werden sie zurückgeschnitten und hierher die neuen Neutriebe geleitet, wärend die „alten" nun tragen.

Blüten einer stachellosen Brombeere

Brombeeren

Blüten der Hildabeere

Ruten auf die andere Seite. Nach der Ernte werden die alten Triebe zurückgeschnitten und man hat Platz für die nächste Generation an Neutrieben im Folgejahr. Diese Methode ist besonders bei bestachelten Sorten empfehlenswert, da man die Ruten nur einmal anbinden muss.

Sorten, die lange, schlanke Ruten bilden, kann man schlangenförmig zwischen die Drähte flechten, entweder parallel oder wechselweise. Die Neutriebe bindet man am obersten Draht fest. Nach der Ernte schneidet man die alten Triebe heraus und flechtet die jungen unten zwischen die Drähte, genau wie im Vorjahr.

Weniger stark wachsende Sorten bindet man einfach waagrecht an die Drähte. Die Neutriebe leitet man gebündelt nach oben. Nach der Ernte entfernt man die alten Triebe und bindet die jungen an die unteren Drähte.

Neue Triebe müssen festgebunden werden, da sie sonst im Wind hin- und herschlagen und mit den Stacheln andere Triebe verletzen.

Auch Taybeeren können so erzogen werden, dass die neuen Ruten auf der einen und die tragenden auf der anderen Seite des Spaliers wachsen.

## Erhaltungsschnitt

Im Laufe der Zeit wird der Brombeer-Strauch mehr Ruten bilden, als an der Konstruktion befestigt werden können. Dann dünnt man auch die diesjährigen Triebe aus und schneidet dünne und schwache Ruten heraus. Achten Sie darauf, dass alle Ruten vor dem Winter fest an den Drähten befestigt sind, damit sie bei Stürmen nicht hin- und herschlagen und dabei beschädigt werden.

Triebe, die auf dem Boden liegen, bilden schnell eigene Wurzeln und so würde man in kurzer Zeit ein unkontrollierbares Brombeerdickicht bekommen, wenn man die Ruten nicht hochbindet.

**Weben** Diese Methode eignet sich besonders dann, wenn wenig Platz zur Verfügung steht. Die fruchtenden Triebe eines Jahres werden auf und ab zwischen zwei oder drei Drähten gewoben, während die Neutriebe, die im nächsten Jahr tragen, am obersten Draht festgebunden werden.

**Waagrechte Erziehung** Eine weitere Möglichkeit der Erziehung von Brombeeren ist das anfängliche Aufbinden der Neutriebe in der Mitte und das Ableiten der fruchtenden Triebe an den waagrechten Drähten. Nach der Ernte schneidet man sie zurück und bindet die neuen herunter.

Japanische Weinbeeren

Hildabeeren

Taybeeren

# Schwarze Johannisbeeren (Ribes nigrum)

Schwarze Johannisbeeren sind beliebt, weil sie einen sehr hohen Vitamingehalt haben. Ein einziger Strauch liefert genug frische Beeren und oft bleiben noch einige zum Einfrieren oder für Marmeladen und Konfitüren übrig. Auch wenn Rote und Weiße Johannisbeeren ähnlich aussehen, müssen sie völlig anders geschnitten werden.

### Stütze
Schwarze Johannisbeeren brauchen keinen Stützstab. Man muss die Sträucher aber zur Reifezeit der Beeren mit Netzen bedecken, damit die Früchte nicht von Vögeln gefressen werden. Ein oder zwei Sträucher kann man noch von Hand einnetzen, hat man mehr, empfiehlt sich eine Rahmenkonstruktion, die mit Netzen bespannt wird.

### Erziehungsschnitt
In Baumschulen bekommt man oft wurzelnackte Pflanzen verkauft. Wenn man diese nicht sofort pflanzen kann, schlägt man sie in Erde ein. Setzen Sie die Pflanze so tief oder etwas tiefer in die Erde, wie sie in der Baumschule gestanden hat. Dann schneidet man die Triebe etwa 5 cm über dem Boden ab. So wird der Austrieb kräftiger Triebe im nächsten Jahr angeregt. Diese werden nicht geschnitten, nur schwache nimmt man heraus. An diesen Trieben werden im folgenden Jahr Früchte angesetzt.

An der Basis des Strauchs erscheinen neue Triebe. Im Winter nimmt

Schon von einem einzigen Strauch kann man eine überraschende Menge an Johannisbeeren ernten.

### Sorten

| | |
|---|---|
| 'Ben Lomond' | 'Ometa' |
| 'Ben Sarek' | 'Tenah' |
| 'Bona' | 'Titania' |
| 'Fertoder 1' | 'Tsema' |

## Pflanzung und Pflanzschnitt bei Schwarzen Johannisbeeren

**1** Ein neu gepflanzter Schwarzer Johannisbeer-Strauch vor dem Pflanzschnitt.

**2** Zuerst werden alle schwachen und ganz alten Triebe komplett herausgeschnitten.

**3** Zum Schluss werden die Triebe auf eine nach außen zeigende Knospe zurückgeschnitten.

Es ist wichtig, dass alte und kranke Triebe ganz herausgeschnitten werden. Für dickere nimmt man eine kleine Astsäge.

Schneiden Sie jedes Jahr bis zu vier der ältesten Triebe heraus und kürzen Sie die jüngeren auf einen starken Seitentrieb ein.

Das verbleibende Holz des Vorjahrs muss ausgedünnt werden, damit der Strauch locker und offen wachsen kann.

man etwa ein Drittel des alten Fruchtholzes und schwache Triebe heraus.

## Erhaltungsschnitt

Schwarze Johannisbeeren tragen an den Trieben des Vorjahrs oder noch älterem Holz. An den ältesten Zweigen werden aber immer weniger Früchte angesetzt, sodass man diese nach und nach entfernt, damit sich neue bilden und der Strauch verjüngt wird. Schneiden Sie jedes Jahr nach der Ernte und vor dem Frühling zwei oder drei der ältesten Triebe heraus. Auch die anderen können auf einen starken Seitentrieb zurückgenommen werden. Zweige, die zu dicht am Boden oder im Strauchinnern wachsen, werden entfernt, damit genug Licht und Luft in die Strauchmitte gelangen kann.

### Jostabeeren
Die Jostabeere ist eine Kreuzung aus Schwarzen Johannisbeeren und Stachelbeeren.
Sie wird genauso geschnitten wie eine Schwarze Johannisbeere.

## Schnitt von Schwarzen Johannisbeeren

Bei Schwarzen Johannisbeeren werden die Früchte am vorjährigen Holz angesetzt. Deshalb darf man die Sträucher nicht zu stark zurückschneiden, da sonst alles Fruchtholz entfernt wird. Ältere Triebe schneidet man aber heraus.

**Erstes Jahr, Winter** Nach der Pflanzung werden alle schwachen Triebe entfernt und die übrigen 5 bis 10 cm über dem Boden zurückgeschnitten.

**Erstes Jahr, Sommer** Wenn an den zurückgeschnittenen Trieben und an der Basis des Strauchs neue Triebe erscheinen, schneidet man dünne weg.

**Zweites Jahr, Winter** Im Winter nach dem ersten Sommer wird etwa ein Drittel des älteren Holzes herausgenommen und schwache sowie beschädigte Zweige entfernt.

**Erhaltungsschnitt, Winter** Nach der Etablierung schneidet man jeden Winter bis zu vier der ältesten Triebe heraus und kürzt die verbliebenen Fruchttriebe auf einen starken Seitentrieb ein.

# Rote Johannisbeeren (Ribes sativum)

Rote und Weiße Johannisbeeren gehören zur selben Art. Sie werden beide nach derselben Technik geschnitten, diese unterscheidet sich aber vom Schnitt der Schwarzen Johannisbeere. Man kann sie auch als Kordon, Fächer oder Hochstämmchen ziehen.

| Rote Sorten | Weiße Sorten |
|---|---|
| 'Heinemann's Rote Spätlese' | 'Blanka' |
| 'Jonkheer von Tets' | 'Rubaka' |
| 'Rolan' | 'Weiße Versailler' |
| 'Rotet' | 'Werdavia' |
| 'Rovada' | 'Zitavia' |

Rote Johannisbeeren   Weiße Johannisbeeren

## Stütze
Strauchformen brauchen keine Stütze. Für Formen, die an einer Wand gezogen werden, wie Fächer oder Spaliere, zieht man an Spanndrähten. Hochstämmchen benötigen einen Stützpflock.

## Erziehungsschnitt
Wählen Sie eine kräftige, einjährige Jungpflanze mit mindestens vier Trieben, die etwa 10 cm über dem Boden am Haupttrieb stehen. Entfernen Sie bis auf die vier kräftigsten Triebe alle anderen und kürzen Sie diese um die Hälfte auf eine nach außen zeigende Knospe ein. Im zweiten Winter werden alle Neutriebe wiederum auf die Hälfte zurückgeschnitten. Wählen Sie dann die besten nach außen wachsenden Triebe und kürzen Sie alle anderen auf wenige Knospen ein. Zu dichte oder über Kreuz wachsende Triebe werden ganz entfernt.

## Erhaltungsschnitt
Entspitzen Sie alle Haupttriebe und kürzen Sie die Seitentriebe auf eine Knospe ein. Nach ein paar Jahren beginnt man, die ältesten Triebe nach und nach herauszuschneiden. Dabei schneidet man auf einen kräftigen Seitentrieb zurück.

### Attraktive Erziehungsformen

Rote und Weiße Johannisbeeren können in dekorativen Formen gezogen werden. Kordone, Spalierformen und Fächer werden genauso geschnitten wie Äpfel, die an Kurztrieben tragen (siehe Seite 172 ff.). Das Ziel ist, Kordone zu bekommen, die viele fruchttragende Kurztriebe besitzen. Fächerformen werden ähnlich erzogen, sind aber etwas aufwändiger. Ziehen Sie dafür zwei starke Seitentriebe an der Basis auseinander und leiten Sie diese im Winkel von etwa 40° an der Kletterhilfe auf. Von diesen zieht man so viele neue Triebe, bis die ganze Wand bewachsen ist. Die Seitentriebe werden auf eine Knospe zurückgeschnitten, um die Bildung von Fruchttrieben anzuregen. Diese sind auch Ziel des Erhaltungsschnitts. Ein Hochstamm wird durch Veredlung auf eine wilde Johannisbeerunterlage erreicht. Die Edelreiser schneidet man wie einen Strauch, hält die Krone aber kompakter. Seitentriebe, die am Stamm erscheinen, schneidet man weg.

**Mehrarmiger Kordon** Ein Kordon kann auch mehrere Arme haben. Zuerst schneidet man einen Strauch auf drei Triebe zurück und zieht die seitlichen horizontal. Diese zieht man wie Einzel-Kordone.

**Spalier** Ein Johannisbeer-Spalier wird genauso erzogen, wie ein Apfel- oder Birnenspalier (Seite 174 f.). Wenn das Spalier fertig ist, werden die einzelnen Seitentriebe wie Kordone behandelt.

**Hochstamm** Man kauft Hochstämmchen am besten fertig oder veredelt sie selbst auf einen Wurzelstock. Die Krone wird wie ein Strauch geschnitten.

# Erziehung eines Roten oder Weißen Johannisbeer-Strauchs

Rote und Weiße Johannisbeeren werden anders geschnitten als Schwarze Johannisbeeren. Sie fruchten an den Kurztrieben, deshalb muss man ein Grundgerüst an Trieben aufbauen. Dies kann ein Busch, ein Kordon (siehe unten) oder eine andere attraktive Form sein (siehe Kasten gegenüber). Zum Schutz vor Vogelfraß umhüllt man die Sträucher mit Netzen.

**Erstes Jahr, Winter** Pflanzen Sie den Strauch im Winter und wählen Sie vier kräftige Triebe aus. Die übrigen werden entfernt.

**Zweites Jahr, Winter** Im zweiten Winter werden die Triebe an allen vier Hauptästen um die Hälfte auf eine nach außen zeigende Knospe eingekürzt.

**Erhaltungsschnitt, Winter** Wenn der Strauch etabliert ist, werden im Winter alle Spitzen eingekürzt und die Seitentriebe auf ein bis zwei Knospen zurückgeschnitten.

# Erziehung eines Kordons

Rote oder Weiße Johannisbeeren brauchen, als Kordon gezogen, nur wenig Platz und sind deshalb ideal für kleinere Gärten. Sie lassen sich so auch besser mit Netzen vor Vögeln schützen.

**Erstes Jahr, Winter** Beginnen Sie mit einer zweijährigen Pflanze, bei der alle Seitentriebe auf zwei Knospen zurückgeschnitten werden. Die Spitze wird um die Hälfte zurückgeschnitten.

**Erstes Jahr, Sommer** Im Sommer kürzt man alle Spitzen der Seitentriebe soweit ein, dass pro Trieb noch fünf bis sechs Blätter stehen bleiben. Der Mitteltrieb kann frei wachsen.

**Zweites Jahr, Winter** Im folgenden Winter werden alle Seitentriebe auf ein oder zwei Knospen zurückgeschnitten und die Spitze eingekürzt. Wiederholen Sie dies nun jedes Jahr.

# Stachelbeeren *(Ribes uva-crispum)*

Stachelbeeren werden genauso geschnitten, wie Rote Johannisbeeren. Es gibt Sorten, die man direkt essen kann, andere lassen sich besser zu Konfitüren oder Kompott verarbeiten. Stachelbeeren haben spitze Dornen, die sich in Haut, Haaren und Kleidung verfangen können. Schutzkleidung und Handschuhe sind deshalb empfehlenswert.

### Sorten

| | |
|---|---|
| 'Hinnonmäki gelb' | 'Remarka' |
| 'Hinnonmäki rot' | 'Rexrot' |
| 'Invicta' | 'Rokula' |
| 'Pax' | 'Rolonda' |
| 'Redeva' | |
| 'Reflamba' | |

## Stütze

Stachelbeeren werden meist als Sträucher gezogen, man kann sie aber auch zu Kordonen, Fächern oder Hochstämmchen erziehen. Für die ersten beiden Formen muss man Drähte an einer Mauer oder einem Zaun oder zwischen zwei Pfosten spannen, an denen die Triebe hochgezogen werden.

## Erziehungsschnitt

Wie bei Roten Johannisbeeren ist das Ziel der Grunderziehung einen gleichmäßigen Aufbau aus drei bis vier kräftigen Trieben mit etlichen Seitentrieben zu erhalten, sodass ein kompakter, aber nicht zu dichter Busch entsteht. Wählen Sie eine kräftige Jungpflanze mit einem kurzen (5 cm) Stamm, aus dem drei oder vier Triebe entspringen. Nach der Pflanzung kürzt man diese

### Attraktive Erziehungsformen

Stachelbeeren können als Kordon oder Fächer gezogen werden, die auch „handfreundlicher" sind, wenn man ernten oder schneiden will. Man zieht diese Formen so, wie beim Apfel beschrieben (Seite 172 ff.). Kordone kann man mit einem oder mehreren Trieben erziehen, bei Fächern wird mit zwei Seitentrieben begonnen, die im Winkel von 40° an der Kletterhilfe befestigt werden und von denen ausgehend der Fächer entwickelt wird. Wenn der Kordon oder der Fächer ausgewachsen sind, schneidet man alle Neutriebe auf eine Knospe zurück, um die Bildung von Fruchtspießen anzuregen. Hochstämmchen erhält man, wenn man eine Stachelbeerpflanze auf einen kräftigen Johannisbeerstamm veredelt. Die Stachelbeerenkrone wird genauso geschnitten wie ein frei wachsender Busch, nur hält man sie etwas kompakter, da der Hochstamm nicht so standfest ist.

**Einfacher Kordon** Kordone werden im Prinzip so erzogen, wie bei Roten und Weißen Johannisbeeren. Wichtig ist ein System aus Kurztrieben.

**Mehrarmiger Kordon** Diese Erziehungsform wird genauso erzogen, wie ein einfacher Kordon, nur dass die unteren Seitentriebe erst waagrecht erzogen werden, um sie dann wie einzelne Kordone zu behandeln.

**Fächer** Diese Erziehungsform sieht bei Stachelbeeren sehr attraktiv aus. Sie wird genau wie ein Birnenfächer (Seite 186 f.) gezogen, nur in einem kleineren Maßstab. Wichtig ist es, ein gutes Gerüst an fruchttragenden Kurztrieben aufzubauen.

**Hochstamm** Stachelbeerhochstämmchen kauft man am besten fertig veredelt und vorgezogen. Man kann sie aber auch selbst auf eine Unterlage einer Johannisbeere veredeln. Entfernen Sie beim Hochstamm kontinuierlich die Seitentriebe, die am Stamm erscheinen.

# Stachelbeeren

Beginnen Sie mit der Ernte kurz bevor die ersten Früchte vollständig reif sind, damit auch alle anderen noch ausreifen können.

## Erziehung von Stachelbeeren

Bei der Erziehung von Stachelbeeren muss man immer an die spitzen Dornen denken. Man muss bei allen Schnittmaßnamen dicke Lederhandschuhe tragen. Am besten beginnt man mit einem zweijährigen Busch. Halten Sie das Kroneninnere offen, dann ist die Ernte einfacher, da man mit den Händen leichter an die Früchte kommt. Der Erziehungsschnitt ist derselbe, wie bei Roten Johannisbeeren (Seite 245).

**Erstes Jahr, Winter** Pflanzen Sie den Busch im Winter und wählen Sie drei oder vier kräftige Triebe aus. Die übrigen werden entfernt. Die Haupttriebe werden um die Hälfte eingekürzt.

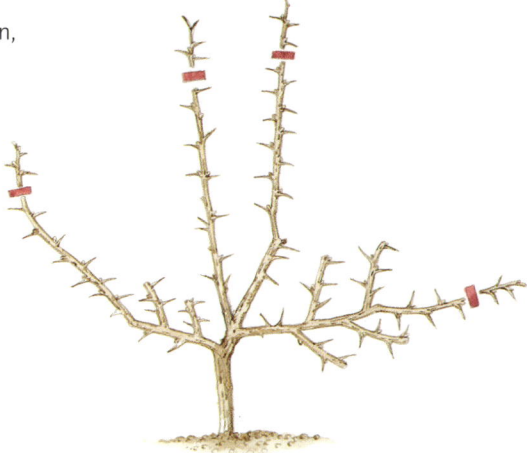

**Zweites Jahr, Winter** Im folgenden Winter werden alle neuen Triebe an den Haupttrieben und alle anderen, die man erhalten möchte, um ein Drittel eingekürzt Die restlichen schneidet man auf eine Knospe zurück.

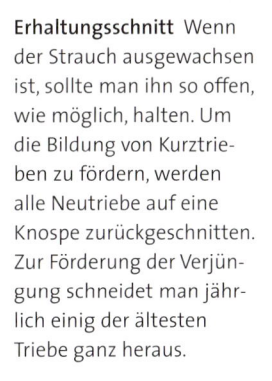

**Erhaltungsschnitt** Wenn der Strauch ausgewachsen ist, sollte man ihn so offen, wie möglich, halten. Um die Bildung von Kurztrieben zu fördern, werden alle Neutriebe auf eine Knospe zurückgeschnitten. Zur Förderung der Verjüngung schneidet man jährlich einig der ältesten Triebe ganz heraus.

um die Hälfte auf eine nach oben weisende Knospe ein. Im folgenden Winter werden alle Neutriebe und die Seitentriebe, die man erhalten will, wiederum um die Hälfte auf eine nach oben zeigende Knospe zurückgeschnitten. Alle übrigen Zweige schneidet man auf eine Knospe zurück. Da man zum Ernten mit den Händen in den Strauch fassen muss, sollten die Äste so offen sein, dass man sich an den Dornen nicht gleich verletzt.

## Erhaltungsschnitt

Im Winter werden alle Neutriebe auf eine Knospe zurückgeschnitten, um die Bildung von Fruchtspießen wie bei Äpfeln anzuregen. Zu dicht oder über-Kreuz wachsende Zweige schneidet man ganz heraus und nimmt die ältesten Triebe auf einen kräftigen Seitenzweig zurück. Man kann auch alle alten Äste auf einmal herausnehmen, um das Wachstum neuer Triebe anzuregen, die dann im zweiten Jahr tragen. Wichtig ist, dass das Innere des Strauchs offen gehalten wird.

Stachelbeeren eignen sich gut für eine Erziehung als Kordon.

# Heidelbeeren *(Vaccinium corymbosum)*

Heidelbeeren werden immer beliebter, da es immer mehr robuste Gartensorten gibt. Die Kultur-Heidelbeere stammt aus Nordamerika. Heidelbeeren brauchen einen sauren Boden, man kann sie auch in versenkten Kübeln in Rhododendronerde ziehen, wenn man nur einen kalkhaltigen Gartenboden hat.

**Sorten**

'Bluecrop'
'Bluetta'
'Coville'
'Duke'
'Darrow'
'Goldtraube'
'Patriot'
'Top Hat'

Normalerweise kann man Heidelbeeren frei wachsen lassen. Die Beeren erscheinen in dichten Büscheln.

## Stütze
Eine Stütze ist nicht nötig. Da man die Büsche aber mit Netzen eindecken muss, ist ein Rahmen empfehlenswert, über die das Netz gelegt wird.

## Erziehungsschnitt
Kultur-Heidelbeeren kauft man als ein- oder zweijährige Sträucher, die aus Stecklingen vermehrt wurden. Nach der Pflanzung und in den Folgejahren muss kaum geschnitten werden. Lassen Sie die Heidelbeersträucher frei wachsen.

Nur schwache oder zu dicht wachsende Triebe nimmt man heraus. Da die Zweige möglichst aufrecht wachsen sollen, schneidet man auch waagrecht wachsende Triebe zurück und belässt nur die senkrechten am Busch.

## Erhaltungsschnitt
Nehmen Sie nach einigen Jahren einen Teil der ältesten Triebe heraus, um die Verjüngung zu fördern. Auch zu dicht oder über Kreuz wachsende Zweige werden entfernt.

## Erziehung von Kultur-Heidelbeeren
Heidelbeeren sind pflegeleicht und brauchen nur wenige Schnittmaßnahmen. Man pflanzt sie als ein- oder zweijährige Sträucher im Winter oder zeitigen Frühjahr. Da sie einen sauren, kalkfreien Boden benötigen, kultiviert man sie am besten in versenkten Kübeln in Rhododendronerde, wenn man nur einen kalkhaltigen Gartenboden zur Verfügung hat.

**Erstes Jahr, Winter** Pflanzen Sie den Heidelbeerstrauch im Winter und entfernen Sie alle schwachen, beschädigten oder unerwünscht wachsenden Triebe. Lassen Sie ihn dann frei wachsen.

**Erhaltungsschnitt, Winter** Wenn sich der Strauch etabliert hat, nimmt man jährlich ein oder zwei der ältesten Triebe heraus, um die Verjüngung zu fördern. Auch über Kreuz wachsende Triebe können zurückgeschnitten werden.

# Kranbeeren *(Vaccinium macrocarpon)*

Kranbeeren (Cranberrys) werden nicht so oft kultiviert wie Heidelbeeren, aber immer beliebter, da sie einen hohen Vitamin-C-Gehalt haben und vielfältig verwendbar sind. Es gibt verschiedene Sorten, die alle einen sauren Boden brauchen.

## Stütze
Kranbeeren sind niedrig wachsende Pflanzen, die sich an windige Standorte angepasst haben. Sie brauchen keine Stütze.

## Erziehungsschnitt
Nach der Pflanzung lässt man Kranbeeren frei wachsen. Nur tote oder beschädigte Triebe schneidet man heraus.

## Erhaltungsschnitt
Bis auf Unkrautjäten brauchen Kranbeeren nur wenige Pflegemaßnahmen. Sie breiten sich durch Ausläufer aus und bilden große Kolonien. Man schneidet Ausläufer im Frühling zurück und lässt nur soviel vom Strauch stehen, wie man wünscht, oder um Lücken zu schließen. Ältere aufrechte Triebe schneidet man heraus.

### Sorten
'Early Black'
'Franklin'
'Hamilton'
'MacFarlin'
'Pilgrim'

Die heimischen Blaubeeren (*V. myrtillus*) und Preiselbeeren (*V. oxycoccus*) kultiviert man genauso wie Kranbeeren.

Kranbeeren sind wegen ihrer gesunden Inhaltsstoffe beliebt. Man kann die Früchte roh essen, entsaften oder zu Konfitüren verarbeiten.

## Erhaltungsschnitt
Bis auf das Einkürzen der Triebe sind nur wenige Schnittmaßnahmen nötig. Dies kann mit einer Heckenschere erfolgen, solange man nicht zu tief ins alte Holz schneidet. Unerwünschte Ausläufer kann man ebenfalls entfernen, damit der Strauch nicht zu dicht wird.

Kranbeeren sind gesund und eine attraktive Bereicherung im Nutzgarten.

Kommerzielle Ernte von Kranbeeren. Die Pflanzen werden mit Wasser überflutet und dann geschüttelt, damit sich die Beeren lösen. Diese schwimmen auf und können abgefischt werden.

# Glossar

**Abhärten** Das Anpassen von Pflanzen an kühlere, trockenere oder feuchtere Bedingungen, wenn sie im Gewächshaus gewachsen sind oder eingelagert wurden.

**Ableiten** Einkürzen zu langer Triebe auf ein seitliches oder nach unten wachsendes Fruchtholz.

**Adventivknospen** Schlafende Knospen, die erst zum Wachstum angeregt werden müssen. Oft von außen nicht sichtbar.

**Alternanz** Wechsel zwischen ertragreichen und weniger ertragreichen Jahren.

**Anplatten** Technik beim Veredeln.

**Apex** Spitze eines Triebs, Zweigs oder einer Wurzel.

**Apikal** Zur Spitze hin, auf die Spitze bezogen.

**Astring** Ansatzstelle eines Asts am Stamm oder einem anderen Ast, die meist schlafende Augen enthält.

**Astsäge** Speziell geformte Säge zum Schneiden von Ästen.

**Astschere** Langarmige Astschere mit langen Griffen, die durch die Hebelwirkung das Schneiden dicker Äste ermöglicht.

**Aufleiten** Einkürzen eines abgesenkten Asts, wobei auf einen Seitenast, der nach oben wächst, geschnitten wird.

**Ausbrechen** Abknicken der Triebe bei der Kultur von Haselnüssen.

**Ausdünnen** Herausschneiden zu dicht stehender Triebe.

**Ausgeizen** Auskneifen oder Ausbrechen von Seitentrieben.

**Ausputzen** Das Entfernen von abgeblühten und welken Blütenknospen bevor sie Samen ansetzen können.

**Ausreifen** Verholzen der jungen Triebe.

**Austrieb** Blätter, Blüten oder Triebe, die aus einer Knospe erscheinen.

**Basal** Nach unten hin.

**Blenden** Zerstören einer Knospe, damit sie nicht austreibt.

**Blindtrieb** Trieb, der keine Blüten bildet.

**Bodendecker** Pflanze mit kurzen oder niederliegenden Trieben, den Boden dicht bedeckend.

**Braktee** Hüllblätter am Grund einer Blüte, ähnelt oft den Blütenblättern.

**Buschbaum** Kompakter Baum mit kurzem Stamm.

**Cultivar** Form oder Sorte einer Pflanze, die durch gärtnerische Züchtung oder Auslese entstanden ist.

**Einmalblühend** Pflanze, die einmal im Jahr blüht.

**Ersatztrieb** Kräftiger Trieb oder Ast, der als Ersatz für einen anderen dient, der entfernt wird.

**Fächer** Dekorative Erziehungsform, bei der die Äste fächerförmig vom Hauptstamm gezogen werden.

**Fastigiat** Säulenförmiger, streng aufrechter Wuchs.

**Fruchtspieß** Kurztrieb, an dem Blütenknospen und Früchte gebildet werden.

**Gartenschere** Kräftige Schere zum Schneiden dünner und mittelstarker Triebe.

**Gegenständig** Knospen, Blätter oder Blüten, die sich am Trieb gegenüberstehen.

**Geilwuchs** Siehe vergeilen.

**Halbstamm** Baum mit einem Stamm bis etwa 1,20 m Länge.

**Haupttrieb** Siehe Leittrieb.

**Heister** Jungbaum mit ersten Seitentrieben am Haupttrieb.

**Hochstamm** Baum mit einem Stamm von mindestens 1,80 m Länge.

**Immergrün** Pflanzen, die ihre Blätter über mehrere Vegetationsperioden am Trieb behalten.

**Internodium** Bereich zwischen zwei Knospen an einem Trieb.

**Kastenform** Erziehungsform, bei der der Baum oder Strauch in Quader- oder Würfelform geschnitten wird.

**Kettensäge** Motorbetriebene Säge, um dicke Äste oder Stämme zu durchtrennen.

**Kleiderhaken** Aststumpf, der beim Absägen größerer Äste am Stamm stehen bleibt und dann ganz abgesägt wird.

**Kletterpflanze** Strauch, Staude oder einjährige Pflanze, die mit Hilfe von schlingenden Trieben, Haftwurzeln oder Ranken an anderen Pflanzen, Wänden oder einer Kletterhilfe in die Höhe wächst.

**Knospen, schlafende** Siehe Adventivknospen.

**Konkurrenztrieb** Starkwüchsiger aufrechter Trieb, der den Trieb, an dem er wächst, überholt.

**Kopulieren** Technik beim Veredeln.

**Kordon** Erziehungsform, um Obstgehölze auf kleinem Raum zu ziehen.

**Kordon, doppelter** (zweiarmiger) Kordon mit zwei Haupttrieben in U-Form.

**Krone** Gesamtes Astwerk über dem Stamm.

**Kultivar** Siehe Cultivar.

**Laubabwerfend** Pflanzen, die im Herbst die Blätter abwerfen.

**Leittrieb** Der Haupttrieb einer Pflanze, der am stärksten in die Länge oder nach oben wächst.

**Luftwurzeln** Wurzeln, die über der Erde am Stamm oder an den Ästen erscheinen.

**Mehrstämmig** Baum oder Strauch mit mehreren Haupttrieben.

**Mitteltrieb** Der Haupt- oder Leittrieb eines Baums oder Strauchs.

**Mulch** Bodenbedeckung (Kompost, Laub, Rinde, Folie), die das Austrocknen des Bodens vermindert.

**Nodium** Knospe.

**Öfterblühend** Pflanze, die mehrmals im Jahr blüht.

**Okulieren** Technik beim Veredeln.

**Pfropfstelle** Stelle, an der Unterlage und Edelreis verwachsen.

**Pinzieren** Auskneifen der Spitzen von Trieben oder von Knospen.

**Pyramidenform** Erziehungsform, bei der der Baum in Form einer Pyramide gezogen wird.

**Rahmen** Grundstruktur eines Baums oder Strauchs.

**Rambler** Starkwüchsige Gruppe von Kletterrosen.

**Ruheperiode** Zeit, in der die Pflanze nicht wächst, zum Beispiel im Winter oder während Trockenperioden.

**Rute** Unverzweigter Jungbaum

**Schafschere** Schere zum Scheren von Schafen, ideal zum Schneiden von Buchsbaum.

**Schneiteln** Das regelmäßige Zurückschneiden aller Triebe auf einen Hauptstamm oder Hauptast.

**Seitenknospen** Knospen, die in den Blattachseln sitzen.

**Sommergrün** Siehe laubabwerfend.

**Spalier** Dekorative Erziehungsform, bei der die Äste in waagrechten Etagen vom Hauptstamm gezogen werden.

**Spindelbusch** Kleiner Obstbaum mit offener Krone, bei der die Äste künstlich in die Waagrechte gezogen werden.

**Spreizklimmer** Kletterpflanzen, die in anderen Pflanzen durch ihre sparrigen Triebe emporwachsen.

**Stock, Auf den Stock setzen** Das regelmäßige Zurückschneiden aller Triebe bis knapp über dem Boden.

**Unterlage** Wurzelunterlage auf die eine Edelsorte veredelt wird.

**Unterlage, mittel starkwüchsige** Wurzelunterlage, die das Wachstum der Sorte, die auf veredelt ist, nicht so stark fördert, aber auch nicht zu stark bremst.

**Unterlage, schwachwüchsige** Wurzelunterlage, die das Wachstum der auf ihr veredelten Sorte bremst.

**Unterlage, starkwüchsige** Wurzelunterlage, die das Wachstum der auf ihr veredelten Sorte fördert.

**Veredeln** Das Aufsetzen eines Edelreises (Trieb, Auge, Knospe) auf eine Unterlage.

**Vergeilen** Überlanges Triebwachstum durch zuviel Wärme und zu dunklen Standort.

**Wasserschosse** Starkwachsende Triebe, die am Stamm oder an den Ästen entstehen, häufig an Schnittstellen.

**Wechselständig** Knospen, Blätter oder Blüten, die abwechselnd am Trieb stehen.

**Wintergrün** Pflanzen, die ihre Blätter im Winter am Trieb behalten und erst im Frühjahr mit dem neuen Laubaustrieb abwerfen.

**Wurzelballen** Kompakter Ballen aus Wurzeln und Erde, im Kübel oder beim Ausgraben.

**Wurzelnackt** Pflanze ohne Erde an den Wurzeln, ohne Ballen.

**Wurzelunterlage** Unterlage zum Veredeln.

**Zapfen** Abgestorbener Triebteil über einer Knospe nach dem Schnitt.

**Zurückschlagen** Bildung normaler grüner Blätter bei panaschierten (bunt-blättrigen) Pflanzen.

# Bezugsquellen

### Werkzeuge und Geräte

Gartengeräte, Schnittwerkzeuge, Scheren und Sägen kann man im örtlichen Gartencenter erwerben. Dort erhält man auch motorbetriebene Geräte. Viele Gartencenter bieten auch einen Verleih-Service an oder vermitteln fachkundige Firmen für kompliziertere Schnittmaßnahmen.

Einer der größten Hersteller von Gartengeräten, die Firma Stihl hat im Internet (www.stihl.com) eine Übersicht über Bezugsquellen ihrer Produkte.

### Bäume und Sträucher

Bäume und Sträucher, sowie Obstgehölze kann man im Gartencenter oder in Baumschulen erwerben (Adressen im Internet oder im örtlichen Branchenverzeichnis).

# Register

**Halbfette** Seitenzahlen verweisen auf Abbildungen

**A**
*Abelia grandiflora* 134
Abelie 134
*Abelia* 46, 134
*Abutilon* 134
– *megapotamicum* 134, **134**
– *vitifolium* 134
*Acer* 23, 24, 134
– *palmatum* 134
– *palmatum* 'Jiro-shodare' **23**
*Aconitum hemsleyanum* 77
*Actinidia* 77, 134
– *deliciosa* **233**, 233
– *kolomikta* 134, **233**, 233
*Aesculus* 23
Ahorn 23, 24, 134
*Ailanthus* 36
*Akebia* 77, 134
Alba-Rosen 108, **109**
*Alnus* 23, 24, 36
– *incana* 'Pendula' **23**
Amberbaum 145
*Amelanchier* 24, 44, 134
– *lamarckii* **134**
*Ampelopsis* 77, 134
Andenstrauch 140
Äpfel 164 ff.
Apfel, Säulen-Kordon- 172, **173**
-Buschbaum 166, **166**, **167**
-Fächer 176, **176**, **177**
-Halbstamm 164
-Hochstamm 164
-Hochstamm, Erhaltungsschnitt 164
-Hochstamm, Erziehungsschnitt 164, **165**
-Kordon 172, **172**, **173**
-Kordon, Waagrechter 178, **178**, **179**
-Pyramide 170, **170**
-Spalier 174, **174**, **175**
-Spindelbusch 168, **168**
Apfelunterlagen 159
Apfel 'Ahra' 164
– 'Alkmene' 164
– 'Ariwa' 164
– 'Arkcharm' 164
– 'Berlepsch' 164
– 'Discovery' 164
– 'Gerlinde' 164
– 'Goldrush' 164
– 'Goldstar' 164
– 'Gravensteiner' 164
– 'Jakob Fischer' 164
– 'James Grieve' 164
– 'Kaiser Wilhelm' 164
– 'Kalco' 164
– 'Klarapfel' 164
– 'Laxtons' Epicure' **164**
– 'Nela' 164
– 'Otava' 164
– 'Pilot' 164
– 'Pinova' 164
– 'Piros' 164
– 'Prinz Albert von Preussen' 164
– 'Prunifolia' **166**
– 'Rajka' 164
– 'Resi' 164
– 'Resista' 164
– 'Retina' 164
– 'Rewena' 164
– 'Rosana' 164
– 'Roter Berlepsch' 164
– 'Roter Boskoop' 164
– 'Rubinola' 164
– 'Topaz' 164
Aprikosen-Fächer 208, **208**, **209**
Aprikosenunterlagen 159
Aprikose 'Goldrich' 208
– 'Hargrand' 208
– 'Kuresia' 208
– 'Luizet' 208
– 'Nancy Aprikose' 208
– 'Temporao de Vila Franca' 208
– 'Ungarische Beste' 208
Arbeiten, in der Höhe 14
*Arbutus* 24, 134
*Aronia arbutifolia* 44
Äste entfernen 17, **28**
Äste, unerwünschte 27, **27**
Aster 127
Astsäge 13, **16**
Astschere 13, **16**
*Aucuba* 134
Aufräumen 12

Aukube 134
Ausläufer 48, **48**
Ausputzen 47
–, Sommerblumen **130**, 131
*Azara* 46, 135
*Azara* 135

**B**
Bambus, Heiliger 146
Bänder **83**
Bartblume 136
Bart-Nelke 126
Baumarten, für Lauben- und Kastenformen 38
Bäume fällen 34, **34**, **35**, **35**
Bäume, als Hänge- oder Trauerform 23
Baumschule 20
Beerenobst 235 ff.
Beerenobst, Pflege **236**, **237**
Beetrosen 104, **105**
–, Schnitt 104, **105**
*Berberis* 44, 46, 50, 135
– *aristata* **135**
– 'Georgeii' **135**
Berberitze 135, **135**
Besen-Ginster 139
*Betula* 23, 135
– *pendula* **9**, **23**, 135
*Bignonia* 77
*Billardiera* 77
Bindematerial **83**
Birke **9**, **22**, **23**, 135
Birnbaum, Schnitt **163**
Birnen 23, 150, 180 ff.
-Buschbaum 180, **180**, **181**
-Fächer 186, **187**, **187**
-Pyramide 182, **182**, **183**
-Spalier 184, **185**, **185**
Birnenunterlagen 159
Birne 'Alexander Lukas' 180
– 'Condo' 180
– 'Conference' 180, **183**
– 'Frühe von Trevoux' 180
– 'Gellerts Butterbirne' 180
– 'Gute Luise' 180
– 'Harrow Sweet' 180
– 'Köstliche von Charneu' 180
– 'Pierre Corneille' 180
– 'Stuttgarter Geißhirtle' 180
– 'Vereinsdechants' 180
– 'Williams Bon Chretien' 180
– 'Williams Christ' 180, **180**, **182**
Birne, Weidenblättrige 150
Blasenstrauch 138
Blattschmucksträucher 50
Blaubeere 249
Blauglockenbaum 36, **147**
Blauraute 148, **148**
Blauregen **92**, 92, **93**, 153
Bleiwurz **137**, 137
Blütenproduktion 10
Blut-Johannisbeere **8**
Bodendeckerrosen 106
Bögen 80
Bogen, Bau **81**, **81**
*Bougainvillea* 135

Bougainvillee 135
Bourbon-Rosen 106
Boysenbeere 240
*Brachyglottis* 135
Brandkraut 148
Brombeere 151, **236**, 240, **240**, **241**, **243**
– 'Chester Thornless' 240
– 'Choctaw' 240
– 'Jumbo' 240
– 'Loch Ness' 240
– 'Navaho' 240
– 'Nessy' 240
– 'Theodor Reimers' 240
– 'Thornless Evergreen'
*Brugmansia* 135
Buche 23, 150
Buchsbaum 54, 56, 136
*Buddleja* 46, 136
– *alternifolia* 136
– *crispa* 136
*Buddleja davidii* 136
– 'Dartmoor' **136**
– *fallowiana* 136
– *globosa* 136
Busch, Feigen- **212**, 212
–, Nektarinen- 204, **204**, **205**
–, Pfirsich- 204, **204**, **205**
–, Sauerkirschen- 200, **200**, **201**
–, Süßkirschen- 196, **197**
Buschbaum, Apfel- 166, **166**, **167**
–, Birnen- 180, **180**, **181**
–, Haselnuss- 218, **218**, **219**
–, Pflaumen- 188, **188**
*Buxus* 46, 54, 136
– *sempervirens* 56

**C**
Calamondin 216
*Callicarpa bodinieri* 44
*Callistemon* 136
– *citrinus* **136**
*Calycanthus* 44
*Camellia* 46, 136
– 'Cornish Spring' **136**
*Campsis* 136
– *radicans* 77
*Carpinus* 23, 24, 36, 136
– *betulus* 'Pendula' **23**
*Caryopteris* 46, 136
*Cassia* 46
*Castanea* 24, 36, 136
*Castanea sativa* 221, **221**
*Catalpa* 23, 36, **37**, 136
*Ceanothus* 46, 49, **98**, 98
– 'Gloire de Versailles' 46
– *griseus* **137**
Centifolia-Rosen 108
*Cephalotaxus* 33
*Ceratostigma* 46, 137
*Cercidiphyllum* 137
*Cercis* 24, 137
*Cestrum* 137
– *parqui* **137**
*Chaenomeles* **99**, 99, 137
*Chamaecyparis lawsoniana* **21**
Chilenischer Feuerbusch 140
China-Rosen 106
*Choisya* 138
– *ternata* 46
*Cistus* 138
– *cyprius* 138
*Citrus* sp. 216, **216**, **217**
Clematis 74, **76**, 77, **77**, 86 ff.
– Schnittgruppe 1 86
– Schnittgruppe 2 88
– Schnittgruppe 3 90
*Clematis* 'Abundance' 90
– *alpina* 87
– *armandii* 87
– 'Ascotiensis' 90
– 'Barbara Dibley' **88**
– 'Barbara Dibley' 89
– 'Barbara Jackman' 89
– 'Belle of Woking' 89
– 'Bill Mackenzie' 90
– *cirrhosa* 87
– 'Comtesse de Bouchard' 90
– 'Countess of Lovelace' 89
– 'Daniel Deronda' 89
– 'Dr. Ruppel' 89
– 'Duchess of Albany' 90
– 'Duchess of Sutherland' 91

*Clematis* 'Elsa Späth' 89
– 'Ernest Markham' 91
– 'Etoile Violette' 90
– 'Fair Rosamund' 90
– 'Fireworks' 89
– 'Gipsy Queen' 91
– 'H.F. Young' 89
– 'Hagley Hybrid' 91
– 'Jackmanii Superba' 91
– 'Jackmanii' 91
– 'Lady Betty Balfour' 90
– 'Lasurstern' 89, **89**, **138**
– 'Little Nell' 90
– *macropetala* 87
– 'Madame Julia Correvon' 90
– 'Marie Boisselot' 89
– 'Maureen' 91
– 'Miss Bateman' 89
– *montana* **86**
– *montana* 87
– 'Moonlight' 89
– 'Mrs. Cholmondeley' 91
– 'Nelly Moser' 89
– 'Niobe' 91
– *orientalis* 90
– 'Perle d'Azur' 90
– 'Proteus' 89
– 'Rouge Cardinal' 91
– 'Royal Velours' 90
– 'Royalty' **88**
– 'Star of India' 89, 90
– *tangutica* 90
– 'The President' 89
– *tibetana* 90
– 'Ville de Lyon' 91
– *viticella* 90
– 'Vyvyan Pennell' 89
– 'W. E. Gladstone' 91
*Clerodendron* 138
– *bungei* 138
– *trichotonum* var. *fargesii* 44, 138
*Clethra alnifolia* 44
*Clianthus* 138
Climber 114
–, Schnitt 114, **115**
–, Verjüngung 114
*Cobaea* 138
– *scandens* 77
*Colutea* 138
Container 20
Containerpflanze 42
*Cornus* 138
– *alba* 'Sibirica' **51**, 138
– *alba* 50
– *mas* 138
– *sibirica* 50
– *stolonifera* 'Flaviramea' **51**
– *stolonifera* 50
*Corylopsis* 44, 139
*Corylus* 36, 45, 49, 139
– *avellana* 218, **218**, **219**
*Cotinus* 45, 50
– *coggygria* 50, **50**
*Cotinus* 139
*Cotoneaster* 45, 46, 139
– *conspicuus* 139
– *horizontalis* 139
Cranberry 249, **249**
*Crataegus* 44, 45, 139
– *laevigata* 139
– 'Paul's Scarlet' 139
*Cryptomeria* 33
*Cunninghamia* 33
Currykraut 143
*Cydonia oblonga* 210, **211**
*Cytisus* 44, 139
– *batandieri* **139**
– *scoparius* 139

**D**
Dach 85
Dachrinnen 85
Damaszener-Rosen 108
*Daphne* 46, 139
– *mezereum* 44
*Datura* 135
*Davidia* 139
– *involucrata* **139**
*Decumaria barbara* 77
– *sinensis* 77
*Deutzia* 139
– *elegantissima* **42**, 139

Deutzie 139
*Dianthus barbatus* **126**
Dreibeine 79
Dreier-Check 26
*Drimys winteri* 25
Duftblüte 147, **147**
Duft-Wicke 13, **77**

**E**
Eberesche 23, 152
*Eccremocarpus* 77, 140
Echter Jasmin 144, **144**
Echter Lorbeer 145
Edelrosen 104
–, Schnitt **104**, 105
Efeu 56, 142
–, Erziehung 61
–, geeignete Sorten für Topiari 61
–, Pflanzung 61
-Herz **61**
-Kegel 60, **60**
-Kugel 60, **60**
Efeuaralie 141
Eibe 54, 56
Eibisch 143
Eiche 23, 36
Einfacher Vorhang 230, **230**
Einjährige 126
*Elaeagnus* 46, 140
*Embothrium coccineum* **140**
*Embothrium* 140
Engelstrompete 135
*Enkianthus campanulatus* 44
Erdbeerbaum 24, 134
Erdbeere 236
Erhaltungsschnitt 26 ff.
–, Kletterpflanzen 84
–, Lauben- und Kastenformen 39
–, Ziersträucher 44
*Erica* 140
– *carnea* 46
Erle 23, 36, 134
Erwerb, Ziersträucher 42
Erziehung, Lauben- und Kastenformen 39
–, Mehrfachstamm 24, **24**
–, Ziersträucher 43, **43**
Erziehungsformen, Obstgehölze 156
Erziehungsschnitt, Kletterpflanzen 82
–, Ziersträucher 42
*Escallonia* 46, 140
Escallonie 140
Esche 23, 24, 36, 141
Essigbaum 24, 48, 150
Ess-Kastanie 221, **221**
*Eucalyptus* 25, 36, 140
– *gunnii* 50
– *gregsoniana* **140**
*Eucryphia* 25, 140
Eucryphia 140
Eukalyptus 36, 50, 140
*Euonymus* 77, 140
– *alatus* **140**
– x *ebbingei* 140
– *europaeus* **140**
– *fortunei* 46

**F**
Fächer, Apfel- 176, **176**, **177**
–, Aprikosen- 208, **208**, 209
–, Birnen- 186, **187**, **187**
–, Feigen- **213**, 213
–, Nektarinen- 206, **206**, **207**
–, Pfirsich- 206, **206**, **207**
–, Sauerkirschen- 202, **202**, **203**
–, Süßkirschen- 198, **198**, **199**
*Fagus sylvatica* 'Pendula' **141**
*Fagus* 23, 140
*Fallopia* 77, 149
Falscher Jasmin 148
Fassaden 78
x *Fatshedera* 141
Feigen 141, 160, 212, **212**, 213
-Busch 212, **212**
-Fächer 213, **213**
Feige 'Bourjasotte Grise' 212
– 'Brown Turkey' 212
– 'Brunswick' 212
– 'Rouge de Bordeaux' 212
– 'San Pedro Miro' 212
– 'White Marseilles' 212
Felsenbirne 24, 134
Feuerdorn 56, **97**, 149

Fichte 21
*Ficus* 141
– *carica* **141**, 212, **212**, 213
Fingerstrauch 149
Flanellstrauch 141
Flieder 49, 152
Flügelnuss 24
Formschnitt, geeignete Immergrüne 25
–, Lauben- und Kastenformen 39
–, Mehrfachstämme 24
Formverbesserung 10
*Forsythia* 45, 141, **141**
Forsythie 141
*Fraxinus* 23, 36, 141
– *excelsior* 'Pendula' 23
– *ornus* 141
Freischneiden, Ziersträucher 48
*Fremontodendron* 141
Fruchtproduktion 10
Fruchtspieße, ausdünnen 163
*Fuchsia* 46, 141
– *magellanica* 142
Fuchsie 141, **142**
Fünffingerstrauch 134

**G**
*Gallica*-Rosen 108
–, Schnitt **109**
*Garrya* 46, 142
Garrye 142
Gartenschere 13, **16**
Gärtnerei 20
Gehölze, panaschierte **27**
Gehörschutz 15
Geißblatt **76**, 146
Geneva Double Curtain 231, **231**
*Genista* 142
– *lydia* **142**
Geräte 12, **13**
Ginster 139, **139**, 142, **142**
Glanzmispel 148
Glockenrebe 138
*Glyzine* 92, **92**, **93**, 153
Goldregen 23, 145
Götterbaum 36
Grapefruit 216
Greiskraut 136
Grundprinzip, Schnitt 8
Grund-Schnitttechniken 16
Grundtechnik, Schnitt von Obstgehölzen 160
Gummistiefel 15
Guyot-System 226, **226**, **227**

**H**
Häcksler 13
Haftwurzelkletterer **76**, 77
Hainbuche 23, 24, 36, 136
Halbstamm, Apfel 164, **164**
Haltegerüst, Stauden **128**
*Hamamelis* 142
Hammerstrauch 137
Handschuhe **15**
Hänge- und Trauer-Weiden 23
Hänge-Ahorn 23
-Birke 23
-Birne 23

Hänge-Eberesche 23
-Erle 23
-Esche 23
-Goldregen 23
-Hainbuche 23
-Stechpalme 23
Hängeformen 23, **23**
–, geeignete Bäume 23
Hartriegel 50, 138
Haselnuss 36, 49, 136, 218, **218**, 219
-Buschbaum 218, **218**, **219**
Haselnuss 'Hallesche Riesen' 218
– 'Rotblättrige Lambertnuss' 218
– 'Webbs Preisnuß' 218
– 'Wunder aus Bollweiler'
Hebe 142
*Hebe* 46, 142
– 'Great Orme' **142**
Heckenschere 13, **16**, **17**
*Hedera* 46, 56, 142
– *canariensis* 77
– *colchica* 77
– *helix* 77
– 'Bruder Ingobert' **143**
Heide 139, **139**
Heidelbeere 248, **248**
– 'Bluecrop' 248
– 'Bluetta' 248
– 'Coville' 248
– 'Darrow' 248
– 'Duke' 248
– 'Goldtraube' 248
– 'Patriot' 248
– 'Top Hat' 248 249
Heiligenkraut 151, **151**
Heiliger Bambus 146
*Helianthemum* 143
– 'Rhodanthe Carneum' **143**
*Helichrysum* 143
*Hibiscus* 45, 143
Hibiskus 143
Hildabeere 240, **240**
Himbeere 151, 236, 238, **238**, 239
– 'Autumn Bliss' 238
– 'Elida' 238
– 'Glen Ample' 238
– 'Golden Bliss' 238
– 'Himbo Top' 238
– 'Meeker' 238
– 'Nootka' 238
– 'Rubaka' 238
– 'Rusilva' 238
– 'Rutrago' 238
– 'Schönemann' 238
– 'September'
– 'Willamette' 238
Hochstamm 22, **22**
–, Apfel- 164
–, Erziehung 22
–, geeignete Bäume 23
– mit Hohlkrone 22, **22**
– mit Spitze 22, **22**
Hochstammrosen, Haltestäbe 112
–, Schnitt **112**, **113**
Hohlkrone 22
Holunder 36, 37, 59, 50, 151
Hopfen **76**, 143, 232, **232**, **233**
– 'Fuggles' 232
– 'Hip-Hop' 232
– 'Prima Donna' 232
– 'Wye Challenger' 232
– 'Wye Northdown' 232
Hortensie 9, 143
–, Kletter- **76**, **77**
*Hoya* 143
*Humulus* 77, 143
– *lupulus* 232, **232**, **233**
– *lupulus* 'Aureus' **143**
Hybridbeeren 240, 241
*Hydrangea* 45, 143, **144**
– *anomala* subsp. *petiolaris* 77
– *arborescens* 144
– *cinerea* 144
– *macrophylla* 143
– *paniculata* 144
*Hypericum* 144
– *calycinum* 46, 144

**I**
*Ilex* 25, 46, 56, 144
– *aquifolium* 'Argentea Pendula' 23
– *aquifolium* 'J.C. van Tol' **144**

*Ilex* 144
Immergrüne 25, **25**, 153
Immergrünes Geißblatt 56
*Indigofera* 42, 46, 144
Indigostrauch 144
*Ipomoea* 77

**J**
Japanische Weinbeere 240, **241**
Jasmin, Echter 144, **144**
–, Falscher 148
*Jasminum* 77, 144
– *nudiflorum* **144**
Johannisbeere 150, 236
Johannisbeere, Rote **237**, 244, **244**, **245**
– 'Heinemann's Rote Spätlese' 244
– 'Jonkheer von Tets' 244
– 'Rolan' 244
– 'Rotet' 244
– 'Rovada' 244
Johannisbeere, Schwarze 242, **242**, **243**
– 'Ben Lomond' 242
– 'Ben Sarek' 242
– 'Bona' 242
– 'Fertoder 1' 242
– 'Ometa' 242
– 'Tenah' 242
– 'Titania' 242
– 'Tsema' 242
Johannisbeere, Weiße 244, **244**, **245**
– 'Blanka' 244
– 'Rubaka' 244
– 'Weiße Versailler' 244
– 'Werdavia' 244
– 'Zitavia' 244
Johanniskraut 144
Jostabeeren 243
Judasblattbaum 24, 137
*Juglans regia* 220, **220**
Jungbaum, Kauf 20

**K**
*Kalmia* 46
Kamelie 136
Kapfuchsie 148
Kartoffelwein 152
Kaskadenrosen 112
–, Schnitt **113**
Kastanie, Ess- 24, 36, 136, 221, **221**
– 'Bouche de Betizac' 221
– 'Brunella' 221
Kastenformen 38
Katsurabaum 137
Katzenpfötchen 143
Kauf 20
–, Ziersträucher 42
*Kerria* 45, 144
– *japonica* 'Pleniflora' **144**
Kerrie 144
Kettensäge 13
Kiefer 21, 23
Kirschen 196 ff.
Kirsche 'Burlat' 196
– 'Favorit' 196
– 'Hedelfinger' 196
– 'Karneol' 196
– 'Kordina' 196
– 'Köröser Weichsel' 196
– 'Korund' 196
– 'Lapins' 196
– 'Morellenfeuer' 196
– 'Morello' 196
– 'Napoleon' 196
– 'Oktavia' 196
– 'Regina' 196
– 'Sam' 196
– 'Schneiders Späte Knorpel' 196
– 'Silvia' 196
– 'Sunburst' 196
– 'Ungarische Traubige' 196
Kirschlorbeer
Kirschunterlagen 159
Kiwi 134, 233, **233**
Klebsame 149, **149**
Kleiderhaken 15
Kleinstrauchrosen 106, 110
–, Schnitt **111**
Kletterhilfe 78
Kletter-Hortensie **76**, 77
Kletter-Johannisbeere 150
Kletternetz **78**
Kletterpflanzen 75 ff.

Kletterpflanzen, einjährige 130
–, Erhaltungsschnitt 84
–, Erwerb 82
–, Erziehungsschnitt 82
–, etablierte 84, 85
–, Pflanzung 82
–, Sommerschnitt 84
–, Verjüngungsschnitt 94, 94, 95
–, Wuchsformen 76
Kletterrosen 76, 114, 116
–, Erhaltungsschnitt 115
–, Pflanzschnitt 115
Klettersäule 80, 80
Klettertrompete 136
Knotengarten 58
Knöterich 149
*Kolkwitzia* 45, 145
Kolkwitzie 145
Kontrolle 11
Kopfweide 37
Kordon, Apfel- 172, 172, 173
–, Trauben- 228, 228, 229
–, waagrechter Apfel- 178, 178, 179
Kornelkirsche 138
Kranbeere 249, 249
– 'Early Black' 249
– 'Franklin' 249
– 'Hamilton' 249
– 'MacFarlin' 249
– 'Pilgrim' 249
Kranzspiere 152
Kronenformen, Obstgehölze 156
Kroneninneres 28
Kumquat 216

L
*Laburnum* 23, 45, 145
– *alpinum* 'Pendulum' 23
– x *watereri* 'Vossii' 145
Lampenputzerstrauch 136
*Lapageria* 77
Lärche 21
*Larix* 21
*Lathyrus* 77
Laubbläser 13
Laube 80
Lauben- und Kastenformen, Erhaltungsschnitt 39
–, Erziehung 39
Lauben- und Kastenformen, Formschnitt 39
–, Stützkonstruktion 38
Laubenformen 38
*Laurus* 145
– *nobilis* 46, 56
*Lavandula* 145
– *angustifolia* 145
*Lavatera* 46, 145
– 'Kew Rose' 145
Lavendel 49, 145
Lavendelheide 148
Lebensbaum 21
Leiter 14
*Leycesteria* 46, 145
– *formosa* 145
Liguster 56, 145
*Ligustrum* 145
– *ovalifolium* 56
Limetten 216
Linde 23, 153
*Liquidambar* 145
– *styraciflua* 145
*Liriodendron* 23, 145
Loganbeere 240
*Lonicera* 77, 146
– *nitida* 46, 56, 146
– x *brownii* 146
Lorbeer 56, 146
Losbaum 138

M
*Magnolia* 24, 44, 146
– *denudata* 'Forrest's Pink' 146
– *grandiflora* 25, 146
Magnolie 24, 146
*Mahonia* 46, 146
– *aquifolium*
Mahonie 146, 146
*Malus* 24, 146
– *domestica* 164 ff.
– 'Evereste' 8, 9
– x *schiedeckeri* 'Hillieri' 146
Malve 145

Mandarinen 216
*Mandevilla* 77
Maracuja 233, 233
Marionbeere 240
Marone 221, 221
Mauern 78
Maulbeere 215, 215
– 'Chelsea' 215
– 'King James' 215
– 'Large Black' 215
– 'Wellington' 215
Mehrfachstamm 24, 24
–, Erziehung 24, 24
–, geeignete Bäume 24
–, Formschnitt 24
*Mespilus germanica* 214, 214
Mispel 214, 214
Mispel 'Bredase Reus' 214
– 'Holländische Großfruchtige' 214
– 'Macrocarpa' 214
– 'Nottingham' 214
– 'Westerwald' 214
Mittelmeer-Schneeball 153
Moos-Rosen 108
*Morus* sp. 215, 215
Moschus-Rosen 106
Motorgeräte 12
*Mutisia* 77
Myrte 146
*Myrtus* 146

N
Nachsorge 31
Nadelgehölze 21, 25
–, Schnitt 32
*Nandina* 44, 146
Nektarinen 204 ff.
-Busch 204, 204, 205
-Fächer 206, 206, 207
Nektarine 'Nektared' 204
Nektarinenunterlagen 159
*Nerium* 146
*Nothofagus* 147

O
Obelisk 79
Obstbaum, Größe 156
–, Pflanzung 158
Obstgehölze 155 ff.
–, allgemeiner Schnitt 161
–, Auswahl 156
–, Baumscheibe 163
–, Blüten 161
–, dekorative Aspekte 156
–, Einkauf 156
–, Ersetzen 162
–, Ertrag 156
–, Erziehungsformen 156, 157
–, Erziehungsschnitt 161
–, Früchte 161
–, kletternde 223 ff.
–, Qualität 156
–, Schnitttechnik 160
–, Schnittzeitpunkt 161
–, Sorten 156
–, Unterlagen 158
–, Verjüngungsschnitt 162, 162
Obst-Spalier 156
Ohrenschützer 15
Oleander 146
*Olearia* 147, 147
Olearie 147, 147
Ölweide 140
Orangen 216
Orangenblume 138
*Osmanthus* 46, 147

P
*Pachysandra* 46
*Paeonia* 147
Panaschierte Sträucher 45, 45
Pappel 23, 149
*Parthenocissus* 147
– *henryana* 77
– *quinquefolia* 77
– *tricuspidata* 77, 147
*Passiflora* 77, 147
– 'Amethyst' 147
Passionsblume 147
Passionsfrucht 233, 233
Patio-Rosen 110
–, Schnitt 111

*Paulownia* 36, 147
Pergola 80
*Perovskia* 148
– 'Blue Spire' 148
Perückenstrauch 50, 50, 139
Petunie 127
Pfeifenstrauch 148
Pfingstrose 147
Pfirsich 204 ff.
-Busch 204, 204, 205
-Fächer 206, 206, 207
Pfirsichunterlagen 159
Pfirsich 'Anneliese Rudolf' 204 204
– 'Benedicte' 204
– 'Redhaven' 204
– 'Rekord aus Alfter' 204
– 'Revita' 204
– 'Roter Ellerstätter' 204
Pflanzengesundheit 10
Pflanzschnitt, Ziersträucher 43, 43
Pflaumen 188 ff.
-Buschbaum 188, 188
Pflaumenunterlagen 159
Pflaume 'Bühler Frühzwetsche' 188
– 'Elena' 188
– 'Graf Althans Reneklode' 188
– 'Große Grüne Reneklode' 188
– 'Hanita' 188
– 'Herman' 188
– 'Katinka' 188
– 'Nancy-Mirabelle' 188
– 'Ontariopflaume' 188
– 'Valjevka' 188
– 'Victoria' 188
– 'Wangenheimer Frühzwetsche' 188
Pfosten 79
*Phaseolus* 77
*Philadelphus* 45, 148
– *coronarius* 'Aureus' 50
*Phlomis* 44, 148
*Photinia* 46, 148
– x *fraseri* 148
*Phygelius* 148
*Picea* 21
*Pieris* 46, 148
– *japonica* 149
*Pinus* 21, 23
Pinzieren 131, 131
*Pittosporum* 46, 149
*Plumbago* 77
*Polygonum* 149
*Populus* 23, 149
Portland-Rosen 106
*Potentilla* 46, 149
– *fruticosa* 149
Preiselbeere 249
*Prunus* 23, 149
-Cultivar 23
– *domestica* 188 ff.
– *lusitanicus* 46
– *persica* 204 ff.
– 'Shirotae' 149
*Pterocarya* 24
Purpurglockenwein 150
*Pyracantha* 46, 56, 149
Pyramide, Apfel- 170, 170

Pyramide, Birnen- 182, 182, 183
*Pyrus* 23, 150
– *communis* 180 ff.
– *salicifolia* 'Pendula' 23, 150

Q
*Quercus* 23, 36, 150
– *frainetto* 150
– *ilex* 25
Quitte 210, 211
Quitten-Busch 210, 211
Quitte 'Bereczki' 210
Quitte 'Cydora' 210
– 'Konstantinopler Apfelquitte' 210
– 'Portugiesische Birnenquitte' 210
– 'Vranja' 210

R
Rambler 116
–, Erhaltungsschnitt 116
–, Kletterhilfe 116
,– Pflanzschnitt 116
–, Schnitt 117, 116
Rankpflanzen 77
Ranunkelstrauch 144
Reneklode 189
Reneklodenunterlagen 159
Renovierungsschnitt 30, 30
*Rhodochiton* 77, 150
*Rhododendron* 44, 46, 150
– 'Loder's White' 150
Rhododendron 150, 150
*Rhus* 24, 48, 150
*Ribes* 150
– *nigrum* 242, 242, 243
– 'Pulborough Scarlet' 8
– *sanguineum* 45, 150
– *sativum* 244, 244, 245
– *speciosum* 150
– *uva-crispum* 246, 246, 247
Rinde, attraktive 23
Rindenschmuck 37
Rindenschmuckgehölze 51, 51
*Rosa* 77
– *eckae* 108
– *glauca* 50, 108
– *moyesii* 108
– *nitida* 108
– *pimpinellifolia* 108
– *rubiginosa* 108
– *septipoda* 108
– *sericea* 108
– *willmottiae* 108
– x *centifolia* 'Cristata' 109
– *xanthina* 108
*Rosa* 150
Rosen 76, 101 ff., 150
–, Ausputzen 102, 103
Rosen, Erhaltungsschnitt 104
–, Erziehung 102
–, Haltevorrichtung 104
–, Klettergerüste 118, 118
–, Pflanzschnitt 104
–, Schnitt 102
–, Wildtriebe 103
Rosenbögen 119, 119
-garten 103
-girlande 123, 123
-gruppen 102
-Hochstamm 112, 112
Rosen-Laube 118, 118
-Obelisk 120
-Pergola 118, 118
-Säule 120, 120
-Spalier 122, 122
Rose, Rotblättrige 50
Rosen an Bäumen 121, 121
Rosenschnitt, Grundregeln 102
–, Zeitpunkt 102
Rose 'Aachener Dom®' 104
– 'Agnes' 107
– 'Alain Blanchard' 108
– 'Alba Maxima' 108
– 'Albéric Barbier' 116
– 'Aloha®' 114
– 'Alpenglühen®' 107
– 'Amadeus®' 114
– 'Ambiente®' 104
– 'American Pillar' 116
– 'Amulett®' 111
– 'Anaïs Ségalas' 108
– 'Angela®' 107

Rose 'Angela Rippon' 110
– 'Apéritif®' 104
– 'Apple Blossom' 116
– 'Apricot Clementine®' 111
– 'Apricot Meilove®' 111
– 'Aprikola®' 105
– 'Aspirin®-Rose' 107
– 'Augusta Luise®' 104
– 'Bad Birnbach®' 111
– 'Ballerina' 107, 110
– 'Banzai® 83' 104
– 'Barkarole®' 104
– 'Barock®' 114
– 'Belle Amour' 108
– 'Belle de Crécy' 108
– 'Bernstein-Rose®' 105
– 'Berolina®' 104
– 'Biedermeier®' 111
– 'Blanche Double de Coubert' 106, 107
– 'Bobbie James' 116
– 'Bonica® 82' 105
– 'Bonny®' 116
– 'Boule de Neige' 106, 107
– 'Bouquet Parfait' 107
– 'Bourbon Queen' 107
– 'Candlelight®' 104
– 'Cardinal de Richelieu' 108
– 'Celina®' 107
– 'Centenaire de Lourdes®' 107
– 'Chapeau de Napoléon' 108
– 'Charles de Mills' 108, 109
– 'Charmant®' 111
– 'Christoph Columbus®' 104
– 'Clementine®' 111
– 'Coco®' 111
– 'Commandant Beaurepaire' 107
– 'Compassion®' 114
– 'Comte de Chambord' 107
– 'Constance Spry' 106, 107
– 'Cornelia' 107
– 'Crescendo®' 105
– 'Cubana®' 111
– 'Cumba Meillandina®' 111
– 'Dagmar Hastrup®' 107
– 'De Meaux' 108
– 'Diamant®' 107
– 'Dinky' 107
– 'Duc de Guiche' 108
– 'Duftfestival®' 104
– 'Duftzauber 84®' 104
– 'Eden Rose®' 107
– 'Elfe®' 114
– 'Elina®' 104
– 'Erfurt' 107
– 'Fairy Dance®' 111
– 'Fairy Queen®' 111
– 'Fantin-Latour' 108
– 'Fassadenzauber®' 114
– 'Félicité et Perpétue' 116
– 'Félicité Parmentier' 108
– 'Fellowship®' 105
– 'Flashlight®' 111
– 'FOCUS®' 104
– 'Fortuna®' 111
– 'Foxi®' 111
– 'Frederic Mistral®' 104
– 'Garden of Roses®' 111
– 'Gärtnerfreude®' 107
– 'Gelbe Dagmar Hastrup®' 107
– 'Gloria Dei®' 104
– 'Gloria Mundi' 111
– 'Gold Symphonie®' 111
– 'Goldelse®' 105
– 'Golden Gate®' 114
– 'Goldfinch' 116
– 'Goldjuwel®' 111
– 'Graham Thomas®' 107
– 'Grande Amore®' 104
– 'Guirlande d'Amour®' 107
– 'Guletta®' 111
– 'Hamburger Deern®' 104
– 'Heavenly Pink' 107
– 'Heidetraum®' 107
– 'Heidi Klum®' 111
– 'Honeymilk®' 111
– 'Ilse Krohn Superior®' 114
– 'Ingrid Bergman®' 104
– 'Innocencia®' 111
– 'Inspiration®' 104
– 'Isarperle®' 105
– 'Isphahan' 108
– 'Jasmina®' 114

Rose 'Jeanne de Montefort' 108
– 'Kaiser von Lautern®' 107
– 'Kiftsgate' 116
– 'Kir Royal®' 114
– 'Knirps®' 107
– 'Königin von Dänemark' 108
– 'KOSMOS®' 111
– 'Kronjuwel®' 105
– 'Kupferkönigin®' 104
– 'La Sevillana®' 105
– 'Lady Like®' 104
– 'Laguna®' 114
– 'Lavender Dream®' 111
– 'Leonardo da Vinci®' 105
– 'Limesglut®' 111
– 'Lions-–®' 105
– 'Lisa®' 105
– 'Little Artist®' 111
– 'Little Sunset®' 111
– 'Little White Pet®' 111
– 'Louis Rambler' 116
– 'Louise Odier' 107
– 'Lupo®' 111
– 'Lykkefund' 116
– 'Madame Hardy' 108
– 'Madame Isaac Pereire' 106, 107
– 'Magic Meidiland®' 107
– 'Maiden's Blush' 108
– 'Maidy®' 111
– 'Mandarin®' 111
– 'Manita®' 114
– 'Mariatheresia®' 105
– 'Marie Curie®' 105
– 'Medley® Pink' 111
– 'Medley® Red' 111
– 'Medley® Soft Pink' 111
– 'Mirato®' 107
– 'Momo®' 116
– 'Montana®' 105
– 'Moonlight®' 114
– Moschata-Hybriden 107
– 'Mozart' 107
– 'Naheglut®' 114
– 'Nahéma®' 114
– 'New Dawn®' 114
– 'Nostalgie®' 104
– 'Old Blush China' 106, 107
– 'Orange Juwel®' 111
– 'Orange Symphonie®' 111
– 'Parole®' 104
– 'Pastella®' 105
– 'Pauls Himalayan Musk Rambler' 116
– 'Peach Clementine®' 111
– 'Penelope' 107
– 'Penny Lane®' 114
– 'Pepita®' 111
– 'Perle d'Or' 107
– 'Phlox Meidiland®' 111
– 'Pierette®' 107
– 'Pink Grootendorst' 107
– 'Pink Roadrunner®' 107
– 'Pink Symphonie®' 111
– 'Postillion®' 107
– 'Président de Sèze' 108
– 'Pullmann Orient Express®' 104
– 'Red Leonardo da Vinci®' 105
– 'Robert le Diable' 108
– 'Robin Hood' 107
– 'Romanze®' 111
– 'Rosalita' 107
– 'Rosanna®' 111
– 'Rosemary Harkness®' 104
– 'Rosenfee®' 105
– 'Rosenprofessor Sieber®' 105
– 'Rosmarin 89®' 111
– 'Rote Hannover®' 107
– 'Roter Korsar®' 107
– 'Rotfassade®' 114
– 'Rotilia®' 105
– 'Rouge Meilove®' 111
– 'Roxy®' 111
– 'Roy Black®' 104
– 'Sahara®' 107
– 'Santana®' 114
– 'Schnee-Eule®' 107
– 'Schneeflocke®' 107
– 'Schneeküsschen®' 111
– 'Sedana®' 107
– 'Shogun®' 111
– 'Simply®' 111
– 'Smart Roadrunner®' 107
– 'Sommerwind®' 111

Rose 'Sonnenkind®' 111
– 'Souvenir de la Malmaison' 106, 107
– 'Speelwark®' 104
– 'Spong' 108
– 'Sublime®' 111
– 'Sugar Baby®' 111
– 'Sunlight Romantica®' 111
– 'Sunny Rose®' 107
– 'Super Dorothy®' 116
– 'Super Excelsa®' 116
– 'Sweet Dreams' 110
– 'Sweet Haze®' 111
– 'Sweet Magic' 110
– 'Tea Time®' 104
– 'The Fairy' 111
– 'Tilt Symphonie®' 111
– 'Top Marks' 110
– 'Tradition 95®' 
– 'Trier' 107
– 'Tuscany Superb' 108
– 'Unique Blanche' 108
– 'Veilchenblau' 114, 116
– 'Versicolor' 108
– 'Vinesse®' 105
– 'Violina®' 104
– 'Westerland®' 107
– 'White Roadrunner®' 107
– 'William Lobb' 108
– 'Yesterday®' 111
– 'Zwergkönig® 78' 111
Rosmarin 151
*Rosmarinus* 151
Rosskastanie 23
Rotdorn 139
– 'Paul's Scarlet' 139
Rote Johannisbeeren 244, 244, 245
– 'Heinemann's Rote Spätlese' 244
– 'Jonkheer von Tets' 244
– 'Rolan' 244
– 'Rotet' 244
– 'Rovada' 244
*Rubus* 45, 151
– *cockburnianus* 51
– *fruticosus* 240, 240, 241
– *idaeus* 238, 238, 239
– *thibetanus* 51
Rückschnitt, leichter bei Ziersträuchern 44
Rugosa-Rosen 106, 107
Ruhmesblume 138

S
Säckelblume 49, 98, 98, 136
Salbei, Zier- 151
*Salix* 23, 36, 151
– *alba* var. *vitellina* 'Britzensis' 51
– *babylonica* 23
– *caprea* 'Kilmarnock' 23
– *fargesii* 51
– *helvetica* 44
– *irrorata* 51
– *matsudana* 'Pendula' 23
– *purpurea* 'Pendula' 23
– *repens* 151
*Salvia* 44, 151
Salvie 151
*Sambucus* 36, 37, 45, 46, 49, 50, 151

*Sambucus racemosa* 151
*Santolina* 151
– *pinnata* subsp. *neapolitana* 151
*Sarcococca* 46
Sauerkirschen-Busch 200, 200, 201
-Fächer 202, 202, 203
Säulen-Kordon, Apfel- 172, 173
Scheinhasel 139
Scheinrebe 134
Scheinzypresse 21, 55
*Schizandra* 77
*Schizophragma* 152
Schlinger 76
Schlingpflanzen 77
Schmetterlingsstrauch 136, 136
Schneeball 42, 153
Schneiteln 35
– großer Bäume 37
Schneiteln, geeignete Bäume 36
Schnitt, Gründe 9
–, Immergrüne Sträucher 46, 47
–, Immergrüne 25
–, Rindenschmuckgehölze 51, 51
–, sauberer 16
–, Triebende 16
–, von Sommerblumen 130
Schnittführung, richtig und falsch 17, 17
Schnitttechnik, Nadelgehölze 33, 33
–, Grund- 16
Schnitt-Typen, Ziersträucher 44
Schnittwerkzeuge 12, 13
Schnittzeitpunkt, Nadelgehölze 32
–, Ziersträucher 44
Schönmalve 134
Schönranke 140
Schredder 12, 13
Schutzbrille 15
Schutzhandschuhe 15
Schwarze Johannisbeere 242, 242, 243
– 'Ben Lomond' 242
– 'Ben Sarek' 242
– 'Bona' 242
– 'Fertoder 1' 242
– 'Ometa' 242
– 'Tenah' 242
– 'Titania' 242
– 'Tsema' 242
Seidelbast 139
*Senecio* 135
*Sequoia* 33
Sicherheit 29, 31
Sicherheitsausrüstung 15
Sicherheitskleidung 14
Sicherheitsstiefel 15
Sichtschutz 15, 79
Silberstrauch 148
*Skimmia* 46, 152
Skimmie 152, 152
*Solanum* 77, 152
Solitär 21, 21
–, Formschnitt 21
–, geeignete Bäume 21
–, Pflanzung 21
Sommerblumen 125 ff., 130
Sommerflieder 136, 136
Sonnenröschen 143, 143

*Sorbus* 23, 152, **152**
– *aucuparia* 'Pendula' 23
Spalier 79
Spalier, Apfel- 174, **174**, **175**
–, Birnen- 184, **185**, **185**
Spaliergehölze 75 ff.
-sträucher 96, **96**, **97**
Spanndraht **78**
Spierstrauch 152
Spindelbusch, Apfel- 168, **168**, **169**
Spindelstrauch 140
*Spiraea* 152
– *japonica* 45
*Spiraea x arguta* 152
Spitzentrieb, Korrektur 33
Spreizklimmer 76, **77**
Stäben **33**
Stachelbeere **236**, 246, **246**, **247**
– 'Hinnonmäki gelb' 246
– 'Hinnonmäki rot' 246
– 'Invicta' 246
– 'Pax' 246
– 'Redeva' 246
– 'Reflamba' 246
– 'Remarka' 246
– 'Rexrot' 246
– 'Rokula' 246
– 'Rolonda' 246
Stauden 125 ff.
–, Formschnitt 128
–, Haltegerüst 128
Staudenschnitt 129
Staudenstütze **129**
Stechpalme 56, 144
Stein-Eiche
*Stephanandra* 44, 152
Sternjasmin 153
Stock, auf Stock setzen 35
Straucharten, für Topiari 56
Sträucher, immergrüne 46
–, panaschierte 45, **45**
Strauchrosen, Schnitt 107
–, einmalblühende 108
–, moderne 106
–, öfterblühende 106
Strohblume 143
Sturzhelm **15**
Stützkonstruktion, Lauben- und Kastenformen 38
Südbuche 147
Sumach 150
Sunbeere 240
Süßkirschen 196, **196**
Süßkirschen-Busch 196, **197**
-Fächer 198, **198**, **199**
*Syringa* 49, 152
– x *josiflexa* 152

T
Tamariske 152
*Tamarix* 152
Taschentuchbaum 139
*Taxus baccata* 56
*Taxus* 33, 54
Taybeere **236**, 240, **240**, **241**
Teleskopschere **13**
*Thuja* 21, 55
Thymian 152
*Thymus* 44, 152
*Tilia* 23, 153
– *platyphyllos* **153**
Topiari 53 ff., **54**, **55**
–, Doppelkugel **56**
–, einfache Figuren 54
–, Erhaltungsschnitt 56
–, Hochstämme 56
–, Kegelform **56**
–, komplizierte Figuren 58
–, schnelle Figuren 60
–, Spirale 45
–, Vogelfigur **59**
*Torreya* 33
Tote Äste **26**
*Trachelospermum* 153
– *asiaticum* 153
Trauben 224 ff.
–, Grundschnitttechnik 225, **225**
–, Blaue 224
–, Weiße 224

Trauben-Kordon 228, **228**, 229
Traube 'Angela' 224
– 'Bianca' 224
– 'Birstaler Muskat' 224
– 'Boskoops Glorie' 224
– 'Campell early' 224
– 'Decora' 224
– 'Fanny' 224
– 'Glenora' 224
– 'Himrod' 224
– 'Königliche Esthertraube' 224
– 'Lilla' 224
– 'Muscat bleu' 224
– 'Nero' 224
– 'New York' 224
– 'Palatina' 224
– 'Phoenix' 224
– 'Regent' 224
– 'Romulus' 224
– 'Solara' 224
– 'Teresa' 224
Trauerform, geeignete Bäume 23
Trauer-Kirsche **26**
Trauerrosen 112
–, Schnitt 113
Traufen 85
Trittleiter **14**
Trompetenbaum 23, 36, **37**, 136
Trompetenblume 136
*Tropaeolum* 77
Tulpenbaum 23, 145

U
Ulme 153
*Ulmus* 153
Unterlagen 158, 159

V
*Vaccinium corymbosum* 248, **248**
– *myrtillus* 249
– *oxycoccus* 249
Verblühtes entfernen 47, **47**
Verjüngungsschnitt 29, 30
–, Kletterpflanzen 94, **94**, **95**
–, Zeitpunkt 31
–, Ziersträucher 48, **48**, **49**
Verjüngungstechnik 31
*Viburnum* 45, 153
– *opulus* 42
– *opulus* 'Xanthocarpum' 153
– *tinus* 46, 153
*Vinca* 46, 77, 153
*Vitis* 77, 153
– *vinifera* 224, **224**, **225**
– *vinifera* 'Purpurea' 153
Vogelbeere
Vorhang, einfacher 230, **230**

W
Wacholder 55
Wachsblume 143
Wachstum, Kontrolle 28
Waldrebe **77**, 138
Walnuss 220, **220**
– 'Apollo' 220
– 'Geisenheimer Walnuss' 220
– 'Jupiter' 220
– 'Mars' 220
– 'Moselaner' 220
– 'Venus' 220
Wände 78
Wandspalier **79**
Weide 23, 24, 36, 151
Weidenblättrige Birne 150
Weigelie 153
Wein 153, **222**
–, Wilder **77**, 147
Weintrauben 224, **224**, **225**
–, Schnittprinzip 224
Weißdorn 139
Weiße Johannisbeere 244, **244**, **245**
– 'Blanka' 244
– 'Rubaka' 244
– 'Weiße Versailler' 244
– 'Werdavia' 244
– 'Zitavia' 244
Werkzeuge **12**
Wicken **127**
Wilder Wein **77**, 147
Wildrosen 105, 108
Winterrinde
*Wisteria* 77, 92, **92**, **93**, 153
– *floribunda* 153
Worcesterbeere 240
Wunden **27**
Wüstenerbse 138

Z
Zaubernuss 142
Zäune 78
Zier-Apfel **8**, 23, 146
Zierbäume 19 ff.
Zier-Kirsche **18**, 23, 159
Zierquitte 99, **99**, 137
Zier-Salbei 151
Ziersträucher 41 ff.
–, auf Stock setzen 49
–, in Form bringen 49
Zistrose 138, **138**
Zitrusfrüchte 216, **216**, **217**
Zusammenbinden 32
Zweige, Entfernen 17
Zwergrosen 110
–, Schnitt 111
Zwetschenunterlagen 159

# Danksagung

Der Verlag möchte den folgenden Gärtnern und Gärten danken, die Fotoaufnahmen in ihren Anlagen ermöglicht haben:

Andrew Mikolajski, Northamptonshire; Bedgebury Pinetum, Kent; Batsford Arboretum, Gloucestershire; Brogdale Horticultural Trust, Faversham, Kent; Chenies Manor, Buckinghamshire; Chiffchaffs, Dorset; East Lambrook Manor, Somerset; Elsing Hall, Norfolk; Headland Garden, Cornwall; Fiona Henley Design; Lamport Hall, Northamptonshire; Merrist Wood, Surrey; Pine Lodge Gardens, Cornwall; Renishaw Hall, Sheffield; RHS Chelsea Flower Show 2004; RHS Hyde Hall, Essex; RHS Gardens Rosemoor, Devon; RHS Gardens Wisley, Surrey; Rodmarton Manor, Cirencester; Spinners, Devon; Westonbirt Arboretum, Gloucestershire; Wollerton Old Hall, Shropshire; Writtle College, Essex; Wyken Hall, Suffolk; Yalding Organic Gardens, Kent

Besonder Dank gilt der Firma Stihl Ltd., die einen Teil der Geräte und Werkzeuge, die in diesem Buch abgebildete sind, zur Verfügung gestellt hat. Ein Bezugsquellenverzeichnis kann im Internet auf der Seite www.stihl.com eingesehen werden.

Weiterhin möchte sich der Verlag bei folgenden Personen, die sich für die Fotoaufnahmen zur Verfügung gestellt haben, bedanken:

Jeff Clayton; Nick Robinson; Peter Sedgewick; Robin Whitehead; Stephen Coling

Dank gilt auch den Bildagenturen, deren Fotos im Buch abgebildet sind:

**Science Photo Library**
39 u li (Paul Shoesmith); 189 o li (Dan Sams); 189 o re (Keith Seaman); 189 u li (M. F. Merlet); 190 u (Ed Young); 192 u li (Roger Standen); 192 u re (K. Wise); 196 u li (John Marshall); 200 o (G. Newport); 200 u re (BSIP Chassenet); 249 u li (Helmut Partsch)

**The Garden Picture Library**
14 o (Marie O'Hara); 34 u li (Jane Legate); 14 u re (David England); 37 u li (Jane Legate); 166 u li (Ellen Rooney); 198 u (John Glover); 199 o li (John Glover)

**Garden World Images**
169 o re; 190 o; 202 u; 248 o re

**Holt Images**
168 o; 204 o; 208 mi; 233 u li; 233 o re; 249 u re